史记学概要

张大可　凌朝栋　曹强　著

商务印书馆
2015年·北京

图书在版编目（CIP）数据

史记学概要/张大可，凌朝栋，曹强著．—北京：商务印书馆，2015
ISBN 978-7-100-11337-3

Ⅰ.①史… Ⅱ.①张…②凌…③曹… Ⅲ.①《史记》-研究 Ⅳ.①K204.2

中国版本图书馆 CIP 数据核字（2015）第 111335 号

所有权利保留。
未经许可，不得以任何方式使用。

史记学概要

张大可　凌朝栋　曹强　著

商 务 印 书 馆 出 版
（北京王府井大街36号　邮政编码100710）
商 务 印 书 馆 发 行
北京洲际印刷有限责任公司印刷
ISBN 978-7-100-11337-3

2015年8月第1版	开本 640×980	1/16
2015年8月北京第1次印刷	印张 27	

定价：68.00元

内 容 提 要

本书《史记学概要》。全书十章，对司马迁其人及《史记》其书，做了系统评价，对司马迁思想和《史记》内容做了深入的探讨与评析；对《史记》问世两千多年来的流传与"史记学"的形成与发展勾勒了承传路径；对《史记》的语言成就，《史记》对先秦文化的总结，以及对后世的影响，做了简洁明快的评析。本书首次对"史记学"框架进行了试探，开拓了《史记》研究的新思路，是一部内容丰富而又深入浅出的学术论著，既可供作教材，也可供《史记》爱好者阅读。中国史记研究会从2001年成立以来，先后推出《史记教程》《史记通论》《司马迁与史记学》等论著，有二十余位作者协作，分见于各书。本书是综合三书内容而成，可以说是集多位学者研究成果于一编，有很高的学术价值，特此说明。

作 者 简 介

本书主创作者是张大可、凌朝栋、曹强。张大可，中央社会主义学院教授，中国史记研究会会长。凌朝栋，文学博士，渭南师范学院人文与社会发展学院院长、教授，中国史记研究会常务理事。曹强，文学博士，渭南师范学院人文学院教授，渭南师范学院司马迁与史记研究院副院长。

目 录

第一章 司马迁——大一统时代的文化巨人 …… 1
　一、大一统时代 …… 1
　二、司马迁的家世 …… 6
　三、司马迁事历 …… 14
　四、历史呼唤巨人降世 …… 24

第二章 《史记》的创作宗旨 …… 32
　一、继《春秋》创一代大典 …… 33
　二、究天人之际 …… 41
　三、通古今之变 …… 43
　四、成一家之言 …… 46

第三章 《史记》体制 …… 52
　一、百科全书 …… 53
　二、五体结构 …… 60
　三、《史记》百三十篇标题 …… 71
　四、互见法 …… 80

第四章 创立纪传体通史 …… 86
　一、纪传体的特点 …… 87
　二、通变的历史内容 …… 91
　三、《史记》断限 …… 98
　四、司马迁的历史观 …… 105
　五、《史记》与中国史学 …… 113

第五章　创立传记文学 ……………………………………… 129
一、《史记》文学性的界说与人物传记特点 …………… 129
二、《史记》的抒情性与悲剧性 ………………………… 142
三、《史记》的写人艺术 ………………………………… 151
四、司马迁的文学观 ……………………………………… 165
五、《史记》与中国文学 ………………………………… 172

第六章　《史记》的语言成就 …………………………………… 183
一、典范的叙事散文语言 ………………………………… 183
二、个性化的人物语言 …………………………………… 192
三、对民间语言的吸收与提炼 …………………………… 201
四、各色语言的技巧 ……………………………………… 206
五、讽刺艺术 ……………………………………………… 218
六、雄健、峻洁、婉曲的语言风格 ……………………… 225

第七章　《史记》对先秦文化的继承与总结 …………………… 234
一、《史记》与先秦诸史 ………………………………… 234
二、《史记》与先秦诸子 ………………………………… 250
三、《史记》与《诗经》 ………………………………… 267
四、《史记》与《楚辞》 ………………………………… 275
五、继承与总结前代历史文化的方法与原则 …………… 283

第八章　《史记》对后世的影响 ………………………………… 292
一、《史记》与《汉书》 ………………………………… 292
二、《史记》与《新五代史》 …………………………… 300
三、《史记》与我国传记文学 …………………………… 318
四、《史记》与我国古代小说 …………………………… 326

第九章　史记学的形成与发展 …………………………………… 345
一、历代的《史记》研究与"史记学"的发展 ………… 345
二、台湾地区的《史记》研究 …………………………… 362

三、《史记》在海外的流传 ················ 366
四、《史记》版本 ······················ 373

第十章 《史记》的民族凝聚力与研究现状 ··········· 390
一、《史记》的民族凝聚力 ················ 391
二、《史记》研究成果回顾 ················ 396
三、当代《史记》研究的特点 ··············· 400
四、当代《史记》研究的发展趋势 ············· 403

附 录 ····························· 407
一、《史记》研究论著索引 ················ 407
二、本书撰写主要参考书目 ················ 424

第一章　司马迁——大一统时代的文化巨人

《史记》是我国第一部纪传体通史,西汉司马迁撰。

司马迁,字子长,西汉左冯翊夏阳(今陕西韩城市南芝川镇)人。他生于汉景帝中元五年(前145年),卒于昭帝之初(前86年?),享年约六十岁①。司马迁的一生恰与雄才大略的汉武帝相终始,正值西汉鼎盛时期,也是中国封建制确立以后的第一个盛世,真正的大一统时代,政治、经济、军事、文化各方面都出现了空前蓬勃发展的局面。司马迁降生在这个盛世,完成了空前的历史巨著,正是应运而生。司马迁是大一统时代的文化巨人;《史记》的产生,是时代的呼唤。

一、大一统时代

西汉是在秦末农民大起义后建立的一个统一的封建帝国。西

---

① 司马迁的生卒年,学术界争论很大,计有五六种说法,迄今无定论。我们经过细密的综合考察,认为王国维立论持之有据,此基本从王说。

汉初建时，社会经济凋敝，国穷民贫，"自天子不能具醇驷，而将相或乘牛车"，"民失作业而大饥馑"①，汉初的统治者为了赢得农民的拥护和重建地主经济，实行"休养生息"的政策，提倡"清静无为"的黄老思想，巩固了统治地位。经过高、惠、文、景四代的经营，到司马迁成长的汉武帝初年，达到了空前的繁荣。司马迁说："汉兴七十余年之间，国家无事，非遇水旱之灾，民则人给家足，都鄙廪庾皆满，而府库余货财。京师之钱累巨万，贯朽而不可校，太仓之粟，陈陈相因，充溢露积于外，至腐败不可食。众庶街巷有马，阡陌之间成群，乘字牝者，摈而不得聚会。"②农业、手工业和商业都得到了发展。"海内为一，开关梁，弛山泽之禁，是以富商大贾周流天下，交易之物莫不通。"③全国兴起了几十个大都会。随着封建政权的巩固和经济的发展，学术文化也繁荣起来。汉武帝即位，锐意兴革。对外用兵，抗匈拓土；对内兴作，多所建树。他访求和超拔人才，"群士慕响，异人并出"，"汉之得人，于兹为盛"④，造成了西汉政治、经济、军事、文化的极盛。西汉各方面的代表人物都涌现了出来，形成"历史上一个非常灿烂的时期"⑤。这一宏阔昂扬的时代精神，就是司马迁撰述《史记》的历史背景。

清代学者钱大昕指出，《史记》的微旨有三："一曰抑秦，二曰尊汉，三曰纪实。"⑥三者之中，"尊汉"实为《史记》撰述之大旨。所谓"尊汉"，就是宣扬汉家一统带来的天下大治。因为中央集权制度在汉武帝手里才巩固下来，这在当时还是新生事物，也是中国古代历史长期发展的结果，需要在意识形态上为它大喊大叫。这一点司马迁有着深刻的见解。他说：

> 昔虞、夏之兴，积善累功数十年，德洽百姓，摄行政

---

① 《汉书》卷二十四《食货志上》。
② 《史记》卷三十《平准书》。
③ 《史记》卷一百二十九《货殖列传》。
④ 《汉书》卷五十八《公孙弘卜式儿宽传》。
⑤ 范文澜：《中国通史简编》（修订本），第二编，人民出版社1965年版，第39页。
⑥ 《潜研堂文集》卷三十四《与梁耀北论史记书》。

事，考之于天，然后在位。汤、武之王，乃由契、后稷修仁行义，不期而会孟津八百诸侯，犹以为未可，其后乃放弑。秦起襄公，章于文、缪，献、孝之后，稍以蚕食六国，百有余载，至始皇乃能并冠带之伦。以德若彼，用力如此，盖一统若斯之难也。①

可是在秦汉之际，"五年之间，号令三嬗，自生民以来，未始有受命若斯之亟也"②。在剧烈的变动之中，司马迁看到了历史走向一统的方向。他为了探索这一历史的发展原因，追溯到了古代，写成了一部贯通古今的历史书。他引用孔子的话说："我欲载之空言，不如见之于行事之深切著明也。"③ 所谓"空言"，指的是理论说教，例如董仲舒讲的《春秋》大一统，就是思辨哲学；"见之于行事"，指的是总结历史经验，发展史学。在西汉初年，总结秦亡汉兴的历史，是一个具有紧迫感的现实问题。贾谊的《过秦》、贾山的《至言》等政论就具有做历史总结的性质。贯穿于《史记》全书的精神是得民心者得天下，失民心者失天下。这本是儒家学派宣扬的王天下的理论。但是，司马迁通过生动的历史叙述来说明这条真理，完满地回答了为什么秦亡汉兴的复杂历史。司马迁肯定秦始皇的统一之功，评价秦取天下"多暴"，然"世异变，成功大"④，但是对秦朝的暴虐统治却做了无情的批判，所谓"抑秦"者指此。司马迁的这种观点，是朴素的唯物主义历史观，在一定程度上反映了人民群众的一些愿望。这说明司马迁是自觉地认识到了时代的要求，从而总结历史的。

司马迁尊汉是讴歌大一统盛世。中华民族认同大一统，这是因为中华民族的祖先华夏族在其形成过程中，就经历着由统一到统一的悠久发展历史。中华民族是多元一体格局。这是由复杂的地理人文环境在漫长的历史发展中形成的。中华民族的生存空间中华大地，在亚洲东南部，现今国土960万平方公里，形如雄

---

① 《史记》卷十四《十二诸侯年表序》。
② 《史记》卷十六《秦楚之际月表序》。
③ 《史记》卷一百三十《太史公自序》。
④ 《史记》卷十五《六国年表序》。

鸡，在秦汉大一统时已基本确立。其特点是西北高东南低，形成落差显著的三级阶梯复杂地形，高原、盆地、平原、大山大川，构成许多独立的地理单元，形成中华文化的多元发展，具有吸纳性和开放性。从总体看，中华大地又是一个巨大的封闭的地理单元。这一地理因素主导着中华民族的发展历史，形成多元一体格局。在传说的三皇五帝时期，经考古发现，中华大地有四大新石器文化区：中原黄河文化区、长江中下游文化区、珠江流域文化区、北方燕辽文化区。兴起于陕甘黄土高原的伏羲族、炎帝族、黄帝族，先后向东进入黄河中游华北平原，进行农业耕作，生息繁衍，统一吸纳四方部族，孕育了汉族的前身华夏族。中原华夏族的主体地位，历夏商周的承传而确立。西周一统，已经萌芽了大一统观念，《诗经·小雅·北山》说："普天之下，莫非王土，率土之滨，莫非王臣。"四方民族泛称东夷、南蛮、西戎、北狄。

华夏民族共认一个祖先，这成为中华民族起源的历史传统。伏羲，传说的三皇之一，龙图腾，其形为人首蛇身。所以中华民族为龙的传人。黄帝统一中原各部族，草创国家，炎帝教民务农。所以华夏农耕民族都奉黄帝、炎帝为共同祖先，自称"黄帝子孙"或"炎黄子孙"。随着民族的融合进程，华夏周边各民族也自称"黄帝子孙"。

从春秋战国至秦汉大统一，是中华民族的第一次大融合，产生了中华文化的第一个高峰，百家争鸣，儒家文化精细而先进，发展迅速。秦汉大一统，车同轨，书同文，汉族共同体形成，汉文化中的儒学独尊，从此，儒家学说成了中华文化的主体文化。

黄帝草创国家，统一纷争各部族，创立了中华文明开篇的统一格局。秦汉大一统是中国古代高度文明的大一统格局。司马迁自成一家之言，述三千年历史，从黄帝到汉武帝，正寓意中华民族的发展历史从统一到大一统的历程。所谓大一统，不仅地域广大，而且是多元民族融为一体。这一历史过程为古代思想家所瞩目，经过孔子、孟子、董仲舒、司马迁及无数经学家、思想家的努力，提炼升华为大一统历史观，这就是大一统思想。前文已及，西周统一已萌芽了大一统观念，到春秋战国经过儒家的大力倡导而成为普遍的民族心理观念。大一统的政治观念就是"天无二日，人无二王"，整个国家要置于一个强有力的中央政府的统一管辖之下，结束春秋战国的纷争。孔子曾大力称赞齐管仲辅佐齐桓公"一匡天下"。孔子述《春秋》以当一王之法，就是力图用载述历史的"微言大义"来阐明自己主张的大一统思想。《春秋》开卷第一句："元年，春，王正月。"孔子撰《春秋》是写鲁国史，起于鲁隐公元年，而用历却是周历纪年，所以说"王正月"，以此维护周王室的天下共主地位。《春秋公羊传》解释说："王者孰谓？谓文王也。曷为先言王而后言正月？王正月也。何言乎王正月？大一统也。"战国时，孟子到梁国，梁襄王问："天下怎样才能安定？"孟子回答说："定于一。"天下一统就安定了。在春秋战国时代，天下混乱，兵连祸结，人民渴望统一，诸子百家学说都是主张天下定于一，只是各自方式不同。法家主张"以战去战"，用暴力统一，儒家主张施行"仁政"统一。孔孟奔走呼号，"仁政"统一的路线四处碰壁，秦朝统一是法家路线的胜利，但秦朝二世而亡，又给思想家提出了新课题，怎样才能长治久安呢？司马迁用总结历史来回答，他首次完成了大一统历史观的构建，如前所述，记载历史发展上起黄帝，下迄汉武，用以象征历史从统一到统一的发展。孔子删书，《尚书》起于尧，《周易》起于庖羲，而《史记》起于黄帝。在司马迁笔下，黄帝之前是一个四分五裂的部落战乱之世。黄帝屠灭炎帝、蚩尤，才统一了社会。夏商周三代之后，历史又经历了春秋、战国两个时期的长期战乱，秦始皇完成了统一。秦朝施暴政，二世而亡，司马迁做了批判，但削平群雄，完成统一又离不开暴力。司马迁从总结历史经验中，吸收了儒法两家之长，反对施暴于人民，而赞成用暴力定天下于一。《太史公自序》云："非兵不强，非德不昌，黄帝、汤、武以兴，桀、纣、二世以崩，可不慎欤？"这就是司马迁的暴力论。《史记》肯定秦皇、汉武大一统的功业，记事起于黄帝，也是肯定黄帝的统一功业。一言以蔽之：《史记》起于黄帝，突显大一统历史观。

从黄帝的统一到秦皇、汉武的大一统，象征着历史发展的方向,象征着帝王德业的日益兴盛。中华民族不断壮大,各民族互相融合,远方殊俗日益统一,这就是司马迁大一统历史观的内容,贯穿《史记》全书。夏、商、周三代之君,秦汉帝王,春秋以来列国诸侯,四方民族,无不是黄帝子孙。匈奴是夏桀之后,勾吴与中国之虞为兄弟,越王句践乃禹之后,楚是颛顼之后,其苗裔为滇王。中华民族皆黄帝子孙,这一民族观念就奠基于《史记》。司马迁的这一伟大思想成为历代以来进行爱国主义传统教育的宝贵历史资料,数千年来激励了无数的仁人志士为中华民族的生存、繁荣和进步而斗争。"黄帝子孙",至今仍是一个神圣的名词,具有无限的号召力。被黄帝战败的炎帝,教民耕农,号"神农氏",也是一个企图统一天下的人物,常与黄帝并称。所以"黄帝子孙"这一口号也称"炎黄子孙"。中华民族到了紧要关头,只要提起"炎黄子孙"这一口号,就能唤起全体中华儿女的缅怀激情,追念先祖,认同文化,历史悠远,产生民族自豪感和爱国心,奋而思进,不畏艰难险阻,贡献一份儿女情,做出个人的贡献。因为"炎黄子孙"不是一个简单的口号,它蕴含极为丰富的历史内容,是司马迁浓缩的大一统历史观,它是一种民族精神,已深深根植于中华民族的心灵。这一思想精华,是中华民族长期历史发展的结晶,也是秦汉大一统时代精神的象征,它的总结与提出,也正是大一统时代的标志。

二、司马迁的家世

司马迁追叙先世,祖源久远,为传说的颛顼时代掌管天地的重黎氏之后。重黎氏历经夏、商,世世代代职掌天地。到了周代,重黎氏后代有个封于程的伯爵名叫休甫的人,做了司马这个官,从此程伯休甫这一支便姓司马氏。司马氏在周宣王时重掌史职,世守其业,到东周惠王、襄王时,王室内乱,司马氏去周适晋,分散在各个地方,战国时出了不少的名人。司马迁祖上这一支,公元前621年因晋室内乱而奔秦,迁居少梁。少梁,即今陕西韩城。古梁国，附属于晋，在公元前641年为秦穆公所灭。秦惠王十一年（前327年）改名夏阳，隋以后更名韩城。1985年，韩城县改市。

司马迁在《太史公自序》中说："迁生龙门，耕牧河山之阳，年十岁则诵古文。"龙门，山名，横跨在黄河两岸，东段在山西河津县北，西段在陕西韩城县北约五十里。黄河穿越龙门，"两岸皆断山绝壁，相对如门，惟神龙可越，故曰龙门"①。传说每年暮春，总有成千条鲤鱼游聚龙门山下，跳越龙门，跳上去的就成龙升天。这种传说给人们的想象增添了驰骋的翅膀，使龙门成了神圣之地，其名悠久，载于《尚书·禹贡》。所以司马迁引龙门以重桑梓，自称生于龙门。司马迁的实际生地在韩城市南二十里的高门原。司马迁自述他的六世祖司马靳葬华池，四世祖司马昌、曾祖司马无泽、祖父司马喜皆葬高门。华池离高门三里。高门东南有芝川镇，镇西相邻有司马坡，司马迁葬于司马坡，今存有司马迁祠墓。至于"耕牧河山之阳"，更不能按字面理解，认为司马迁从小过着耕牧的生活。司马迁祖上颇有产业，祖父司马喜在汉文帝时为五大夫。五大夫为第九级爵，汉初七级以上为高爵，有食邑。司马喜无功勋显绩，在文帝时得五大夫爵是用四千石粟买来的。汉文帝纳晁错策，颁布卖爵令。富人入粟实边，最高爵可买至五大夫，复一人。四千石粟相当于四十户五口之家的自耕农家庭收入。所以"耕牧河山之阳"，指的是司马迁在乡间度过了他的美好童年。这是司马迁的父亲司马谈有意识地把司马迁留在乡下龙门接受山川的陶冶，培养他具有开阔的胸怀和热爱山川的感情，为他的二十壮游打下思想感情的基础。

司马谈是汉武帝时代的太史令，仕于建元元封之间。虽然太史令厕于下大夫之列，秩比六百石，仅与一个博士官的俸禄相等，但司马谈十分珍惜这一职掌，把它视为自上古以来的世传祖业。司马谈重视这一职掌，为的是完成他的修史理想，所以遗命司马迁必为太史。司马谈用"世典周史"这一光辉家谱来教育司

---

① 乾隆《韩城县志》卷一。

马迁，启发他肩负历史的使命，成长为一个自觉的历史家。司马迁从小受到严格的教育，十岁时就能诵读《左传》、《国语》、《世本》等古代史籍了。司马谈出仕在京师，司马迁"耕牧河山之阳"，少年时期未在父亲身边而能"十岁诵古文"，由此可见司马氏之家规家教的谨严。当青年司马迁来到父亲身边，成为他的修史助手的时候，老人的思想品格和学问给予的影响更是不可估量的。元朔二年（前127年），司马迁十九岁。这一年汉武帝徙郡国豪杰及赀三百万以上于茂陵。司马迁一家也徙移到茂陵，属籍显武里。司马迁来到了父亲的身边。

司马谈卒于元封元年（前110年），生年不详。他是一个学识渊博的学者，学天官于唐都，受《易》于杨何，习道论于黄子。唐都、杨何、黄子这三个人都是西汉时代活跃于朝廷的大学问家。天官是天文学，由于古人观测天上的日月星辰，赋以君臣、尊卑、百官之称，所以称天文学为天官。唐都是著名的天文学家。《史记》卷二十六《历书》说："至今上即位，招致天下方士唐都，分其天部。"晚年他还和司马迁、落下闳一起参与了太初历的改制工作，也是司马迁的师长。《易》讲阴阳吉凶，杨何是汉初著名的《易》学专家，字叔元，菑川（今山东寿光市）人，在《史记》、《汉书》两书的《儒林传》中均有传。司马谈学天官和《易》，这是史官必备的知识和职掌。这些知识又传给了司马迁。司马迁对历法、天文、阴阳等专门知识十分精通。道论是文景时代的官方哲学。黄子就是景帝时的博士黄生，他曾在汉景帝面前与儒生《诗》博士辕固生展开了一场汤伐桀、武王伐纣的辩论。黄生认为"汤武非受命，乃弑也"，意在禁绝一切臣民暴动，维护汉家政权。辕固生鼓吹汤、武革命，是为刘邦取得天下而辩护。所以文景时期的儒道之争并非正统思想与异端思想之争，而是统治集团内部不同的思想派别之争。汉武帝初年，司马谈《论六家要指》与董仲舒的独尊儒术思想相对立，也是这样的。《论六家要指》十分推尊道论，表现了成长于文景时代的司马谈所受黄老思想的影响很深，但并不能据此证明司马谈是一个道家的信徒。效《春秋》而作《史记》就是司马谈的理想。他还指导司马迁广博地学习百家之学，特别是把儒学放在首位。司马迁在京师拜了两个儒学大师为老师。一个是今文经学大师董仲舒，司马迁向他学习《公羊春秋》，接受大一统思想；再一个是古文经学大师孔安国，司马迁长期向他学习《古文尚书》，《史记》中多所征引。司马迁在这样的家学和师承的熏陶下，成长为一个博学的历史学家，这是别人所不能具备的主观条件。

这里需要着重探讨一下《论六家要指》的思想旨趣和对司马迁的影响。

《论六家要指》把春秋战国以来的百家之学概括为六家：阴阳、儒、墨、名、法、道。司马谈在评论中全面肯定道家，而对阴阳等五家论长道短，肯定其所长，批评其所短，鲜明地表现了前一代思想家所受的时代熏陶。《史记》中许多论赞流露出道家的观点以及许多篇章对儒家人物的批评，就是司马迁接受父亲思想影响的痕迹。这篇论文在结构上分为上下两个半篇。上半篇评论六家得失指归，下半篇用传体对上半篇的观点加以解说和论证，它很可能就是司马迁的发挥，至少是经过司马迁润饰的。班固父子就把《论六家要指》直接看成是司马迁的思想[①]。但司马迁是在儒学独尊时代成长起来的学者，更崇拜的是孔子及其儒学，所以在《史记》一书中称引孔子的话比比皆是，"考信于六艺"，"折中于夫子"，就是司马迁评论历史人物和事件的一个重要标尺。父子两代人是存在着思想差异的，这也是影响《史记》内容呈现矛盾性的原因之一。但是这种差异并不是两种思想体系的对立，司马氏父子的基本思想是一脉相承，一以贯通的，即对百家学说兼收并蓄，熔铸贯通自成一家。《论六家要指》强调百家之学殊途同归，皆务于治，人君不应禁绝，而应扬其所长，避其所短，表现了司马谈治学兼容并包的博大气象。司马迁完成《史记》，包容百科知识，"厥协六经异传，整齐百家杂语"[②]，得益于司马谈的方略教导是不言而喻的。学术界往往引用《论六家

[①] 班固在《汉书》卷六十二《司马迁传·赞》中，引用其父班彪《略论》的观点评论司马迁的思想说，"论大道则先黄老而后六经"，即是证明。

[②] 《史记》卷一百三十《太史公自序》。本节下引《太史公自序》不再注。

要指》的话来评论司马迁的思想，是符合历史实际的。反之，过分强调父子异趣则是不妥的。我们既要看到父子思想的异趣，更应看到父子思想的统一和贯通，更直截了当地说，遗存在《史记》中的司马谈思想，包括《论六家要指》，即是司马迁的前期思想。因为青年时期的司马迁是受父亲思想支配的。这些情况是我们研读《史记》时必须把握的。

司马迁及其父司马谈都以肩负修史为己任，追祖溯源，以世传的史官世家为光荣。元封元年（前110年），司马谈临终，遗命司马迁继承其修史之业，就反复强调世传史家的祖德。司马谈说："余先周室之太史也。自上世尝显功名于虞夏，典天官事。后世中衰，绝于予乎？汝复为太史，则续吾祖矣。"又说："余死，汝必为太史；为太史，无忘吾所欲论著矣。"在秦汉时代，家学与师承往往是造就人才的重要条件。两汉经学承传尤重家学与师承。司马谈复兴祖上史职，掌天官，备文献，以修史之业传司马迁。司马迁拜今文学大师董仲舒、古文学大师孔安国为师，有了第一流的师承。此外，司马迁自己还复兴了家传的兵学与经济学。这一家学渊源，还得从司马氏在春秋时的变故说起。

司马氏世传史官，在春秋时就中断了，所以司马谈说"后世中衰"。这事发生在周惠王、周襄王时的王室之乱。《太史公自序》记载说："惠襄之间，司马氏去周适晋。"又说："晋中军随会奔秦，而司马氏入少梁。"这两段话是什么意思呢？原来周襄王十六年，即公元前636年，襄王弟叔带作乱，襄王出奔郑。这一年晋公子重耳归国为君，结束了晋乱，是为晋文公。晋文公招贤纳士，志欲继齐桓公之后为中原霸主，标榜尊王攘夷。司马氏为史官，司职掌机要，所以必然卷入王室内乱的漩涡中。惠王时有子颓作乱，襄王时叔带是第二次作乱。王室政局动荡，史官卷入是非，晋室招贤，所以司马氏去周适晋。周襄王十七年（前635年），襄王告急于晋，晋文公诛叔带恢复了襄王之位。襄王赐晋文公珪、鬯、弓矢，命为伯并以河内地与晋。司马氏留在晋国，家族分散，"或在卫，或在赵，或在秦"。晋文公后晋室有一系列内乱，司马氏在晋室内乱中分散。在卫国的一支司马氏，后代中有人做了中山国的相。在赵国的一支司马氏，秦末出了个司马卬，卬助项羽攻秦，被封为殷王。殷王后代出了个司马懿，是晋朝的奠基者。这些都是题外话，不多说。秦国的一支司马氏是司马迁的直系祖先。就是随晋大夫随会奔秦的司马氏。公元前621年晋襄公卒，晋大夫随会入秦迎立公子雍。晋赵盾立襄公太子夷皋，是为晋灵公，发兵拒公子雍，随会一行只得投秦避难，随行属员之一的司马氏留居少梁。这支司马氏出了一个名将叫司马错，是司马迁的八世祖。司马错为秦开疆拓土，三征巴蜀，一入楚境，前后四次出征。第一次，秦惠王更元九年（前316年），司马错与张仪争论伐蜀与伐韩哪个有利，秦惠王裁决，认为司马错主张伐蜀有利，否决张仪的主张伐韩论。这一年司马错带兵入蜀，灭之。第二次，秦武王元年（前310年），蜀相陈庄反，司马错入蜀平叛。第三次，秦昭王六年（前301年），蜀侯煇反，司马错再次入蜀平叛，并留守巴蜀。从此，巴蜀为秦大后方郡县。第四次秦昭王二十七年（前280年），司马错发陇西、巴蜀之兵，有众十万，装船万艘，载米六百斛，从巴蜀的涪水逆行而上，攻楚黔中郡，并迫使楚割汉水北岸地入秦。秦控制长江上流，直接威胁楚都郢。两年后，公元前278年，白起就攻破了楚都郢，迫使楚王东迁至陈。从此，南方强楚一蹶不振。历史证明，司马错经营巴蜀，取楚黔中，完成了秦对楚国迂回的战略包围，居高临下攻楚，意义十分重大。《史记·张仪列传》载："蜀既属秦，秦以益强，富厚，轻诸侯。"张仪说楚王与秦连横，破坏齐楚联盟，也以威胁的口吻对楚王说："秦西有巴蜀，大船积粟，……浮江已下，……不费牛马之力，不至十日而距扞关（在今重庆市奉节县东）。扞关惊，则从境以东尽城守矣。"由此可见，秦取巴蜀，对于进攻楚国，处于多么有利的战略地位。司马错不仅是兵学名将，而且具有政治战略家的素质。司马错的孙子，即司马迁的六世祖司马靳也是秦国的一员名将。司马靳为秦将白起的助手，南伐楚，东攻三晋，多有战功。秦赵长平大战后，秦军分三路攻赵，白起自率一军攻上党，王龁率一军攻皮牢，司马梗率一军北定太原。梗，又作蕲。靳、梗、蕲三字，一音之转，司马梗就是司马靳。公元前257年，白起被范雎害死，司马靳连坐而死，由此可见他与白起的亲密关系及其志节。

从上所述，司马氏从周代的程伯休甫到战国时的司马错、司马靳，武功显赫，激发子孙壮志，成为宝贵的家学遗产。《史记》系统地记载了古代的战争，具有战争史的规模体制。全书130篇，52万多字，载有战争内容的篇目达82篇，字数十余万言，约占四分之一的篇幅。这些篇目记载擅长兵略战阵的帝王将相60余人，记述古代战争500余次，其中重大战争从黄帝涿鹿之战到汉武帝征伐大宛共70余次，春秋战国及秦楚之际重大战争58次。凡重大战争，年表载其目，纪传、世家、列传载其事，有关军事篇章的表、书篇前之序和列传中的"太史公曰"构成系统的兵学理论，例如十二诸侯、六国、秦楚之际三表的序和《律书》篇前之序，可以说就是司马迁的战争论，也是他光大祖业的内容之一。

《太史公自序》又云："靳孙昌，昌为秦主铁官。昌生无泽，无泽为汉市长。"这寥寥数语，共十九个字，却反映了丰富的时代内容。具体说，就是司马迁的高祖、曾祖为秦汉两大统一王朝中央和京师的经济长官，这是司马迁承传经济学的家学渊源。

中国古代在春秋战国时代进入了铁工具时代。铁工具的普遍使用，推动了农业、手工业、商业的发展。战国时代，各国有作为农副业的家庭手工业，有独立经营的个体手工业，有豪民经营的大手工业作坊，有官府大规模经营的官营手工业工场。煮盐、冶铁、铸钱是当时的三大手工业支柱。冶铁、煮盐在深山大泽之中进行，需要较大的投资，以及一定数量劳动力的密集，除了官府经营外，则"非豪民不能通其利"①。战国时魏国孔氏，赵国卓氏、郭纵，韩国程郑等，都是大冶铁商。战国时由于列国纷争，战争频仍，国家与社会对手工业、兵器的生产需求很大，各国统治者为了增强国力，招徕人民，进行改革，实行宽松的经济政策，农业放在首位，培植大量自耕农，鼓励工商事业，因善无为，因而形成经济上的自由竞争和思想上的百家争鸣。所以在战

---

① 〔西汉〕桓宽撰：《盐铁论》卷一《禁耕》。

国时代，商品经济相当发达，出现白圭、吕不韦等穿行于列国间的大商人。西汉初无为而治，休养生息，商品经济再度活跃。盐、铁国脉所系，国家实行控制，万物皆商品，放任发展。与之相适应的管理机构，出现了铁官与市长两个要职。《汉书·百官公卿表》记载，秦国置内史掌治京师，汉分为三辅，即京兆尹、左冯翊、右扶风。三辅治所都在京师。长安市政的管理分属三辅。京兆尹属官有"长安市、厨两令丞，又都水、铁官两长丞"。左冯翊属官有"廪牺令丞尉，又左都水、铁官、云垒、长安四市四长丞"。又朝廷九卿大司农属官有"斡官、铁市两长丞"。各部门令、长为正职，为副职。从上所述，京师的铁官有三个系统：京兆尹与左冯拥有铁官长、丞，大司农有铁市长、丞。市长，即管理市场的工商税收官，有两个系统：京兆尹长安市令、丞与左冯翊长安市长、丞。汉承秦制，秦在战国时就设置了这些官署机构。《华阳国志》记载，秦惠王时，蜀守张若治成都，置盐铁市官，与当时秦都咸阳同制。这说明秦国从京师到地方的通都大邑都设置了盐铁官。汉武帝实行盐铁专卖，是对汉初无为政治的收缩，取缔个人经营，加强盐铁官办与垄断，而并非盐铁官从汉武帝才开始。《汉书·地理志》记载，武帝时代，政府在有关手工业生产的地方设置了工官八处，盐官三十五处，铁官四十八处。盐铁完全置于国家垄断之中。《华阳国志》所载秦国时代大体情况也是如此。

司马昌"为秦主铁官"，既是京师咸阳的铁官，又是全国的最高铁官，职同西汉大司农的盐铁丞。随着秦并六国，司马昌的职掌范围，也推向全国。司马无泽"为汉市长"，管理西汉京都长安九市的经济，征调全国物资，保证京师消费，洞察全国市场信息，集中输往中原内地与西北、巴蜀的各色商品，无疑积累了丰富的经济学知识以及商品流通与价值规律的实践经验。作为长安市长的司马无泽，毫无疑义是当时的经济学权威。汉武帝时的桑弘羊，就是司马无泽一类人物。

秦铁官司马昌、汉市长司马无泽，父子两代在秦汉交替的新旧王朝，均担任首都的最高经济长官，这是司马迁经济思想形成的又一家学渊源。司马迁总结治生之术，首创经济史传，写出《平准书》、《货殖列传》，绝不是偶然的。

司马谈临终，遗命司马迁勿忘修史重任，最后以忠孝耀祖的道德观念教导司马迁。司马谈说：

> 且夫孝始于事亲，中于事君，终于立身。扬名于后世，以显父母，此孝之大者。夫天下称诵周公，言其能论歌文武之德，宣周邵之风，达太王、王季之思虑，爰及公刘，以尊后稷也。

这里，司马谈以尽忠、尽孝、个人扬名来激励司马迁。司马谈高度评价了修史的重要意义，不亚于太王、王季、文王、武王、周公、召公等伟大历史人物的创业。周朝八百年天下，就是由这些历史人物一代接一代光耀起来的。在司马谈看来，完成一代大典，可以垂名万世，可以光宗耀祖，简直可以和创造周王朝的那些伟大人物比美了。司马氏祖上有世典周史的业绩，有程伯休甫、司马错的军功，有司马昌、司马无泽的治生之学，在这西汉太平盛世，怎样光大司马氏的祖业呢？修史、军功、治生，三者之中，惟修史意义最伟大而又最便捷，只要个人勤奋就有可能。司马谈看得比这更为深远。从忠君立场上说，不完成歌颂汉家大一统业绩就算不得忠臣。从立身的事业上说，修"太史公书"与孔子修《春秋》可相提并论。完成修史大典，可以说是尽孝、尽忠、立身，将三者完美地统一起来。司马迁"俯首流涕"，聆听着父亲的临终教诲，向父亲保证："小子不敏，请悉论先人所次旧闻。"也就是下定决心，"一定要完成太史公书"。司马氏祖先世典周史、治兵置阵的兵学、治生殖财的轻重学，以及父亲的临终重托，这一切就是司马氏家世几千年的祖业，无价的奋发精神铸造了司马迁。这是时人无可比拟的家学渊源，是《史记》成功的重要条件。

三、司马迁事历

司马迁是司马谈的独生子。司马谈以继《春秋》修史为己任，所以他要求儿子承传的就是完成这一事业。他精意培养司马迁的崇高目的就要司马迁成长为一个意志坚强、品格高尚的学者，能立言著述。司马迁十九岁以前在家乡耕读，是司马谈的苦心安排，是作为修身养性的一课来锻炼的。司马迁在《太史公自序》中不无自豪地说："迁生龙门，耕牧河山之阳，年十岁则诵古文。"这三句话充满高昂的激情。"迁生龙门"，人杰地灵；"耕牧河山之阳"，特殊的修养；"年十岁则诵古文"，聪明绝伦。在这三句之前，还有这样的话头："太史公既掌天官，不治民，有子曰迁。""既掌天官"，指为太史令，表示司马谈志在复兴司马氏中断已久的"史官世家"之学，所以用"天官"二字代称"太史令"。"不治民"强调"太史令"为占天的业务官，不是理政的治民官，不杂俗务。"有子曰迁"，说明司马迁是独生子。司马谈不把他带在身边去染习仕途经济的学问，而割爱留在乡间耕读，让童年、少年时代的司马迁接受独立生活的锻炼，不能不说是深谋远虑，识高一筹。司马迁不负严父所望，勤奋学习，十岁能诵古文，而且还参加耕牧，炼就一身好体魄，为二十壮游打下坚实的基础。

元朔二年（前127年）四月，汉武帝采纳了主父偃的建议，"徙郡国豪杰及訾三百万以上于茂陵"。司马迁家徙茂陵，结束了少年时代的生活，他走向广阔的社会，走向新生活。他到京师，在司马谈安排下，拜董仲舒、孔安国、唐都等为师，讲求更高的学问，兹不具述。元朔三年（前126年），司马迁二十岁，及冠成人，司马谈令他巡行天下采风，搜集文献，《太史公自序》称为"网罗天下放失旧闻"，用今天的话说叫社会调查，学术界研究司马迁称之为"二十壮游"。此后司马迁出仕为郎中，奉使巴蜀，继父职为太史令，蒙受李陵之祸而发愤著书，直到《史记》完成，孜孜不息。这就是司马迁一生的事历。把其要，下分三目来评说。

1. 二十壮游

司马迁二十壮游是司马谈安排和指导下的一次全国漫游的学术考察。《太平御览》卷二百三十五引卫宏《汉旧仪》说："司马迁父谈仕为太史，迁年十三，使乘传行天下，求古诸侯之史记。"《西京杂记》卷六文略同。这个故事是卫宏记载的传闻轶事，年龄或在传抄中有误，因"二十而南游江淮"是司马迁自己记载的，不必辩说。古时江南算是边远地区，在先秦是大楚及楚越之地，推翻秦朝起事于楚地，这些需要实地调查，搜集传闻。司马谈把这一重任交给了二十岁的儿子司马迁，也是父亲对儿子的一次考验。司马迁圆满地完成了这次学术旅行，求得了许多闻所未闻的知识，在《史记》许多篇章的论赞中一再论及旅游的收获。这标志司马迁已经成长为一个成熟的青年史学家，是父亲的一个好帮手了。

司马迁壮游的范围重点在南方，故自述为"二十而南游江、淮"。司马迁从京师长安出发东南行，出武关至宛。南下襄樊到江陵。渡江，溯沅水至湘西，然后折向东南到九疑。窥九疑后北上长沙，到汨罗屈原沉渊处凭吊，越洞庭，出长江，顺流东下。登庐山，观禹疏九江，辗转到钱塘。上会稽，探禹穴。还吴游观春申君宫室。上姑苏，望五湖。之后，北上渡江，过淮阴，至临淄、曲阜，考察了齐鲁地区的文化，观孔子留下的遗风。然后沿着秦汉之际风起云涌的历史人物的故乡，楚汉相争的战场，经彭城，历沛、丰、砀、睢阳至梁（今开封），回到长安。

二十壮游是司马迁一生中的一件大事，他不满足于"天下遗文古事，靡不毕集太史公"的书本知识，有目的、有计划地到全国各地去做实地考察，接触伟大祖国壮丽的河山和勤劳的人民。司马迁"浮于沅、湘"，追寻屈原的足迹，思考古往今来的历史变迁，想着屈原的为人，禁不住悲伤流涕。司马迁在长沙还凭吊了贾谊的遗迹，感到他的遭遇和屈原有些相似，后来写了《屈原贾生列传》，创造了把不同时代人物合传的形式，这是历史比较法的雏形。《史记》中的类传则是历史比较法的集中表现。这种方法使《史记》别开生面，大约就是司马迁在壮游过程中受到民间传说的启发而孕育成的。司马迁"上会稽，探禹穴，窥九疑"，搜集了关于五帝三代的古史传说，为他后来写《五帝本纪》和《夏本纪》做了准备。最值得称赞的是，司马迁在淮北对近现代史做了深入细致的寻访调查，比如陈涉少为庸耕有鸿鹄之志的慨叹，樊哙屠狗，曹参为狱掾，萧何为主吏，张良亡下邳，陈平为社宰，周勃织薄曲，韩信贫居葬母高敞地，刘邦好酒及色等等，都是书本上没有的知识。两千年前的司马迁具有这样的实践精神，真是难能可贵。

司马迁的游历考察，兼有史学家和文学家的兴趣。对于历史事件，大至秦始皇的破魏战争，小至战国时的一个城门名字，他都要力求掌握第一手资料。除历史事件外，有关人物遗事，生动的民间歌谣俚语，无不广泛地做了记载。至于山川地理、古今战场更是了如胸中。顾炎武评论说："秦汉之际，兵所出入之途，曲折变化，惟太史公序之如指掌。山川郡国不易明，故曰东曰西曰南曰北，一言之下，而形势了然。盖自古史书兵事地形之详，未有过此者。太史公胸中固有一天下之势，非后代书生之所能讥也。"① 这是司马迁在史事方面所得游历之助。苏辙云："太史公行天下，周览四海名山大川，与燕赵间豪俊交游，故其文疏荡，颇有奇气。岂尝执笔学为如此之文哉？其气充乎其中而溢乎其貌，动乎其言，见乎其文，而不自知也。"② 这是司马迁在文章辞采风格方面所得游历之助。总之，司马迁二十壮游，不仅使他获得了广博的社会知识，搜求了遗文古事；而且开阔了视野，扩展了胸怀，增长了见识和才干。这是《史记》成功的条件之一，在今天也是值得我们借鉴的。

2. 从入仕郎中到太史令

司马迁从元朔三年壮游，到元鼎六年以郎中将身份奉使巴蜀，其间有十六年。这期间，司马迁的重大活动，一是壮游，二是从孔安国问故，三是入仕为郎中。司马迁的二十壮游用了多少时间，文献没有记载，以情理推论，至少要花费一两年时间。孔安国为博士在元朔二年，元狩五年为谏大夫，元狩六年出为临淮郡太守，那么司马迁从孔安国问故，应当在他壮游归来至元狩六

---

① 〔清〕顾炎武：《日知录》卷二十六《史记通鉴兵事》条。
② 〔北宋〕苏辙：《栾城集·上枢密韩太尉书》。

年之前这一段时间,是没有疑问的。这期间,司马迁时年二十三四至二十八九。

司马迁何年出仕为郎?他在《报任安书》中说:"仆赖先人绪业,得待罪辇毂下二十余年矣。"依王国维说是书作于太始四年,由此上溯二十九年是元狩二年,上溯二十一年是元鼎四年,则司马迁入仕时间当在元狩二年至元鼎四年之间。《五帝本纪·赞》载司马迁自述云:"余尝西至空同。"王国维据《汉书》卷六《武帝纪》的记载:"元鼎五年冬十月幸雍,西登空同,临祖厉河而还。"推断说:"公西至空同,当是年十月扈从事。"这就是说,司马迁在元鼎五年之前已入仕为郎中。施丁据元狩五年武帝大选郎官,任安、田仁出仕为郎。是年武帝建寿宫。《封禅书》载司马迁得闻寿宫秘语。由此两点可推论司马迁亦当在元狩五年(前118年)出仕为郎,时年二十八岁。

汉朝的郎官系统有议郎、中郎、侍郎、郎中四级。议郎、中郎秩比六百石,侍郎比四百石,郎中比三百石。郎官无定员,可多至上千人,职务是"掌守门户,出充车骑"①,为皇帝的侍从,多由二千石高官子弟和富家子弟充任。郎官积资外迁,往往得为长吏,出守地方为令、长,是仕进的阶梯,平常亲近皇帝,所以人们感到很荣耀。司马迁虽然做的是最低级的小郎官,但在等级森严的封建制度下,他由一个秩比六百石的史官儿子得为郎中,已经是破格的了。由于司马迁超群绝逸的才干,很得汉武帝的信任。武帝从元鼎四年起巡行郡县、祭祀五帝、东巡封禅,司马迁常为侍从。

元鼎四年,汉武帝周游河洛,观省民风。元鼎五年西登空同,北出萧关,带领数万骑打猎于新秦中,气派十分雄伟壮观。扈从武帝的司马迁,在观赏这些场面之后必将激发起无限的豪情。司马迁在《史记》中擅长于激烈场面的表现,是和他几十年扈从武帝的豪放旅游分不开的。元鼎六年春,武帝东巡至汲新中乡,发出了征略西南夷的命令,司马迁奉使巴蜀以南地区,设置

---

① 〔东汉〕班固:《汉书》卷十九《百官公卿表》上。

新郡。这次奉使，给司马迁开拓了一个新领域，使他有机会深入民族地区做调查研究，为他后来在《史记》中首创民族史传提供了生活的实践舞台，是值得大书一笔的。

元封元年（前110年），司马迁三十六岁。这一年汉武帝东巡泰山封禅，太史令司马谈作为顾问随从东行。但他到了洛阳就病倒了。正在这时，司马迁奉使归来，见到了病危的父亲。司马谈拉着儿子的手，悲伤地留下了遗言，他要司马迁矢志继承自己的事业和理想，做太史令，完成通史著作。司马迁终生难忘，他在《太史公自序》中做了极为亲切感人的记载。司马谈说：

> 余先，周室之太史也。自上世尝显功名于虞夏，典天官事。后世中衰，绝于予乎？汝复为太史，则续吾祖矣。今天子接千岁之统，封泰山，而余不得从行，是命也夫，命也夫！余死，汝必为太史；为太史，无忘吾所欲论著矣。且夫孝始于事亲，中于事君，终于立身。扬名于后世，以显父母，此孝之大者。夫天下称诵周公，言其能论歌文武之德，宣周邵之风，达太王、王季之思虑，爰及公刘，以尊后稷也。幽厉之后，王道缺，礼乐衰，孔子修旧起废，论《诗》、《书》，作《春秋》，则学者至今则之。自获麟以来四百有馀岁，而诸侯相兼，史记放绝。今汉兴，海内一统，明主贤君忠臣死义之士，余为太史而弗论载，废天下之史文，余甚惧焉，汝其念哉！

从上引司马谈的临终遗言，可以看到他的伟大的抱负和理想。司马谈的作史理想有三端：一曰效周公，"歌文武之德"；二曰继《春秋》，"修旧起废"，为后王立法，为人伦立准则；三曰颂汉兴一统，论载"明主贤君忠臣死义之士"。合此三端，即构成了以人物为中心、以帝王将相为主体的纪传史，颂汉家一统之威德。这正是秦汉中央集权政治在学术思想上符合逻辑的反映，也就是当时的时代思想。司马迁在父亲的熏陶培育下也以修史为己任，具有崇高的理想。父子两人的理想是一致的。司马迁恳切地低下头来，流着眼泪向父亲起誓说："小子不敏，请悉论先人所次旧闻，弗敢阙。"司马迁守丧三年后，果然遵循父亲的临终教诲，在元封三年（前108年）继任为太史令。这一年司马迁三十八岁。

太史令是皇帝身边最重要的历史顾问，重大制度的兴革和典礼仪节均有太史令参加讨论。司马迁为太史令的第五年，即太初元年（前104年），汉武帝颁布了新历，定名太初历，并改年号为太初。改历是封禅活动的继续。封禅象征新王朝受命于天，改历象征受命的完成。汉武帝完成封禅改历是划时代的壮举，神圣非凡。司马迁躬逢其时，参与其事，激动不已。他想起了父亲的遗训，仿佛像洪钟一样响在耳边：

太史公曰："先人有言：'自周公卒五百岁而有孔子。孔子卒后至于今五百岁，有能绍明世，正《易传》，继《春秋》，本《诗》、《书》、《礼》、《乐》之际。'意在斯乎！意在斯乎！小子何敢让焉！"[1]

司马迁对自己肩负的历史使命做了反省，他认为继《春秋》的撰述工作应加紧进行，"于是论次其文"。学术界有人认为司马迁在太初元年开始述作《史记》，这是一种误解。撰述《史记》发凡起例于司马谈，我们从他临终时父子的对话中就可了解资料的整理工作已粗具某种规模。所以司马谈一则曰："汝复为太史，则续吾祖矣。"再则曰："余死，汝必为太史，为太史，无忘吾所欲论著矣。"三则曰："汝其念哉！"司马迁回答说："小子不敏，请悉论先人所次旧闻，弗敢阙。"今本《史记》留有司马谈作史痕迹，近人顾颉刚、李长之两先生以及今人赖长扬、赵生群两同志均有考证。司马迁二十壮游是作为父亲的修史助手而"网罗天下放失旧闻"的。《史记》是父子两代人毕生的心血结晶，前后撰述达三四十年之久。司马迁的正式撰述当从元封三年为太史令算起，由此可见，太初元年的"于是论次其文"，乃是编次、定稿，一篇一篇地写定。

---

[1] 《史记》卷一百三十《太史公自序》。

《史记》完成后，司马迁定名为《太史公书》，意思是太史公所著之书。太史公是司马迁对太史令父亲的尊称。司马迁还把自己的工作看作是继承父亲完成了未尽之功，所以在论赞中均标为"太史公曰"。从这里可以看到司马迁对父亲充满了神圣的敬仰。但是司马迁的伟大就在于他不是一个墨守成规的教条主义者。他大胆创新，以成"一家之言"。司马谈发凡起例，"述陶唐以来，至于麟止"。司马迁延伸上限，"起于黄帝"，延伸下限，"迄于太初"。司马迁说："余述历黄帝以来，至太初而讫，百三十篇"，就是他在创作过程中随着时代的演进，不断修改原计划的结果。司马迁修改《史记》断限，使它的主题更加鲜明。上限"起于黄帝"，是大一统历史观的反映。《史记》所载三代天子，列国世家，追祖溯源，皆归本于黄帝，这是值得注意的。中华民族皆黄帝子孙，这一观念就奠基于《史记》。下限"迄于太初"，则是实录精神的生动反映。因汉武帝即位至元狩元年，才十九年，文治武功，方兴未艾。司马谈在封禅之前定下限"至于麟止"，是效《春秋》绝笔获麟。从元狩元年到太初元年又十九年，到太初四年，历二十二年。这一时期，汉武帝外伐四夷，内兴功作，获得了巨大成功。所谓"文成致麟"，只不过是人为的虚饰宣扬，封禅改历才象征文治武功的极盛，所以司马迁要延伸下限至太初元年。但历史的发展是不能刀锯斧切的，为了史事叙述的完整，在创作过程中，司马迁又一次展延下限至太初四年，因后来的历史发展，太初四年成为汉王朝盛衰的分界点。个别重大事件，如李陵、贰师之降匈奴，征和二年巫蛊案，武帝封禅巡游等事讫于天汉征和之际，乃至武帝之末。《史记》的《外戚世家》、《屈原贾生列传》、《万石君张叔列传》、《平津侯主父列传》、《汲郑列传》、《酷吏列传》等篇多次提到"武帝"二字，这可以说是司马迁在武帝死后仍在修饰的痕迹，但是这些细微的补充，没有改变"迄于太初"这一大的时代断限。而这一断限是司马迁在太初元年定下来的。由此我们可以得出这样的结论：司马迁在太初元年"于是论次其文"，确是着手定稿《史记》，编次其文，修正断限，标志着他的成熟。换句话说，司马迁为太史令，至太初元年已经成长为一个完全成熟的史学家了。

3. 遭李陵祸而发愤著书

太初历颁布后第七年，司马迁的撰述工作进入了高潮，正当"草创未就"之时，突然飞来了横祸，司马迁遭受李陵案的株连，而被下狱受腐刑。

李陵是名将李广的孙子，少为建章监，骑射技术有祖父李广之风，谦虚下士，甚得战士心。天汉二年，汉武帝派贰师将军李广利率三万骑兵出酒泉，击匈奴右贤王于天山。李陵率五千步卒出居延，北行三十天，直达浚稽山（约在今蒙古人民共和国图拉河与鄂尔浑河间），吸引单于的注意力，保证贰师将军的出击。李陵的担子很重，汉武帝派老将路博德率领骑兵一万为他的后援。李陵长驱直入，达到目的地后派陈步乐回朝廷报告。汉武帝十分高兴，朝中诸大臣无不举杯祝贺。正在这时，孤军深入的李陵却遭到匈奴单于亲自率领的重兵包围。匈奴骑兵从三万增加到八万，李陵且战且退，经过了十几天的激战，汉兵歼敌一万多，但终因寡不敌众，在离边塞仅有一百多里的地方，李陵全军覆没，投降了匈奴。老将路博德耻为李陵后援，坐视不救，这是汉武帝用人的错误。

贰师将军李广利是一个庸才，因为他是汉武帝宠姬李夫人的哥哥，所以汉武帝把重兵交给他。贰师，本是大宛的都城。太初年间李广利兵征大宛，拜为贰师将军，封海西侯。这次出征匈奴，汉武帝想让贰师立功增封，但这个庸将率领的三万骑兵未遇匈奴主力，却打得大败亏输，损兵折将而返。汉武帝见两路兵败，食不甘味，听朝不怡。阿谀逢迎之徒，猜中了汉武帝的心事，讳言贰师之败，全委过于李陵。司马迁十分气愤，认为这是极不公平的。当汉武帝召见司马迁的时候，他便以自己对汉武帝的"拳拳之忠"坦率地说了他的看法。司马迁说：

> 李陵事亲孝，与士信，一向怀着报国之心。他只带领了五千步兵，吸引了匈奴全国的力量，杀敌一万多，虽然战败降敌，其功可以抵过，我看李陵并非真心降敌，他是活下来

想找机会回报汉朝的①。

李陵兵败降敌，成了叛徒，这个案是不能翻的。司马迁为李陵辩护，这个短我们也不必讳言而曲为之开脱。但是，司马迁谏劝武帝，主要用意并不在替李陵辩降，而是站在历史家的立场上讲了事实真相，一方面宽武帝之心，另一方面是希望汉武帝公正地对待将士的成败。但这却刺痛了汉武帝的心病，他一下子翻过脸来，全不看他多年侍从尽职的分上，怪罪下来，囚禁了司马迁。天汉三年，汉武帝误听传言，说李陵替匈奴练兵，把李陵的全家抄斩了，无辜的老母也上了法场。司马迁进一步遭株连，受了腐刑。他平时的亲友，武帝身边的显贵，没有一个人出来营救他。这使司马迁看到了封建社会的世态炎凉和人情冷暖，更看出了一些专制主义的弊端，使他的立场发生了重大的转变。司马迁受尽了酷吏的凌辱之后，认识到"以求亲媚于主上"的思想是"大谬不然"，从而发扬了批判的精神，同情人民的苦难，揭露专制主义的黑暗。这场灾祸，对司马迁个人是一场悲剧，而对《史记》的完成却是一个动力和新起点，这是加害于司马迁的统治者们非始料所及的。

司马迁在狱中经历了一场严重的生与死的斗争。他说：

> 祸莫憯于欲利，悲莫痛于伤心，行莫丑于辱先，诟莫大于官刑②。

司马迁认为"最下，腐刑极矣"，曾多次想到自杀。但是《史记》还没有完成，父亲的遗愿还没有实现，他的身躯是属于《史记》的，也是属于父亲和自己的理想的。"人固有一死，或重于泰山，或轻于鸿毛"，司马迁在痛苦中懂得了人生的意义，他坚强地活了下来，决心以最大的毅力来完成《史记》。他引古人自况，认为只有那些能够经受得起艰难环境磨炼的人才能做出一番事业来。西伯拘羑里演《周易》，孔子厄陈蔡作《春秋》，屈原

---

① 这里是串述，本段原文见《汉书》卷六十二《司马迁传》所录《报任安书》。
② 《报任安书》。

放逐赋《离骚》，左丘失明著《国语》，孙子膑脚论《兵法》，不韦迁蜀传《吕览》，韩非囚秦有《说难》、《孤愤》，《诗》三百篇，大都是圣贤发泄愤懑的作品。这些人都是因为心里有所郁结，又得不到通达，所以才叙述往事，寄情后人。司马迁引述的这些古人的事迹与历史事实有出入，例如韩非的《说难》、《孤愤》作于入秦之前，吕不韦的《吕览》写成在放逐之先，这都是《史记》在他们的本传中明白地做了记载的。我们不能钻牛角。司马迁引述古人旨在说明他发愤著书。他效法古人，把自己全部的精力和热血倾注在《史记》之中，成为"一家之言"，表达了鲜明的爱憎感情。《史记》的人物有个性，有血有肉，栩栩如生。《史记》的议论寓于序事之中，不虚美，不隐恶，据事实录，闪耀着民主性的光辉，具有深厚的人民性。鲁迅称誉《史记》是"史家之绝唱，无韵之《离骚》"，是十分中肯的。《史记》之所以获得这样高的成就，正因为它是司马迁发愤所著之书，字字句句都用血和泪写成。

司马迁出狱后，被用为中书令。中书令是皇帝身边的秘书，被目为"尊宠任职"。但此职系宦官充任，司马迁因受腐刑，得以充任此职，他认为是一种无法忍受的侮辱，"肠一日而九回，居则忽忽若有所亡，出则不知所如往"，真是坐卧不宁了。但司马迁终于从个人的悲怨中解脱出来，忍辱著书，献身于《史记》，留下了宝贵的实录作品，这种精神体现了中华民族的脊梁，是值得我们敬仰的。司马迁的人格是崇高的，他认为只有那些能够经受得起艰难环境磨炼的人，才能做出一番大事业来，这一认识不但激励了自己，而且也启迪着后人深思。

四、历史呼唤巨人降世

在两千年前，中国就产生了《史记》这样一部具有世界影响的历史学和文学巨著，是人类文化史上的奇观。《史记》成书，奠定了司马迁作为文化巨人和世界名人的历史地位。探索《史记》成书的历史条件，不仅对于深入研究司马迁的思想和《史记》的价值，具有十分重要的意义，而且可以生动地说明，是历史的呼唤产生了巨人，司马迁是大一统时代的骄子。

《史记》产生在西汉盛世武帝时代，这绝不是偶然的。东汉史家班固对这一时代曾做了高度的理论概括，写下了一段精彩的议论：

> 汉兴六十余载，海内艾安，府库充实，而四夷未宾，制度多缺。上方欲用文武，求之如弗及。始以蒲轮迎枚生，见主父而叹息。群士慕响，异人并出。卜式拔于刍牧，弘羊擢于贾竖，卫青奋于奴仆，日䃅出于降虏，斯亦曩时版筑饭牛之朋已。汉之得人，于兹为国盛，……是以兴造功业，制度遗文，后世莫及。①

汉武帝是西汉第五代皇帝。西汉经过高、惠、文、景四代人的治理，中央集权日益巩固。全国一统，国力充实，"蓄积岁增，户口寝息"②。政治稳定，经济繁荣，必然带来文化学术的高涨。武帝即位，深感"四夷未宾，制度多缺"，为了适应大规模用兵和上层建筑的改革，不拘一格录用人才，所以"群士慕响，异人并出"，"汉之得人，于兹为国盛"。范文澜先生指出："西汉一朝各方面的代表人物如大经学家大政论家董仲舒，大史学家司马迁，大文学家司马相如，大军事家卫青、霍去病，大天文学家唐都、落下闳，大农学家赵过，大探险家张骞，以及民间诗人所创作经大音乐家李延年协律的乐府歌诗，集中出现在武帝时期。这是历史上非常灿烂的一个时期，汉武帝就是这个灿烂时期的总代表。"③司马谈、司马迁父子两代又恰与汉武帝君臣相知，长期侍从左右，参与机要，在统治集团最高层深深体验宏阔昂扬的时代精神，这就是《史记》产生的历史背景和主观条件，条其大端

---

① 〔东汉〕班固：《汉书》卷五十八《公孙弘卜式儿宽传·赞》。
② 〔东汉〕班固：《汉书》卷三十二《刑法志》。
③ 范文澜：《中国通史简编》（修订本），第二编，人民出版社1965年版，第39页。

有六项。

首先，如何巩固西汉王朝的统治，需要总结历史的经验，做出学术的综合。早在高帝即位之初，这位马上得天下的开国皇帝，就让陆贾总结"秦所以失天下，吾所以得之者何，及古成败之国"① 的历史经验，寻求长治之术。陆贾总结秦亡的教训是：秦代"事逾烦天下逾乱，法逾滋而奸逾炽，兵马益设而敌逾多。秦非不欲为治，然失之者乃举措暴众而用刑太极故也"②。针对秦政之失，汉王朝做到徭役不烦，刑法不滋，兵马少设，减轻对农民的压迫剥削，才能巩固政权。这一套治国理论，刘邦"称善"，左右呼"万岁"，从而确立了汉初的无为政治。孝惠皇帝和高后继续执行这一治国方针，"君臣俱欲休息乎无为"，天下晏然，"民务稼穑，衣食滋殖"③。到了武帝即位的时候，民则人给家足，而府库余货财。农业技术提高了，手工业发展了，城市兴起，商业发达，全国一片欣欣向荣。可是，若把时钟拨回一百年，在秦汉之际，"三十年之间，兵相骈藉"，"死人如乱麻"④。陈涉发难，项羽灭秦，刘邦兴起，"五年之间，号令三嬗，自生民以来，未始有受命若斯之亟也"⑤。翻天覆地的历史变化是怎样发生和发展的？这需要学术界对历史做出综合的研究来回答。文帝时贾谊作《过秦论》，贾山作《至言》，总结秦亡的教训，是陆贾《新语》工作的继续，仍是侧重于政治方面。到了汉武帝时代，理论的归纳大大向前推进了一步。董仲舒倡导"罢黜百家，独尊儒术"，治"春秋公羊学"，宣扬大一统，已经是学术综合的工作了。与司马谈同时而与司马迁相及的淮南王刘安，他纠集学者编纂了一部"观天地之象，通古今之事"⑥ 的《淮南子》，更是学术综合的工作。司马谈《论六家要指》，强调百家殊途同归，"皆务于治"明确地阐述了学术综合与政治的关系。司马迁对这

---

① 《史记》卷九十七《郦生陆贾列传》。
② 〔西汉〕陆贾：《新语·无为》。
③ 《史记》卷九《吕太后本纪·赞》。
④ 《史记》卷二十七《天官书》。
⑤ 《史记》卷十六《秦楚之际月表序》。
⑥ 〔西汉〕刘安等：《淮南子》卷二十一《要略》。

一问题有着更深刻的认识，追溯到春秋战国之世。《十二诸侯年表序》云：

> 是以孔子明王道，干七十余君，莫能用，故西观周室，论史记旧闻，兴于鲁而次《春秋》，上记隐，下至哀之获麟，约其辞文，去其烦重，以制义法，王道备，人事浃。……鲁君子左丘明，因孔子史记具论其语，成《左氏春秋》。铎椒为楚威王傅，为王不能尽观《春秋》，采取成败，卒四十章，为《铎氏微》。赵孝成王时，其相虞卿上采《春秋》，下观近势，亦著八篇，为《虞氏春秋》。吕不韦者，秦庄襄王相，亦上观尚古，删拾《春秋》，集六国时事，以为八览、六论、十二纪，为《吕氏春秋》。

这段议论把学术总结与现实的政治紧密相连，表明了司马迁的学术思想，继承其父《论六家要指》的宗旨，综合学术为政治服务。清代学者钱大昕说，《史记》的"微旨"有三，"一曰抑秦，二曰尊汉，三曰纪实"[①]，这正是司马迁所处时代的精神和时代的使命。

其二，西汉的文化发展，提供了修史条件。司马迁修纂《史记》，"是长期的历史研究成果的集中体现"[②]。如果没有《春秋》、《尚书》、《左传》、《国语》、《世本》、《战国策》等史书的先后问世，就不可能凭空冒出《史记》这样的历史巨著。司马迁能够运用这些典籍，是西汉的文化发展提供的条件。在秦汉时代，书籍的传播，主要用简策书写，得书十分困难，昂贵的缣帛书更非一般人所能得。秦始皇焚灭诗书史记，以愚黔首，还不准民间读书、藏书，制造了人为的困难。司马迁"䌷史记石室金匮之书"，这些图书是西汉王朝长期收聚起来的。班固说："汉兴，改秦之败，大收篇籍，广开献书之路。迄孝武世，书缺简脱，礼坏乐崩，圣上喟然而称曰：'朕甚闵焉！'于是建藏书之策，置写书之官，下及诸子传说，皆充秘府。"颜注引刘歆《七略》云："外

---

① 〔清〕钱大昕：《与梁耀北论史记书》，见《潜研堂文集》卷三十四。
② 白寿彝：《史记新论》，求实出版社1981年版。

则有太常、太史、博士之藏,内则有延阁、广内、秘室之府①。"早在惠帝四年,汉朝就废除了挟书律,奖励献书,提倡讲学。汉文帝曾派晁错到济南记录整理九十余岁老人,故秦博士伏生口授《尚书》。汉武帝即位之初就"征天下举方正贤良文学材力之士,待以不次之位"②。汉武帝还下令,"天下计书,先上太史公,副上丞相,序事如古春秋"③。所谓"序事如古春秋",就是进行年月日的编纂整理,使天下计书皆为有用史料。成帝时刘向校书,国家更投入了大量的人力物力。汉武帝"建藏书之策,置写书之官"实际上就是进行文化整理。这个工作由太史令主持。司马迁说:"百年之间,天下遗文古事靡不毕集太史公。太史公仍父子相续纂其职。"④ 也就是司马谈、司马迁相继主持文化典籍的整理工作,得以阅读秘籍图书,成为最博学的人。太史府等于是国家给司马迁设立的书局。

其三,雄才大略的汉武帝,加强了中央集权的统治。宏阔昂扬的时代,是《史记》成书的直接背景。汉武帝击胡攘越,开拓疆土;内兴功作,改革了上层建筑,加强了大一统的皇权统治,造成了西汉王朝的博大气象。"汉兴五世,隆在建元,外攘夷狄,内修法度,封禅,改正朔,易服色,作《今上本纪》第十二。"司马迁充分肯定了汉武帝的事业。司马谈、司马迁父子,原来是汉武帝身边的亲信,积极参与了汉武帝事业的兴作。司马谈对封禅制礼起了重要作用。司马迁从巡武帝,目睹各种盛大的典礼场面、阅兵仪式,以及游猎活动,领受了宏阔昂扬的时代精神。《史记》载武帝一朝史事,篇目和字数占了全书的五分之一。许多篇章都留下了司马迁活动的足迹。《史记》的体大思精是和司马迁直接参与汉武帝宏伟事业的活动是分不开的。

其四,汉武帝后期阶级矛盾尖锐化,为司马迁"原始察终,见盛观衰"的方法论提供了现实的依据。"原始察终",指历史研

---

① 《汉书》卷三十《艺文志》及注。
② 《汉书》卷六十五《东方朔传》。
③ 《史记》卷一百三十《太史公自序·集解》引如淳所述卫宏《汉仪注》。
④ 《太史公自序》。

究要考察其发展变化的因果关系；"见盛观衰"，指洞察历史的变化，要能在鼎盛之时看到它衰败的征兆①。司马迁用这样的方法，认识到汉朝的统一和制度，是继秦朝历史的发展，从而肯定了秦朝的统一之功。同时，从秦朝覆亡的原因，又看到了当代政治的危机。例如他在《平准书》中就指出汉武帝步秦始皇的后尘，"竭天下之资财"以恣其欲，并不以为怪。因为皇帝视"天下子民"为一人之私产，毫无节制地挥霍，把天下人民推入了火坑，其源盖出于皇帝高度集权之弊。"事势之流"，就是指汉武帝效秦始皇专制纵欲，带来了社会危机，"固其变也"②的结论。当汉武帝和臣僚们正在弹冠相庆的时候，司马迁却看出了汉王朝统治的危机，在《酷吏列传》中直言不讳地批评严刑峻法激起了农民起义，敲起了警钟，这实在是了不起的识见。可以说，"原始察终，见盛观衰"，具有辩证法的思想光辉。司马迁既尊汉而又批判，既看到它的鼎盛而又看到它的弊病。两千年前的司马迁有如此不凡的识见，来源于他对现实社会演变的深刻观察。西汉社会在"文景之治"的升平时期，就已隐伏着对立的阶级矛盾。贾谊、晁错在政论中就发出了呼喊。到武帝之世，矛盾有了进一步激化。"当此之时，网疏而民富，役财骄溢，或至兼并豪党之徒，以武断于乡曲。"③到了武帝后期，由于武帝过度使用民力，造成了"海内虚耗，户口减半"的残破局面，阶级矛盾日趋尖锐，各地爆发了农民起义，动摇着汉王朝的根基。司马迁目睹这一事势的变化，不能不对天命论产生怀疑，不能不对"今上圣明"的述史主题进行修正。所以《史记》内容呈现出尊汉与暴露的双重内容，正是司马迁所处时代巨变的反映。

其五，文景之世开明政治的流风余韵，启迪了司马迁自成"一家之言"。汉文帝即位，发动了对秦王朝暴政的批判，吸取"雍蔽之伤国也"④的历史教训，鼓励臣民直言极谏。举贤良方

---

① 关于司马迁"原始察终，见盛观衰"的方法论，详述见本书第四章第四节。
② 《史记》卷三十《平准书》。
③ 《史记》卷三十《平准书》。
④ 〔西汉〕贾谊：《过秦论》。

正的基本条件就是"直言极谏"。汉武帝专制有别于秦始皇的根本之点,就是还能容忍臣下直言,故有晚年悔征伐之事。汲黯在廷对时说:"陛下内多欲而外施仁义,奈何欲效唐虞之治乎!"① 武帝怒而不罪。所以在汉武帝时代,虽罢黜百家,而文网未密,臣工士庶,尚能直言议政。故司马迁述史,汉武帝未予干涉。尽管卫宏记载了武帝削除景纪、今上本纪的流言,但未禁司马迁著书。在这一环境下,司马迁才敢直言,实录史事,虽有忌讳之辞,而能终成一家之言。

以上各点,是《史记》成书的客观条件。

其六,父子两代人心血的结晶。司马谈作史,准备在建元、元光间,正式述史在元狩元年(前122年)。司马谈卒于元封元年(前110年)。从元狩元年到元封元年,司马谈作史草创经营了十二年。从元封三年到太始四年,为司马迁发愤著书阶段十六年。就这样,《史记》写作基本完成就经历了前后二十八年,凝聚着司马谈、司马迁父子两代人的心血,方能成为一部体大思精的著作。

《史记》成书,司马谈、司马迁父子两代都投入了毕生的精力,这是《史记》成书的主观条件。司马谈以其远大眼光,领略了时代的要求,立下述史壮志;司马迁以其超卓识见,才能追寻历史之变,不断升华述史主题。在司马迁手中,《史记》主题随着断限的修正,做了两次飞跃式的升华,从而使《史记》熔铸了人民性的成分。《太史公自序》留下了修正《史记》断限的明确记载。"于是卒述陶唐以来,至于麟止",即上起帝尧,下讫汉武帝元狩元年获麟,这就是司马谈发凡起例的计划。太初改历,司马迁躬逢盛时,他激动不已,被汉家的盛大气象所倾倒,决定修正父亲发凡起例的《史记》断限。司马迁扩展上限起于黄帝,突显大一统历史观,延伸下限至太初四年,增强现代史内容,颂扬大汉威德。从黄帝至汉武帝,正象征历史从统一发展而走向大一统,这是具有深意的史识。随着事势的发展,司马迁受李陵之

---

① 《史记》卷一百二十《汲郑列传》。

祸，再次修正《史记》断限，将讫于太初元年的下限延伸讫于太初四年，以"见盛观衰"，同时抒写愤懑，吐发不平际遇，从而使《史记》熔铸了人民性的成分。司马迁两次修正《史记》断限，两次升华了《史记》的主题，他的思想也从温和刺讥走向激烈抗争，并形成"是非颇谬于圣人"的异端思想而熔铸在体大思精的著作中。太初改历与受李陵之祸，恰好就是司马迁述史的两个转折点。《太史公自序》最后记载了修正《史记》断限后的实际断限，说："太史公曰：余述历黄帝以来至太初而讫，百三十篇。"

总上，《史记》成书的条件留给我们的启示是：一部不朽的传世名著，必须具备主客观条件的统一才能产生。西汉盛世为司马迁著作一部通史提出了时代的要求，也提供了物质条件，这是《史记》成书的历史背景。司马迁所受教育、修养及其经历是《史记》成书的著述内因。历史背景是客观条件，著述内因是主观条件。从历史背景来看，《史记》是适应秦汉大一统社会的历史使命而产生的，所以它的本始主题是颂扬帝王将相的功勋来为巩固封建统治服务。尽管《史记》注入了人民性的成分，但并未改变这一基本主题。学术界以往的论述，未能深究《史记》的成书条件，往往以后世个人的经验去看待《史记》，颠倒了两者的关系，把人民性看成是《史记》的基本主题，因而不能合理地解释纪传史产生的原因。《史记》是司马谈、司马迁二人以汉太史身份修成，在这个意义上，也可以说它是一部自成"一家之言"的官修史书。《史记》的伟大价值，并不只是它揭露现实，表现为异端，而根本性在于它全面地反映了大一统的时代精神及其盛衰。一言以蔽之，时代呼唤巨人降世。当然，司马迁受祸发愤，在《史记》中熔铸了人民性，使它更加灿烂夺目，这是不言而喻的。

第二章 《史记》的创作宗旨

《史记》的创作宗旨,司马迁在《太史公自序》和《报任安书》中做了鲜明的揭示。《自序》说:

> 网罗天下放失旧闻,王迹所兴,原始察终,见盛观衰,论考之行事,略推三代,录秦汉,上记轩辕,下至于兹,著十二本纪,既科条之矣。并时异世,年差不明,作十表。礼乐损益,律历改易,兵权山川鬼神,天人之际,承敝通变,作八书。二十八宿环北辰,三十辐共一毂,运行无穷,辅弼股肱之臣配焉,忠信行道,以奉主上,作三十世家。扶义俶傥,不令已失时,立功名于天下,作七十列传。凡百三十篇,五十二万六千五百字,为《太史公书》。序略,以拾遗补艺,成一家之言,厥协《六经》异传,整齐百家杂语,藏之名山,副在京师,俟后世圣人君子。

《报任安书》云:

> 网罗天下放失旧闻,考之行事,稽其成败兴坏之理,亦欲以究天人之际,通古今之变,成一家之言。

司马迁的这两段话,可以概括为四个要点:

(1)"网罗天下放失旧闻,王迹所兴,原始察终,见盛观衰",即总结古今一切人间社会史事,考治乱之源。(2)究"天人之际,承敝通变",即探讨天道与人事的关系,展现历史的变化和发展。汉代流行天人感应学说,自然要给司马迁的思想打下时代的烙印,而究"天人之际"。但是"承敝通变"却又打破了"天不变,道亦不变"的框架。(3)确立以人物为中心的述史体系。司马迁认为"运行无穷"的历史,并不只是帝王的政绩,那些"辅弼股肱之臣"的言论行事不应泯没。他的父亲司马谈临终遗言说:"今汉兴,海内一统,明主贤君忠臣死义之士,余为太史而弗论载,废天下之史文,余甚惧焉,汝其念哉!"司马迁在《史记》中创作了三十《世家》和七十《列传》来实现父亲的遗命。(4)"拾遗补艺","厥协《六经》异传,整齐百家杂语",继《春秋》之后"成一家之言"。总括起来就是:司马迁要完成一部以人事为中心的包容百科全书知识的通史。四点内容,博大精深。本章集中探讨司马迁的创作动机及他自述的"究天人之际,通古今之变,成一家之言"的内容。

一、继《春秋》创一代大典

《史记》从六经异传和诸子百家著作中吸取了许多学术观点。在这些学术观点中,如果要找出一个最重要的堪称灵魂性的观点,那就是儒家特别是春秋公羊学派所大力宣传的孔子作《春秋》说[①]。孔子作《春秋》说是《史记》创作的理论基石。继《春秋》创一代大典,就是司马谈、司马迁父子的创作动机。

孔子作《春秋》说,司马迁在《史记·孔子世家》、《十二诸侯年表》、《儒林列传》、《太史公自序》等篇章中均有记载。这些

---

① "春秋"本是各国史书的通名,自战国儒家说孔子作《春秋》之后,《春秋》一书就专指春秋时期鲁国史书。《春秋》记事始于公元前722年,迄于公元前481年。它以简练的语言记载春秋大事,类似于后世的大事记。后人对孔子作《春秋》提出许多质疑,但战国秦汉时代人们深信它是孔子所作,特别是在汉代,《春秋》的地位相当于一部国家宪法。

记载的大意是：春秋末年周室衰微，王道中断，孔子为救世而周游列国宣传王道，但各国诸侯都不能用他。晚年的孔子受获麟的激励而作《春秋》。《春秋》笔削严谨，辞约指博，字里行间蕴含了许多"义法"，孔子就是通过这些义法来评价历史和现实，以"使乱臣贼子惧"。更重要的是孔子在《春秋》中为后代圣王制定了一王之法，《春秋》的"王法"施行之日，就是王道社会的重建之时。《春秋》是礼义的"大宗"，它是凝聚了孔子心血、希望、理想的力作，是知孔罪孔的唯一依据。

司马氏父子著述《史记》（当时叫《太史公书》）的宗旨，就是要上继孔子《春秋》。这个学术宗旨最初是由司马谈确定的，《史记·太史公自序》载司马谈遗嘱说："幽厉之后，王道缺，礼乐废，孔子修旧起废，论《诗》、《书》，作《春秋》，则学者至今则之。自获麟以来四百有余岁，而诸侯相兼，史记放绝。今汉兴，海内一统，明主贤君忠臣死义之士，余为太史而弗论载，废天下之史文，余甚惧焉，汝其念哉！"司马谈心目中的《太史公书》，是要从孔子《春秋》绝笔之年写起，以展现王道由中断到接续再到中兴的历史过程，论载在这个过程中明主贤君忠臣死义之士的辉煌业绩。同篇又载司马迁之语："先人有言：'自周公卒五百岁而有孔子。孔子卒后至于今五百岁，有能绍明世，正《易传》，继《春秋》，本《诗》、《书》、《礼》、《乐》之际？'意在斯乎！意在斯乎！小子何敢让焉。"司马迁在此表示，他深知父亲对自己的殷切期望，决心通过述史来继承孔子删述六经的事业，让司马氏的《太史公书》能够像孔子《春秋》一样，成为新的历史条件下的一王之法。

孔子作《春秋》之说，并非司马迁的发明，而是战国秦汉之际儒家几代人才得以完成的一个巨大的文化创造工程①。把这个过程讲清楚，我们就会理解司马氏父子何以作史要上继《春秋》，

---

① 战国秦汉之际是中华民族文化的创造、选择、定型阶段，在这一历史波澜壮阔的文化创造中，有一项创造对中华民族文化的发展最为重要，这就是儒家后学对孔子形象的再创造。汉文化乃至中华民族文化特定的形成，儒家独尊地位的取得，都与这个学说有关。司马氏父子选择孔子作为自己史书的旗帜，也需要从这个观点来做说明。

对《史记》的著述宗旨也就会有更深入的体会。

《论语》没有记载孔子作《春秋》之事。大约成书于战国初年的《左传》最先透露出孔子作《春秋》的信息，《左传·僖公二十八》载："是会也，晋侯召王，以诸侯见，且使王狩。仲尼曰：'以臣召君，不可以训。'故书曰：'天王狩于河阳。'"这一句载于《春秋·僖公二十八年》，《左传》说这一句是孔子写的，这就间接地说明孔子是《春秋》的作者。《左传·成公十四年》又载："君子曰：《春秋》之称，微而显，志而晦，婉而成章，尽而不汙，惩恶而劝善，非圣人，谁能修之？"这个"圣人"似乎指的就是孔子。《左传》虽然隐隐约约地暗示《春秋》的作者是孔子，但它还没有把这一点挑明。战国中期儒家大师孟子受《左传》启示，第一次明确地说孔子作《春秋》。在《孟子·滕文公下》中，孟子将中国历史文化的发展划分为三个阶段："昔者禹抑洪水而天下平，周公兼夷狄、驱猛兽而百姓宁，孔子成《春秋》而乱臣贼子惧。"首先是大禹治水，在人与自然的搏斗中取得了重大胜利，使人类告别了洪荒时代；而西周初年周公赶走了如同洪水猛兽般的夷狄，使中国先进的礼义文化不至于被野蛮落后的夷狄文化所代替；至于孔子，则面临着政治学术的拨乱反正任务："世衰道微，邪说暴行有作，臣弑其君者有之，子弑其父者有之。孔子惧，作《春秋》。《春秋》，天子之事也。是故孔子曰：'知我者其惟《春秋》乎！罪我者其惟《春秋》乎！'"孟子在这里提出了一个重要观点：孔子是出于对邪说暴行并作、君臣纲常紊乱现实的巨大忧患而作《春秋》，《春秋》讲的是天子之事，它通过对历史事件的褒贬来行使天子的赏罚黜陟的威权。这个观点给儒家后学以无穷的启发，儒家后学在吸取阴阳五行学派五德终始的理论之后，便提出孔子作《春秋》当一王之法的观点。《孟子·离娄下》又说："王者之迹熄而《诗》亡，《诗》亡然后《春秋》作。晋之《乘》，楚之《梼杌》，鲁之《春秋》，一也；其事则齐桓晋文，其文则史。孔子曰：'其义则丘窃取之矣。'"孟子在这里继续阐发了《春秋》是讲天子之事的观点。他指出，《诗三百》是西周王道教化的产物，由于周王室衰微而导致采诗制度的中止，是孔子的《春秋》才使中断了的王道传统又接续上来。孟子认为，从表面上看，孔子的《春秋》与晋国的《乘》、楚国的《梼杌》没有什么区别，它们讲的都是齐桓、晋文一类的春秋历史事件，都是以史书的形式出现，实际上《春秋》与《乘》、《梼杌》是有本质区别的，这个区别就是孔子所"窃取"的"义"。这又是一个至关重要的观点，因为按照儒家后学的说法，孔子在《春秋》的微言大义就成为儒家的专门学问。《史记·太史公自序》说："《春秋》文成数万，其指数千，万物之散聚皆在《春秋》。"就是指《春秋》微言大义而言。孟子关于孔子作《春秋》的说法对此后产生了深远的影响，它给儒家后学提供了一条重新解读孔子的线索，儒家就是遵循这条线索而成功地走上了统治思想之路。《史记·十二诸侯年表》说，在孔子《春秋》之后，出现了《左氏春秋》、《铎氏微》、《吕氏春秋》等一个"春秋"系列，"及如荀卿、孟子、公孙固、韩非之徒，往往各捃摭《春秋》之文以著书，不可胜纪。"在这个"春秋"系列中，有两种专讲孔子《春秋》的微言大义，这就是《春秋公羊传》和《春秋穀梁传》，而尤以《春秋公羊传》最为重要。

《春秋公羊传》在先秦时期是口头相传，至汉景帝时才由公羊寿写定。《四库全书总目》载徐彦疏引戴宏序曰："子夏传与公羊高，高传与其子平，平传与其子地，地传与其子敢，敢传与其子寿。至汉景帝时，寿乃与齐人胡毋子都著于竹帛。"四库馆臣又指出，《公羊传》中有"子沉子曰"、"子司马子曰"、"子女子曰"、"子北宫子曰"、"高子曰"、"鲁子曰"，认为"盖皆传授之经师，不尽出于公羊子"[1]。《春秋公羊传》隐约地提到获麟是王者兴盛时代出现的祥瑞："麟者，仁兽也。有王者则至，无王者则不至。"作者暗示孔子是以《春秋》当新王。《春秋公羊传》在结尾处说了一句意味深长的话："制《春秋》之义，以俟后圣。"这是说孔子在《春秋》中制定了义法，等待着后世圣王将它付诸实施。这较之孟子说孔子"窃取"《春秋》之"义"，又前进了一

---

[1] 〔汉〕公羊寿等：《春秋公羊传注疏》，北京大学出版社1999年版，第1页。

大步。《汉书·艺文志》六艺略著录《春秋》类图书，在《春秋公羊传》之后，尚有《公羊外传》五十篇，《公羊章句》三十八篇，《公羊杂记》八十三篇和《公羊颜氏记》十一篇，这些公羊学古籍均已亡佚，不知它们提出了哪些新观点。至春秋公羊学大师董仲舒，在孟子关于孔子作《春秋》讲天子之事观点的基础上，吸收了阴阳家和五德终始说及其改制理论①，创造了系统的三统循环论，就是在这个三统论之中，他将孔子塑造成一位先知的改制者形象。他说孔子受天命作《春秋》当一王之法，制定了一代黑统新王制度。这样，孔子感应天命和作为先知的宗教意义突出了，凛然成为受天命而制王法的素王，一个意义明确的新的孔子形象最终形成了②。

今人讲董仲舒，大多重视他的天人感应学说，实际上董氏公羊学的精髓不在于此，而在于他的"更化"政治主张。他在著名的《天人三策》中说："今临政而愿治七十余岁矣，不如退而更化；更化则可善治，善治则灾害日去，福禄日来。"什么是"更化"？更化，用今天通俗的话来说，就是一切从头开始。董仲舒认为，汉家虽然有六七十年君临天下的历史，但是有些社会问题并没有从根本上得到解决。这是因为汉家还在沿袭秦王朝的正朔服色制度，而没有确立汉家自己的制度、自己的行政思路和自己的风格。怎样更化呢？更化的具体做法就是受命改制。董仲舒说孔子在《春秋》中已经为汉家制定了一套更化方案，《春秋》开头的几个字"元年春王正月"，就包含着深刻的更化思想。《春

---

① 受命改制理论的原型存在于《尚书·尧典》之中，战国时期的阴阳五行学派将它发展成系统的受命改制理论。这个理论的基本内容是：天人宇宙按照五行相胜的顺序依次终始循环，每一代王朝都会依次得到五德中的一德，而易姓受命而王，应该封禅、改正朔、易服色、定官名、变度制、制礼作乐，建立一套与本德相应的新王制度，从而自觉地与被推翻的旧王朝在制度形式上区分开来。最先将改制理论付诸实施的是秦始皇，汉武帝花了三十六年时间才完成了汉家改制。

② 孔子形象在战国秦汉之际的重大变化，可以用西方阐释学家迦达默尔的理论加以说明。迦达默尔宣称"一切理解都是自我理解"，将理解视为"合法的偏见"，认为人类文化的创生就是在理解的"误解"或"合法的偏见"中行进的，并最终走向历史的博大精深，今天即使我们举出一百条理由证明孔子未作《春秋》，也无法改变这一段历史。

秋》的"元"就是更化的起点。"元",从历法上说,是指《春秋》新历法起点的那一刻,它是上天的创造,是天命之所在,是万物的开始,是事物的根本。从上天的"一元"到"王正月",从正朔到服色度制,从礼乐到所有行政风格,一切都从头再来,都是从《春秋》的"元"派生而出。董仲舒建议汉家按照《春秋》更化,彻底地更新汉家的政治文化面貌。指出《春秋》是新王"更化"的蓝本,这有什么社会意义呢?它的意义在于:它是一场真正意义的社会革命,它承敝易变,挥手向一个旧时代告别,历史由此而揭开了新的篇章,天命由此而转向新的王朝,一个新时代就从这里开始①。

　　董仲舒的"更化"主张适应了汉武帝统治初期人们迫切希望改制的社会心理。从公元前770年周平王东迁,到公元前104年汉武帝改制完成,其间历时六百六十六年。六百多年来,中华民族的志士仁人为了重建一统天下,为了实现民生的安乐,为了创造君明臣贤的政治局面,为了四夷对华夏的归附,他们贡献了多少心智,进行了多少辛勤的探索,付出了多少血泪,做出了多少牺牲啊!六百多年的深情呼唤,六百多年的翘首盼望,六百多年的苦难艰辛,六百多年的浴血奋战,六百多年的前仆后继,如今终于有了一个牛羊成群、粮食满仓的局面,终于不再有战争的硝烟,不再有无穷无尽的兵役徭役,不再有妻离子散的苦痛。他们还需要什么?他们需要翻开历史的新的一页,他们希望将传说中的王道黄金时代变为现实。《史记·封禅书》说:"(建元)元年,汉兴已六十余岁矣,天下艾安,荐绅之属皆望天子封禅改正度也。"董仲舒的"更化"学说,描绘了一幅旭日东升霞光万丈的无比艳丽图景,给人们带来无限美好的希望和幸福的遐想。尽管"更化"是建立在孔子作《春秋》这一缺乏事实根据的理论之上,尽管"更化"带有明显的迷信色彩,"更化"仍然是当时最美好的社会理想,仍然是最富革命精神的学说。董仲舒"更化"学说

---

① 晚清康有为说孔子托古改制,借公羊学宣传维新思想,就是从董仲舒这里吸取了智慧。

的实质，是在经历长期的战乱和休养生息之后，强烈地要求社会变革，重建一个理想的社会秩序和社会制度。它不仅符合统治阶级的利益，也代表着历史的要求和人民的愿望，它与中华民族在当时的利益也是一致的①。

汉武帝又是如何看待公羊家所塑造的孔子新形象和"更化"学说呢？要讲清这一问题，就要研究汉武帝的心理及个性气质。从汉武帝议立明堂、追求成仙、举行封禅、外伐四夷等作为来看，汉武帝一生都生活在天人感应的神秘氛围之中，生活在英雄主义、浪漫主义的氛围之中，生活在一种充满激情与想象的诗一般的境界之中。艺术家的浪漫想象与政治家的雄才大略在他身上得到完满的结合，他一生所做的两件大事——内兴制度，外伐四夷②——就典型地体现了他的既现实又浪漫的个性。董仲舒的"更化"学说，正好满足了这位英雄少年的心理。不难想象，汉武帝是以怎样热烈、感激的态度，来欢迎公羊家创造的孔子。这样，春秋公羊学成为汉家受命改制的理论基础，也就是情理中的事情了。由于儒家说孔子删述六经，因此汉家在尊春秋公羊学的同时，也连带尊《诗》、《书》、《易》几经，儒家五经同时登上统治思想的宝座。从春秋末年到西汉中叶，儒家为争取统治思想地位而付出了一代又一代的艰苦卓绝的努力，是春秋公羊学派借解说孔子《春秋》，提出系统的"更化"学说，满足了现实政治的迫切需要，才终于一脚将球踢进球门。

上述朝野热烈期待汉家改制、向往"更化"的社会氛围，就是司马氏父子接受以董仲舒公羊学为代表的汉初今文经学的具体背景。司马氏父子都是想象丰富、激情奔涌的人，他们以诗人的气质强化、放大了当时热烈的社会情绪。司马氏父子根据孟子、

---

① 董仲舒的学说是一把双刃剑，一方面它为现实政治提供了宗教论证，直接指导了汉家的更化事业；另一方面它又启示了此后天人感应思潮的流行。此前学术界更多地看到董仲公羊学的消极因素，认为以董仲舒为代表的汉代今文经学迷信、烦琐。实际上这是西汉中期以后的今文经学的特点，谶纬化以后的今文经学尤其如此。汉初今文经学如同清末一样，充满了革命精神。

② 《资治通鉴》卷二十二征和二年载汉武帝云："汉家庶事草创，加四夷侵陵中国，朕不变更制度，后世无法，不出师征伐，天下不安。"这是汉武帝对自己一生重大作为所做的总结。

贾谊等人所说的五百大运来推算，从公元前551年孔子诞生到当代，已经接近五百之数。他们深信当时正是受命圣王兴盛的时代，汉武帝就是那位五百年才出现一次的圣王。他们决心要发愤努力，做圣王时代的"名世者"。正是这种辉煌的人生期望才激发了他们作史上继孔子《春秋》的宏伟抱负。《史记·太史公自序》载司马迁答壶遂之问："汉兴以来，至明天子，获符瑞，封禅，改正朔，易服色，受命于穆清，泽流罔极，海外殊俗，重译款塞，请来献见者，不可胜道。臣下百官力诵圣德，犹不能宣尽其意。且士贤能而不用，有国者之耻；主上明圣而德不布闻，有司之过也。且余尝掌其官，废明圣盛德不载，灭功臣世家贤大夫之业不述，堕先人所言，罪莫大焉。"这就清楚地说明，《史记》是适应汉家"更化"的需要而著述的。

从《史记》内容来看，司马迁在著述过程中忠实地贯彻了上继《春秋》的宗旨，将《史记》定位在《春秋》王道文化传统之上。《史记》像《春秋》一样，始终将建立王道社会作为自己的最高政治理想，它高举《春秋》"更化"旗帜，弘扬承敝易变的革新精神；《史记》吸收了董仲舒公羊学的精髓，特别突出了孔子作《春秋》当一王之法的意义，以孔子作为划分中国历史文化的枢纽人物；《史记》继承了《春秋》讲"天子之事"的精神，总结中国历史上王业兴衰成败的经验，以此为现实和未来的帝王政治提供借鉴；《史记》继承了孔子删述六经的事业，对王官学六经和诸子百家学说进行了一次全面的清理和整合，《史记》的"厥协六经异传，整齐百家杂语"，实际上是继孔子之后又一次文化删述活动；《史记》吸收了《春秋》学的许多重要学术观点，诸如获麟为孔子受命之符说、《春秋》一王之法说、夷夏说、推刃复仇说、经权说、讥不亲迎说、大一统说、纪异而说不书说、德治说、君臣纲常说、审微说等，运用这些观点来评价历史与现实。当然，司马迁也保持了独立思考精神，在某些学术问题上表现了不同于董仲舒公羊学的思想立场。《史记》最初的主题是歌颂汉家盛世，但是随着汉武帝后期社会矛盾的激化，司马迁及时调整了著述构思，将笔墨重点转移到批判现实、关注民生之上，由此而体现了《春秋》"贬天子，退诸侯，讨大夫"的精神。

二、究天人之际

"究天人之际"的"际"，本义为两墙相合之缝。后来再引申为交会、会合。"究天人之际"，也就是寻找天道与人道之间的会合点，使之相沟通。而沟通天地、神人之间的关系，使之相会通，原来即是巫所担负的神圣使命。作为史官的司马迁以"究天人之际"作为自己写史的第一使命，在本源上是与上古巫文化精神息息相通的。当然，由于时代的变迁，与上古巫文化相比，司马迁的"究天人之际"显然具有更为强烈的理性色彩。

在远古时代，天人之间的相分相隔实为原始宗教产生的重要根源之一，世界各族尽管生存环境互不相同，但无不曾先后出现过以沟通天地、神人为宗旨的巫文化；而在公元前800年到公元前200年的所谓理性觉醒的"轴心时代"，又无不以探讨天人关系作为自己思考的焦点。由于实践理性精神的制约与导向，中国先哲对此问题的探讨最终并没有走上如希伯来、印度的宗教之路，而将自己的眼光始终关注着脚下的土地。因此，在中国先哲天人关系中的天的主导方面往往处于这样一种临界状态，即既不是纯宗教的，也不是纯自然的。一方面它滋养万物，抚育人类，具有人世的温情；另一方面它又会因人类对它的不敬行为而予以警告甚至予以惩罚，因而与人道存在着一种潜在的神秘的因果关系。司马迁的天道观大致也是如此。而从站在天道的另一方——人世来看，这种天人之际的潜在的、神秘的因果关系有时的确得到了公正的显现，有时则晦而不明，甚至会出现相反的结果，对此，人们总是感到困惑不解，因而不免产生对天的公正性的怀疑不满和责难。司马迁所要探究的就是存在于天人之间的这两种不同结果的原因究竟何在。因此，将司马迁归结于信天命或不信天命，无疑都有简单化之嫌，因为彼此都不难从内容丰富的《史记》中找到有利于自己的证据。也有的学者认为司马迁的天人思想具有模糊性，在不同层次、不同因素上肯定天命论或否定天命论的程度是不同的。语言变量"天人之际"可以解读为：天人之际＝天命＋否定天命＋完全否定天命＋并不否定天命＋极端的天命论＋……＋人定胜天＋……＋基本是天命论＋基本不是天命论＋不是极端的天命论也不是人定胜天＋又承认天命又承认人定胜天＋人的意志决定天命＋……①。这虽然已经认识到了司马迁天命思想的模糊性、复杂性和游动性，但是似乎又使问题更复杂化了。根据我们的观察，可以简单地表示为：

上为天—神的世界，下为地—人的世界，彼此具有一种先天固有的潜在的、神秘的因果关系，但有时是彼此感应的，而有时又是非感应的。于是司马迁的内心世界便出现了激烈的矛盾冲突，并不时地提出他的怀疑和责问，形成司马迁历史哲学二元论的色彩。

其一，感应关系。 司马迁在"究天人之际"过程中，首先发现在天象与人事之间确实存在着某种神秘的感应关系，这种感应又可分正感应和负感应两种。所谓正感应，是指天象吉，人事也吉；

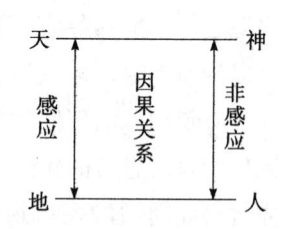

```
天          神
 ┌─────┐
感│ 因 │非
应│ 果 │感
 │ 关 │应
 │ 系 │
 └─────┘
地          人
```

所谓负感应，是指天象凶，人事也凶。前者如"秦之强也，候在太白，占于狼、弧。吴、楚之强，候在荧惑，占于鸟衡。燕、齐之强，候在辰星，占于虚、危。宋、郑之强，候在岁星，占于房、心。晋之强，亦候在辰星，占于参罚"②。后者如"春秋二百四十二年之间，日蚀三十六，彗星三见，宋襄公时星陨如雨。天子微，诸侯力政，五伯代兴，更为主命。自是之后，众暴寡，大并小。秦、楚、吴、越，夷狄也，为强伯。田氏篡齐，三家分晋，并为战国"，"秦始皇之时，十五年彗星四现，久者八十日，长或竟天。其后秦遂以兵灭六王，并中国，外攘四夷，死人如乱

---

① ＋号不是相加，只是表示相关，参见徐兴海《司马迁天人思想的模糊性》，《唐都学刊》1988年第2期。
② 《史记》卷二十七《天官书》。

麻，因以张楚并起，三十年之间兵相骀藉，不可胜数。"① 在司马迁看来，当某个国家兴盛强大时，天象变化也对它非常有利，当天下将大乱时，彗星也三番四次出现，不好的兆头也很明显，天人之间，似乎确有某种感应存在。在这样的情况下，司马迁对天人感应是完全持肯定意见的。

其二，非感应关系。司马迁是个充满理性的史学家，当他拨开层层迷雾来探究天人之际时，又发现了大量天人之间无法一一对应的事实，所以他十分困惑，向天道发出了大胆的疑问。这种非感应关系，也可分为正非感应和负非感应两种。前者指好人不一定有好报，后者指坏人不一定会有恶报。按照冲突的天道观念，是惩恶佑善的，但是事实并非如此，司马迁在《伯夷列传》中对现实社会这种好人遭殃、坏人享福的不公平世道提出了愤怒的责问，他说："或曰：'天道无亲，常与善人。'若伯夷、叔齐，可谓善人者非邪？积仁絜行如此而饿死！且七十子之徒，仲尼独荐颜渊为好学。然回也屡空，糟糠不厌，而卒蚤夭。天之报施善人，其何如哉？盗跖日杀不辜，肝人之肉，暴戾恣睢，聚党数千人横行天下，竟以寿终，是遵何德哉？此其尤大彰明较著者也。若至近世，操行不轨，专犯忌讳，而终身逸乐，富厚累世不绝。或择地而蹈之，时然后出言，行不由径，非公正不发愤，而遇祸灾者，不可胜数也。余甚惑焉，傥所谓天道，是邪非邪？"面对如此残酷的现实，司马迁的天命观就出现了动摇，对天人感应说就不再那么虔敬、那么迷信了。

约言之，在第一种，即具有感应关系的情况下，司马迁认为天道是公正的，天命是可信的；而在第二种，即非感应关系中，则认为天道是不公正的，天命是不可信的。这两者在《史记》中同时并存着，因而司马迁的内心世界，可以说是天命论与反天命论的矛盾统一。

三、通古今之变

"通古今之变"，是司马迁写史的又一个目的，通观整部《史

---

① 《史记》卷二十七《天官书》。

记》，司马迁"通古今之变"是围绕以下几个层次全方位展开的：

一是时势之变。这是司马迁"通古今之变"的重点。清人顾炎武《日知录》曾说司马迁写《史记》"胸中固有一天下大势"，这的确是提纲挈领地点出了《史记》的通变精神。作为中国历史上的第一部通史，司马迁是把古往今来的历史贯通起来考察的，他不仅在本纪中反映了从黄帝至汉武帝2300余年朝代变迁和帝王相承的大势，而且在年表中以时代的变革划分段落，把他所写的中国通史划分为上古至春秋、战国、秦楚之际及汉代四个阶段，鲜明地表现了各个历史段落的时势发展与变迁，同时还在表序中对各个历史段落的大势承递做了理论的剖析，综其始终，供人自镜。所以白寿彝先生《史记新论》说："在'通古今之变'的问题上，十表是最大限度地集中体现这一要求的。司马迁每写一个表，就是要写这个历史时期的特点，写它在'古今之变'的长河中变了些什么。把这十个表总起来看，确又是要写宗周晚年以来悠久的历史时期内所经历的巨大变化——由封侯建国走到郡县制度，由地方分权走到皇权专制。"可以说，从时势变化来"通古今之变"，是从大处把握了历史的发展变化。

二是兴亡之变。所谓兴亡之变，是指朝代国家的兴亡变化，这也是司马迁"通古今之变"的重点。《史记》中详细记载了夏、商、周和秦、汉的兴亡，并揭示了兴亡的原因。他在《外戚世家》中说："夏之兴也以涂山，而桀之放也以末喜；殷之兴也以有娀，纣之杀也嬖妲己；周之兴也以姜原及大任，而幽王之禽也淫于褒姒。"这是从后妃是否有德关系到国家兴亡的角度来论述夏、商、周的政权更替的。司马迁论秦亡时则说："秦失其政，而陈涉发迹，诸侯作难，风起云蒸，卒亡秦族。"① 这是说，秦朝实行暴政，遭到人民的反对，终于被陈涉起义推翻了。在《秦始皇本纪·赞》中，司马迁还引用贾谊《过秦论》总结了秦亡的三点原因：其一，"仁义不施，攻守之势异也"；其二，"危民易与为非"；其三，"壅蔽之伤国也"。秦始皇用暴力统一天下，但

---

① 《史记·太史公自序》。

不懂得用仁义治天下，而是变本加厉地实行暴虐专政，秦二世因之不变，把全国人民推入了火坑。所以陈涉揭竿而起，天下一呼百应，"其民危也"。又由于秦朝"多忌讳之禁"，皇帝拒谏，没有人敢于出来直言，农民起义的烽火已经燎原成势，可皇帝还被蒙在鼓里，秦朝也就不可避免地灭亡了。贾谊所分析的这些情况，司马迁在《秦始皇本纪》等篇中都有深入描写和论述。

三是成败之变。司马迁尝以"稽其成败兴坏之理"自许，这是他"通古今之变"第三方面的重要内容。在《史记》中，所载由胜而败，或反败而胜的史实，可谓俯拾皆是。如《燕世家》、《乐毅列传》等篇载，乐毅是燕国名将，攻打齐国所向披靡，节节胜利，只要再拿下即墨和莒这两座城池，就可以一举灭掉齐国了，可燕惠王因"与乐毅有隙"，"疑毅，使骑劫代将"，结果被齐国的田单用火牛阵打得大败，燕国从此一蹶不振，以至于亡，而齐国反败为胜，重振了雄风。又据《廉颇蔺相如列传》载，赵孝成王七年，秦、赵两军在长平对垒。老将廉颇以"固壁不战"的战略沉着应付，一时胜负难分。后来赵王中了秦人的反间计，用只会纸上谈兵的赵括代替廉颇，结果被秦将白起打得一败涂地，四十万赵卒在长平惨遭活埋，使赵国大伤了元气。类似的例子很多，司马迁不仅注意到了成败易变的发展过程，而且深刻点明了造成这种变化的重要因素，这就是用人的得当与否。总结了历史上的用人得失以后，司马迁在《楚元王世家》中深有感触地说："国之将兴，必有祯祥，君子用而小人退；国之将亡，必有妖孽，贤人隐，乱臣贵。贤人乎，贤人乎，非质有其内，恶能用之哉！甚矣，安危在出令，存亡在所任，诚哉是言也！"

四是穷达之变。我国历史上的一个农民起义领袖陈涉有句名言："王侯将相宁有种乎？"的确，风云际会，沧海桑田，多少王侯将相由达而穷，沦为平民，同时又有多少出身低微的人青云直上，变泰发迹。陈涉只是个庸耕者，却在农民起义的浪潮中做了王；刘邦原先不过是个泗水亭长，后来却机缘凑巧做了皇帝；其他如没落贵族后裔张良做了王者师，刀笔吏萧何做了丞相，饿夫韩信做了大将军，还有商鞅、苏秦、张仪、范雎、蔡泽、蔺相如、李斯、张耳、陈馀、陈平、公孙弘、司马相如等人，无不是由穷而达的典型。司马迁在叙写这些人物的穷达之变时，重在以下两点：一是时代机遇。俗话说，沧海横流方显出英雄本色。时代风云变化，使一些人丧失了原有的尊贵地位，也使另一些人有了大展身手，取得功名富贵的机会。司马迁笔下的穷达变化的历史人物主要集中在春秋战国和秦汉之际，就是因为这个时期的社会动荡变化最为激烈的缘故。二是个人本身的才能和努力。在相同的历史条件下，并不是人人都可以做到由穷而达的，如果本身不具备一定的才能，或者有才能而不肯发奋努力，那都将一事无成。司马迁对那些穷则思变，不甘心碌碌无为，而是勇于进取，建立了功名的历史人物，都做了肯定和赞扬。

以上四个方面，从社会到个人，从整体到个体，从成功到失败，从一般到特殊，是司马迁"通古今之变"的四大核心内容。由于司马迁在继承上古以来的史文化的同时，又将《易》理与道家哲学融会一体，因而他的"通古今之变"的"通变"历史观实际上也是一种整体观、辩证观与系统观，具有超越于表象世界而直透历史本质的内在深刻性。

四、成一家之言

人们对"成一家之言"的理解，往往在以下两个问题上做文章，一是"成一家之言"是指内容还是体例而言，抑或两者兼而有之？二是"成一家之言"的一家到底是什么家？是儒家还是道家，或是杂家及史家？我们认为，这些都没有说到点子上。司马迁的所谓"成一家之言"，实际上就是指他要继承诸子文化，像诸子那样自我立说，建立自己的思想体系。

首先，在学术宗旨上，《史记》与子书是息息相通的。本来，作为历史学家，司马迁的第一职责是写出一部"信史"，用不着像诸子那样言道言理，甚至分门立派，但是司马迁不，他不仅不甘心于撰写"信史"，而且不甘心于一般地以史言道，以史论政，而是以诸子时代的开山祖师孔子后继者自居自勉，立志之高远，自然不同于一般。梁启超对此颇有洞见，他在《要籍解题及其读法·史记》中说："孔子所作《春秋》表面上像一部二百四十年的史，然其中实蕴含无数'微言大义'，故后世学者不谓之史而谓之经。《史记·自序》首引董仲舒所述孔子之言曰：'我欲载之空言，不如见之于行事之深切著明也。'其意若曰：吾本有种种理想，将以觉民而救世，但凭空发议论，难以警切，不如借现在的历史上事实做个题目，使读者更为亲切有味云尔。《春秋》旨趣既如此，则窃比《春秋》之《史记》可知。故仅以近世史的观念读《史记》，非能知《史记》者也。其著书最大目的，乃在发表司马氏'一家之言'，与荀卿著《荀子》，董仲舒著《春秋繁露》性质正同。不过其'一家之言'乃借史的形式以发表耳。故太史公为史界第一创作家也。"梁启超慧眼独具地指出了《史记》的"子书"性质，可以说是司马迁的第一知己，是对所谓"成一家之言"的最准确理解，遗憾的是他未能进一步展开具体的论述。

其次，在著述构架上，《史记》也受到诸子著作的明显影响。《史记》全书分十二本纪，十表，八书，三十世家，七十列传，这在传统史书中是没有先例的，原因何在呢？就是由于司马迁按照子书的块状结构对史书体式进行了一番系统的改造，因而具有诸子学术著作的体大思精的特点。宋人郑樵《通志·总序》说《史记》"六经之后，惟有此作"，似乎已经看到了《史记》超越史书而通于六经的独特之处。再具体而论，如《史记·太史公自序》也同样源于子书，是继承《庄子·天下篇》与《淮南子·要略》然后融为一体的产物。《天下篇》对当时各家学说予以一一评说，涉及的有以墨子为代表的墨家，以宋钘、尹文为代表的小说家，以田骈、彭蒙为代表的道家，以关尹、老聃为代表的道家，以庄周为代表的道家，以惠施为代表的名家等等，如评庄子学说云："芴漠无形，变化无常，死与生与，天地并与，神明往与，芒乎何之，忽乎何适，万物毕罗，莫足以归，古之道术有在于是者。庄周闻其风而悦之，以谬悠之说，荒唐之言，无端崖之辞，时恣纵而不傥，不以觭见之也。以天下为沈浊，不可与庄语，以卮言为曼衍，以重言为真，以寓言为广，独与天地精神往来而不敖倪于万物，不谴是非，以与世俗处。其书虽瑰玮而连犿无伤也。其辞虽参差而淑诡可观。彼其充实不可以已，上与造物者游，而下与外死生无终始者为友。其于本也，弘大而辟，深闳而肆；其于宗也，可谓稠适而上遂矣。虽然，其实于化而解于物也，其理不竭，其来不蜕，芒乎昧乎，未之尽者。"这段话对庄子学说的概括性评论相当准确而精辟。尽管《天下篇》是否真为庄子本人所作至今尚存在着很大的争论，但是它即使出自庄子门人或后学之手，也同样有庄子的言论依据，因而实际上可以看作是庄子学派的自我批评。合《天下篇》统而观之，可以得出结论，这是一篇合学术批评与自我批评的"自叙"。

再看成书在《史记》之前的淮南王刘安的《淮南子》。其书末篇为《要略》，高诱注云："作《鸿烈》之书二十篇，略数其要，明其所指，序其微妙，论其大体，故曰要略。"是篇重点对《淮南子》一书二十篇做理论概括，重在"自我批评"，这点与《天下篇》有所不同，再到东汉王充也承之以此体，在《论衡·自纪篇》有对自己的籍贯、生平经历、兴趣爱好、学术主张，以及《论衡》之思想内容、创作动机等的详细阐述。尔后，尽管各书名称不一，但篇末都有"自叙"则成了通例，直至近代以后，方将叙移之于书首，并改称为"序"。就司马迁《太史公自序》观之，是子书中《庄子·天下篇》与《淮南子·要略》两种体式的综合。其中司马氏父子对先秦儒、道、法、墨、阴阳、名家的褒贬评说，与《天下篇》评论各家的方法相同；司马迁对百三十篇创作目的和内容的归纳概括，又与《要略》相同。至于司马迁在《自序》中概述了司马氏世系、家学渊源、《史记》成书经过、著书动机和全书意旨等等，又规范和完整了子书的自叙体例，不仅比《天下篇》、《要略》更为全面丰富，而且直接引发了《论衡·自纪篇》的写法，为后代子书及史书中的作者自叙奠定了基础。

第三，在叙述模式上，《史记》是基于史而趋于子，基于事而趋于道。《史记》首先是史书,按史书传统就要客观地忠实历史事实,客观地记载历史事实,即坚持实录精神。但司马迁并不限于此,而是采取各种方法突破这一传统,像子书作者那样把自己的思想感情大量地融会在写人叙事之中,为中国史书的叙述模式开创了一个新体式。通观《史记》全书,司马迁借以表述自己的思想感情的叙述模式,主要有五种:

一是自由取舍。明人陈仁锡说:"子长作传,必有一主宰。"① 清人吴见思也说:"史公之文,每篇各有一机轴,各有一主意。"② 这是说,司马迁写人物有时并不追求面面俱到,全面完整,而是每篇都有一个"主意",然后围绕这个"主意"来取材,来描写,从而强化了作者的某一方面的思想。晏子的事迹非常丰富,仅《晏子春秋》所记就有二百几十个故事,但司马迁为了突出晏子尊贤任贤的美德,只写了他推荐越石父和车夫两件事;为了表现蔺相如的大智大勇、先公后私的精神品质,司马迁于其处理军国事务的一般才干一概舍弃,而只浓墨重彩地写了完璧归赵、渑池会、将相和三件大事。又如《魏公子列传》的中心是突出魏公子的"礼贤下士"、待客以诚和宾客对魏公子的以死相报,所以有关表现魏公子个人才能的事情,诸如魏公子曾有一大段很精彩的反对魏王亲秦伐韩的议论,司马迁就把它写到《魏世家》中去了。至于由于魏公子在接待逃亡的魏相魏齐时的表现犹豫,以致造成魏齐自杀的事,司马迁干脆把它写进了《范雎传》中。这种叙述方法,我们在项羽、李广等纪传中,都可以见到,是司马迁运用最广的方法之一。

二是微言大义。以意取舍材料,虽然能够体现作者的主观意图,但是历史人物和历史事件本身是无法曲改的,为了进一步寄寓作者的主观评价,司马迁又承之以《春秋》"寓褒贬,别善恶"的传统,在事件、人物的叙述中让读者体味其中的"微言大义"。在《绛侯周勃世家》的结尾处,司马迁有意无意地加了这样一

---

① 〔明〕凌稚隆:《史记评林》引。
② 〔清〕吴见思:《史记论文》。

笔："条侯果饿死。死后，景帝乃封王信为盖侯。"王信封侯，看似闲笔，其实暗寓褒贬。按周亚夫正是因为反对废栗太子，反对封王信等人，才得罪景帝，最后被以莫须有的罪名陷害致死的。条侯一死，障碍没有了，景帝就迫不及待地封王信为侯了。司马迁这么轻轻一点，周亚夫得罪之由便不言而喻了。在这里，我们分明看到了统治者的专横跋扈，感受到了作者对周亚夫的同情和对汉景帝的批评。类似这种叙事方法，《史记》中是触目可见，不胜枚举的。

三是对话立论。"微言大义"虽然能够做到含而不露地达到褒贬人物、评说事件的作用，但是毕竟太隐蔽、太含蓄了，无法充分表达司马迁的满腔热情和深刻的历史见解，于是他又采用了借他人的对话来为自己立论的方法。对于项羽失天下、刘邦得天下的原因，司马迁除了在历史叙述中加以阐释外，还让刘邦在与王陵等人的对话中发表了如下议论："夫运筹策帷帐之中，决胜于千里之外，吾不如子房；镇国家，抚百姓，给馈饷，不绝粮道，吾不如萧何；连百万之军，战必胜，攻必取，吾不如韩信。此三者，皆人杰也，吾能用之，此吾所以取天下也。项羽有一范增而不能用，此其所以为我擒也。"[①] 在这里，刘邦把胜败最后归结于识人用人和优化领导集团的问题，是借历史人物对话立论的最典型的一例，而这种做法，在一部《史记》中也是比比皆是的。

四是夹叙夹议。借历史人物对话立论，毕竟要通过历史人物之口，不能任意更改，随便添加，因而对于所要评说的人物与事件还是有不少局限性的。为此，司马迁又进一步将自己介入历史人物和事件之中，采取夹叙夹议的方法以表明自己的见解。最有代表性的是《屈原列传》，司马迁用叙事与议论相结合的方法写屈原，议论的成分约占全文的一半，所以明人茅坤说此篇是"以议论行叙事体"。比如司马迁从"王怒而疏屈平"的"疏"字为出发点，用了一大段文字论述了屈原由疏而生怨，由怨而作《离

---

① 《史记》卷八《高祖本纪》。

骚》的创作动机，提出了"信而见疑，忠而被谤，能无怨乎"的鲜明观点。这段议论《离骚》的文字，不仅有助于屈原形象的塑造，也展示了司马迁本人的内心世界。近代李景星说：《屈原贾生列传》"通篇多用虚笔，以抑郁难遏之气，写怀才不遇之感，岂独屈、贾二人合传，直作屈、贾、司马三人合传独可也"①。这话很好地点出了司马迁作此传的良苦用心。

　　五是直接评说。当以上方法都被运用之后，司马迁依然感到言犹未尽，不吐不快，于是就进一步创立了"太史公曰"的形式，予以直接评说，这是对传统史书的一个重大突破，与子书最为相通。在先秦史书中，像《左传》也曾用"君子曰"的方式发表评论，但它不仅零散不成体系，而且用这种"代言体"的形式发表评论，史家自己的观点还是被隐藏在后面的，修史者的思想感情还使人不甚了了。司马迁一方面继承了先秦史传用"君子曰"发表评论的传统，另一方面也吸收了先秦诸子直接议论社会现实的传统，将两者结合起来，从而创立了"太史公曰"的论评形式，将自己对历史人事的看法不加掩饰地表露了出来。如在《伍子胥列传》的"太史公曰"中，司马迁说假如伍子胥不能"弃小义"，又何能"雪大耻"？假如受辱即死，又同蝼蚁何异！所以他对伍子胥隐忍就功名的精神倍加颂扬，说"非烈丈夫孰能致此哉"！《史记》百三十篇，几乎篇篇都有"太史公曰"，也就等于篇篇都有作者自己的"直接评说"、"直抒胸臆"，这在司马迁之前何曾有过！

　　以上五种叙述模式，是司马迁借以发表"一家之言"的主要方法，他就是通过这依次递进的五种叙述模式，最大限度地突破了传统史书的体例限制，而向子书接近，甚至可以像子书一样在史书中言理、论道，发表见解。司马迁在叙述模式上的这一属于史而又寓义于子的杰出创造，以及在学术宗旨、著述构架上的与"子书"的息息相通，都表明他的"成一家之言"的真正含义是以"子"作"史"，由"史"而"子"，与子文化具有明显的继承关系。

---

① 李景星：《史记评议·屈原贾生列传》。

第三章 《史记》体制

体制即体例，它是一部典籍各部分之间联系的方式和方法。对于历史著作来说，它是非常重要的。因为体例是作者历史观、主导思想，特别是所要包含的历史内容的载体，即作者创作思想和创作内容的表现形式。体例的完善与否，直接决定作者创作的成功与失败。司马迁要"成一家之言"，也就是要创新，体例的创新是一个重要方面。《史记》体制由五体构成。（一）《本纪》十二篇。（二）《表》十篇。（三）《书》八篇。（四）《世家》三十篇。（五）《列传》七十篇。凡一百三十篇，五十二万六千五百字，原题《太史公书》，东汉桓灵之际，始专名《史记》。

《史记》五体结构是一个伟大的创造，自班固以下，历代依仿，成为中国传统史学的主干，称为纪传体。纪传体被封建王朝定为国史正体，这是值得认真研究的一个课题。前代学者，从唐刘知幾以来，对纪传体得失的探讨留下了不少的精辟论断，是我们应当继承的遗产。但是，前代学者对纪传体得失的探讨，偏重于微观的史料编纂方法，疏于从客观的载述内容与笔法义例上加以研究，这正是本章所要阐释的内容，将分为四个节目来谈。一曰百科全书，二曰五体结构，三曰《史记》百三十篇标题，四曰互见法。

一、百科全书

司马迁的《史记》，洪细兼收，包罗万象，它包括的时间之长和记载的内容之广，都是前无古人的。从时间说，它上起黄帝，下迄汉武帝，记录了我国自有文字以来近三千年的历史；从记载的地理范围说，它延伸到了今天我国的版图之外，西至中亚，北至大漠，南至越南，把历史编纂的时空经界，第一次扩大到了时人所知的实际范围；从记载的人物说，几乎涉及整个社会各阶层中不同类型的典型人物，举凡历代的帝王、贵族、大小官僚、政治家、军事家、文学家、思想家、经学家、说客、策士、刺客、游侠、隐士、土豪、商贾、医生、卜者、农民、俳优、妇女等等，无所不有；从记载的人类生活的各个方面说，如政治、经济、文化、法律、科技、建筑、军事、道德、宗教、民族、民俗、交通、地理、姓氏、文学、艺术等，无所不包。《史记》的内容如此丰富多彩，说明它已经不是一般意义的史书，而是一部具有百科全书性质的巨著。由于《史记》内容的宏富深广，它成了我们今天研究古代各种各类专史的取之不尽、用之不竭的宝藏，比如：

百科全书，包罗万象，无论在中国还是西方，都是古代史学的表现。古希腊历史学家希罗多德所著《历史》就是"百科全书"式的无所不包。该书"不仅记载政治、军事、外交方面的事，而且叙述各国的地理形势、经济生活、民情风俗、宗教信仰等等。他有闻必录，把一切值得记载的事当作历史的素材，以达到传授知识的目的"[①]。"历史"一词，英语为 History，法语为 Histoire，意大利语为 Storie，都源于希腊语 Historia，其原意为"征问"、"问而知之"，即是通晓一切的意思。又英语 History，今译为历史、历史学，而其原来的意思是"过去的事"，即以往

---

① 郭圣铭编著：《西方史学史概要》，上海人民出版社1983年版，第19页。

的一切事情，至今仍然有这种含义。司马迁创作宗旨称要"网罗天下放失旧闻"①，"究天人之际，通古今之变"②，囊括天人古今，这与西方"历史"一词的语源达到了音韵天成般的和谐与一致。为何中外古代历史都是百科全书呢？由于古代生产力低下，人们认识能力有限，一切学术处于童年，人们要求学者、思想家通晓万事，编写百科大全。中国历代统治者编写类书，求全责备，正是这一思维的反映。近代资本主义发展，生产社会化，分工日益细密，反映在科学文化上学术分门别类，历史学不再包罗万象。如果司马迁晚生两千年，他也绝不会在近现代写一部包容自然史与人类社会史合一的百科全书。也就是说，只有在司马迁所处时代才能产生博大的百科全书历史学。

《史记》囊括天人古今，包容百科知识，具体条列，可概括为五个主要方面。

（1）备载天地万物。天地是人生之根本，人类社会活动的舞台。司马迁"究天人之际"，把天文、地理、水利等自然环境纳入史学范畴，考察人与自然的依存关系。司马迁十分形象地指出："夫天者，人之始也；父母者，人之本也。"③父母为个体的人的根本，天地为人类的根本。研究人，必须研究天，研究地，就这样天文学、地理学在《史记》中得到反映，于是特立了《天官书》、《历书》、《河渠书》等专篇。此外，《夏本纪》三分之二的篇幅也是地理专篇。

（2）囊括国家大政。五帝三王时代，国家大政被归纳为八政：一曰食，二曰货，三曰祀，四曰司空，五曰司徒，六曰司寇，七曰宾，八曰师。这是先秦时代儒家的八政观念，载于《尚书·洪范》，《史记》采入《宋微子世家》。民以食为天，故食货居八政的第一、第二。《史记》八书为：礼、乐、律、历、天官、封禅、河渠、平准。司马迁认为礼是维系等级秩序的制度，为治国头等大事，所以列礼为八书之首。礼乐相辅为治，故《乐书》

---

① 《史记》卷一百三十《太史公自序》。
② 《报任安书》。
③ 《史记》卷八十四《屈原贾生列传》。

与《礼书》蝉联。《洪范》八政内容，在八书中的反映，"食"、"货"对应"平准"，"祀"对应"封禅"，"司空"对应"河渠"，"宾"对应"礼"、"乐"，"师"对应"兵"（即《律书》）。《洪范》八政的司徒、司寇在八书中没有对应之篇，然而在列传中有对应之篇，"司徒"对应"儒林"，"司寇"对应"循吏"、"酷吏"。同时《史记·货殖列传》亦为食货之事。对应只是一种近似的比较。总之，《洪范》八政，在《史记》中均有反映，表明司马迁把国家大政纳入了历史学研究范畴之内，专列八书系列，开后世政书之先河。内容和序列的调整，表现了司马迁的史学观点和国家大政的轻重序列。班固《汉书》十志，序列为律历、礼乐、刑、食货、郊祀、天文、五行、地理、沟洫、艺文，内容更丰富，结构更严密，发展了司马迁史学，这是应当揭明的。班固还把职官纳入了史学范围，创《百官公卿表》以载其制。

（3）展现古今社会。国家大政只是社会生活的一部分，而更多、更丰富、更广阔的内容，应是社会基层老百姓大众的物质及精神文化生活。历史家的责任，就是要全面地反映以往历史的社会生活，摆事实，讲道理，还历史本来面目，知往鉴今，使读者受到启迪。司马迁很好地尽到了他的责任，以人物为中心贯通古今，全面地展现了古今社会。司马迁不只研究上层人物、帝王将相，也研究了社会下层各个阶级、阶层的人物，有农民起义的领袖，下层社会的侠客、医卜、商贾、俳优、博徒、渔夫、猎户、妇女，等等。《史记》正因写了社会下层的众多人物，司马迁将古代社会生活丰富多彩的面貌全面地反映出来了。对古代社会的风俗习惯、精神风貌等，都进行了研究和总结，达到了"备天地万物"的境界。

司马迁展现古今社会生活，特别值得一说的，主要有以下两个方面：一是写人的历史而不写神怪的历史；二是宝塔式全方位反映社会生活。分说于次。

写人的历史而不写神怪的历史。由于古代生产力不发达，使人们的认识能力受到限制，对历史研究的对象是由神到人的发展序列。《山海经》多写神怪，说明它的作者主张历史是神怪的历史，研究历史要以神怪为对象。《左传》、《国语》以写人事为主而及于神怪，说明它们的作者主张历史是人的历史也是神怪的历史，所以人和神怪都是历史研究的对象。《史记》中仍留有志怪痕迹，但司马迁研究历史的根本立足点是"极人变"，不言怪物，即认为历史是人的历史，要以人为研究对象。

《史记》上限起于黄帝，也体现了以人不以神怪为历史研究对象的理论。首先，黄帝是人还是神，从周至秦汉乃至民间传说，都是有争议的。《山海经》把黄帝写成神，写黄帝与应龙、天女战蚩尤。《大戴礼》中《五帝德》、《帝系姓》等篇，从宰我问、孔子答，介于人神之间。而《史记》写黄帝，排除神怪色彩，把黄帝写成父权制开端的人物，是中华各民族的始祖。《山海经》把鲧、禹也说成神与怪物，《史记》也一概摒除，只写鲧和禹是人。《史记·秦始皇本纪》写秦博士有天皇、地皇、人皇等三皇的说法。司马贞补《三皇本纪》说伏羲"继天而王"，"蛇首人身"；说神农氏"人身牛首"，说"人皇九头"，全为神怪故事。所以司马贞所补《三皇本纪》是神怪史，而不是人的历史。司马贞取材于《春秋纬》等图谶纬书以及先民遗留下来的神话传说，这恰是司马迁在《五帝本纪赞》、《三代世表序》等篇明白交代废弃的史料。由唐人司马贞之补《三皇本纪》，更可以衬托司马迁以人写历史理论的进步性，是司马迁对史学理论的一大贡献。

宝塔式全方位反映社会生活。《史记》五体均写人和人事。本纪载朝代、帝王，编年载帝王一生主要活动、事迹，以及军国大事，这是最高等级。世家载开国承家的诸侯，有特殊功业的将相、宗亲。列传载有影响、有代表性的各阶级阶层人物的言行事迹，人物最为众多，也最生动。年表谱列人物，八书载人事中的军国大政，间及人物。《史记》全书所载有四千多人。重要人物近二百人，典型化人物有数十人。七十列传论载人物面最大。贤相名臣，有管仲、晏婴、蔺相如、张苍、叔孙通、张释之、韩安国。军师良将，有司马穰苴、孙子、吴起、廉颇、乐毅、韩信、李广、卫青等。义士，有伯夷、叔齐。名士，有孟尝君、平原君、春申君、魏公子无忌等。学术界，道家有老子、庄子等，法家有商鞅、韩非、李斯、晁错等，儒家有仲尼弟子、孟子、荀子、公孙弘、董仲舒等，阴阳家有驺衍等，墨家有墨子，名家有公孙龙，纵横家有苏秦、张仪、蒯通、主父偃，杂家有吕不韦、刘安等，诗赋家有屈原、贾谊、司马相如等，医家有扁鹊、仓公。诸侯王有吴王刘濞、淮南王刘长、衡山王刘赐等。《循吏》、《酷吏》、《儒林》、《游侠》、《佞幸》、《滑稽》、《日者》、《龟策》、《货殖》，以及《刺客》等类传，更广阔地记载了社会各色人物。《南越》、《东越》、《匈奴》、《朝鲜》、《西南夷》等列传记载周边少数民族，有的为各族统治者立传。《大宛》载域外人事，也为乌孙王昆莫、宛王昧蔡等人立传。列传最后一篇是司马迁自传，也为其父司马谈立传。列传中附传人物，涉及众多妇女及社会底层人物，如屠夫、猎户等。列传中传写的众多人物，社会各个层次、各个方面的人物应有尽有，以人为研究对象，得到了充分、全面的实现。

（4）辨章一切学术。《太史公自序》论列六家要指，又立"老庄申韩"、"孟子荀卿"等列传，辨章学术，把学术学派纳入了史学研究范围。班固在《汉书》中立《艺文志》，对学术学派分类，更加条理和细密，是弘扬司马迁之学。其实《汉书》所列九流十家，《史记》中都有反映。《苏秦》、《张仪》两传反映纵横家。《韩长孺列传》述韩安国学术渊源说："尝受《韩子》、杂家学说于驺田生所。"这里明确将杂家视为一个学派。《司马相如列传》载《子虚赋》，是典型的文学虚构，至于卓文君夜奔故事就带有小说笔法。这说明司马迁把小说家纳入了研究范围，并吸取其技巧。司马迁的视野是极其广阔的。有些学术、学问，在当时还不甚发达，或未引起史家足够的重视，无论《史记》、《汉书》都没有专列论载，但实际上司马迁也是纳入了研究范围的。例如金石、简牍、甲骨，作为专门学术是后代的事，金石学形成于宋代，简牍学、甲骨学奠基于近代，但这些学问已在先秦发源。三代已经勒鼎彝，秦代已经重刻石。甲骨盛行于殷周，秦汉是简牍为主的时代。《史记》对金石、简牍、甲骨都有不同程度的载述。《周本纪》记武王克殷后"封诸侯，班赐宗彝，作《分殷之器物》"。《秦始皇本纪》多次记载"刻石颂秦德"。《封禅书》记载得宝鼎，李少君鉴赏齐桓公器。这说明司马迁已将金石作为史学研究对象。《周本纪》记："尹伊策祝曰。"《齐太公世家》记："史佚策祝。"《鲁周公世家》记："史策祝曰。"《孔子世家》记："（孔子）读《易》，韦编三绝。"《匈奴列传》记："汉遗单于书，牍以尺一寸；单于遗汉书以尺二寸牍，及印封皆令广大长。"这反映了简牍的形制、使用情况。可以说简牍已纳入了史学研究对象。至于甲骨，有《龟策列传》，此外记载卜筮卦象的篇章是很多的，如《周本纪》、《晋世家》、《田敬仲世家》等篇，不必一一具引。

绘画艺术，作为一门学问，无疑很早就形成了。我国新石器时代的仰韶文化，已经发现了彩绘的陶器。《周礼·考工记总序》载："设色之工，画、缋、钟、筐、㡛。""画缋之事，杂五色。""五色备谓之绣。"说明西周时已有专门的机构管理绘画、从事绘画，并有一定的制度规定。《庄子·外篇·田子方》中记载了宋国有"画史"为宋元君画图。汉代少府下属有"画室署长"①。美术绘画既作为国家行政之一，又是社会生活中的重要学问，史家必然作为研究对象。《史记》虽无艺术专篇，但还是做了一些记载。《夏本纪》载舜对禹说："余欲观古人之象，日月星辰，作文绣服色，女明之。"《留侯世家》说："余以为其人（张良）计魁梧奇伟，至见其图，状貌如妇人好女。"说明汉代不仅有人物画，而且绘画的艺术水平十分精湛。《封禅书》载，群儒博士周霸"属图封禅事"，即是画出封禅祠器、封禅步骤的图解。又说济南人公玉带上黄帝时的明堂图。实际上这是假托黄帝的汉人作品。这些封禅器物、仪式的图解，以及明堂图，也就是绘画艺术在政治宣传上的应用。

以上充分说明，司马迁胸襟博大，视野广阔，以"整齐百家杂语"的气魄，将天下的学术、学问作为研究对象，从而使《史记》不仅成为中国划时代的史学巨著，也使《史记》成为总结中国古代思想文化的第一部百科全书。《史记》对国家大政、社会

---

① 《后汉书·百官志》。

生活、学术学问的研究和总结，成为中国古代社会政治、经济、思想文化、社会生活等各门专史研究的发端。司马迁的总结为后世提供了有益的经验教训和丰富的知识，对后世政治、经济、思想文化等各方面的发展做出了史学家、思想家的贡献。

（5）遗事旧闻纳入史学研究范围。拾遗事，网旧闻，司马迁作为史学理论贯彻，《太史公自序》做了明确的交代。一则曰"拾遗补艺"，《索隐》注："补六艺之阙也。"再则曰："网罗天下放失旧闻"，《索隐》注："旧闻有遗失放逸者，网罗而考论之也。"拾遗补阙，《左传》注《春秋》开其端，司马迁条释为理论，成为中国史学的传统。裴松之《三国志注》，发展成为一种史书体裁，可以说是司马迁拾遗补阙、网罗旧闻理论在实践中的发扬光大。

拾遗补阙，贯彻在创作中，使《史记》内容更加全面。例如，孔子高足七十子，《仲尼弟子列传》实载七十七人。《史记索隐》注："自公伯辽、秦冉、鄡单三人，《家语》不载。"说明也补了《孔子家语》之缺。《日者列传》说："古者卜人所以不载者，多不见于篇，及至司马季主，余志而著之。"古代日者社会地位低贱，史书不载，司马迁特补前人之失而作《日者列传》。列传中许多附传人物，亦是补无传之缺，如《卫将军骠骑列传》补公孙贺、李息等十四人无传之缺。《史记》十表，特别是汉代诸表，不仅补纪、传人物之缺，也补行政大政之缺。如《将相表》记高祖六年"立大市"，"更命咸阳曰长安"，以及太尉之废置，都是本纪中没有记载的。

以上条列了司马迁创立百科全书式通史五个主要的方面，它包括了天地万物，古今一切，熔冶自然科学与人文科学于一炉。当然这里所说的"万物"、"一切"，只能是司马迁在实际生活中感受到的、接触到的、了解到的、熟悉的一切。比如《大宛列传》记西方世界，只能及于中亚的各民族，而不能记载欧洲，不能了解希腊罗马。这是受当时生产力、交通条件的限制，任何天才的主观都不能超越客观，这就是历史局限性。单就以人文科学说，司马迁第一次把政治、经济、文化等各个方面都包容在历史学的研究范围之内，创立五体结构，有条不紊地把这三千年间博大深广的内容组织起来，在史学史上建立了一座巍峨的丰碑。宋代史学家郑樵评论说：

> 《史记》使百代而下，史官不能易其法，学者不能舍其书，六经之后，惟有此作①。

清代史学家赵翼更进一步评论说：

> 司马迁参酌古今，发凡起例，创为全史。……自此例一定，历代作史者遂不能出其范围②。

郑樵和赵翼的评论，基本上是符合事实的。自班固《汉书》以下至《明史》，以及后来的《清史稿》，都承袭了《史记》的体例，创一代一代的大典，丰富了中华民族的悠久文化。《史记》问世以后所起的开创启后的作用是非常巨大的。

二、五体结构

《史记》由本纪、表、书、世家、列传五体构成。前人探讨《史记》五体，重在溯源，而疏于从笔法义例上研究司马迁的创造，应予匡正。溯源者认为，五体古已有之，司马迁只不过把它汇总一起以构成一书而已。刘勰《文心雕龙·史传篇》、邵晋涵《南江文钞·史记提要》、章学诚《文史通义》卷六《和州志列传总论》等认为《史记》五体，取式《吕览》；洪饴孙《钩稽辑订》、秦嘉谟《世本辑补》则认为《史记》五体，取法《世本》。近人罗根泽、程金造考源五体③，认为司马迁所见石室金匮之书，有本纪、世家、年表、列传之体，为司马迁所依仿。诸家考源，有资于理解司马迁如何博采众籍，熔铸化一的创造精神，但

---

① 〔宋〕郑樵：《通志·总序》。
② 〔清〕赵翼：《二十二史劄记》卷一。
③ 罗根泽：《从史记本书考史记本原》，载《北平图书馆月刊》第4卷第2期。程金造：《史记体例溯源》，载《燕京学报》第37期。

过于指实，则与实际大相径庭。例如论者引《史记·大宛列传·赞》提到的《禹本纪》作为古有《本纪》一体之证。其实司马迁所言《禹本纪》与《山海经》相提并论，指出是言志怪之书，仅有《本纪》之名而已，与载述帝王事迹的《本纪》风马牛不相及。又《史记》中《管蔡》、《陈杞》各世家所称"世家言"三字，乃司马迁自称其书，古代并无世家一体。先秦典籍中有"世卿""世禄""世臣""世家"之称，均指卿大夫之爵职秩禄世代相传，《史记》的"世家"之体，其名称由此演化而来。范文澜《正史考略》史记条说："八书之名，本于《尚书》。"其言可采。但又说："八之作，则取《尚书》之《尧典》、《禹贡》。"这就太板滞而显得推论得太远了。

《史记》五体均为司马迁所创造。《太史公自序》反复申说《史记》效《春秋》而作，可见《春秋》之经、传形式对《史记》体例的创造影响是很大的。刘知幾说："夫纪传之兴，肇于《史》、《汉》，盖纪者，编年也。编年者，历帝王之岁月，补《春秋》之经；列事者，录人臣之行状，犹《春秋》之传。《春秋》则传以解经，《史》、《汉》则传以释纪。寻兹草创，始自子长。"① 此言极是。《三代世表·序》云："余读《牒记》"，《十二诸侯年表序》云："余读《春秋历谱牒》"，这是司马迁创造年表所借鉴的蓝本。《吕氏春秋》一书分为《十二纪》、《八览》、《六论》，用以统一百家思想，包容丰富的内容，这一形式也给予司马迁以很大启示。但是《吕氏春秋》的各体都是短篇的论文，只是名称不同，并无本质的区别，是不能与各具笔法义例的《史记》五体相提并论的。

以上说明，司马迁的创造不宗一书，不祖一体，而是参酌各种典籍体例的长短，匠心独具，汇入一编，创出新体例。《史记》五体，各具笔法义例，分开来看各有不同的侧面和重心。五体合起来看，又是组织严密互相交融的一部著作。自成一家之言。正因为它体例完备，才能容纳丰富的历史素材，在有限的篇幅之内使政治、经济、文化、学术、民族、社会以及自然的星象、历

---

① 〔唐〕刘知幾：《史通》卷二《列传》。

法、地理等无所不备。所以晋人张辅说，司马迁作史，"辞约而事举，叙三千年事，唯五十万言"①。清赵翼称它为"全史"，并说，"自此例一定，历代作史者遂不能出其范围"②。

1. 五体题名义例

（1）本纪。《五帝本纪·正义》引裴松之《史目》云："天子称本纪，诸侯曰世家。"张守节发挥说："本者，系其本系，故曰本；纪者，理也，统理众事，系之年月，名之曰纪。"刘知幾曰："盖纪者，纲纪庶品，网罗万物，论篇目之大者，其莫过于此乎！"又云："盖纪之为体者，犹《春秋》之经系日月以成岁时，书君上以显国统。"③ 据此，"本纪"之义有五：

① "本纪"为法则、纲要之意，它"纲纪庶品"，故为最尊贵之名称。

② "本纪"为记载天子国君之言事所专用。

③ "本纪"是"网罗万事"的，即国家大事无所不载，不可视为人物传记。

④ "本纪"编年，记正朔，象征天命攸归。从编纂学角度立论，编年记事是我国史法的优秀传统，使叙列的历史事件，兴衰发展的线索分明，它创自《春秋》。

⑤ "本纪"效《春秋》十二公，故为十二篇。《太史公自序》云："著十二本纪。"

（2）十表。司马贞曰："《礼》有《表记》，而郑玄云'表，明也。'谓事微而不著，须表明也，故言表也。"④ 赵翼说："《史记》作十表，仿于周之谱牒，与纪传相为出入，凡列侯、将、相、三公、九卿功名表著者，既为立传，此外大臣无功无过者，传之不胜传，而又不容尽没，则于表载之，作史体裁，莫大于是。"⑤ 总上，则"表"之义：

---

① 〔唐〕房玄龄等：《晋书》卷六十《张辅传》。
② 〔清〕赵翼：《二十二史劄记》卷一。
③ 〔唐〕刘知幾：《史通》卷二《本纪》。
④ 《史记》卷十三《三代世表·索隐》。
⑤ 〔清〕赵翼：《二十二史劄记》卷一。

①表隐微之事，使之鲜明。

②扩大纪、传的记事范围。

③表与纪、传互为经纬，是联系纪、传的桥梁。

但这仅仅是只从组织材料上立论，远远没有揭示出《十表》的真正价值。司马迁作十表，用以反映历史发展的线索和阶段性，建立了古代的年代学理论，最有章法义例（详后"五体序目义例"一节，兹从略）。

（3）八书。司马贞曰："书者，五经六籍总名也。此之《八书》，记国家大体。"① 赵翼曰："八书乃迁所创，以纪朝章国典。"② 用今语言之，八书是分门别类的文化制度史。《尚书》是各种体裁的公文档案汇编，司马贞以"五经六籍总名"释之，最确，司马迁把分门别类记载典章制度和文化发展的八书用"书"之名，也是十分恰当的。班固作《汉书》，扩大"八书"内容为"十志"，因其大题命名为"汉书"，故改"书"名"志"。

（4）世家。司马贞曰："系家者，记诸侯本系也，其言下及子孙常有国。故孟子曰：'陈仲子，齐之系家。'又董仲舒曰：'王者封诸侯，非官之也，得以代为家也③。'"刘知幾曰："案世家之为义也，岂不以开国承家，世代相续？"又曰："司马迁之记诸国也，其编次之体与本纪不殊，盖欲抑彼诸侯，异乎天子，故假以他称，名为世家。"④ 即定名"世家"之义有三：

①记诸侯列国史。

②载传代家世。

③《世家》与《本纪》同体，均编年记事，因有别于天子等第而别名"世家"。

（5）列传。司马贞曰："列传者，谓叙列人臣事迹，令可传于后世，故曰列传。"⑤ 张守节曰："其人行迹可序列，故云列传。"⑥

---

① 《史记》卷二十三《礼书·索隐》。
② 〔清〕赵翼：《二十二史劄记》卷一。
③ 《史记》卷三十一《吴太伯世家·索隐》。
④ 〔唐〕刘知幾：《史通》卷二《世家》。
⑤ 《史记》卷六十一《伯夷列传·索隐》。
⑥ 《伯夷列传·正义》。

赵翼曰："古书凡记事立论及解经者，皆谓之传，非专记一人之事迹也，其专记一人为一传者，则自迁始。"① 章学诚曰："史迁创列传之体。列之为言，排列诸人为首尾，所以标异编年之传也。"②

司马贞、张守节释"列"字为叙列，章氏解为排列。"列"字两义皆有。《伯夷列传》云："孔子序列古之仁圣贤人，如吴太伯、伯夷之伦详矣。"《陈杞世家》："小不足齿列。"《苏秦列传》："列其行事。"司马迁《报任安书》有"论列是非"、"终不能自列"、"兵法修列"等语。这些例证的"列"字，即序列、论列之义。《史记》中列国、列侯、列封、列星、列宿等用语，即为排列之义。《说文》卷四："列，分解也。"这是"列"字的本义。列传，即由"分"的意义引申出来，指众多人物之传按一定位次排列起来。日本学者中井积德说："传不一而足，次第成列，故谓之列传耳。"③

综上，"列传"一词是司马迁全新创造的动宾式复合名词④。司马迁借记事立论及解经之书命名为"传"，用以传人，记功臣贤人之言行以注《本纪》，表示人臣拱卫主上。《太史公自序》云："扶义俶傥，不令己失时，立功名于天下，作七十列传。"并按一定顺序排列起来，故称列传。

综上所述，《本纪》编年，广载军国大事，摘载诏令制诰，以象征历史发展的统绪。《世家》述开国承家的诸侯。《列传》叙人臣事迹，辅弼君上，如众星之拱卫北辰。这种不同的题名及载述笔法，是一种等级序列。所以纪传史是以帝王将相为中心的历史，形象地照映了封建政体的等级秩序，适应了封建统治者的思想体制，这就是纪传史之被封建王朝颁令为正史的内在原因。

---

① 〔清〕赵翼：《二十二史劄记》卷一。
② 〔清〕章学诚：《文史通义·繁称篇》。
③ 《史记会注考证》卷六十一《伯夷列传》引。
④ 李少雍：《列传新解》，载《司马迁传记文学论稿》，重庆出版社1987年版。

2. 五体破例义例

所谓破例，是与立例相对而言。以上述五体义例来衡量一下二十四史，班固的《汉书》最合标准，而《史记》最不合标准。《史记》篇目有若干破例，以《本纪》和《世家》最明显。

《本纪》的破例。其一，夏、殷、周三《本纪》包括了三代的先公先王，更有《秦本纪》乃是诸侯入《本纪》。其二，《史记》立《吕太后本纪》，而不立《惠帝纪》，竟把帝王逸出了《本纪》。其三，《史记》立《项羽本纪》，却不记西楚之年，而用"汉之元年""汉之二年"记正朔，且记事章法为传体。实际上司马迁写的是一篇"项羽列传"，只不过定名《项羽本纪》而已。

《世家》的破例。其一，项梁所立楚王熊心，曾统兵遣将，号令一方。刘邦入关，项羽北救赵，均为楚王熊心所遣。项羽杀宋义自号上将军犹假号楚王之令，入关后尊楚王为义帝。司马迁既不为之立"本纪"，亦不为之立"世家"。其二，汉初诸侯吴王刘濞、淮南王刘长、刘安，衡山王刘赐，因叛逆降为"列传"，而西周诸侯管叔叛逆，宗庙不守，却有《管蔡世家》。其三，汉初功臣萧何、曹参、张良、陈平、周勃等，爵禄不过封侯而立"世家"，但其他侯国不立"世家"，而且赵王张耳、长沙王吴芮，封为诸侯，又历传数代，亦不立"世家"。其四，三十《世家》中有孔子、陈涉、外戚三《世家》。孔子为布衣，陈涉称王不终，汉帝后妃无世可传，但均立"世家"，其例云何？

刘知幾的《史通》就批评《史记》为例不纯，处处扬班抑马。他在《二体》篇中虽然以《史记》、《左传》为纪传、编年二体之祖，但真正许为二体代表作的却是班固的《汉书》和荀悦的《汉纪》。所以他在《二体》篇的结论中说："然则班、荀二体，角力争先，欲废其一，固亦难矣。后来作者，不出二途。"刘知幾的评论是值得商榷的。立例又破例，正是司马迁品格创新精神的反映。无例，述史无规范，必将流于泛滥。死守成例，不能曲尽丰富多彩的历史内容，势将流于呆板。因此立例而又破例，是客观情势使然。司马迁恰好是最善于把握情势的历史家，故所创五体能容纳大量的历史素材，有无限的蕴藏力。

《史记》破例为体，计有三种类型。

（1）序事首尾完整，便于"察其始终"。夏、商、周三《本纪》上溯先公先王，使记一代兴衰之历史首尾完具，有利于总结历史经验，洞察历史的发展轮廓。魏收作《魏书》，首列《序纪》，记载拓跋氏的先世起源，就是仿《史记》而创造的。

（2）正名实。司马迁认为，秦至献公之后，"常雄诸侯"[①]，"昭襄业帝"[②]，才有始皇的统一，故特作《秦本纪》。参照《六国年表》，寓意更明。表名为六国，实叙八国，首栏列周，以示尊周天子为共主，次列秦，就是纪实以体现秦国"常雄诸侯"之意。因此周与秦不在六国数中。司马迁立《吕太后本纪》，不立《惠帝本纪》，也是纪实。因高后孝惠时，惠帝垂拱，吕后称制，故以惠帝附入吕后纪中。司马迁将楚王熊心附入《项羽本纪》中，亦同此例。司马迁不为吴芮立"世家"，因其事迹不显，载入年表即足。至于不为赵王张耳立"世家"，是有意将张耳陈馀合传。

（3）寓褒贬。司马迁为孔子、陈涉、汉帝后妃以及为汉初萧、曹、张、陈、周等开国功臣立《世家》，是褒显他们的历史功绩。反之，对汉初叛国诸侯，因为他们没有起到"辅弼股肱"的作用，降为"列传"，以示贬抑。但是周初管叔、蔡叔虽谋叛逆，后因蔡仲悔改，复封为诸侯，故司马迁仍立《管蔡世家》以劝善。由此可见，司马迁的破例为体，是寓有深意的。

班固仿《史记》作《汉书》，改通史体为断代史体，这是另一种创造，二者只可对照，不可并论。《汉书》断代为史。《本纪》载帝王，并取消《世家》，陈胜、项籍理应入传。《史记》贯通，《本纪》兼叙朝代，所以夏、商、周三代《本纪》上溯先公先王；又，《秦始皇本纪》之前有《秦本纪》，《高祖本纪》之前有《项羽本纪》，完全符合历史发展的序列，章法义例是严谨的。如果形式主义地看问题，就会认为《史记》为例不纯。刘知幾以

[①] 《史记》卷十五《六国年表序》。
[②] 《史记》卷一百三十《太史公自序》。

《汉书》为标准抽绎出纪传体的撰述理论，然后反过来用《汉书》的义例范围创始者《史记》的体例，在逻辑上犯了倒果为因的错误，所以是迂阔之论。请看刘知幾提出的改造《史记》的意见，其言曰：

> 案姬自后稷至于西伯，嬴自伯翳至于庄襄，爵乃诸侯，而名隶"本纪"。若以西伯、庄襄以上别作"周秦世家"，持殷纣以对武王，拔秦始以承周赧，使帝王传授，昭然有别，岂不善乎？必以西伯以前，其事简约。别加一目，不足成篇，则伯翳之至庄襄，其书先成一卷，而不共世家等列，辄与《本纪》同编，此尤可怪也。项羽僭盗而死，未得成名，求之于古，则齐无知、卫州吁之类也，安得讳其名字，呼之曰王者乎？《春秋》吴楚僭拟，书如列国，假使羽窃帝名，正可抑同群盗，况其名曰西楚，号止霸王者乎？霸王者，即当时诸侯，诸侯而称《本纪》，求名责实，再三乖谬。①

又云：

> 陈胜起至群盗，称王六月而死，子孙不嗣，社稷靡闻，无世可传，无家可宅，而以"世家"为称，岂当然乎？②

刘知幾以帝王相接来贯通历史的观点不无可取之处，现代的章节体通史正是这样编撰的，但这和纪传体之义例是不相容的。显然刘知幾是以断代之例来绳墨通史体，故其言迂阔。假如真的按照刘氏意见来改造《史记》，势将割裂三代《本纪》及秦代史事叙述的连贯性。至于《项羽本纪》，司马迁用汉纪年，又用传体叙述，只不过是用"本纪"之名列于《高祖本纪》之前，不仅仅是反映了历史发展的实际，而且构成了楚亡汉兴的强烈对比，增强了文章气势，更加引人深思。张耳被降为列传与陈馀合传，亦是此例。司马迁之一升一降，其义则一。司马迁作《陈涉世家》，其因有四：一曰尊汉，二曰反暴政，三曰赞首难，四曰纪

---

① 〔唐〕刘知幾：《史通》卷二《本纪》。
② 〔唐〕刘知幾：《史通》卷二《世家》。

实。刘邦反秦是打着楚王陈胜的旗号起事的,得天下后为陈涉置守冢三十家砀。陈涉首难,"其所置遣侯王将相竟亡秦"①。司马迁认为,秦朝暴政应当推翻,陈涉发难之功应予表彰,这在《史记》中多处讲到。西汉人并不认为陈涉是叛逆者。刘知幾用强化了的后世封建正统观念抨击司马迁不应为项羽立本纪、为陈涉立世家,当然是迂阔的了。相映成趣的是,今世时贤用形而上学的分析法引出了与刘知幾殊途同归的结论,说什么司马迁"为陈涉这样被统治阶级视为'盗贼'的人立世家",是"歌颂人民的反抗斗争",从而否定班固作《陈胜项籍传》,这同样是一种迂阔的议论。假如班固照抄《史记》,在断代的《汉书》中孤标特立《项羽本纪》、《陈涉世家》,岂非咄咄怪事!作为断代的《汉书》,体例是严密的,马班优劣在史识,不在两书体例之得失。比较《史》、《汉》体例以辨马班优劣,刘知幾正是失误在此,我们应引以为鉴。

3. 五体篇数及序列义例

《史记》五体是一个有精严义例的体系,篇目次第都饱含司马迁独特的历史哲学思考。《史记》为五体,"五"就是一个神秘的数字。人有双手,它的功能表现了人的无限创造力。一手为五指,双手为十指,十为数之极。原始哲学观念的思维方式,远取诸物,近取诸身。人有五指、五官、五脏、五体,等等。"五"的数目概念具有神秘感,推而大之为五行,五行运动而成天道。《史记》全书为一百三十篇,何以《本纪》为十二篇,《表》为十篇,《书》为八篇,《世家》为三十篇,《列传》为七十篇?这些数目,都不是随意确定的,而有一定的义例,它反映《史记》五体结构是一个人工创作的系统工程。《太史公自序》在揭示本纪、表、书、世家、列传各体写作旨意时,也都特别标示出"十二"、"十"、"八"、"三十"、"七十"等数目,就透露了个中消息。司马贞《补史记序》云:

《本纪》十二象岁星之周;八《书》有八篇,法天时之

---

① 《史记》卷四十八《陈涉世家》。

八节；十《表》放刚柔十日；三十《世家》比月有三旬；七十《列传》取悬车之暮齿；百三十篇象闰而成岁。

张守节《论史例》稍稍做了修正，其说更详：

> 太史公……作《本纪》十二，象岁十二月也。作《表》十，象天之刚柔十日，以记封建三代终始也。作《书》八，象一岁八节，以记天地日月山川礼乐也。作《世家》三十，象一月三十日，三十辐共一毂，以记世禄之家辅弼股肱之臣忠孝得失也。作《列传》七十，象一行七十二日，言七十者举全数也，余二日象闰余也，以记王侯将相英贤略立功名于天下，可序列也，合百三十篇，象一岁十二月及闰余也。而太史公作此五品，废一不可，以统理天地，劝奖箴诫，为后之楷模也。

范文澜《正史考略》史记条认为，"《本记》十二之数，实效法《春秋》十二公而作"，这也是正确的。因《春秋》十二公，亦象十二月，所以上起隐公以成十二之数，而使得《春秋》记事晚于平王东迁数十年。《史记》篇数与岁时历法相配乃是反映儒家所宣扬的一种天道观。《论语·尧曰》篇载，"尧曰：咨！尔舜！天之历数在尔躬，允执厥中。四海困穷，天禄永终。舜亦以命禹。"所谓"中"即是"历数"，象征天道运行；"执中"即是得天命，所以受命之君必封禅改正朔。司马迁亲自参与了汉帝的封禅、改历，而《史记》究"天人之际"，故五体篇数各有象征，寓意天道运行。司马迁将惠帝亦附于《吕太后本纪》中而不像《汉书》那样分两纪，在纪实之中包含了不逾"十二"之数的意义在内。

《史记》五体篇数寓意，《太史公自序》有明确示例。司马迁说："二十八宿环北辰，三十辐共一毂，运行无穷，辅弼股肱之臣配焉。忠信行道，以奉主上，作三十《世家》。"这里以众星绕北辰和诸辐咸归聚车毂比喻人臣拱卫主上很确切。同时"二十八"与"三十"两个确定的数目与三十世家之数合符，表示寓有深意。司马贞"七十列传取悬车之暮齿"，或许是一种猜测；而张守节"作《列传》七十，象一行七十二日"，则是具有充分依据和深刻的见解。

所谓"一行七十二日"，就是一年三百六十日，以木、火、土、金、水五行等分之，各主七十二日。西汉初年，"一行七十二日"的说法常常见于记载。如《易坤灵图》云："五帝：东方木，色苍，七十二日；南方火，色赤，七十二日；中央土，色黄，七十二日；西方金，色白，七十二日；北方水，色黑，七十二日"。①《高祖本纪》载，高祖"左股有七十二黑子"，张守节《正义》就以"七十二黑子者，赤帝七十二日之数也"来解释。可见，"七十二"这个数字，在司马迁时代是一个极为流行的神秘数字。据研究，"七十二"这个数字起于战国时期，它流行的年历，便是五行思想发展的年历，是一种文化运动的表征。因此，"七十"列传之数，是一种历史哲学的反映。

但是，我们今天没有必要去钻牛角，刻意地探求五体篇数的玄妙微意。我们只需从原则上把握，五体篇数与岁时联系，象征历史的无尽运行，也就是说司马迁是把古今人物编织在五行运动的历史哲学体系中进行论述。这是司马迁"究天人之际"思想内容的一个组成部分。

《史记》篇目顺序，清赵翼认为编次混乱，"其次第皆无意义"，"盖成一篇即编入一编，不得撰成全书，重为排比"，是"随得随编"②。赵氏不明《史记》五体结构的系统性，故有此说。系统成为一门独立学科，虽然是近现代总结成理论的，可是它作为一种思维方式却是源远流长，是伴随人类思维和整个科学技术发展史的进程而发生和发展的。《史记》五体就是司马迁创作的一个系统工程，所以它的篇目排列具有谨严的义例，可用八个字来概括："时代为序，以类相从。""时代为序"，勾勒历史发展的线索，是司马迁"通古今之变"的思想反映；"以类相从"，是运用历史类比法纵横排比，探寻治乱兴衰的规律，它既是一种

---

① 〔明〕孙毂：《古微书》卷十五引。
② 〔清〕赵翼：《二十二史劄记》卷一。

编纂方法，也是一种研究方法。时代为序是贯通历史的必然情势。篇目按时间顺序排列，尊重历史运动的先后顺序和连续性，从而创立了通史体例。《本纪》、《年表》、《世家》三体均编年纪事，组合义例，划分时代段落，反映各个时期的历史大势，详今略古，详变略渐，时间层次极为鲜明，这就是义例。《年表》的阶段性最为鲜明。以类相从则是匠心独运的编排，具有或纵或横的组合义例，构成比较，用以探索历史内容的思想意趣，七十列传的序目最为鲜明。《八书》按专题通论古今制度，而最后一篇《平准书》专言汉事，突出一个"今"字，这都寓含着司马迁匠心布局的微意。因此，"随得随编"之说毫无根据。司马迁编目，把"时代为序"与"以类相从"两个原则结合得十分完美，贯彻于《史记》全书五体结构中。

三、《史记》百三十篇标题

《史记》一百三十篇之标题，情况极为复杂。前人对此多有论说而未能使人疑惑尽释。这里对《史记》标题做一较为系统的论析。

1.《史记》标题类例

《史记》标题，主要可分为以下几种类型。

一曰约记其数。本纪称五帝，世家称五宗、三王，表称三代、十二诸侯、六国是也。二曰别其朝代。夏、殷、周、秦诸本纪是也。三曰明其国别。管蔡、陈杞、晋、楚、郑、赵、魏、韩、荆燕、淮南衡山、匈奴、南越、东越、朝鲜、西南夷、大宛是也。吴太伯、齐太公、鲁周公、燕召公、卫康叔、宋微子、越王句践、楚元王、齐悼惠王、梁孝王、吴王濞等，国名后或加封爵谥号，或姓名兼标，或单称名，或列封爵复加姓名，或封爵后加名字，或标明始封及排行。四曰记其官爵。萧相国、曹相国、陈丞相、留侯、商君、穰侯、孟尝君、春申君、淮阴侯、张丞相、魏其武安侯、李将军、卫将军骠骑是也。绛侯周勃，则既称封爵，又书姓名。五曰列其名姓。这一类型数量最多，计有二十余篇：司马穰苴、苏秦、张仪、白起王翦、乐毅、廉颇蔺相如、田单、鲁仲连邹阳、吕不韦、李斯、蒙恬、张耳陈馀、魏豹彭越、韩信卢绾、田儋、刘敬叔孙通、季布栾布、袁盎晁错、张释之冯唐、田叔、司马相如。田敬仲完，则既书姓名，又称其谥。六曰称其姓氏。管晏、汲郑是也。项羽、陈涉、伍子胥、韩长孺诸篇，则姓与字并称。七曰称举其号。秦有始皇帝，是为自号，高祖为庙号，吕太后为尊号，孝文、孝景为谥号，今上为当时之称，孔子、老子、孙子称子，郦生、贾生称生，荀卿、虞卿称卿，樗里子、仓公、滕公、万石，或以地，或以爵禄，名号各不相同。八曰列其类名。仲尼弟子、刺客、循吏、儒林、酷吏、游侠、佞幸、滑稽、日者、龟策、货殖是也①。

从以上粗略的列举中，已可见出《史记》标题的错杂多样，如细加区别，则可分出数十种不同的类型。《史记》标题中最引人注目、也最令人费解的，有以下两种情况。

一是同类人物标题方法互异。如，孟尝、平原、春申、信陵，号为战国四公子，《史记》于四人传记，唯信陵君称"魏公子"，其余三人则举其封号。又如，韩信、英布、魏豹、彭越、韩信（韩王信）、卢绾诸人，韩信传以"淮阴侯"命名，英布传以"黥布"为题，其余则以姓名标目。再如，萧何、曹参、张良、陈平、周勃诸人，萧、曹标"相国"，陈平标"丞相"，张良标"留侯"，周勃则称"绛侯周勃"。

二是一篇之中称谓各别。如，樊哙、郦商、夏侯婴、灌婴四人，唯夏侯婴标其号，其他三人则称举姓氏。《傅靳蒯成列传》、《平津侯主父列传》两篇，一传之中，分标姓氏封号，也不一致。又如，《老子韩非列传》、《孙子吴起列传》，篇题或称"子"，或标名；《孟子荀卿列传》或称"子"，或标号；《屈原贾生列传》、《郦生陆贾列传》，一篇之中，称"生"与举字、号，也不划一。

---

① 八书及年表，与讨论《史记》标题之真相基本上没有关系，这里不一一提及。

《平原君虞卿列传》、《樗里子甘茂列传》两篇，封号与名姓并列，《万石张叔列传》号与字并称，《扁鹊仓公列传》则化名与称号并存。

2. 示褒贬与随意标题

《史记》标题五花八门，指称方法多不齐一（篇中行文也有与之相类者），种种不同的解说也就因此生出。

（1）标题寓褒贬说。何乔新曰："陈平而曰陈丞相，卫青而曰卫将军，岂非有得于纪官之意乎？周勃而曰绛侯，韩信而曰淮阴侯，岂非有得于纪爵之意乎？大梁王而曰彭越，九江王而曰黥布，岂非有得于称名之意乎？张叔、田叔之称叔，其与书字也同一辙，贾生、郦生之称生，其与书子也均一义。吁！继《春秋》之后而存《春秋》之例，舍史迁吾谁与归！"①

任国诠著《史记世家列传或名或字或官爵例说》一文，认为"《史记》一书，创立体例，观其《自序》，隐然比之《春秋》。《春秋》闻见异辞，笔削寄意，迁意宗之，故世家列传，名字官爵，例不一也"②。他还列举了许多例子，论证《史记》标题称谓寓有褒贬之义，此不俱录。

应该说，《史记》自比《春秋》，用意至为明显。他们对《史记》标题称谓做此联想，是很自然的。他们所举的例子，若按他们的结论来理解，也大多可以说得通。但是，如果将《史记》作为一个系统的整体来看，却很难解释圆满，而且各篇之间也很难平衡。如李将军与卫将军、骠骑并称官，乐毅、廉颇、蔺相如、吕不韦、李斯、刘敬、叔孙通、张释之、冯唐同称名，商君、留侯、淮阴侯、平津侯、魏其、武安侯俱称爵，作者是不是将他们彼此等同？如果说留侯、淮阴侯称爵体现了作者对他们的褒扬或肯定，那么，管蔡、淮南、衡山王也称爵，又当如何理解？魏其、武安二人合传，如果说窦婴称爵表现了作者对他的同情，那么，田蚡称爵又是什么用意？樊哙、郦商、夏侯婴、灌婴四人，

---

① 〔明〕何景明：《何文肃公文集》卷二。
② 〔清〕王闿运辑：《尊经书院初集》卷十。

为什么独夏侯婴称滕公,其他人都标姓氏?周勃既纪其爵,又列其名,其义何在?扁鹊、商君、樗里子、黥布、万石等称名,又是何用意?这些问题,通用褒贬说来解释,恐怕比较困难。或许正是由于这个原因,才产生了其他不同的说法。

(2)随意标题说。章学诚曰:"史迁创列传之体。列之为言,排列诸人为首尾,所以标异编年之传也。然而列人名目亦有不齐者,或爵,或官,或直书名,虽非《左氏》之错出,究为义例不纯也。或曰:迁有微意焉。夫据事直书,善恶自见,《春秋》之义也。必标目以示褒贬,何怪沈约、魏收诸书,直以标题为戏哉!况七十列传,称官爵者,偶一见之,余并直书姓名,而又非例之所当贬。则史迁始创之初,不能无失云尔。必从而为之辞,则害于道矣。"①

袁枚亦云:"《史记》有随意标题而心无成见者,如萧、曹称相国,而留侯、绛侯称封爵,郦食其称生,而石奋称万石君,魏公子称信陵君,而平原君称赵公子胜是也。盖作史之初,体例未备。《北齐书》仿之,或称高敖曹,或称高昂,或称邢邵,或称邢子才,或称杨愔,或称杨遵彦,亦随便书之"②。

章学诚认为《史记》体例有失,袁枚认为史公随意标题,较《史记》标题寓褒贬之说稍觉圆通,但仍未能揭示《史记》题目不取一律的原因。

3.《史记》标题的奥秘

《史记》各篇所取的题目,说穿了并不复杂:作者是根据当时较为通行的名号来命篇的。这里据有关文献,举出若干例证,以求揭示《史记》标题之秘密。

(1)魏公子。孟尝、平原、信陵、春申四君,合称战国四公子。《史记》于孟尝君等三人都以封号标目,独称信陵君为"魏公子",前人多有议论。李景星云:"四君之中,以魏公子为最贤。太史公作四君传,亦以《魏公子传》为最出色。标题曰《魏

---

① 〔清〕章学诚:《文史通义·繁称》。
② 〔清〕袁枚:《随园随笔》卷二。

公子列传》，与《自序》合，正所以殊于其余三君也。他本或称《信陵君列传》，未免不达史公之旨。"① 何焯则云："魏公子列传于四君之中，独书之曰魏公子者，以为国之存亡所系也。"② 他们分析《魏公子列传》的内容，不能说没有道理，但未必与标题有什么联系。信陵君窃符救赵后，因得罪魏王，留赵长达十年之久，身在异国，只有"公子"之名称呼起来比较顺当。相沿既久，遂以为常。《高祖本纪》载高祖诏令曰："秦始皇帝、楚隐王陈涉、魏安釐王、齐湣王、赵悼襄王皆绝无后，予守冢各十家，秦皇帝二十家，魏公子无忌五家。"《魏公子列传》云："诸侯之客进兵法，公子皆名之，故世俗称《魏公子兵法》。"据此知"魏公子"为信陵君汉初流行之称谓。《汉书·古今人表》标举四公子名号分别为"孟尝君"、"平原君"、"春申君"、"魏公子"，与《史记》如出一辙，亦取众所习称之号，并非故为歧异。

（2）淮阴侯、黥布等。《史记》作韩信传记，以"淮阴侯"标目，后人也多有论说。李景星曰："不曰韩信，而曰淮阴侯，不曰李广，而曰李将军，只一标题，已见出无限的爱慕敬仰。"③ 任国诠云："夫淮阴侯诛而具爵，著高、吕之寡恩也。"④ 这些议论，实在似是而非。贾谊《陈政事疏》云："假设天下如曩时，淮阴侯尚王楚，黥布王淮南，彭越王梁，韩信王韩，张敖王赵，贯高为相，卢绾王燕，陈豨在代，令此六七公者皆无恙，当是时而陛下即天子位，能自安乎？"又云："臣窃迹前事，大抵强者先反。淮阴王楚最强，则最先反；韩信倚胡，则又反；贯高因赵资，则又反；陈豨兵精，则又反；彭越用梁，则又反；黥布用淮南，则又反；卢绾最弱，最后反。"《新书·制不定》云："淮阴侯、韩王信、陈豨、彭越、黥布及卢绾皆功臣也。"淮阴侯韩信与韩王信姓名相同，韩信由楚王贬为淮阴侯在高祖六年，称他为淮阴侯，开始时盖为区别于韩王信，后遂沿为习惯称呼。

---

① 李景星：《四史评议·史记评议·魏公子列传》。
② 〔清〕何焯：《义门读书记·史记》。
③ 李景星：《四史评议·史记评议·李将军列传》。
④ 〔清〕王闿运辑：《尊经书院初集》卷十。

《黥布列传》云："黥布者，六人也。姓英氏。秦时为布衣。少年，有客相之曰：'当刑而王。'及壮，坐法黥。布欣然笑曰：'人相我当刑而王，几是乎？'"《索隐》引《汉杂事》云："布改姓黥，以厌当之。"据此，黥布之称为壮年后所改，与娄敬改姓刘同出一例。泷川资言曰："愚按：黥、英音近。"① 根据泷川资言之说则英变为黥，与庆卿呼为荆卿相类。不管事实如何，黥布为汉初通行之称则无疑问。《汉书·韩彭英卢吴传》赞云："张耳、吴芮、黥布、彭越、臧荼、卢绾与两韩信，皆缴一时之权变，以诈力成功。"《萧何曹参传》赞语云："淮阴、黥布等已灭，唯何、参擅功名。"《新书·淮难》云："今淮南土虽小，黥布尝用之矣，汉存特幸耳。"贾谊书中，《藩强》、《亲疏危乱》诸篇也屡称"黥布"。此外史家叙事及当时人物对话，用此称者不可胜举。

（3）萧曹张陈周等。萧何、曹参、张良、陈平、周勃、张苍诸人，都是高祖功臣，对汉初政治影响颇大。此数人传记，《史记》标题各异，也与称呼沿袭有关。萧何、曹参先后为相国，参死后，改相国为丞相，故萧、曹以"相国"名篇，而陈平、张苍则题为"丞相"。留侯运筹帷幄而官位不显，故世称其爵位。至于周勃称绛侯，亦为习称。《楚汉春秋》云："破敌擒将，活死不衰，绛、灌、樊哙是也。功成名立，臣为爪牙，世世相属，百世无邪，绛侯周勃是也。"②《新书·藩强》云："曩令樊、郦、绛、灌据数十城而王，今虽以残亡可也。"又云："欲勿令菹醢，则莫若令如樊、郦、绛、灌。"《史记·高祖功臣侯者年表》云："后数世，民咸归乡里，户益息，萧、曹、绛、灌之属或至四万。"以上所引，樊、郦、灌三人称姓而周勃独称爵，可知绛侯为当时习用之称。周勃曾为太尉，又先后为右丞相、丞相，时间都不长，而其子周亚夫亦曾为丞相，这也许是"绛侯"之称为人们常用的原因。

---

① 上海古籍出版社影印本《史记会注考证》（附校补）。
② 《文选》刘子骏：《移书让太常博士》注引。

（4）樊郦滕灌等。舞阳侯樊哙、曲周侯郦商、汝阴侯夏侯婴、颍阴侯灌婴诸人，经历、功业略相仿佛。《史记》将此数人合传，标题唯夏侯婴用滕公之号，而其余三人则列其姓氏，初读似觉不伦，其实汉人称谓往往如此。《樊郦滕灌列传》云夏侯婴"赐爵封，转为滕令"，《汉书》则云："初婴为滕令奉车，故号滕公。"据此，知滕公为夏侯婴之号。《楚汉春秋》云："滕公为御。"①《樊郦滕灌列传》赞语云："太史公曰：吾适丰沛，问其遗老，观故萧、曹、樊哙、滕公之家，及其素，异哉所闻！"《盐铁论·国疾》："高皇帝龙飞凤举于宋、楚之间，山东子弟萧、曹、樊、郦、滕、灌之属为辅。"《救匮》云："高皇帝之时，萧、曹为公，滕、灌之属为卿。"《新序·善谋下》："汉王既用滕公、萧何之言，擢拜韩信为上将军。"可知夏侯婴称滕公，整个西汉时期未有改变。《汉书·樊郦滕灌傅靳周传》标题，樊哙、郦商、灌婴等人标其姓氏，而独称滕公之号，亦是随俗从众。《史记·傅靳蒯成列传》题目，傅宽、靳歙之姓氏与蒯成侯爵号并列，命名方法亦与《樊郦滕灌列传》相似。《平津侯主父列传》公孙弘称爵而主父偃标姓，亦相类似。

（5）扁鹊仓公、万石张叔等。《扁鹊仓公列传》云扁鹊姓秦，名越人，得长桑君之禁方，"为医或在齐，或在赵。在赵者名扁鹊"。又云"扁鹊名闻天下"，"至今天下言脉者，由扁鹊也"。据此知扁鹊以化名著称于世。《汉书·艺文志》方技类载："《扁鹊内经》九卷。《外经》十二卷。"汉人著作称扁鹊者极多。如《新书·大都》："失今弗治，必为锢疾，彼虽有扁鹊，弗能为已。"《盐铁论》一书，其《非鞅》、《轻重》、《相刺》、《大论》诸篇，称扁鹊者不一而足。《说苑》、《论衡》等书也多用此名，而《汉书·古今人表》亦以扁鹊为称。由此而知扁鹊之名彰而本名湮没，不独汉初为然。仓公本名淳于意，为齐太仓长，故称仓公。

万石君名石奋，《万石张叔列传》载："于是景帝曰：'石君及四子皆二千石，人臣尊宠乃集其门。'号奋为万石君。"赞语

---

① 《史记》卷九十五《樊郦滕灌列传》司马贞：《索隐》引。

云："太史公曰：'仲尼有言曰："君子欲讷于言而敏于行。"'其万石、建陵、张叔之谓邪?"《汉书·万石卫直周张传》亦举"万石"之号，足证此号为通行之称。

《樗里子甘茂列传》云："樗里子者，名疾，秦惠王之弟也。"《索隐》："按：樗，木名也，音摅。高诱曰：'其里有大樗树，故名樗里。然疾居渭南阴乡之樗里，故号曰樗里子。'"《竹书纪年》、《战国策》诸书，或称樗里子为'樗里疾'，或称'樗里'，未见载其姓氏者。盖称名既著，本姓不传。《汉书·楚元王传》载刘向上疏云："樗里子葬于武库。"《新序·杂事二》、《汉书·古今人表》均以"樗里子"、"甘茂"并称，亦有助于对《史记》标题的理解。

《平原君虞卿列传》云虞卿说赵孝成王，"再见，为赵上卿，故号为虞卿"。虞卿之名今不传，虞卿为流行称号，应无疑义。

（6）孙子吴起、郦生陆贾等。《孙子吴起列传》："太史公曰：'世俗所称师旅，皆道《孙子》十三篇，吴起兵法。'"《汉书·艺文志》兵权谋家载"《吴孙子兵法》八十二篇"（此加"吴"字，为区别于《齐孙子兵法》），又有"《吴起》四十八篇"。《史记》标题时孙、吴两人或称名，或称子，自有所据。《老子韩非列传》云，老子"姓李氏，名耳，字聃"。《正义》云："张君相云：'子者是号，非名。'"《孟子荀卿列传》云："荀卿，赵人。"《索隐》："名况。卿者，时人相尊而号为卿也。"一篇之中，或称名号，或称子，都与《孙子吴起列传》有相类之处。

《郦生陆贾列传》云郦生名食其，县中谓之狂生，而他也以"郦生"自称。《新序·善谋下》："郦食其号郦生。"《史》、《汉》叙事，多称郦生，《汉书·郦陆朱刘叔孙传》赞语以"郦生"、"陆贾"并称，都可证明"郦生"之号为当时所习用。屈平字原，《楚辞》及《汉书·古今人表》等多称其字，贾生见称于文帝、司马迁及汉人之口，文献屡书不一，《屈原贾生列传》之命名，因此而可知。

4.《史记》标题为何不取一律

《史通·题目》云："观夫旧史列传，题卷靡恒。文少者则具出姓名，若司马相如、东方朔是也。字烦者唯书姓氏，若毋将、盖、陈、卫、诸葛传是也。必人多而姓同者，则结定其数，若二袁、四张、二公孙传是也。如此标格，足为详审。"后代史书，题目或兼标名姓，或单列姓氏，形式较为整齐。《史记》标目则参差错落，不拘一格。《史记》标题不取一律，有其客观原因，并非作者有意标新立异。

古代称举人物，或标名姓，或列字号，或称伯仲，或举封爵，或以职官，或取尊号，或纪其谥，或载其号，随时变化，因人而异，并无定例。同一个人往往有若干不同的指称方法。如：吕尚有姜尚、姜牙、子牙、姜子牙、太公、太公望、师尚父等称号，其他人物也多如此。历史人物以何种称号流行，也是因人而异。太公、周公、召公、卫康叔、微子、越王句践、孔子、老子、孙子、孟子、虞卿、荀卿、樗里子、扁鹊、魏公子、伍子胥、屈原、项羽、陈涉、淮阴侯、留侯、黥布、郦生、贾生、滕公、仓公、万石等称谓，姓名字谥官爵称号应有尽有。这些名称，或载于经典，或见于诸子百家之书，或以俗语流为丹青，都已为人们所普遍接受。史家记事，文献是最主要的依据，对于这些约定俗成的东西，作者很难任意改动。吕思勉曰："盖古之称人，多以其号。所谓号者，乃众所习称之名。或名，或字，或官，或爵，或谥，或生地，或里居，或封邑，皆可为之。又或舍此而别有称谓，无定例，亦不能强使一律也。小时曾见父老曾经太平天国革命者，其谈湘军诸将，称谓即不一，大抵于曾国藩多称其谥曰文正，于国荃则以次第呼之曰曾九，于左宗棠则多斥其名。问其何以如此，不能言也。此即所谓号也。《史记》之称项籍为项王，盖亦如此，非尊之也。不然，汉初诸将，夏侯婴未必独贤，何以文中多称为滕公，而韩信、彭越等顾不然乎？号既为众所习称，举之自为众所易晓。古人之文，原近口语，举笔时即以众习称者书之，固其宜耳。此正刘氏所谓'取协随时'者也。"① 史家叙事既不能改变人物称号，标题也不能不受其影响。

---

① 吕思勉：《史学四种》，上海人民出版社。

《史记》标题的参差多样，与其本身的特殊性也大有关系。《汉书》以后各史，多断代成书，标题统一相对来说容易做到。《史记》上记轩辕，下迄太初，驰骋数千年。历代人物通行之称谓不一，且由来已久，若强为统一，不免显得别扭，故作者顺其自然，从众随俗，采用通行之名号。这样处理，缺点是不够统一（以后人的观点来看），但要统一，又谈何容易！班固《汉书》，记西汉一朝，人物传记一般都以姓名标题，而滕公、万石之号，赫然在目。至《古今人表》记历代人物，姓名、字、谥、官爵、封邑、尊号、里居等无所不包。盖由习惯相沿，彼此认同，如贸然改称，反生歧义。因此知《史记》标题不取一律，有不得已者。以通行称号命名，还有一个意外的好处，即标题本身也成了史料的一部分，后人以《史记》篇名可考见汉初一些历史人物的习惯称呼。《史记》各篇行文，这种情况也很普遍，对此也可作同样的理解。

　　《史记》为纪传之祖，太史公创作《史记》之时，并无成例可循。作者以当时流行的名号作为纪传标题，确实比较特别，然而并非从心所欲，漫无章法地随手标题，也不是"为例不纯"。从后来的史学实践看，班固《汉书》以后统一标举姓名，形式更为整齐划一，后世遂成定例。但若用后代史书来"规范"《史记》，则未见恰当。

四、互见法

1. 什么是互见法

　　互见法是司马迁首创的一种述史方法和表现手法，是纪传体史书所特有的。这种方法是把一个人的生平事迹，一桩历史事件的来龙去脉，分散写在数篇之中，参错互见，相互补充。简言之，本传不载或略载该传主的某事件，而详见于其他传记，这就是互见法。

　　最早谈到《史记》使用互见法的是宋代的苏洵。他说："迁之传廉颇也，议救阏与之失不载焉，见之赵奢传；传郦食其也，谋挠楚权之缪不载焉，见之留侯传。夫颇、食其皆功十而过一者也，苟列一以疵十，后之庸人必曰：'智如廉颇，辩如郦食其，而十功不能赎一过。'则将苦其难而怠矣。是故本传晦之，而他传发之，则其与善也，不亦隐而彰乎！"① 在这里，苏洵虽然没有明确提出"互见法"这个词，但他已揭示了"互见法"的实质："本传晦之，而他传发之。"近人李笠在其《史记订补》中给互见法做了个定义式的说明："史臣叙事，有缺于本传而详于他传者，是曰互见。"靳德俊则称这种方法为"互文相足"。他说："一事所系数人，一人有关数事，若为详载，则繁复不堪，详此略彼，则互文相足尚焉。"②

2. 互见法的两种情况

（1）书明互见。在行文中司马迁做了提示：事见某某篇，语在某某篇中。由于作者做了明白交代，一目了然。如在《项羽本纪》中司马迁用了一千多字的篇幅极力渲染了鸿门宴场面，而在《留侯世家》中则一笔带过："及见项羽后解，语在'项羽'事中。"《留侯世家》中有下面一个情节："汉四年韩信破齐而欲自立为齐王，汉王怒。张良说汉王，汉王使良授齐王信印，语在'淮阴事'中。"韩信欲为王，汉王发怒，张良是如何劝说刘邦的呢？《淮阴侯列传》中有详细的交代："张良、陈平蹑汉王足，因附耳语曰：'汉方不利，宁能禁信之王乎？不如因而立，善遇之，使自为守。不然，变生。'"《萧相国世家》中有"语在淮阴侯事中"、"语在淮阴事中"等交代的话；《绛侯周勃世家》中有"其语在'吕后'、'孝文'事中"交代的话；《秦本纪》说："其事在商君语中"；《秦始皇本纪》说："其赐死语，具在李斯传中"，如此等等，不可尽举。这些都清楚地告诉我们，一些有关传主的事件还见于其他传记，如想知道详细情节，可查阅这些传记的相关部分。

---

① 〔宋〕苏洵等：《苏老泉先生全集》卷九。
② 靳德峻编纂：《史记释例》。

(2) 未书明互见。《史记》中互见法在绝大多数情况下是没有交代的。在《项羽本纪》中，太史公热情歌颂了项羽在灭秦斗争中所建立的伟大功绩，虽也写了他的缺点，但轻描淡写，一笔带过，而在其他篇中予以补叙。如《高祖本纪》中刘邦点项羽十大罪状，与群臣讨论项羽失败的原因，怀王诸老将批评项羽的暴虐政治："项羽为人剽悍猾贼。项羽尝攻襄城，襄城无遗类，皆坑之，诸所过无为残灭。"

又如关于刘邦，《项羽本纪》中有这样两段记载："汉王道逢得孝惠、鲁元，乃载行。楚骑追汉王，汉王急，推堕孝惠、鲁元车下，滕公常下收载之。如是者三。曰：'是急不可以驱，奈何弃之？'于是遂得脱。""当此时，彭越数反梁地，绝楚粮食，项王患之。为高俎，置太公其上，告汉王曰：'今不急下，吾烹太公。'汉王曰：'吾与项羽俱北面受命怀王，曰：约为兄弟，吾翁即若翁，必欲烹而翁，则幸分我一杯羹。'"刘邦为了逃命，竟然忍心将自己的亲骨肉推下车；面临父亲被杀头的危险，竟然说出那样的无赖话。由此我们可以想象刘邦其人，而这两件事本传均未载。《郦生陆贾列传》载："骑士曰：'沛公不好儒，诸客冠儒冠来者，沛公辄解其冠，溲溺其中。与人言，常大骂。未可以儒生说也。'"总之，司马迁掌握了许多足以表现刘邦流氓成性的材料，但没有把它们集中写在《高祖本纪》里，而是分散写到其他传记里。

未书明互见者，尤其要引起我们的注意，我们在评价历史人物时，不能仅限于本传提供的材料，必要时还要联系其他篇章所提供的资料，否则我们掌握的论据就不够充分，得出的结论就不够准确。

3. 司马迁为什么要采用互见法

(1) 组织材料的需要。《史记》虽由五个部分组成，但它是一个整体，各部分之间互相配合，彼此补充，这为采用互见法提供了可能。由于同一历史事件同时涉及很多人，在每个人的传记里都详加描述，便会造成冗赘，而且也没有必要。如长达五年的楚汉战争，涉及的人物成百上千，其中的主要人物也有几十个，即以鸿门宴为例，就涉及项羽、刘邦、范增、张良、项伯、樊哙等许多人物。如果在这些人的传记里都详细叙述，便会造成文章的冗赘；但如果只在其一篇中叙述，而其他篇中忽略不提，则不能真实全面地反映历史，而且也无法体现传主的全貌。如何解决这一矛盾？司马迁便采取互见法，在《项羽本纪》中详细叙述，而其他人物传记里略写，或以"语在项羽事中"作提示。又如诛诸吕事在《吕太后本纪》中详细叙述，而在孝文、陈平、周勃等传中也予以提及。吴楚七国之乱事在《吴王濞列传》中记载最完整，在周亚夫、袁盎、晁错等传中也有略述。历史纷繁复杂，牵涉的面广，牵连的人物多，采用互见法组织材料，将事情系于一人，而在有关人物的传记里略说，或以"语在某某事中"作为交代，力求用极少的笔墨写出纷繁复杂的历史事实，这是一种十分经济的笔法。

（2）塑造形象的需要。《史记》中那些写得成功的人物传记都有一个中心主题，为此作者便有意识地把那些与主题无关或关系不甚密切，甚至与主题相抵触的材料写在别的传记里。这样做，既不会歪曲历史事实，又保证了人物形象的鲜明突出。如《项羽本纪》歌颂了项羽在反秦斗争中所建立的伟大功绩，揭示了他失败的原因，司马迁重点写了钜鹿之战、鸿门宴、垓下之围三件大事。钜鹿之战，项羽破釜沉舟，奠定了灭秦的伟大功勋，威震诸侯。鸿门宴揭开了楚汉相争的序幕。在剑拔弩张的形势下，刘邦花言巧语的一番臣服，使项羽放松了警惕。项羽也居功自傲，缺乏政治头脑，轻信奉承。鸿门宴已预示着项羽开始走向失败。垓下之围，项羽已走到了穷途末路。悲歌别姬，使项羽形象更丰满。东城决战，让我们再次目睹了举世无双的英雄风采。最后自刎而亡，令读者悲叹惋惜。至此，一个顶天立地的盖世英雄形象跃然纸上。综上简析，我们说《项羽本纪》的中心主题是揭示项羽盖世的英雄性格和悲剧结局，因此项羽的许多个人缺点和军事上的错误，没有写在本传里。上文已提到的，《高祖本纪》中借他人之口批评项羽。另外同篇中高祖与列侯诸将讨论他何以得天下，项羽何以失天下的一段对话："高起、王陵对曰：'……

项羽妒贤嫉能，有功者害之，贤者疑之，战胜而不予人功，得地而不予人利，此所以失天下也。'高祖曰：'……此三者，皆人杰也，吾能用之，此吾所以取天下也。项羽有一范增不能用，此其所以为我擒也。'"《淮阴侯列传》中韩信评价项羽："项王喑噁叱咤，千人皆废，然不能任属贤将，此特匹夫之勇耳。项王见人恭敬慈爱，言语呕呕，人有疾病，涕泣分食饮，至使人有功当封爵者，印刓敝，忍不能予，此所谓妇人之仁也。……"刘邦、韩信等人指出了项羽不善用人、嫉贤妒能、封赏吝啬等缺点，而这些没有写在本传中，这样有利于在本传中突出项羽的英雄气概。再如《魏公子列传》的中心主题是写信陵君礼贤下士。只读本传，信陵君是一个极贤明的人物，但他也有自私、懦弱的一面。《范雎蔡泽列传》载，魏相魏齐与秦相范雎结下了仇怨，弄得无处容身，往投信陵君，但他却"畏秦，犹豫不肯见"。后因侯嬴言，虽"驾如野迎之"，而"魏齐闻信陵君之初难见之"，已经"怒而自刭"。此事与信陵君的礼贤下士是矛盾的，属于他性格的另一个侧面，但没有写在本传里。这样做，既保持了信陵君这个形象的完整性，又不损害历史的真实。

（3）政治上的原因，即为了避讳。孔子修《春秋》，"隐桓之间则彰，定哀之际则微，为其切当世之文而罔褒，忌讳之辞也"①。太史公效此笔法，但疾恶如仇的精神使得他决不肯放过统治者的种种恶行、劣质。本传中不便明言，便分散写在其他传记中。如写汉代帝王，每篇传记都以肯定为主，而将他们的庸俗、自私等不光彩的一面，写到其他传记中，以《高祖本纪》为例，本篇详细叙述了刘邦由起兵反秦，到楚汉相争，再到统一全国，建号称帝的全过程，对于刘邦身上的一些优秀品质，如顺应时代，善结人心，知人善任，对于他所采取的措施，如恩威并施，团结内部，分化敌人，都做了生动的描绘，而把他的无赖、恶劣品行分散写到其他篇中。如上面提到的《项羽本纪》写他的残忍自私，《郦生陆贾列传》中写他的流氓品性，此外《周昌列

---

① 《史记》卷一百一十《匈奴列传》。

传》中写他的贪财好色，《季布栾布列传》中写他的忘恩负义等等。这里且看《高祖本纪》中的一段记载："（前196年）春，淮阴侯韩信谋反关中，夷三族。夏，梁王彭越谋反，废，迁蜀；复欲反，遂夷三族。立子恢为梁王，子友为淮阳王。秋七月，淮南王黥布反，东并荆王刘贾地，北渡淮，楚王交走入薛。高祖自往击之。立子长为淮南王。"如仅读此篇，恐怕真会以为这些人想谋反，被诛是应该的。但读一读《淮阴侯列传》、《彭越列传》、《黥布列传》，就会发现事实并非如此简单。刘邦定国后，猜忌功臣，往往以子虚乌有的"谋反"罪名，除掉自己的心腹之患，功臣动辄得咎，无所措手足，一部分人被逼走上反抗道路。太史公的这种史识在《高祖本纪》中是见不到的。又如在《武帝本纪》中，司马迁比较多的写汉武帝的文治武功，而在《平准书》中却说，武帝"外攘夷狄，内兴功业，海内之士力耕不足粮饷，女子纺绩不足衣服"，揭露了武帝好大喜功所造成的海内虚耗的严重后果。在《汲郑列传》中，司马迁借汲黯之口批评武帝的多欲政治："陛下内多欲而外施仁义，奈何欲效唐虞之治乎！"

此外，互见法两传存疑，寓褒贬，调节历史真实与感情抒发之间的矛盾等多种功能。互见法运用于心，可使史笔记事神采飞扬，而又不违背历史真实的原则。总之，互见法不仅解决了史书编写过程中重复冗杂的问题，而且还解决了历史的真实性与文学的典型性之间的矛盾，是司马迁一个别具匠心的创造。

第四章　创立纪传体通史

司马迁创作的《史记》，首先是一部历史巨著，从内容到形式都是划时代的创新。内容，系指贯通三千年的通史；形式，则指五体结构。"纪传体通史"这一术语就准确地定位了司马迁创新的总特点，说它是划时代的创新，不仅是空前的，而且创新内容极其丰富，如果把司马迁的创新加以具体罗列，至少可以列举以下十个主要的方面：

（一）首创纪传体，形象地照映了封建社会的等级序列。

（二）首创贯通古今的通史，建立了历史发展断限理论的年代学。

（三）首创"太史公曰"的史论形式，提出了系统的史学理论。

（四）首创经济史传，发展了古代朴素的唯物史观，意识到经济发展状况对社会历史起决定的作用。

（五）首创军事史传，系统地总结了古代的战争理论和叙述了战史内容。

（六）首创学术史传，辨章学术源流。

（七）首创民族史传，提出了民族一统的思想。

（八）首创各色人物的类传，全面地反映社会生活。

（九）首创语译古文，使艰深古奥的语言通俗化。

（十）首创历史文学，把历史人物的实录塑成为典型形象。

其他还可以罗列一些，例如首创礼、乐、历、星等各种专题的文化史传，扩大了历史记叙的范围；首创《大宛列传》，载述外国史事，等等。

上述创新，总结成一句话，就是司马迁创造了"纪传体通史"，从此奠定了史学的独立地位。在司马迁以前，史学只是经学的附庸，从来没有一个人这样贯通式地描述过，特别是这样多方面、多角度地整理文献。本章从"纪传体通史"的角度切入，探讨《史记》的内容与司马迁的历史观及其对中国史学的影响，下面分五个节目来谈。

一、纪传体的特点

纪传体史有两大特点。其一，以人物为中心述史；其二，体大思精，包容百科知识。本书第三章《史记》体制，已经触及了纪传体的特点，这里再集中论说这两大特点所带来的中国古代史学的创新思维与哲学意义。

（1）以人物为中心。《史记》五体，一百三十篇，《本纪》、《世家》、《列传》三体共一百一十二篇，直接载人物，《十表》过半数也是谱列人物。二十四史，有的缺表，有的缺书志，而纪传必备。因此，"纪传体"之名，"纪传"二字鲜明地标示了以人物为中心述史的特点。

首先，以人为中心，引发了历史哲学的思维变革，历史记载从神的历史到人的历史。恩格斯说："有了人，我们就开始有了历史。"[①] 但是，在一个相当长的时间里，人们并不知道人类是创造历史的主人，而把世界的创造归结为神的创造，甚至人类本身也是上帝创造的，"天生蒸民"就明确地表达了这一点。中国

---

① 《自然辩证法》，见《马克思恩格斯选集》第3卷第457页。

古代传说时代的历史就是神的历史，到了商代，最早的历史记录甲骨卜辞，主要内容就是占卜吉凶，人间大事要由神来主宰，刻甲骨文的"贞人"，既是历史家，又是沟通神与人的宗教巫师。

随着生产力的发展和社会的进步，西周以后，王权衰落，贵族专政及其统治思想宗教神学受到很大冲击。春秋战国的动乱，更加显示出人的创造作用。孔子修《春秋》，基本上是从人事的角度记载历史，并在人事的记载中寄寓一字褒贬，以当一王之法。《太史公自序》通过同壶遂的对话说明《春秋》记事以人为本位的意义。司马迁说："夫《春秋》，上明三王之道，下辨人事之纪，别嫌疑，明是非，定犹豫，善善恶恶，贤贤贱不肖，存亡国，继绝世，补敝起废，王道之大者也。"又云："《春秋》辨是非，故长于治人。""《春秋》以道义"，"拨乱世反之正，莫近于《春秋》"，"万物之散聚皆在《春秋》"，"有国者不可以不知《春秋》"，"为人臣者不可以不知《春秋》"，"《春秋》者，礼义之大宗也"，等等。司马迁推重《春秋》，把它说成是一部政治伦理道德全书，其作用在于给人们提供是非善恶的标准。司马迁以《春秋》喻《史记》，表明他的创作宗旨继《春秋》，就是要写出一部政治伦理道德全书，用以"辨是非"，"善善恶恶"，给人们提供榜样和借鉴。

其次，以人为中心，带来历史观的转变，必然引发历史记载内容的全新变革。司马迁摒弃了《春秋》的一字褒贬，而全方位地记载社会各阶级、阶层及各种类型人物，全方位反映社会生活，惩恶劝善，贤贤贱不肖，为后王立法，为人伦立准则。所以司马迁说："故有国者不可以不知《春秋》，前有谗而弗见，后有贼而不知。为人臣者不可以不知《春秋》，守经事而不知其宜，遭变事而不知其权。为人君父而不通于《春秋》之义者，必蒙首恶之名。为人臣子而不通于《春秋》之义者，必陷篡弑之诛，死罪之名。"[①] 这里所说的《春秋》就是《史记》的代名词，也是纪传史的代名词。司马迁塑造各色人物为社会各方面的人物立表

---

① 《史记》卷一百三十《太史公自序》。

率，立标准，树榜样。因此司马迁断言，不通《春秋》，不学历史，社会将出现君不君、臣不臣、父不父、子不子的局面，秦王朝短命覆亡，为司马迁的理论提供了生动的历史依据。

第三，以人为中心，产生写人艺术，创造了纪传文学，司马迁治文史于一炉。关于纪传文学，这是一个说不完的话题，详见本书第五章的评述，兹从略。

（2）体大思精。体大，指《史记》的五体结构：纪、表、书、世家、列传，能容纳最大量的历史内容。思精，是指纪传体史书内容具有全面性、系统性和进步性。体大思精的体系形象地反映了封建社会的等级秩序。"本纪"、"世家"、"列传"具有不同的载述笔法，就是一种等级序列。"本纪"编年，摘载诏令制诰，书国家大事，为全书纲纪。"世家"述开国承家的诸侯。"列传"叙人臣事迹。诸侯、人臣辅弼君上，如众星之拱卫北辰。所以纪传史是以帝王为中心的历史，适应了封建统治的思想体制，这是纪传史之被封建王朝颁令为正史的内在原因。

纪传体的表、书两体内容繁富，条分缕析，容纳百科知识，有较高的史料价值，为其他各种体制的史书所无。表、书拓展历史内容，是纪传史在体制上的一大特点。这一特点是包容在体大思精之内的，故不单列。

总上，五体皆备的纪传体，能容纳丰富的历史素材，使历史典籍具有百科全书的性质，从编纂学的角度来看，这是纪传体最突出的特点。唐刘知幾评论说："《史记》者，'纪'以包举大端，'传'以委曲细事，'表'以序其年爵，'志'以总括遗漏，逮于天文、地理、国典、朝章，显隐必赅，洪纤靡失，此其所以为长也。"① 清赵翼申论之云："古者左史记言，右史记事，言为《尚书》，事为《春秋》，其后沿为编年、记事两种。记事者，以一篇记一事，而不能统贯一代之全；编年者又不能即一人而各见其本末，司马迁参酌古今，发凡起例，创为全史。《本纪》以序帝王，《世家》以记侯国，十《表》以系时事，八《书》以详制度，《列

---

① 〔唐〕刘知幾：《史通》卷《二体》。

传》以志人物，然后一代君臣政事，贤否得失，总汇于一篇之中。自此例一定，历代作史者，遂不能出其范围，信史家之极则也。"①

纪传体适应载述封建社会王朝制度，还有以下几个特点——也可以说是纪传体的缺点。其一，记述人物活动以帝王为中心，宣扬英雄史观。人民群众的活动被抹杀，农民起义被诬为"盗贼"，科学、文化、技术的进步和重大发明都归之于少数英雄人物身上。阶级斗争的历史被歪曲或完全被颠倒。其二，纪传史"虚美隐恶"，宣扬君权神授的历史观，为封建王朝制造合法的理论根据。其三，纪传史制造所谓"正统"的理论，以巩固封建王朝的统治。其四，纪传体因事立目，褒贬人物，以维护封建统治的等级秩序。如《晋书》创立"叛逆传"来贬斥农民起义领袖和凌上的大臣。为了转移阶级斗争的视线，封建史家创立《酷吏》、《循吏》两种人物的类传。又立《儒林传》以尊经学，立《独行传》褒扬守义成仁之士等等。班固在《汉书》中创《古今人物表》，用来品评人物，区分等第，宣扬上智下愚。

综上所述，纪传史的结构，能够把以帝王为中心的英雄史观和天命论完美地结合起来，歌功颂德，隐恶扬善。这就是正史的"正"字的真实含义。因此，历代封建王朝都把修撰纪传史列为国家大典，由王朝中央设馆修史。唐初大臣令狐德棻在唐高祖武德五年（公元622年）首创设馆修史之议，上奏说："陛下既受禅于隋，复承周氏历数，国家二祖功业，并在周时。如文史不存，何以贻鉴今古？如臣愚见，并请修之。"② 于是《隋书》极力宣扬隋亡唐兴"斯乃非止人谋，抑天之所赞也"③。的天命历史观，为李唐政权争正统。显然其他史书体制是不能取代纪传史的这种地位的。

这里，人们要问，司马迁首创纪传史，他是为哪一个阶级服务的呢？有人说他是"人民歌手"对不对呢？我们说，司马迁的

---

① 〔清〕赵翼：《廿二史劄记》卷一。
② 〔后晋〕刘昫：《旧唐书·令狐德棻》传。
③ 〔唐〕魏徵：《隋书·高帝纪·后论》。

思想仍是封建地主阶级的，他还是一个封建历史家，他的《史记》主要是宣扬汉家一统的威德，为巩固封建统治服务的。说司马迁是"人民歌手"，《史记》是人民的历史，是不对的。基于这样的认识，对于《史记》之颁令为正史也就不难理解了。但是司马迁和正统派的封建史家不同，他突破了愚忠思想的束缚，敢于发挥揭示客观真理的异端思想。他赞扬秦始皇、汉武帝的统一事业，但反对封建帝王的暴政。司马迁同情人民的苦难，要求减轻剥削，改善政治，歌颂明君贤臣，这是进步的思想。司马迁并不反对封建制度，但反对严刑峻法的压迫，无情地揭露和鞭挞暴君污吏的丑恶。以上这些就是《史记》的人民性成分。当时封建制度还处于上升时期，中央集权是新生事物，司马迁歌颂大一统是与历史进程相吻合的，所以这也是值得肯定的。

二、通变的历史内容

司马迁写《史记》的目的之一，就是"通古今之变"，所以在《史记》五体的每一个方面，都始终贯穿着通变的思想。

1. 十二本纪的内容

十二本纪编年记正朔，以王朝为体系，反映朝代变迁大势。司马迁考察王迹兴衰的历史，详略有别地区分时代大势，作为认识历史的纲纪。十二本纪划分历史为上古、近古、今世三个段落。五帝、夏、殷、周等四篇本纪写上古史，合称五帝三王，中心是表现儒家宣扬的"德治"政治的兴衰。《五帝本纪》突出记载了尧舜的禅让，这是儒家的理想政治。司马迁总括说："自黄帝至舜禹，皆同姓而异其国号，以章明德。"这"明德"二字就是司马迁对五帝三王政治的点睛之笔。秦、始皇、项羽等三篇本纪写近古史，中心表现春秋战国以及秦汉之际霸政兴衰的历史。汉代诸帝等五篇本纪写今世史，中心表现汉家得人心归附而兴起。刘邦宽仁，战胜了暴虐的项羽而有天下。吕太后"政不出房户，天下晏然，民务稼穑，衣食滋殖"。汉文帝"专务以德化民，是以海内殷富，兴于礼义"。又说："汉兴，至孝文四十有余载，德至盛也。"汉家以力取天下，承袭秦制而无为，带着道家的色彩，是德与力结合的政治。今上汉武帝外儒内法，以多欲取代无为，时势又为之一变。汉兴，隆在建元，由于过度使用民力，在汉武帝鼎盛之时已显露出衰败的端倪。"原始察终，见盛观衰"，可以从十二本纪的王迹兴衰变迁中总结出规律来，那就是民心向背决定着事势的发展。在司马迁笔下展示出德与力两种政治的对比。秦国两个本纪写取天下"得之难"与"失之易"的对比；项羽、刘邦两本纪写强弱转化的对比，都是民心向背起了根本的作用。《史记》以人为中心述史，本纪的勾画，正是全书的著述大纲。

2. 十表的内容

《十表》编年与《十二本纪》互为经纬，划分时代段落，展现天下大势，亦为全书纲纪。两体篇目均按年代顺序排列。年表编年进一步以时代变革划分段落，打破了王朝体系，揭示天下大势更为明晰。《十表》明确地划分古代三千年史为上古、近古、今世，三个段落，五个时期。上古史表分为《三代世表》和《十二诸侯年表》两个时期。近古史表分为《六国年表》和《秦楚之际月表》两个时期。汉世诸表为今世史表，一个时期。司马迁在表前作序，简括交代历史内容和分期义例。撮述之如下。

①《三代世表》，起黄帝，迄西周共和，表现积德累善得天下的古朴时代。

②《十二诸侯年表》，起共和，迄孔子卒，即公元前841年—前476年，表现王权衰落的霸政时代。

③《六国年表》，起周元王元年，迄秦二世之灭，即公元前475—前207年，表现暴力征伐得天下的战国时代。

④《秦楚之际月表》，起陈涉发难，迄刘邦称帝，即公元前209—前201年，详著月表以表现五年之间，天下三嬗的剧烈变革时代。从秦亡至西汉统一是五年，但月表溯及陈涉发难，共八年。

⑤汉兴以来六表，分类条析，表现大一统的今世时代。

《史记》十表是司马迁的精心之作，它以经纬纵横的形式表现天下大势，又能把纷繁的历史内容纳入尺幅之中，使人一目了然。十表还以多种结构的形式表现笔法义例。十表的内部结构分为四种。《三代世表》谱列五帝三代世系，以帝王世次为经，以诸侯世系为纬。表列五帝三代世系，而篇名只称"三代世表"，不命名为"五帝三代世表"，义例有三：①五帝禅让，是传代，不能用"五帝世表"之名；②五帝时代，系传说之史，世系不可确考；而三代称王以后的世系明晰，故用"三代世表"之名，示意三代称王以来的世系才较为可靠；③三代世系长远，皆出自黄帝之后，表名三代，追溯五帝，皆出黄帝之后，以观百王之本支。《十二诸侯年表》、《六国年表》、《秦楚之际月表》、《汉兴以来诸侯王年表》以年月时为经，以国为纬，表现自西周以来诸侯分封以及兴衰发展大势。《高祖功臣侯者年表》、《惠景间侯者年表》、《建元以来侯者年表》、《建元以来王子侯者年表》，是分类表现百年汉史一个时期的历史，故以国经而年纬，以观一时之得失。《汉兴以来将相名臣年》以大事为主，年经而人纬，观君臣之职分。十表内容不仅表现天下大势，而且紧密地与本纪、列传互补，凡传之不胜传而事实又不容尽没的历史人物，则载于表中。由于十表结构的特殊和文字简明，所以它容纳了大量的历史内容以资考证，并且是联系纪传的桥梁。

十表上下贯通，构成一个有机的系列。分开来看，每一个表反映了一个历史时期的历史变化和特点，合起来来看，便反映了上起黄帝，下迄太初首尾三千年间巨大的历史变化。每一篇年表的序文都是精彩的史论，它概述某一阶段的历史特点，阐明分期的理论。《十二诸侯》和《六国》两个年表的分界点是周敬王之卒与周元王之立，古代用王公纪年，这样划分便于史事叙述，但分界的用意则是"孔子卒"，《十二诸侯年表序》做了明确的交代。司马迁鉴于当时的认识水平，以一代伟人的凋落作为时代的分界点，这当然是不科学的。但司马迁注意到了春秋与战国两个时代的巨大变化，这才是他划分时代断限的依据。而且司马迁是我国古代第一个具体划分历史发展阶段的历史家，用以表现历史之"变",并以表的形式来揭示历史发展的阶段性,把他做规律性探讨历史的卓识远见鲜明地表现出来。他又用共和、孔子卒、秦亡、陈涉起义、刘邦称帝等大事变作为分期断限的临界点,这是十分光辉的思想。明白司马迁的时代断限,是我们研究《史记》的一把钥匙。

司马迁划分历史断限的光辉思想也是有继承的。战国时代百家争鸣,各家学说都在探讨治乱的根源,对历史发展的规律做试探。《礼记·礼运篇》记载了孔子儒家学说的观点,认为尧舜时代为大同之世,三代为小康之世,春秋以来为乱世,历史的发展向着衰败的方向演进,要治天下就得法尧舜,妄图把历史拉回到西周的时代。《韩非子·五蠹篇》记载了法家时移世异的进化论历史观,并有明确的上古、中世、近古、今世的提法。西汉时的《春秋》公羊学大讲《春秋》十二公,并分为所见、所闻、所传闻三阶段。同时又流行五德终始说、三统说等循环历史观。这些无疑都是司马迁所继承借鉴的历史思想资料。但是,在司马迁以前的百家学说对历史发展规律的探索,仅仅停留在思辨哲学的猜测和囫囵的描绘上,而司马迁却第一次用叙述历史的方法来研究历史的发展规律,做出了明确的断限划分,不能不说是一个伟大的贡献。《春秋》亲近疏远的笔法,在司马迁手里发展为详今略古法后王的历史观,当然这也受到了荀子法后王思想的启迪。但司马迁更进一步认为"居今之世,志古之道,所以自镜也";而"观所以得尊宠及所以废辱,亦当世得失之林,何必旧闻?"① 把总结当世历史提到了首位,这确是独步当世。

3. 八书的内容

礼、乐、兵、律历、天官、封禅、河渠、平准等八个方面,这是司马迁认为的经国大政,故列专题载述。由于礼、乐、兵三书亡缺,补缺者分《律历书》为《律书》、《历书》补缺(依司马贞说),足八书之数,故今本八书中无《兵书》。补缺者又摘取《荀子》中的《礼论》及《议兵》补《礼书》,摘取《礼记·乐

---

① 《史记》卷十八《高祖功臣侯者年表·序》。

记》补《乐书》。补缺者既取成书补亡，示己不妄作，可证礼、乐、律三篇篇首"太史公曰"云云，当是补缺者搜求的史公遗文，文法语气也直是司马迁手笔。也有人认为今本礼、乐两书是司马迁草创之作，本未亡缺。但这两书正文既经考明为摘自《荀子》、《礼记》，则无论是补缺者所补，还是司马迁自己草创，均不得作为司马迁思想加以引证。关于两书真伪，姑置之不论，这里讨论八书的总体内容及序列，以见司马迁"一家之言"的微意。

《史记·宋微子世家》记载了周武王克殷后咨访箕子，请教治国方针，箕子答以九条，其中第三条讲国家八政，序列如次：一曰食，二曰货，三曰祀，四曰司空，五曰司徒，六曰司寇，七曰宾，八曰师。这段记载是录自《尚书·洪范》，它反映先秦儒家的八政观念，民以食为天，故食货居首。司马迁认为礼是维系等级秩序的制度，为治国头等大事，所以论礼，列为八书之首。礼乐相辅为治，故《乐书》与《礼书》蝉联。《洪范》八政内容，在八书序目中的反映，"食"、"货"对应"平准"，"祀"对应"封禅"，"司空"对应"河渠"，"宾"对应"礼""乐"，"师"对应"兵"（即"律书"）。《洪范》八政的司徒、司寇在八书中没有反映，然而在列传中有对应之篇。"司徒"对应"儒林"，"司寇"对应"循吏""酷吏"。同时《史记》中"货殖列传"亦为食货之事。对应只是一种近似的比较。总之，《洪范》八政，在《史记》中均有反映，表明司马迁把国家大政纳入历史学考察的范围，专列八书系列开后世政书之先河。内容和序列的调整，表现了司马迁的史学观点和国家大政的轻重序列。班固《汉书》十志，序列为律历、礼乐、刑、食货、郊祀、天文、五行、地理、沟洫、艺文。其内容更丰富，结构更严密，发展了司马迁的史学，这是应当揭明的。班固还把职官纳入了史学范围，创《百官公卿表》以载其制。

八书以《平准书》殿卷，讥刺汉武帝与民争利，寓有浓郁的指陈时政的色彩。所以清人周济说："是知八书用意，专在推明本始，著隆替之效，以垂法后王。"[①]

---

① 〔清〕周济：《味隽斋史义》卷一。

4. 三十世家的内容

《世家》编年记事，在体例上与《本纪》没有什么区别，但载述的历史内容和义例则不同。《本纪》载朝代帝王，《世家》载拱卫主上的"藩辅"诸侯，以及破例为体，值得注意的是《世家》总体以时代为序，同时具有以类相从之义。吴太伯至郑世家共十二篇，载周初所封诸侯，其始祖皆周室屏藩之臣，又有德于民，子孙享其德泽为诸侯。赵、魏、韩、田敬仲四篇为一组，载战国之世以暴力篡夺而得诸侯的事迹。孔子、陈涉、外戚三篇破例为体，打破时代序列相并为一组，破例之义，已详本书第三章"五体结构"中，这里从略。汉代诸侯世家，宗室与功臣分列，这都是很明显的义例。

周初十二诸侯，《世家》篇目序列与《十二诸侯年表》序列不同，对照如下：

周、鲁、齐、晋、秦、楚、宋、卫、陈、蔡、曹、郑、燕、吴
——《十二诸侯年表》序列

吴、齐、鲁、燕、蔡、陈、卫、宋、晋、楚、越、郑
——三十《世家》序列

《年表》反映春秋之世的霸政，以诸侯强弱为序，周列第一栏，尊天下共主；鲁列第二栏象征以《春秋》当一王之法，故周、鲁均不在十二之数中。鲁后为齐、晋、秦 楚、宋，即春秋五霸序列。吴殿后，示意内诸夏而外夷狄之义。这些都是春秋笔法。《世家》按诸侯始祖与周之亲疏关系和开国时功劳大小排列，象征诸侯夹辅周室，所以与《年表》序列不同。司马迁嘉吴太伯之让国，故列为第一，褒扬让德，维护大一统。此外，《年表》中无越，有秦；而秦先公先王破例为体，列入《本纪》，使秦史得以连贯载述，故《世家》中无秦。

从三十《世家》的内容和序列义例来看，它所表现的"通变"思想，集中反映了司马迁大一统历史观，显然具有强烈的时代特色，与全书的主题和创作宗旨是一致的。

5. 七十列传的内容

七十列传有四种类型：①专传，②合传，③类传，④附传

专传指一人一传，二人以上为合传，以类标题为类传，凡未入传目标题的人物为附传。专传、合传、类传三种皆有附传。正传与附传，表示列传人物的主次，并非附传为可有可无的附属物。有的附传仅附其名，一般是载列子孙、戚友；重要附传人物为事类相从。七十《列传》载正传人物一百四十人，附传人物九十二人。附传人物要多于正传人物，九十二人只指事类相从的附传人物。孔子弟子七十七人。总计三百零八人。类传人物古今同传，以类相从。合传与类传为同一类型，或对照，或连类，故合传人物往往打破时代界限，上溯下及。《白起王翦列传》、《鲁仲连邹阳列传》、《屈原贾生列传》等是下及；《扁鹊仓公列传》是上溯。在连类相及时，合传与类传相通。如《孟子荀卿列传》，附列人物十一人，实质是一篇先秦的"诸子列传"。《汲郑列传》，可以看作是汉代的"黄老列传"。这两篇合传均可视为类传。"类"的含义是表现广阔的社会生活内容，扩大了人物个性所代表的意义。"类"是司马迁写人物史传的核心思想。七十《列传》的总体系列，合起来看，它正是司马迁选择一系列历史人物的典型来反映历史发展的大势罢了。所以七十《列传》每一人物，既是个人的历史，又不是个人的历史，而是具有一定的典型意义。所以司马迁笔下的人物个个生动，史事剪裁从属于形象塑造，因而光辉灿烂，具有很强的文学性。

七十《列传》总体序目，基本以时代为序，但以类相从义例也极为明显。如战国四公子排列在一起，苏秦与张仪蝉联，都有以类相从之意。吕不韦、李斯、蒙恬与刺客四传为一组，序辅佐秦国兴起的人物，他们的特点是注重暴力权诈取天下，固轻百姓力，都不得好下场。刺客一篇是类传，应排在循吏之后，而司马迁有意穿插在辅秦人物中间，这是对比见义，表现了司马迁反暴政的思想。刺客都是反暴力的人物。白起、王翦两人有大功于秦，白起冤死，王翦善终；因白起坑降，王翦却无此暴行，所以两人合传以示对比。白起坑降不同于李斯、蒙恬的轻暴百姓，故司马迁将王翦前置白起传，以使两人的传记与李斯、蒙恬留下距离，表示区别于暴政人物。循吏、汲郑、儒林、酷吏四传做两两对比。循吏传无汉代人,酷吏传无汉以前人。汲郑古朴耿直而不喜儒,武帝倡儒学而多用酷吏。司马迁用这样的强烈对比来讥刺武帝的政治。总之,七十《列传》序列看似杂乱,实皆有深义寄托。首篇《伯夷列传》,是唯一的三代人物入传。此传以议论为主,可称之为论传,它是七十《列传》的总论,借孤竹君的两个儿子伯夷、叔齐的高风亮节为议题,颂扬"奔义"、"让国",谴责"争利"、"争国";同时借《采薇之歌》充满的怨情,对天道质疑,强调重人事。本传和最后一篇《太史公自序》可以说是前后呼应的两篇史论,一为引言,一为总括全书要旨。

《史记》五体,以七十《列传》的内容最为生动活泼,丰富多彩,具有非常广阔的社会面。历史人物除了活跃于历史舞台的政治家、军事家、思想家、各色英雄豪杰之外,下层社会的侠客、医卜、商贾、俳优、博徒、猎户、妇女等等,凡在人类社会发展过程中起过作用的人物都叙入史中。时间从上古到当代,地域从中原到八荒。司马迁不仅把周边民族纳入史传,还把大宛等外国民族纳入史传,使《史记》具有古代世界史的意义。七十《列传》内容如此丰富,表现了司马迁历史观的全面性和系统性。

总括五体所载内容,本纪侧重载述朝代兴亡及政治演变大势;表侧重阐发历史发展的阶段大势;书侧重探讨天道观和典章制度的演变,并指陈时政;世家侧重表彰维护国家的统一和安定的诸侯;列传侧重记载各色人物活动对历史的贡献,反映广阔的社会生活。几种体裁相辅为用,相得益彰,融合为一个整体,载述了丰富的历史内容,蕴藉着深刻的历史哲学,从而构成了博大思精的体系,使《史记》成为饮誉中外的名著。

三、《史记》断限

1.《史记》的两个断限计划

《太史公自序》云:"于是卒述陶唐以来,至于麟止,自黄帝始。"又云:"太史公曰:余述历黄帝以来至太初而迄,百三十篇。"这两段话是自相矛盾的,因上限和下限都各有两个断限。于是引起了后世学者的争论,焦点集中在下限上。梁启超认为《自序》末段"太史公曰"云云是后人窜入的。其理由是:"同出《自序》一篇之中,矛盾至此,实令人迷惑。查迄麟止一语,在《自序》正文中,迄太初一语,乃在小序之后,另附一行,文体突兀不肖。又《汉书》本传全录《自序》,而不载此一行,似班固所见《自序》原本,并无此语。"梁氏的辩论,抽象地孤立起来看似有道理,其实不然。《自序》末"太史公曰"与《史记》一百三十篇的体例是统一的,乃是《自序》的篇末赞语,总括《史记》完稿后的断限和篇数。《汉书》本传抄录《自序》有增有删,并非全录。再说《汉书》转录《史记》篇目尚多,都是只录正文,不录赞语,怎能以此证《自序》所载为非呢?所谓"乃在小序之后另附一行,文体突兀不肖"云云,乃是梁氏囿于"麟止"之说而失察,不足取证。

那么,《自序》中的矛盾是怎么一回事呢?原来《自序》所说是两个计划。起于陶唐,至于麟止,是司马谈发凡起例的计划。起于黄帝,至于太初,是司马迁将其扩大的计划。这在《史记》中可从两个方面得到直接的证明。第一,《史记》上限的修改,司马迁有着明确的交代(详后第二题)。第二,《史记》是司马谈、司马迁父子两代人的心血结晶,最初由司马谈规划,尔后由司马迁完成,《自序》言之确凿,《史记》中留有痕迹,为顾颉刚等先生所发现。这一发现很有价值,它给我们研究《史记》的成书过程和《史记》两个断限计划提供了有力的佐证。

2. 司马迁对《史记》上限的修正——起于黄帝

司马迁修正《史记》上限,起于黄帝,有着明确的交代:

> 太史公曰:学者多称五帝,尚矣。然《尚书》独载尧以来,而百家言黄帝,其文不雅驯,荐绅先生难言之,孔子所传《宰予问五帝德》及《帝系姓》,儒者或不传。余尝西至空同,北过涿鹿,东渐于海,南浮江淮矣,至长老皆各往往称黄帝、尧、舜之处,风教固殊焉,总之不离古文者近是。予观《春秋》、《国语》,其发明《五帝德》、《帝系姓》章矣,

顾弟弗深考，其所表见皆不虚。书缺有间矣，其轶乃时时见于他说。非好学深思，心知其意，固难为浅见寡闻道也。余并论次，择其言尤雅者，故著本纪书首。

太史公曰：五帝三代之记尚矣。……余读谍记，黄帝以来皆有年数，稽其《历谱谍》、《终始五德之传》，古文咸不同，乖异。夫子之弗论次其年月，岂虚哉？于是以《五帝系谍》、《尚书》集世，记黄帝以来讫共和为《世表》。

这两段文字是司马迁自己交代的考信原则，也是家学渊源的承传，概括起来是两条标准：第一，对文献典籍的记载，"考信于六艺"，"折中于夫子"，所以对《春秋》、《国语》、《五帝德》、《帝系姓》、《尚书》等古文很推重；第二，通过实地调查来补充、验证文献资料。《史记》上限，司马谈计划起自陶唐，理由有二：儒家的权威著作《尚书》记事起于尧，《尚书》第一篇即为《尧典》，此其一；百家言黄帝，其文不雅驯，"黄帝以来皆有年数"，却与古文"乖异"，此其二。司马迁修正上限，起于黄帝，理由有四：第一，司马迁在全国游历考察中，"西至空同，北过涿鹿，东渐于海，南浮江淮"，尽管各地风教不同，但长老口碑相传黄帝事迹非常生动；第二，《五帝德》、《帝系姓》，司马迁相信它是孔子所传典籍，并与《春秋》、《国语》参证，认为是可靠的资料；第三，谱牒资料，百家言黄帝虽然其文不雅，但绝非无因；第四，"书缺有间，其轶乃时时见于他说"。司马迁对古文资料，百家之言，长老口碑，择其雅驯者记焉。对于不可信的资料则摒而不录。那么为什么上限至黄帝而止呢？因为轩辕氏"修德振兵"，统一了天下。《自序》云，"非兵不强，非德不昌，黄帝、汤武以兴"云云，乃是歌颂大一统。《史记》所载三代天子，列国世家，追祖溯源，皆归本于黄帝，这一点是值得注意的。中华民族皆黄帝子孙，这一民族观念就奠基于《史记》。司马迁延伸上限，打破了《尚书》载尧以来的局限，而又不突破"修德振兵"统一天下的黄帝这一极限，其用意是宣传大一统，寓意是深远的。

唐司马贞由于未究司马之史识，他对《史记》上限的解释是含糊不清的。司马贞说：

> 《史记》以黄帝为首，而云"述陶唐"者，案《五帝本纪·赞》云"五帝尚矣，然《尚书》独载尧以来，百家言黄帝，其文不雅驯"，故述黄帝为本纪之首，而以《尚书》雅正，故称"起于陶唐"。

这一解说显然是断章取义，自相矛盾的。既然司马迁以《尚书》雅正，而"起于陶唐"，那又何故画蛇添足，载黄帝为书首呢？难怪司马贞要越俎代庖，替《史记》补《三皇本纪》了。从司马贞之失，可以反证司马迁修正上限，"起于黄帝"，寓有深意。

3. 《史记》的四种下限说

（1）迄于麟止说。西汉扬雄说："（太史公）记六国，历楚汉，迄麟止。"东汉班彪说："太史公司马迁……上自黄帝，下迄获麟，作本纪、世家、列传、书、表，凡百三十篇。"三国张晏说："武帝获麟，迁以为述事之端。上纪黄帝，下至麟止，犹《春秋》止于获麟也。"按，《史记》窃比《春秋》，本是司马谈的理想，并以此遗命司马迁，《太史公自序》言之甚悉。孔子作《春秋》迄于鲁哀公十四年西狩获麟。汉武帝元狩元年（前122年）冬十月获麟，故改年号为元狩。司马谈卒于元封元年，其述史规划在汉武帝封禅、改历之前，迄于麟止，是司马谈的原计划，确定无疑。这不仅是效法《春秋》，而且也是时势使然。扬雄、班彪、张晏等人言之有据。近人崔适、梁启超力主此说。崔适《史记探源》，罗列八条证据以成其说，凡麟止以后记事一概斥为"妄人所续"。朱东润先生作《史记终于太初考》，对崔适论据逐条驳斥，兹不赘引。查《史记探源》卷首开宗之言云：

> 《史记》者，《五经》之橐驼，群史之领袖也。乃《汉书》已云其缺，于是续者纷起。见于本书者曰褚先生，见于《七略》者曰冯商，见于《后汉书·班彪传》注及《史通》者，有刘歆等十六人。

这里崔适混淆了续史与补缺二者之间的界限。司马迁写当代史，至太初而讫，《汉书》云"而十篇缺，有录无书"，这是两个截然不同的问题。褚少孙等十六人是续史,并非补缺,凡续史都是自成体系,或单独成书,或附骥而行,均标明作者姓氏。《汉志》载"冯商所续《太史公》七篇",即单独别行。褚少孙所续附骥《史记》而行,均标明了"褚先生曰",以志识别。冯商、褚少孙等十六人都是续史,并非补缺,而且褚少孙等人从来就没有说《史记》有缺。在两汉兴亡之际,《史记》有了残缺,如《礼书》、《乐书》、《律书》、《今上本纪》等篇,补缺者也是转抄现成材料,并不妄作。至于《史记》在流传中,读史者抄注他书材料,或钩玄提要,或发抒评论,写在篇后作备注,后之读者误抄入正文,这是无意补史而窜乱了原文,此谓之增窜。增窜是无意为之,既不系统,且往往与原文矛盾,也非"妄人所续"。太初以后,司马迁还有附记,乃是终结太初以前大事,前后相接,自有脉络可寻(详后)。所以综观《史记》全书,续史、补缺、增窜、史公附记,四者的脉络是相当清楚的。《史记》并无"妄人所续"的问题。《史记探源》倒是大有妄人说妄之态。正如泷川氏所言,崔适为书,不过是"求奇竞新,务为异说,以惊人耳目"罢了。诚然,《史记探源》在考订《史记》中的衍、倒、讹、脱方面,也提供了一些有参考价值的意见,但该书说麟止以后记事皆"妄人所续",则完全是错误的,应当彻底否定。其所言迄于麟止的八条证据,也有合理的成分,此可为司马谈作史痕迹及计划之证,断不可为司马迁作史下限之据。

(2)迄于太初说。汉武帝太初共四年,即公元前104至公元前101年。司马迁作史迄于太初说有相当势力,但纷论歧出,莫衷一是,不如麟止说整齐划一谓迄于元狩元年。东汉班固、荀悦,唐刘知幾,清梁玉绳,日人泷川资言等人从《太史公自序》,笼统地说"迄于太初";朱东润谓"迄于太初前一年,即元封六年";王国维谓"迄于太初四年",而最后记事则迄于征和三年。《史记》为何迄于太初?梁玉绳、王国维均认为司马迁太初元年始作史,故迄于太初。史公又为何说至于麟止?梁玉绳认为是假设之辞,表示效法《春秋》;泷川氏则认为是"表作史之时"。但考之行事,司马迁作史始于太初或始于元狩均与史实不符。《自序》称，元封三年，"而迁为太史令，紬史记石室金匮之书"。《索隐》引如淳云："抽彻旧书故事而次述之。"又引小颜云："紬，谓缀集之也。"若以年齿考之，司马迁生于景帝中元五年，至元狩元年才是一个二十四岁的青年。又过了十一年，到元鼎六年，司马迁还以郎中将之职出使西南夷，显然"至于麟止"的作史计划是出自司马谈，而不是司马迁。也就是说梁玉绳、王国维、泷川氏等人的考论未能圆通。

主迄于太初说者，以朱东润先生持论最为有力，不仅详列九例以证其说，而且从司马迁的历史观高度立论，尤为有识。其言曰：

> 史迁既言麟止，亦言太初，……观于《自序》，"获符瑞，封禅，改正朔，易服色，受命于穆清"之言，盖司马迁视元狩、元鼎、元封直至太初改定新历，为一整个的时期，获白麟，得宝鼎，为受命之起点，封泰山，禅梁父，为受命之中峰，而改正朔，易服色，为受命之终极，所以同时并陈而归于穆清者此也。就此整个时期之起点而言，则曰"至于麟止"，就此整个时期之终点而言，则曰"至太初而迄"。然在今日，必为《史记》立一断限，自不得不据此时期之终点而言，故曰迄于太初，此则证之本书而可信者也。

但朱先生认为司马迁"视元狩、元鼎、元封直至太初改定新历，为一整个的时期"的观点仍值得商榷。因为照这一观点，司马迁作史规划必在太初之后，否则他怎么会把从元狩至太初作为一个整体的时期呢？又《汉兴以来诸侯年表》、《建元以来王子侯者年表》皆迄于太初四年，也与朱先生谓"终于太初"即"元封六年"相矛盾。朱先生之失，同诸前辈学者一样忽视了《史记》为司马谈、司马迁父子相继而作，强把两代人的两个计划捏合在一起，就事论事，顾此失彼。反之，从两个计划的发展观点来看，诸家的歧说也就迎刃而解了。尤其是朱先生"一整个的时期"的观点，就完全是合理的了。也就是说，司马迁视元狩至太初为汉鼎盛的"一整个的时期"这一历史观，形成于作史过程中，也即司马迁扩展下限计划是伴随历史的发展而不断推移的。最初延伸"至于麟止"为"至太初元年"，尔后"迄于太初四年"。太初以后，时有所续，也就不难理解了。

（3）迄于天汉说。班固曰："司马迁据《左氏》、《国语》，采《世本》、《战国策》，述《楚汉春秋》，接其后事，迄于天汉。"

司马贞曰："夫太史公纪事，上始轩辕，下迄天汉。"

张守节曰："《史记》者，汉太史公司马迁作。……上起轩辕，下既天汉。"

（4）迄于武帝之末说。褚少孙曰："太史公纪事尽于孝武之事。"

范文澜曰："太初以后事，则犹《左氏》之有续传也。"

按，迄于天汉，迄于武帝之末，虽非司马迁自述，而出自他人之口，但班固、褚少孙二人去司马迁之世未远，又均是治汉史的一代宗师，博学鸿儒，绝非妄言，乃是据《史记》实录事实以立论。褚少孙仕于元、成之间为博士，《史记》宣布于宣帝之世，褚氏是能够看到《史记》官、私原本的人。班固转录父亲班彪语，却改"下迄获麟"为"迄于天汉"。值得注意的是，班固又说："太初以后，阙而不录"，则又认为《史记》迄于太初了。刘知幾也两存其说，一曰"上自黄帝，下迄麟止"，又曰："太初以后，阙而不录"。《索隐》、《正义》则从班固"迄于天汉"之说。可见《史记》的各种下限，早为古代论史家所注意，他们虽未作解释，但并不认为是矛盾的。《史记》四种下限说的差异，正好透露了司马迁随着时代的演进而修正《史记》断限的情况。这种修正，正是"实录"精神的反映。

约言之，《史记》的断限，"述陶唐以来，至于麟止"是司马谈效法《春秋》而发凡起例的计划；"述历黄帝以来，至太初而迄"是司马迁修改原计划以成"一家之言"的实际断限。司马迁的这一修正，充满了创新和进步的思想。"上起黄帝"是大一统历史观的反映；"至太初而迄"则是实录精神的生动体现，它以历史发展的自然断限而"咸表终始"，"综其终始"。所以"至太初而迄"乃是一个时代的断限，并非绝对年代，初为太初元年，尔后发展为太初四年，附载大事则尽武帝之末。若取绝对年代，当从年表，以太初四年为正。

四、司马迁的历史观

司马迁把他对社会历史的研究，概括为"通古今之变"，即所谓历史观。主要内容有以下三个方面。

1. 大一统历史观

司马迁所处的时代，是中国封建社会中央集权制确立和巩固的时代。中央集权制度加强了国家的统一，结束了长期的分裂战乱，是当时最先进的制度。所谓大一统历史观，就是对这一先进制度的赞颂和提供理论基础。中国走向大一统，是历史长期发展的必然结果。邹衍的五德终始说，董仲舒演化的春秋公羊学，都是应运而生的大一统理论。汉武帝封禅、制历、改制，罢黜百家定儒学于一尊，正是在贯彻五德终始和天人合一的政治哲学。因此，尽管邹衍和董仲舒对大一统历史的发展做了唯心主义的解释，提出了历史循环论的理论，但其旨归是宣扬大一统，在当时来说，不仅是进步的历史观，而且对强化大一统的中央集权制度制造了合法的理论，在政治上产生了直接的影响。司马迁继承了前代思想家大一统的理论，用以作为考察历史发展的指导思想，从而又系统地发展了这一理论，形成了《史记》所独具的大一统历史观，对后世产生了深远的影响。

邹衍和董仲舒是哲学家，他们构思的大一统理论是思辨哲学，空言论道，直接服务于当时的政治。司马迁是历史家，他构思的大一统理论是对历史发展过程的升华，目的是从历史经验教训中探寻治乱规律，所以具有丰富的历史内容。前述三章，均已触及了司马迁的历史观。《六家要指》强调儒、名、法各家序君臣之礼，正上下之分，殊途同归，百家之学皆务为治世，就是大一统理论的反映。《史记》五体的体制结构，形象地照映了大一统的封建等级秩序。司马迁修正断限，起于黄帝，迄于太初，更明显地表达了大一统历史观。这里，我们再综括起来，说一说司马迁的大一统历史观在中国历史上究竟产生了什么样的影响，就可以了解它的进步意义了。

司马迁贯通叙述历史，从黄帝的统一到汉武帝的大一统，象征着历史的发展方向，象征着帝王德业的日益兴盛。中华民族不断壮大，各民族互相融合，远方殊俗日益统一，这样一条叙史红线，贯穿在《史记》全书中。夏、商、周三代之君，春秋以来列国诸侯，秦汉帝王，四方民族，无不为黄帝子孙。匈奴是夏桀之后，勾吴与中国之虞为兄弟，越王句践乃禹之后，楚是颛顼之后，其苗裔为滇王。中华民族皆黄帝子孙，这一民族一统观念就奠基于《史记》。司马迁的这一伟大思想成为历代以来进行爱国主义传统教育的宝贵历史资料。数千年来激励了无数的仁人志士为中华民族的生存、繁荣和进步而斗争。"黄帝子孙"，至今仍是一个神圣的名词，具有无限的号召力。被黄帝战败的炎帝，教民稼穑，号"神农氏"，也是一个企图统一天下的历史人物，常与黄帝并称。所以"黄帝子孙"这一口号也称"炎黄子孙"。以今日观点来看，五帝三王是一家，都是黄帝子孙，这完全是一个人造的历史系统，它是以父权制代替母权制这一历史背景的传说史影为依据，用以消除各种氏族的畛域所生出的大一统要求而产生的，其进步意义显而易见。司马迁还把周边民族匈奴、西域、西南夷等都纳入黄帝子孙的范围，用以表达他的民族一统思想，更属难能可贵。北齐魏收作《魏书》亦云："黄帝以土德王，北俗谓土为托，谓后为跋，故以为氏。"① 附会拓跋为黄帝子孙，为胡人入主中原制造正统的舆论。由此可见，司马迁的大一统历史观，在中华民族大融合的历史上起了巨大的进步作用。

2. 发展、进化、变革的历史观

历史是周而复始地循环，还是在变化、发展？历史是因循守旧，回顾往古，还是在随俗进化，不断革新？这些是司马迁在《史记》中所要探索和回答的问题。司马迁是怎样回答的呢？

---

① 〔北齐〕魏收：《魏书》卷一《序纪》。

首先，司马迁对董仲舒的"三统循环论"做了扬弃和改造，认为历史是不断发展和变化的。不容否认，司马迁的历史观仍带有循环论的色彩。《历书序》云："夏正以正月，殷正以十二月，周正以十一月，盖三王之正若循环，穷则反本。"这是讲天道循环。《高祖本纪赞》云："夏之政忠。忠之敝，小人以野，故殷人承之以敬。敬之敝，小人以鬼，故周人承之以文。文之敝，小人以僿，故救僿莫若以忠。三王之道若循环，终而复始。"这是讲人道循环。于是有人认为司马迁的历史观就是"古今社会按照'忠'——'敬'——'文'这套公式周而复始地'变'"，因而也称司马迁的历史观是"三统循环论"。其实这是极大的误解。董仲舒《天人三策》讲"夏上忠，殷上敬，周上文"，是"百王之用，以此三者"，又云"三圣相受而守一道"，结论是"今汉继大乱之后，若宜少损周之文致，用夏之忠者"。显然，董仲舒所讲的"变"，才是"忠——敬——文"的循环往复，强调"道"是不变的。司马迁只是借用循环的语言，着意讲"变"。司马迁的用语是"三王之正若循环"，言"若"者，像也，似也，好像是循环，这和我们现今用语"螺旋式"上升有些相似。"若循环"与董仲舒的"百王之用，以此三者"是大相径庭的。

此外，我们还须指出，在秦汉之际，循环论历史观是当时人们认识历史发展所能达到的认识论的制高点，初起是一种进步的历史观。在先秦诸子百家争鸣时代，老子法太古，主张小国寡民的社会为至治之极。儒家法尧舜，也是向后看。道儒两家历史观的理论基础，都认为世风日坏，人心益恶，历史向着衰败的方向演变。主张法后王的法家，赤裸裸地以人性恶为其理论基础，政治方针刚毅刻深。而邹衍倡导的五德终始循环论和董仲舒构思的三统循环论，却是宣扬大一统，是适应秦汉大一统政治需要而出现的。循环论摒弃了人心益恶而讲天道惩恶佑善，本来的意愿是劝诫人君重视历史变化，施行仁政，争取民心，争取天命，获得五德之属。"循环"二字包含着发展和变化的思想，只不过是转圆圈。转圆圈也是一种运动。邹衍对历史的阐述是，"先序今以上至黄帝，学者所共术，大并世盛衰，因载其机祥度制，推而远之,至天地未生,窈冥不可考而原也"。从开天辟地讲到当今社会的大一统,不就是一部生动的历史发展进化史吗?"大并世盛衰",《索隐》云:"言其大体随代盛衰,观时而说事。""随代盛衰",不就是讲变化吗?不过邹衍阿世取容,妄说礼祥,其语闳大不经,受到了司马迁的批判。董仲舒维护道统,把循环论引向随顺人主的意志,成了官方哲学,扼杀变化,宣扬神意史观,才日益走向反动的。司马迁接过循环论,把它发展为变革的历史观。《天官书》云:"夫天运,三十岁一小变,百年中变,五百载大变;三大变一纪;三纪而大备,此其大数也。为国者必贵三五。上下各千岁,然后天人之际续备。""三五往复"仍带循环论的框架,但重点是讲"变",称"三五之变"。"三"即三十年,是一代人。司马迁认为每一代人都有变化。"五"即五百年,是一个大的周期变化。司马迁"究天人之际",得出"三五之变"符合天道人事,为讲历史之"变"提供理论根据。这就是司马迁对循环论的扬弃和改造。

第二,司马迁"通古今之变",从人事和历史思考中突破了循环论的框架,认为历史发展的本质就是"变",而且是不断进行的。"通古今之变"这一命题就是与董仲舒宣扬的"天不变,道亦不变"针锋相对的。"变"是司马迁唯物主义的历史观的核心。他认为宇宙间一切事物都在"变",只有用"变"的观点才能探究事物的规律。他说:"无成势,无常形,故能究万物之情。"[1] 没有一成不变的态势,没有永恒存在的形体,所以才能洞悉万物的真情。从"变"的理论观点出发,决定了司马迁用发展变化的眼光看待人类社会的历史,他名之曰"变",曰"渐",曰"终始"。他说:"天人之际,承敝通变","略协古今之变";"臣弑君,子弑父,非一旦一夕之故也,其渐久矣"[2];"是以物盛而衰,时极而转,一质一文,终始之变也。"[3] 司马迁在这方面的言论是很多的。"物盛而衰,固其变也","儒者断其义,驰

---

[1] 《史记》卷一百三十《太史公自序》。
[2] 《史记》卷一百三十《太史公自序》。
[3] 《史记》卷三十《平准书》。

说者骋其词，不务综其终始"①，等等，不胜枚举。"变"，指社会不断地进化和发展；"渐"，指的是进行、运行，即进化和发展的过程；"终始"，指的是因果关系，人类社会发展的一个个里程是有因果相连的关系，即有规律可以认识的。总括为一句话，"通古今之变"的目的就是"稽其成败兴坏之理"②，探寻社会治乱的规律。

怎样认识历史之"变"，就是要做贯通的思考，即"略协古今之变"。"略协"就是综核、考察而把握大纲的意思。"厥协六经异传，整齐百家杂语"，这是整部《史记》的写作要领。"略协"、"厥协"、"整齐"都有综合、总结之意。司马迁综核历史，鲜明地表现了历史是不断发展、进化和变革的观点，而且愈向前发展，变革愈烈。司马迁的这一思想，在《秦楚之际月表·序》中用史实做了高度的理论概括。司马迁说：

> 昔虞、夏之兴，积善累功数十年，德洽百姓，摄行政事，考之于天，然后在位。汤、武之王，乃由契、后稷修行仁义十余世，不期而会孟津八百诸侯，犹以为未可，其后乃放弑。秦起襄公，章于文、缪、献、孝之后，稍以蚕食六国，百有余载，至始皇乃能并冠带之伦。以德若彼，用力如此，盖一统若斯之难也。

这段议论，十分简括地勾画了中国历史从虞、夏至秦汉大一统发展变化的轮廓。社会走向一统，这就是两千多年来历史发展的方向，经历了漫长的历程，所以司马迁慨叹"盖一统若斯之难也"。这里一丝一毫循环论的影子也没有。秦楚之际的巨变，司马迁更是惊叹万分。他说："五年之间，号令三嬗，自生民以来，未始有受命若斯之亟也。"陈涉、项羽、刘邦，都"起于闾巷"，与虞、夏之兴和秦王朝之兴又是一番新气象。对于这种巨变，司马迁也是从历史的原因加以探索。他得出结论是"向秦之禁，适足以资贤者为驱除难耳"。秦朝禁忌太苛，它所施行的暴政引起

---

① 《史记》卷十四《十二诸侯年表序》。
② 《报任安书》。

了人民的反抗，于是"王迹之兴，起于闾巷"。这就是司马迁探索历史之变所取得的辉煌成就，发现了人的活动是历史的主体，从而写出了以人为中心的历史，排除了神意史观。

司马迁发展、进化、变革的历史观，不仅表现在议论中，而且更加鲜明地表现在《史记》的具体内容中。朝代更替，制度建立，对民施政等各个方面都表现了这些进步的历史观点。《史记》卷首《五帝本纪》就是一个集中表现进化观点的鲜明例证。黄帝之世，部落互相攻战，生产落后，黄帝"修德振兵"，统一了天下。他举风后、力牧、常先、大鸿以治民，按时播百谷，草创制度。黄帝本人"披山通道，未尝宁居"。颛顼、帝喾相继，大体仿黄帝之治。当尧之世，历法、生产、治政都有了很大的发展。尧用羲氏、和氏为历官，有了专门的推历机构。尧年老举舜摄政，经过了长期的考验，证明舜很贤能而授之以政。尧举贤、禅让，很重视人民的态度。当舜之时，礼仪制度都建立起来。舜举了二十二个贤人治理国家，各种事业都兴办起来。司马迁说，"天下明德皆自虞帝始"。这句话就是《五帝本纪》的主题。历史经历了从黄帝到虞舜的不断发展，国家建制才粗具规模。可以说《五帝本纪》的思想脉络对于读《史记》全书是一个示例。本篇仅三千余字，具体生动地描绘了五帝相承的发展变化，鲜明地表达了司马迁进化论的历史观。

如上所述，司马迁扬弃和改造了循环论，借用循环论的语言来表述历史之"变"，发展成为进化论的历史观，这是他对历史学的一大贡献。

3. 带二元论色彩的朴素唯物论历史观

历史是怎样向前发展、变化的，即是谁在创造历史，司马迁的回答具有浓厚的二元论色彩，但基本倾向是朴素唯物论历史观。本书第二章已论证，司马迁的天人观是二元论，他认为天人相感，天能支配人事，却又不受星占术荒诞迷信的束缚，对惩恶佑善的天道提出了质疑。这里着重评述司马迁在人事论述上的二元论，即他认为圣君贤相可以治平天下，但又承认人心向背起最后的决定作用。

《史记》以人物为中心，主体是帝王将相。司马迁不遗余力地歌颂"明主贤君忠臣死义之士"，强调英雄的创世作用。但司马迁英雄史观的内核中有两个显著进步的历史观点，符合唯物主义的认识论，为当世乃至后世史家所不能望其项背。分述于下。

第一个观点，司马迁认为，任何个人不能专有一切智慧，英雄个人不能创世。五帝三代之主，圣明的表现就是举贤授能。他说："尧虽贤，兴事业不成，得禹而九州宁。"① 刘邦得天下，文臣如雨，猛将如云，但对强大的匈奴束手无策，国家定都不能决。陇西戍卒娄敬，脱挽辂，衣羊裘见高帝，建言定都关中，与匈奴和亲，国家赖其便，司马迁感慨地说："语曰'千金之裘'，非一狐之腋也；台榭之榱，非一木之枝也；三代之际，非一士之智也'。信哉！夫高祖起微细，定海内，谋计用兵，可谓尽之矣。然而刘敬（娄敬赐姓刘）脱挽辂一说，建万世之安，智岂可专邪！"② 两千年前的司马迁从一个下层士兵的建言中看到了人民的智慧，不仅特为之作传，还上升为哲理，"智岂可专邪"，从而否定了"最最最"的超人，几百年出一个天才的呓语，实在了不起。为此，司马迁为侠客、医卜、商贾、俳优、博徒、妇女等等下层人物作传，创立类传，使《史记》反映了广阔的社会生活。

第二个观点，国家兴亡，民心向背起最后的决定作用。"民惟邦本"，这本是儒家宣扬仁政的基本观点。孟子进一步发挥为"得民心者得天下，失民心者失天下"的著名理论③。司马迁的贡献在于，他第一个真正用这一观点考察了历史的变迁，生动地描绘了人民群众的创造力量，从正反两个方面贯穿全书。正面描写，三代之王都是祖上积德累善赢得了百姓拥戴。"子羽暴虐，汉行功德"而得天下。孝文帝"专务以德化民，是以海内殷富，兴于礼义"④。这是得人心者得天下。反面描写，武王伐纣，"纣

---

① 《史记》卷一百十《匈奴列传·赞》。
② 《史记》卷九十九《刘敬叔孙通列传·赞》。
③ 《孟子·离娄上》载孟子之言曰："桀纣之失天下也，失其民也；失其民者，失其心也。得天下有道：得其民，斯得天下矣；得其民有道：得其心，斯得民矣。"
④ 《史记》卷十《孝文本纪》。

师皆倒兵以战,以开武王","武王至商国,商国百姓咸待于郊"①。秦之亡,是因为"天下同心而苦秦久矣"②,故陈涉发难,"风起云蒸,卒亡秦族"③。"风起云蒸"四个字形容了人民群众具有铺天盖地的力量。韩信亡楚归汉,论项羽必败,其言曰:"项王所过无不残灭者,天下多怨,百姓不亲附,特劫于威强耳。名虽为霸,实失天下心,故曰其强易弱。"④事实一步步按照韩信的预言演进,楚亡汉兴,失民心者失天下。

更能表现司马迁朴素唯物论历史观的是,他在《货殖列传》中提出的欲望动力说,也就是人类对于社会物质生活的依赖和追求是历史必然向前发展的"势",是任何力量也不能使之倒转的。

综上所述,司马迁大一统历史观是对西汉王朝政治制度的肯定,《史记》的主题是尊汉。司马迁朴素唯物论历史观呈现二元论的色彩,不仅仅反映了那个时代人们认识的历史局限性,而且更主要地反映了司马迁走向进步的足迹。形成司马迁独特历史观具有多种因素。思想资料的继承是一个重要方面。但就在这一个方面司马迁也不是墨守一家。他广泛地吸取先秦诸子以来百家学说中的进步观点和合理内核,形成自己朴素的唯物论历史观。如儒家的"民惟邦本"思想,法家的"法后王"思想,阴阳家的"循环论"变化思想,公羊家的"大一统"思想等,司马迁都加以吸收、扬弃和改造。更重要的是司马迁具有广博的知识和实录史事的科学精神,使他不断突破信仰的束缚,走向进步。正因为他精通天文、历法,加之求实的科学精神和大无畏的探索勇气,才使他运用观测资料批判星气之书的"机详不经"。此外,司马迁的生活经历也是形成他进步历史观的重要因素。例如升华了朴素唯物论历史观的《货殖列传》就是司马迁二十壮游的成果之一。知识的扩展和生活的体验,使司马迁不断走向进步,终于突破帝王中心论而面向广阔的社会,熔铸了一定成分的人民的历

---

① 《史记》卷四《周本纪》。
② 《史记》卷八十九《张耳陈馀列传》。
③ 《史记》卷一百三十《太史公自序》。
④ 《史记》卷九十二《淮阴侯列传》。

史，从而表现了二元论的色彩。所谓二元论，是我们今天用马克思主义观点回顾前人的思想体系所发现的矛盾，这是人类认识论的进步。在司马迁时代，他并不认为二元论是一个矛盾，而是很和谐的思想体系。所以司马迁自豪地宣称自成"一家之言。"

五、《史记》与中国史学

《史记》的问世，对中国史学生产了巨大而深远的影响，其影响主要有以下几个方面。

1. 奠定了中国史学独立的基础

《史记》问世以前，中国的史学研究已经开始，但史学作为一门独立的学术，还没有得到承认，史学研究还处于萌芽状态。商周时期已经有所谓"史"官，但这种史官既记录王的行事、言论，也负责占、卜，类似宗教官员。记言、记行，也只是记当时言、当时行，是纯现实的活动，"秘书"性质的活动，并不研究祖先、先人的言、行。晋《乘》、郑《志》、楚《梼杌》、鲁《春秋》等，多属记言、记事性质，而很少历史研究性质。《尚书》、《国语》、《国策》则是记言、记事的扩展。春秋、战国时期，有一些思想家，开始凭借他们掌握的历史资料、历史传说，宣传他们各自的政治主张，他们既研究现实，也研究历史，但他们还没有将历史单独地进行有体系的研究，往往只是把某些片断的历史研究作为政论的一部分。《韩非子》、《商君书》、《吕氏春秋》、《虞氏春秋》等即是如此。这些书都被视为"子"书，所以他们的书是"子"、"史"融合，"史"并未独立。孔子作《春秋》，以后又有《左传》、《穀梁传》、《公羊传》，这些书已有某些历史研究的性质，然主要的目的还只在借用已有的二百四十多年的历史资料，宣传自己的政见、理想，既不往前溯源，也不涉及当时。所以这些书往往没有被当作史书看待，而作为"经"书看待，人们研究的重点是这些书中的"微言大义"。因此这些书是"经"、"史"融合，"史"尚未独立。

《史记》上溯黄帝，下迄汉武，熔近三千年历史于一炉，"通古今之变，成一家之言"，开创了独立的史学研究的先河，既为士大夫开辟了一条做学问的新路——治史，也使史学研究从此引起统治者的高度重视。班彪即"专心史籍之间"，撰成《史记后传》。及卒，子班固觉得父"所续前史未详，乃潜精研思，欲就其业"。班固初为私修国史，后经汉明帝批准，奉诏修国史，这正是士大夫受《史记》影响热衷于治史，统治者亦重视治史的例证。自《汉书》袭《史记》纪传体，断代为史，从此史学"正统"地位确立，治史遂成统治者行政要务，士大夫学问大端，治史蔚成风气，史书蔚为大国。《史记》问世，事实上标志着史学从经学、子学中独立出来，但汉初史书尚少，学术界的理论认识还落后于学术实践，所以刘向《别录》、刘歆《七略》，并无史部。史书，包括《史记》，都附在六艺中的"春秋类"。学术界还没有承认史学已经独立的事实。《汉书·艺文志》仍将史书附于"六艺略"的"春秋家"。实践总会刺激人们的头脑、意识。随着史书蔚为大国，学术界最终在理论上承认了史学的独立。曹魏时荀勖著《中经新簿》总括群书甲、乙、丙、丁四部，即经、子、史、集四类，史书开始独立成为一类，史学的学术地位从此完全确立。至东晋李充校书，著《四部书目》，又以史部位居第二，仅次于经部，进一步提高了史书的学术地位。从此中国图书传统的经、史、子、集四部分类一直沿袭下来。此后，历代王朝都设置了研究史学的专门机构。东晋元帝太兴二年（319年），石勒初称赵王，设"史学祭酒"一职，掌治吏。这是我国历史上"史学"一词首次出现。宋文帝时设有儒、玄、文、史四学。宋末齐初，置总明观，内有玄、儒、文、史四科，每科置学士十人，为史馆之雏形。这是史学独立于社会生活、政治生活中的反映。中国史学所以能够独立，其奠基在《史记》，其功臣为司马迁。中国的学者都认为"司马迁是中国史学之父，中国史学的奠基者"[①]。

[①] 齐思和：《史记产生的历史条件和它在世界史学上的地位》，《光明日报》1956年1月19日《史学》版。

国外的学者也认为司马迁是中国史学的开创者,如前苏联早期编纂的大百科全书就说:"在纪元前6世纪—前3世纪,古代中国就有了最初的一些历史著作,叙述从远古时代到纪元前二世纪的中国史的第一部著作,是古代最伟大思想家之一司马迁(纪元前145—前86年)所著名为《史记》的书。"并把司马迁与欧洲"史学之父"希罗多德相提并论[①]。

2. 规范了中国封建史学的研究对象、范围

《史记》把国家大政、社会生活、学术学问,即古今万物作为史学研究的对象,开创了百科全书式通史的规模,这种模式、格局遂成为后世史学研究的正宗,使两千年的中国封建史学向着文化史、百科全书的模式发展。虽然《汉书》以降,均断代为史,与《史记》通史有所不同,然研究对象、范围基本上沿袭《史记》,而且根据社会生活的变化发展,不断发展史学研究的对象、范围。

《史记》礼、乐、律、天官、封禅、河渠、平准八书、循吏、儒林、酷吏、游侠、佞幸、滑稽、日者、龟策、货殖诸传及其他一些部分,分别论述了国家大政、社会生活、学术学问等,将政治史、军事史、经济史、思想文化史、科学技术史、社会风俗史等包罗无遗。《汉书》沿着这一方面继续前进。《汉书》改"书"为"志",设律历、礼乐、刑法、食货、郊祀、天文、五行、地理、沟洫、艺文十志,其中地理、艺文、刑法诸志,使《史记》中尚未独立研究的内容,进一步独立起来,使史学研究百科专史的格局有所发展。《汉书》又设《百官公卿表》,使百官的研究有所发展。以后历代修史,都设志、表,以反映一代典章制度,政治、社会生活。如缺志缺表,便会有人补作。历代正史中志最多的是《宋史》、《清史稿》。《宋史》设有天文、五行、律历、地理、河渠、礼、乐、仪卫、舆服、选举、职官、食货、兵、刑法、艺文十五志,基本上是《史记》、《汉书》研究范围的发展与深入。《清史稿》设有天文、灾异、时宪、地理、礼、乐、舆服、

---

① 参见郭从周译:《苏联大百科全书选译》。

选举、职官、食货、河渠、兵、刑法、艺文、交通、邦交十六志。其中交通、邦交二志是鸦片战争以后，门户洞开，外交事务发展，国内铁路、轮船、电报、邮政发展的反映，其他诸志，基本上仍属《史》、《汉》的体系。此外，《魏书》有《释老志》，这是较独特的，也仍然是《史记》中《龟策列传》等的发展。再如《后汉书》的"方术传"，晋书等的"艺术传"，《三国志》、《旧唐书》等的"方技传"，也都是从《史记》中《龟策列传》、《日者列传》发展的。《后汉书》的"文苑传"，《南齐书》、《隋书》等的"文学传"，《新唐书》、《金史》的"文艺传"，都是《史记》中《儒林列传》等的发展。《后汉书》的"逸民传"，《南齐书》的"高逸传"，《梁书》的"处士传"，《魏书》的"逸士传"，《旧唐书》等的"隐逸传"，都是《史记》中《游侠列传》、《滑稽列传》的发展，其他如"列女传"、"土司传"，《史记》中也已有某些涉及，只是诸史将这些内容独立出来罢了。有些史书中的传则是根据社会生活的内容而新增的、特殊的。如《后汉书》设"党锢传"，是东汉党锢斗争的反映。《新唐书》设"藩镇传"，是藩镇割据的反映。

　　不仅《史记》后的历代正史研究对象、范围受《史记》的影响，其他很多史书都受《史记》的影响。如南宋郑樵著《通志》，起三皇迄隋，时间跨度较《史记》大，这在后人是自然的，分为本纪、列传、世家、载记、年谱、略六门。其中的"略"，即《史记》中的"书"；其中的"年谱"，即《史记》中的"表"，只是"载记"是新增的。"略"为二十：氏族、六书、七音、天文、地理、都邑、礼、谥、器服、乐、职官、选举、刑法、食货、艺文、校雠、图谱、金石、灾祥、昆虫草木。基本上也不出《史记》的研究范围，有些《史记》所涉及的内容，随着社会生活的发展，已进一步独立出来了，如"金石"等。如唐杜佑《通典》，如书志体史书独立的标志，分为食货、选举、职官、礼、乐、兵、刑、州郡、边防九门，基本上是集《史》、《汉》以来书志的大成。元马端临《文献通考》，在《通典》基础上，将书志体史书又向前发展，其中田赋、钱币、户口、职役、征榷、市籴、土贡、国用、选举、学校、职官、郊祭、宗庙、王礼、乐、兵、刑、舆地、四裔十九考为《通典》已有的内容。另外经籍、帝系、封建、象纬、物异五考则是在《通典》基础上新增的。《文献通考》的二十四"考",其范围基本上还是在《史》、《汉》范围之内。

地方志的研究、编纂,兴起于魏晋。晋有挚虞的《畿服经》,常璩的《华阳国志》等。至宋元时,编修地方志已成风气,如较著名的志书有:宋周源《乾道临安志》十五卷,梁克家《淳熙三山志》四十卷,施宿《嘉泰会稽志》二十卷,周应合《景定建康志》五十卷,潜说友《咸淳临安志》一百卷等。元代有徐硕《至元泰禾志》三十二卷,冯复京、郭荐《大德昌国州图志》,袁桷《延祐四明志》十七卷,张铉《至大金陵新志》十五卷等。至清代,地方志纂修达到鼎盛时期。清朝政府开设一统志馆,修纂《大清一统志》,各省、州、县也纷纷开馆修省志(即"通志")、县志,基本上做到省省有志,县县有志。有些地区还有乡志、村志、镇志、坊志、里志、亭志、关志、场志、卫志、所志、厅志,甚至还有山志、水志、湖志、河志、溪志、寺志、庵志、书院志、盐井志,等等。据统计,清代所修志书有六千五百余种,占了现在地方志七千余种中的百分之九十左右。这些志书的内容一般包括建置、舆地、风俗、物产、户口、赋役、学校、选举、职官、人物、灾异、艺文等,实际上是《史》、《汉》的书志、世家、列传的发展、光大,而独立成本。

学术史的独立研究,宋以后逐渐发展。南宋朱熹著《伊洛渊源录》十四卷,成为理学研究的专著。明中叶至清初,有陈建《学蔀通辨》,冯从至《元儒考略》,周汝登《圣学宗传》,孙奇逢《理学宗传》,也是研究理学的专史著作。至清初黄宗羲著《明儒学案》、《宋元学案》,使学术史完全成立。《明儒学案》六十二卷,将明代三百零八名学者,分前、中、后三个时期,按其学术特点,分为十九个学案分别论述。《宋元学案》一百卷(黄宗羲只写成《序录》及正文十七卷,其余由其子黄百家和门人全祖望续完),对于各学派一视同仁,不定一尊,分别论述。清初万斯同撰《儒林宗派》十六卷，起于孔孟，迄于明代，论述了历代儒家各派学术的源流、发展，对于上无师承，下无传人的儒者，也按其学术特点附录于各派之后。这些学术史的研究专著，溯其源，实出自《史记》中的《儒林列传》等。清中叶阮元著《畴人传》，以后经罗士琳、诸可宝、黄钟骏分别续补，共为四编七十一卷，收录上古迄清末天文律历等方面的科学家八百六十八人，成为学术史中科学史的专著。此书实际上亦是源自《史记》中的《天官书》、《历书》等。

《史记》中史学研究对象上做出的最大贡献，是确立了人本位，以人为中心。《史记》的本纪、世家、列传，基本上是人传；表是人谱；书是人事、人传。此后历代修史便都遵循人本位的"祖制"。历代正史中的本纪、列传、表基本上都是大端。正史之外的书志体、地方志，也都是以人为本位。学案、《畴人传》等，更是人本位的体现。又如魏晋时谱学兴起，"人尚谱系之学，家藏谱系之书"，修家谱、姓氏谱成风。这是当时门阀制度产生发展的反映，而其史学渊源，实亦与《史记》中的诸表及某些世家相承。表、谱实同类。其对象，仍是人本位。从此以后，中国各地修家谱、族谱长盛不衰，其规模为世界绝无仅有。到清代，谱学之中，年谱修纂异军突起。年谱以人为本位，是人物传的发展，而编年之法又类本纪、表、谱，可见不脱《史记》规范。

3. 创立了中国封建史学的基本研究方法

《史记》研究的基本方法之一是本纪、列传、表、书、世家五体合一，其中心为纪、传，创立了纪传体。这种新体裁、新方法，以人为本位，得到历代史家认同；人本位中心又以帝王为中心，亦得帝王赞许；本质上与封建等级制度、伦理道德合拍，所以很快就被封建帝王、封建史学尊为封建史学的"正统"，就如儒家思想被定于一尊、奉为封建思想正统一样。因此"百代而下，史官不能易其法，学者不能舍其书"[①]，"自此例一定，历代

---

① 〔宋〕郑樵：《通志·总序》。

作史者，遂不能出其范围，信史家之极则也"①，是必然的了。

本纪，是《史记》的"科条"，即纲领，位于第一。刘知幾《史通》说："盖纪之为体，犹《春秋》之经，系日月以成岁时，书君上以显国统。"② 本纪的主要对象是帝王，使帝王为中心、尊帝王得以体现。《史记》以降的正史，一直到《清史稿》，均有本纪，位于第一。表、志，间或有缺、漏，然本纪是不会缺的。没有本纪，便不成正史。帝王制度被推翻，然修史不缺本纪的封建史学传统依然影响很大，不仅《清史稿》如此，柯劭忞重修《新元史》亦是如此。《新元史》并被北洋军阀政府总统徐世昌下令列入正史，所谓"二十五史"，此时已是1921年12月了。

表，《史记》位于第二，很重要。实际上创立了史表的体裁和方法。虽然《史记》以后有一些正史，如《后汉书》、《晋书》、《隋书》、《旧唐书》、《旧五代史》等均缺表，但《宋史》以下的诸正史等均设表，且《后汉书》等诸史所缺之表，后世史家纷纷溯而补之。宋熊方首作《补后汉书年表》十卷，其自序云："臣闻昔司马迁、班固之为史皆谨于表年，从《春秋》之法大一统，以明所授，盖天子之事也。至范晔作东汉史仅毕纪传而表志未立。萧梁时刘昭补注旧志，又不及表，殆非圣人所以辨正溯、存褒贬之意，史家大法于此堕废。"指出编纂史书不作表，就是毁废"史家大法"，所以补作《后汉书年表》。至清诸以敦，又作《熊氏后汉书年表校补》五卷、《补遗》一卷。此外，清钱大昭、万斯同、黄大华、华湛恩、陈恕、沈维贤等也补做了《后汉书》各表。自《后汉书》之表被补作以后，各史所缺之表均被补齐。乃至已有表之史，也再行补作一些表。如万斯同撰《宋大臣年表》二卷，钱大昭撰《补元史氏族表》三卷，等等。现《二十五史补编》所收东汉至明各史的补表凡一百三十七种，蔚为大观。后世史家不仅补前史所缺之表，更有很多人专以史表为史学研究的体裁。宋李焘撰《历代宰相年表》三十四卷，起西汉，迄后

---

① 〔清〕赵翼：《廿二史劄记》卷一《各史例目异同》。
② 《本纪篇》。

周。清齐召南撰、阮福续补《历代帝王年表》，始三王五帝，迄明。黄大华撰《历代帝王年表》则起唐尧，迄清光绪，并将农民起义政权和割据政权也一一附记。清吴廷燮又撰《历代方镇年表》五十六卷，将汉至清的地方大员的事迹一一表见。此外，清胡子清撰《历代政要年表》，王之枢撰《历代纪事年表》，黄本骥撰《历代纪元表》，乾隆年间又官修《历代职官表》。梁启超在《中国历史研究法》中指出："《史记》创立千年，开著作家无量法门。"作表是驭繁就简的一个极好的方法。近代西方史学中提倡历史统计学，多用表，虽然其思想观点、对象内容已属于资产阶级的范畴，而其方法则不过是司马迁史表方法、体裁的发展。林传甲著《中国文学史》专设《史记十表创统计学之文体》一节，说："今历史新裁，尤以图表为重，实不能出史迁范围，观《三代进世》，则今古帝王之统计也。《十二诸侯年表》、《六国年表》，则强大各国之统计也。"汉代诸表"皆汉室之统计也"。资产阶级史学理论，从历史统计学的理论高度来评价司马迁的史表方法。司马迁的史表方法和体裁是不能与资产阶级的历史统计学等同的，但司马迁在两千多年以前就注重和提倡史表的方法体裁，其史学理论和方法论上的识见，在中国是杰出的，在世界史学史上也是杰出的。

书，《史记》列第三位。自《汉书》改"书"为"志"，增加篇目，遂形成"书志体"，或称"政书体"、"典志体"。后世史家都肯定之，遵循之。历代修正史多有志，其缺者后世史家也纷纷续补。至唐代刘知幾子刘秩作《政典》，遂出现书志体的专著，只是篇幅小，影响不大。至杜佑作《通典》二百卷，上起唐虞，下逮隋唐，从食货、选举、职官、礼、乐、兵、刑、州郡、边防等方面分门别类论述了国家大政、典章制度的发展，成为影响巨大的"书志体"专著。这就大大扩展了"志书体"的领域，也大大提高了志书体在史学研究体裁、方法上的地位，引起了更多史学家的重视，甚至也引起了统治者的重视。继《通典》之后，宋郑樵作《通志》，元马端临作《文献通考》，于是号称"三通"。至清朝官修《续通典》、《续通志》、《续文献通考》、《清通典》、

《清通志》、《清文献通考》，遂有"九通"之称。后刘锦藻又撰《清朝续文献通考》四百卷，续乾隆至清亡。又有"十通"之称。此外"会要"、"会典"也是"书志体"的左右军，使书志体更为壮大、壮观。会要多断代，唐时苏冕、杨绍复等即开始修纂《唐会要》，论载唐代国家大政、典章制度。后由宋重修整理，成《唐会要》一百卷。王溥又撰《五代会要》三十卷。南宋末年徐天麟撰《西汉会要》七十卷，《东汉会要》四十卷。至清孙楷撰《秦会要》二十六卷。杨晨撰《三国会要》二十二卷。徐松撰《宋会要辑稿》三百六十六卷。龙文彬辑《明会要》八十卷。姚考渠又辑《春秋会要》、《清会要》。汪北镛辑有《晋会要》。元代官修《元典章》述国家大政、典章制度。以后明官修《明会典》，清官修《清会典》。书志体的内容、对象日益发展起来，书志体的地位也日益提高，成了宣扬封建典章制度、为统治者安邦直接服务的工具。这和司马迁设书体的初衷正相符合。足见司马迁的眼光远大，创修史方法的影响深远。

世家，主要用来记载诸侯或相当于诸侯的人。世家中的人物一般比本纪中帝王等级低，比列传中人物等级高。先秦诸侯国的发展，是社会生活、政治生活的重要内容。因此，《史记》中的世家，先秦部分又有国别史的色彩。汉代部分，则多为人物传记。《史记》创世家一体，是与反映一定的历史内容分不开的。《汉书》废世家一体，一是因为《汉书》断代为史，不必反映先秦诸侯国历史，二是因为汉代的诸侯王势力弱小，已不成其为"国"了，汉诸侯王都列入列传，世家一体就自然无存在的必要了。历代正史中，多数不设世家一体，就是不需要论载"国别史"。而唐修《晋书》，为了述十六国史，于纪、传之外设"载记"一体。载记是论载国别史的，这与世家同，只是体裁名称不同。宋欧阳修修撰《五代史记》①，为了反映各割据国的历史，宣扬"尊王攘夷"，复采世家体，撰世家十卷、世家年谱一卷。元修《宋史》，为了反映宋初残存的南唐、吴越、后蜀、北汉、

---

① 〔宋〕欧阳修：《新五代史》。

南汉、荆南的国别史，亦复采世家体，撰世家六卷。这表明《史记》所创世家一体，对于后世修史仍是很有影响的。

列传，在《史记》中虽位居最末，然篇幅最大，与本纪一起成为史书的两个大头。"纪传体"之名，正是纪、传为史书主体的反映。传体与纪体也同时成为封建史学中两种最基本的体裁、方法。以后历代正史中，表、志间或有缺，而传与纪一样，总不会缺。缺了传，不成为纪传体，自《史记》创纪传体后，传体的发展很快，并且从纪传体中独立出来，形成独立的编纂体裁。其较早、较有影响的是刘向的《列女传》八卷。嗣后，梁释皎有《高僧传》十四卷。元辛文房有《唐才子传》十卷。清阮元有《畴人传》四十六卷。这些是分类的人物传记专著。此外也有断代的人物传记专著，如南宋杜大珪的《名臣碑传琬琰集》一百零七卷，是宋代人物传记专著。清钱仪吉的《碑传集》八十六卷，是清代人物传记的专著。此外还有个人传记的专著。研究历史人物，传记体往往恰到好处，而用书志体、表体都有局限性，研究历史人物又是史学研究中的一个大头，所以传体的运用特别广泛，正史、野史、杂史、笔记、札记、文集、方志中都有传体，传体资料是我国古代留存的资料中最多的一种。研究历史人物是历史研究中的一个永恒的题材，所以传体的生命力也就特别强。到了今天的时代，本纪、世家的体裁已被淘汰，而传体则仍在发扬光大。各种人物传，分类的人物传，分代的人物传，个人的人物传，仍在一批接一批地涌现。足见《史记》所创方法、体裁光被万世之功了。

《史记》研究的基本方法还有通史体裁方法。通史，即古今融会贯通。司马迁所以著通史，因为"通古今之变"有利于"稽成败兴坏之理"，有助于"成一家之言"，即研究通史有益于总结历代的经验教训为现实服务，志古鉴今，有益于探索历史发展的某些规律，鉴往知来。通史体裁方法，在史学天空中是有优越性的。司马迁创通史体裁后，一度未得到重视，然而埋藏至唐宋，其价值终于被抉发和承认，通史体裁重新大放光彩。刘知幾著《史通》，主张"总括万殊，包吞千有"，提倡"通识"。开创史学史研究之途径。杜佑著《通典》，开创书志体通史、典章制度之途径，以宣扬"酌古之要，通今之宜，既弊而思变"①。司马光著《通鉴》，开创编年体通史之途径，成为"鉴于往事，有资于治道"的帝王教科书。袁枢著《通鉴纪事本末》，开创纪事本末体通史之途径。朱熹著《通鉴纲目》，开创纲目体通史之途径。而郑樵《通志》，更使《史记》纪传体通史后继有人。郑樵不仅以《通志》继承《史记》，力图比《史记》更"博"，更从理论上阐发通史义理。他的《上宰相书》道："天下之理，不可以不会；古今之道，不可以不通。会通之义大矣哉！"又说："修书之本，不可不据仲尼、司马迁会通之法。"② 只有通为一家，才能"极古今之变"，知所损益。郑樵猛烈批评班固"失会通之旨"，"是致周秦不相因，古今成间隔"③，使人不知其所损益了。郑樵之后，马端临又进一步阐扬会通思想。他在《通考·总序》中说："《诗》、《书》、《春秋》之后，惟太史公号称良史，作为纪、传、书、表。纪传以述理乱兴衰，八书以述典章经制。后之执笔操简牍者，卒不易其体。然自班孟坚而后，断代为史，无会通、因仍之道，读者病之。""孔子曰：'殷因于夏礼，所损益，可知也。周因于殷礼，所损益，可知也。'此言相因也。自班固断代为史，无复相因之义。虽有仲尼之圣，亦莫知其损益。会通之道自此失矣。"马端临认为"变通弛张之故，非融会错综、原始要终而推导之，固未易言也"。即只有通史体裁才有利于探讨变通弛张的原因，从而看到"古今异宜"，"其势然也"。清章学诚著《文史通义》有《释道》一篇，指出："通史之修，其便有六：一曰免重复，二曰均类例，三曰便铨配，四曰平是非，五曰去抵牾，六曰详邻事；其长有二：一曰具剪裁，二曰立家法。"认为修通史，可以"纲纪天人，推明大道"，"通古今之变，而成一家之言"。他不仅称赞司马迁，也称赞郑樵"生千载而后，概然有见于古人著述之原，而知作者之旨……独取三千年来遗文故册，运以别识

---

① 〔唐〕杜佑：《通典》卷十二《食货·后论》。
② 〔宋〕郑樵：《夹漈遗稿》卷三。
③ 〔宋〕郑樵：《通志·总序》。

心裁，盖承通史家风，而自为经纬，成一家言者也"①。从以上诸史家的言论中，可以看到通史体裁、方法的进步性、优越性，可以看到司马迁所创体裁、方法对于后世史学、史家的影响了。

《史记》研究的基本方法，除了体裁以外，最重要的是直笔实录的方法。这种方法，在史学研究的学术意义上来说是促进史学研究达到"实"、"信"的研究方法，是提高和维护史学研究的学术价值，使史书成为"信史"的研究方法，是有某种合理因素的。在史学研究的政治意义上来说，这种方法有助于正确总结经验教训，有益于宣传社会道德，使史学研究更好地为封建统治者服务。在史学研究的道德意义上来说，这种方法是封建社会道德在史学研究方法上的反映，即封建史德的反映。"直"是封建道德的基本内容。正因为如此，所以这种方法经司马迁倡导、实践以后，得到了历代正直、进步史学家的肯定、继承，形成了中国古代优良的史学传统。班固称赞司马迁著《史记》，"其文直，其事核，不虚美，不隐恶，故谓之实录"②。刘知幾主张"良史以实录直书为贯"③。认为"邪曲者，人之所贱而小人之道也；正直者，人之所贵而君子之德也"④。司马光著《通鉴》，也继承了司马迁据事直书的优良传统，主张"据其功业之实而言之"。郑樵著《通志》，也主张据事直书，反对任情褒贬，提出"史册以详文该事，善恶已彰，无待美刺"⑤。这种直笔、实录的方法，不仅在封建史学研究方法论及理论上有合理性，就是从资产阶级历史学理论，从无产阶级历史学理论来看，也是有某些合理因素的。所以资产阶级史学家梁启超称赞道："其怀抱深远之目的，而又忠勤于事实者，惟迁为兼之。"⑥ 无产阶级史学家翦伯赞称赞道："从《史记》中，我们到处可以看到司马迁在大胆地进行他的历史批判。他用敏锐的眼光，正义的观察，怀疑的精神，生

---

① 〔清〕章学诚：《文史通义》内篇《申郑》。
② 〔东汉〕班固：《汉书》卷六十二《司马迁传》。
③ 〔唐〕刘知幾：《史通》卷十四《惑经》。
④ 〔唐〕刘知幾：《史通》卷七《直书》。
⑤ 〔宋〕郑樵：《通志·总序》。
⑥ 梁启超：《中国历史研究法》，岳麓书社2010年版，第15页。

动的笔致，沉重而动人的语言，纵横古今，褒贬百代。"① 侯外庐称赞道："从《史记》的内容来看，可以说天才纵横的司马迁，企图对三千年的历史图景编制出前人所不能做的总结，特别是企图把汉兴以来的当代社会图景，创制出当代学者所不敢做的'实录。'"② 这说明司马迁提倡的直笔实录方法，不仅资产阶级的史学研究可以借鉴，无产阶级的史学研究也可以批判地继承。这更说明司马迁史学方法的深远影响了。

《史记》研究中运用的一些具体的方法，对后世史学研究也有很大的影响。如《史记》中的"太史公曰"，有的学者称之为"赞"、"序"，有的学者称之为"史评"。《史记》开"史评"之例，后世史记纷纷仿效，只是用词略加变化。《汉书》称"赞"，《后汉书》称"论"，《三国志》称"评"，《宋书》、《隋书》、《旧唐书》等称"史臣曰"。《新五代史》史评没有名称，只用"呜呼"二字起头，史评的形式仍然存在。这是史评方法对历代史家的影响。

如《史记》中采用的类传方法，也为后世修正史者继承。历代正史中每史都有各种类传。至近代魏源重修《元史》，成《元史新编》，更将类传与历史分期相结合，使类传方法大放光彩。致使梁启超格外垂青类传方法，主张用类传方法改造二十四史。直至今日，类传方法仍沿用不衰③。

4. 树立了中国封建史学的进步观

司马迁吸收先秦、秦汉的进步历史观，发扬光大之，体现于《史记》之中，这就为中国封建史学树立了进步历史观的典范。《史记》的研究对象、方法影响了后世的史家，《史记》的进步的历史观，也给后世进步的史学家以极大的影响。

历史进化观，是《史记》进步历史观的重要组成部分。《史

---

① 翦伯赞：《中国历史学的开创者司马迁》，《中国青年》1951年总第57期。

② 侯外庐：《司马迁著作中的思想性和人民性》，《人民日报》1955年12月31日第3版。

③ 详见周一平：《中国传统类传方法的发展与瞻望》，《华东师大学报》1990年第1期。

记》中多处批判了"法先王"观点，主张"法后王"。如《赵世家》就借用赵武灵王语："先王不俗，何古之法？帝王不相袭，何礼之循？""圣人之兴也，不相袭而王，夏、殷之衰也，不易礼而灭。""循法之功，不足以高世；法古之学，不足以制今。"在《商君列传》、《李斯列传》、《秦始皇本纪》等篇中，也借商鞅、李斯与保守派的论战，批评了法古的退化观点，宣扬了法后王的进化观点。这样的历史进化观点，以后被进步的史学家所继承、发扬，并形成中国优良史学传统的组成部分。刘知幾在《史通》中就大力阐扬历史进化观点。说："盖闻三王各异礼，五帝不同乐，故传称因俗，《易》贵随时。""夫事有贸迁，而言无变革，此所谓胶柱而调瑟，刻舟以求剑也。"①治史就是要"考时俗之不同，察古今之有异"②。杜佑著《通典》，是以历史进化观点做指导的。他说："详观三代之制，或沿革不同，皆贵适时。"③所以他反复强调应该"随时立制，遇事度通"，"随进拯弊，因物利用"，"便俗适时"，"详古今之变，酌时宜可行"。所以不应"非今是古"。清章学诚也大力阐扬进化历史观，指出："宪自黄帝以来，代为更变"，"不特三王不相袭，三皇五帝也不相沿矣"④。所以"古今时异，先王成法不可复也"⑤。到了近代，中国传统的历史进化观点与西方的生物进化论、社会进化论融合，历史进化观进一步深化了。康有为、梁启超等人不仅深知"古今时异，先王成法不可复"，而且懂得了人由猴子变来，"物竞天择，适者生存"。资产阶级的史学观已较司马迁等人的封建史学家大大进步了，但仍然可以从中窥见司马迁历史进化观的影响。

司马迁的历史哲学思想具有二元论的色彩，但主流是无神论、朴素唯物论，也是《史记》进步历史观的重要组成部分。《史记》"极人言"，不言"怪物"，不信鬼神，而在抽象议论中又

---

① 〔唐〕刘知幾：《史通》卷五《因习》。
② 〔唐〕刘知幾：《史通》卷六《叙事》。
③ 〔唐〕杜佑：《通典》卷五十八《公侯大夫士婚》条。
④ 〔清〕章学诚：《文史通义》内篇一《易教》。
⑤ 〔清〕章学诚：《章氏遗书》卷二十五《湖北通志检存稿·复社名士传》。

保留有天命论、天人感应的地盘，但在历史记叙中却是否定天命论，也否定天人感应，对项羽"天亡我"等的天命论进行了批判。司马迁的这种进步历史观，也成为中国优良史学传统的组成部分。由于封建腐朽思想的影响，《史记》后的历代正史、各体史书中，有一些宣传鬼神、天命的史书，但无神论、朴素唯物论仍成为不可抗拒的潮流。刘知幾著《史通》纵论唐以前史书，就猛烈地批判了天命论、灾异论。《史通》有《汉书五行志错误》、《五行志杂驳》等篇，专门批判"五行灾异"是"诡妄"之谈，"祥瑞符命"是"欺惑"之说。"论成败者，固当以人事为主"，如果"推命而论兴灭，委运而志褒贬，以之垂成，其不惑乎！"① 他认为班固在《汉书》中设《五行志》是错误的，"班氏著志，抵牾者多，在于五行，芜累尤甚"②。致使"叙事乖理"，"释灾多滥"。他极力反对把神怪故事、图谶寓言之类写入史书，并主张史书要删除《天文志》、《符瑞志》等内容。这是《史记》问世以后，史学领域对阴阳五行说、天命论等的一次彻底的清算。司马光一贯反对鬼神灾异之说，"尝疾阴阳家立邪说以惑众，为世患"，而上奏皇帝，禁阴阳家之书③。司马光认为"国之兴衰，在德之美恶，固不系葬地、时日之吉凶也"④。他主持编纂《通鉴》，对于灾异、符瑞、图谶、占卜、鬼怪之类均剔除之。尽管日食、彗星等一些天文星象仍予记载，但决不"强附时事"，把天象与人事完全分开。所以王应麟评说："《通鉴》不书符瑞。"⑤ 胡三省评说："《通鉴》不语怪。"⑥ 郑樵也反对鬼神灾异之说，他把阴阳五行鬼神灾异之说斥为"妖学"、"斯妖之学"。《通志》虽然仍做了《灾祥略》，但其内容"专以纪实迹，削去五行相应之说，所以绝斯妖"⑦。他写纪、传，也采用司马迁"择雅"、纪

---

① 〔唐〕刘知幾：《史通》卷十六《杂说》上。
② 〔唐〕刘知幾：《史通》卷十九《五行志错误》。
③ 〔宋〕司马光：《司马文正公传家集》卷六十五《葬论》。
④ 同上，卷二十七。
⑤ 〔宋〕王应麟：《困学纪闻》卷十二《考史》。
⑥ 〔宋〕司马光：《通鉴》卷一百三十胡注。
⑦ 〔宋〕郑樵：《通志·灾祥略序》。

实的原则，说："按太史公作五帝纪，择其雅言而书。臣今纪采诸家之言，而以雅驯者为经，其不典之言，则列于篇后，以备纪载，非传信也，其诞而野如盘古者，则亦不书。"① 他认为"国不可以灾祥论兴衰"，"家不可以变怪论休咎"。欧阳修也反对鬼神灾异之说，他认为天象和人事是不能妄加附会的。他指出，孔子作《春秋》，只记"灾异而不著其事应，盖慎之也"。"圣人慎而不言如此，而后世犹不曲说以妄意天，此其不可传也。"批判董仲舒之流的天人感应"失圣人之本意"②。因此，他修《新五代史》，本纪中只述人事不记灾异，把灾异现象全记入《五行志》而将人事与天象截然分开，剔除谶纬迷信的东西。以上这些史学家的朴素的唯物主义观点，显然都是继承了司马迁建立的优良史学传统。这个优良传统一直到近代仍有很大的影响。

《史记》中还有一些进步的历史观点，如众人决定论、地理决定论、经济决定论，也都有朴素唯物主义的因素。这些观点，尽管并没有被封建社会里的全部史学家接受，但继承、发扬之的史学家还是很不少的，这些观点也成为中国史学传统的主流。

---

① 〔宋〕郑樵：《通志·三皇纪》一。
② 〔宋〕欧阳修等：《新唐书》卷五十四《五行志序》。

第五章　创立传记文学

《史记》的文学成就和贡献是多方面的，语言运用、散文成就、小说创构、传记文学，无论从哪一个方面去看，司马迁都堪称大家。《史记》文学的最高成就应该是在实录史事的基础上，刻画了典型形象的传记文学。本章从传记文学的角度，抉发司马迁的文学成就，着重点是司马迁的写人艺术，即怎样塑造历史人物，以及对后世的影响。

一、《史记》文学性的界说与人物传记特点

历史贵纪实，文学重创作，两者有很大的区别。所以，《史记》作为历史名著，它一问世就得到了学术界的公认，而作为文学名著的认识，则经历了一个漫长的历史过程。《史记》的人物传记，是实录，还是创作？至今文史两界的认识并不统一。由于司马迁笔下的历史人物，一个个栩栩如生，形象鲜明，使读者如闻其声，如见其人，脍炙人口，所以当今《史记》已被公认为古典文学的优秀作品。也就是说，《史记》人物传记兼有史学与文学一身二任的特点。如何界定这一身二任的特点，实质是探索司

马迁怎样熔冶文史于一炉,在实录作品中如何塑造历史人物的。不解决这个问题,对《史记》传记文学的研究就无从谈起。因为如果脱离写实而侈谈小说创构,那就不是司马迁的文学。

下面分两个问题来谈:其一,《史记》文学性的界说,其二,《史记》人物传记的特点。

1. 《史记》文学性的界说

对《史记》文学性的认识与抉发,从历史过程来看,是逐步深化的,至少有四个层次。最广义的文学性,只着眼于《史记》文章简洁,辞采华美,这是第一层次,魏晋以前最普遍的认识。着眼于《史记》散文的成就和艺术风格美,这是第二层次,唐人深化的认识。《史记》文章结构,转折波澜,人物刻画具有小说因素,这是第三层次,明清评点家多所发抉。全面地系统地抉发司马迁塑造历史传记人物典型形象的艺术表现手法,这是第四层次,可以说是近年来才深入的。

司马迁为文章大家,古今同论。西汉刘向、扬雄称许司马迁的《史记》为实录,"服其善序事理"①,东汉班固说"文章则司马迁、相如"②,将两司马相提并论,司马迁之文,司马相如之赋,皆为文学,当时统称文章。晋代张辅、南朝梁刘勰、唐刘知幾进一步论述了《史记》的文章辞采。张辅肯定"迁之著述,辞约而事举",并举证苏秦、张仪、范雎、蔡泽等传,"逞辞流漓","述辩士则辞采华靡,叙实录则隐核名检,此所以迁称良史也"③。这讲的是司马迁文章简洁而辞采华丽。刘勰《文心雕龙》标立"史传"专题,明确地把《史记》人物传记包括在文学范围之内。刘知幾的《史通》,对先秦两汉的《左传》、《国语》、《史记》、《汉书》等著作表现的叙事简洁、语言华美,以至若干细节描写的成就,颇多抉发和赞赏。上述的由汉至唐文史理论家的阐述,首先肯定《史记》是历史学,其次阐发文章辞采的文学性。这是第一层次广义文学性的认识,古今没有分歧,也是符合历史

---

① 〔汉〕班固:《汉书》卷六十二《司马迁传·赞》。
② 〔汉〕班固:《汉书》卷五十八《公孙弘卜式兒宽传·赞》。
③ 〔唐〕房玄龄:《晋书》卷六十《张辅传》。

实际的。我国古代文化学术有"文史不分"的说法，主要指的就是先秦时代。当时的学术文化处于百家争鸣阶段，文学、史学、哲学、文献学等，从萌芽生长到临近开花结果的时期，往往是两位或多位一体的。司马迁正是在继承这一文化传统的基础上，首先是创造了独立的史学，同时又创造了编纂形式上的五体合一和思想内容上史学、文学、哲学三位一体的著作。故《史记》内容包罗万象，叙事史笔与文笔熔铸在一起。司马迁也集史学家、文学家、思想家于一身。这是时代的创造。但《史记》首先是历史学，这一点是毋庸置疑的。从刘向、扬雄、班固，到张辅、刘勰、刘知幾，他们着重从史学评价《史记》，主流是应该肯定的。即使在今天研究《史记》，尤其是从文学角度研究《史记》，也必以此为出发点，方不致偏斜。

唐宋八大家掀起古文运动，以司马迁为旗帜，把《史记》树为追慕学习的典范。韩愈论《史记》雄健，柳宗元论《史记》峻洁，韩柳并师法《史记》作文，把对《史记》文学性的认识推进了一步。《史记》文章为汉代散文典范，从此确立。明清人评点《史记》，对文章艺术美的研究挖掘更深，尤以清桐城派的评点成绩最大。方苞用"义法"论《史记》，已经明确地触及内容与形式统一的认识。《方苞集·又书货殖传后》说："《春秋》之制义法，自太史公发之，而后之深于文者亦具焉。义即《易》之所谓言有物也。法即《易》之所谓言有序也，义以为经而法纬之，然后为成体之文。"这里明确地说，"义"就是"言有物"，即文章的内容；"法"就是"言有序"，即文章的表现形式。"义以为经而法纬之，然后为成体之文"，也就是内容与形式的高度统一，才是富有文学价值的好文章。桐城派另一大家刘大櫆，在方苞义法说的基础上，进一步探索《史记》散文的艺术美，指出《史记》文法有"大"、"远"、"疏""变"四大特点。桐城派最后一位代表人物林纾，他对《史记》散文艺术美的研究卓有成绩。他撰写的《春觉斋论文》，对《史记》文章情韵之美，以及运用虚字和结尾艺术做了不少具体分析，发前人所未发。林纾还在他所译的许多西文小说序文中，把太史公笔法与西欧小说家的写作技巧加以比较分析，大大开阔了人们的眼界。这已经是跨越了散文艺术研究的范围了。

从人物形象塑造的角度评价《史记》的文学性，宋人已开始了这方面的探索。《史记评林》引南宋魏了翁评论《高祖本纪》中高祖还乡一节文字时说：

> 后世为史者，但云"还沛置酒，召故人乐饮极欢"足矣。看他发沛中儿，教歌，至酒酣击筑，歌呼起舞，反转泣下，缕缕不绝。古今文字淋漓尽致，言笑有情，安可及此！

这里指出，司马迁对高祖还乡生活细节的描写，对浓厚的人情味的刻画，已经超出了历史记述的范围，而是刻画人物形象需要的文学创作了。宋末元初的刘辰翁，他在《班马异同评》一书中，对《史记》人物形象的塑造和细节描写就做了大量的分析，并明确指出《司马相如列传》中文君夜奔的故事是一段小说情节。最早把《史记》与小说相提并论的是明嘉靖间人李开先。他在《词谑》一书中说："《水浒传》委曲详尽，血脉贯通，《史记》而下，便是此书。"李开先把《水浒传》的情节安排与文章技巧与《史记》的文章技巧联系起来。到了明末清初，金圣叹径直把《史记》、《庄子》、《离骚》、杜诗、《水浒传》、《西游记》并称为"六才子书"。金圣叹在评点《才子古文》一书中留下了他选评的《史记》序赞九十余篇。又在《水浒传》和《西厢记》的评点中多次赞扬司马迁的文笔。尤其是《史记》与小说的关系，金圣叹有深刻的认识。他在《读第五才子书法》中说："《水浒传》方法，都从《史记》出来，却有许多胜似《史记》处。若《史记》妙处，《水浒》已是件件有。"金圣叹还在《水浒传会评本》第二十八回回评中说："马迁之为文也，吾见其有事之巨者而隐括焉；又见其有事之细者而张皇焉；或见其有事之缺者而附会焉；又见其有事之全者而轶去焉，无非为文计，不为事计也。"金氏从史料剪裁，细节的夸张描写、附会增益、略去枝蔓的事实等四个方面，说明司马迁处理史事人物，服从于文学性的创作，这见解是很深刻的。现代文史大家，鲁迅、范文澜对《史记》的文学性都有许多精到的评论①。鲁迅在他的名著《汉文学史纲要》中有一段精彩的评论。鲁迅说：

> 况发愤著书，意旨自激，……恨为弄臣，寄心纸墨，感身世之戮辱；传畸人于千秋，虽背《春秋》之义，固不失为史家之绝唱，无韵之《离骚》矣。惟不拘于史法，不囿于字句，发于情，肆于心而为文。

鲁迅评价《史记》为"史家之绝唱，无韵之《离骚》"，已成为确定不移的定论，为文史两界的研究者所公认。鲁迅从三个方面分析了《史记》的文学性，为"无韵之《离骚》"提供了充实的论证。其一，司马迁"发愤著书，意旨自激"，在写历史中寄托了自己的思想情志；其二，"传畸人于千秋"，畸人即奇人，就是塑造奇节异行之人的光辉形象留于后世；其三，"不拘于史法，不囿于字句，发于情，肆于心而为文"，也就是按意之所至，情之所触，驰骋为文，突破史法的规范，写出富有文采和感染力的文章。因此所写游侠、屈原、贾谊等各色人物具有鲜明的个性，打动了读者。

在司马迁笔下，人物个性鲜明，一个个呼之欲出，像项羽的叱咤风云、刘邦的豁达大度、吕后的刚毅嫉妒、樊哙的勇猛粗犷、叔孙通的阿谀逢迎、公孙弘的诈伪饰智、周勃的木讷厚重、陆贾的风流倜傥、石奋的恭敬醇谨、韩安国的圆滑世故、张良的策谋、陈平的奇计、李广的善射、张汤的残酷，以及古代人物如信陵君的谦恭、蔺相如的智勇、廉颇的忠诚、苏张范蔡等策士的智辩、屈原的志洁、荆轲的悲壮等，各色人物都有极成功的刻画，给人留下了深刻的印象。司马迁能够"言人人殊"，如张释之是厚重之人，就"还他一篇厚重文字"，万石、张叔是醇谨之人，"遂还他一篇醇谨文字"。总之，司马迁笔下的人物各具风采，他写谁像谁。司马迁的笔力如此非凡，在实录史实中带有文学创作的成分，这是不容否认的。但是，若将《史记》人物传记

---

① 范文澜在《文心雕龙》的《史传篇》注中指出，司马迁创立纪传，"发愤著书，辞多寄托"，具有"体史而义诗"的特点，与鲁迅的定评大旨略同。

当作小说读，视历史情节为虚拟的艺术，那就不免于偏颇。明清人评点《史记》的写人艺术，着重是写实的艺法探讨，这才符合中国文学发展的传统。《史记》对中国小说影响极大，说明司马迁写人艺术的成功，为后世小说家所师法。中国古典小说，人物传记性、故事性极强，正是受《史记》影响所致。但是不能倒过来说，《史记》就是一部小说①。历史与小说之间岂能画等号？金圣叹将《史记》与《水浒传》并论，但金氏对二者的区别也是泾渭分明的。前引他的《读第五才子书法》说，《史记》妙处，《水浒》已是件件有。紧接着金氏有这样一段话：

> 某尝道《水浒》胜似《史记》，人都不肯信。殊不知某却不是乱说。其实《史记》是以文运事，《水浒》是因文生事，以文运事，是先有事生成如此如此，却要算计出一篇文字来，虽是史公高力，也毕竟是吃苦事。因文生事却不然，只是顺着笔性去，削高补低都由我。

这里所说的"以文运事"，即用文学手法写人写事；"因文生事"，即文学家的虚构创作，《水浒》酷以《史记》却不是《史记》，也就是《水浒》师法《史记》创作人物，而不是师法《史记》写实有人物。金氏的评点是何等的深刻！此可为当今时贤研究《史记》人物形象性的座右铭。如果把《史记》传记人物与当代文学形式来比拟，可方之于报告文学，而不可比拟于短篇小说。从报告文学的角度去研究《史记》的写人艺术，不仅可以为文史两界的研究者所接受，而且也才能真切地体会司马迁的写人艺术，从中获取艺术借鉴的营养。如果《史记》人物皆为司马迁创作，"削高补低皆由我"，怎能显出他"以文运事"的大手笔来呢？

"以文运事"，就不是单纯的史笔记事，而是史笔与文笔交融。单纯的史笔，如同《春秋》笔法，记事如断烂朝报，用以载

---

① 杨荫深在《中国文学史大纲》的《汉代文学家》一章中说：《史记》是"一部最伟大的创作，不仅可作史书读，实可当作一部小说读"。胡怀琛等《史记选注·序言》径直说《史记》"绝像是现在的历史小说"。

人，只能记载事迹功状，如同履历表，或生老病死账单。这种档案历史没有文采与文学，便无法流传。所以清人章学诚说："史所载者事也，事必藉文而传。"又说："史之赖于文也，犹衣之需乎采，食之需乎味。"① 司马迁"鄙没世而文采不表于后"②，也正是这个意思。文笔记事，则有文采，用以写人，则有文学。而文学要求细部的描写和刻画，有时还需要淋漓尽致地泼墨渲染，烘托气氛，这就带有创作的成分。《史记》写人物史笔与文笔交融，在个别篇章还留下明显的分野痕迹。如曹参、周勃、樊哙、郦商等人传记，写战功就录自功状，基本为史笔。写轶闻琐事以及典型生活事例部分，则是文笔。例如曹参饮酒不视事，与惠帝问答，就是以文笔叙事，用以刻画人物形象。《史记》中的细节描写，也还有增润生发，或移甲作乙的事例。例如《左传》中伍尚说的话，在《史记》中变成了伍员的说话，这是为了刻画伍员叛逆性格的需要。《史记》中带创作性质的细节描写不胜枚举。

但是"以文运事"的细节描写，并不等同于小说创作。今人引入"艺术辩证法"概念，对此做了超越前人的分析。宋嗣廉在《史记艺术美研究》一书中专有一章"《史记》的艺术辩证法"对此做了深入分析。所谓"艺术辩证法"，"就是唯物辩证法的普遍真理在艺术创作中的运用。其基本特点就在于能把人类社会和自然界描写为一个具有内在联系的合乎规律发展的历史过程"③。宋嗣廉运用这一理论探讨了《史记》的"实录与想象"、"多样与统一"、"共性与个性"等特征。作者认为，司马迁在"考信"史实的前提下，对某些细节通过"人情合理的想象"、"称量以出之"，加以"文饰"，这不能与小说虚构相提并论。因为"人情合理想象"，它以"考信"的史料和采访得来的轶闻为基础，对不足部分做出补充，或表达作者的体验。即"这个想象只能局限于对历史人物人情的'遥体'，对历史事件事势的'悬想'。它与历史小说等文艺作品的构思之不同处，在于它不允许作者离开真人

---

① 〔清〕章学诚：《文史通义·史德》。
② 〔汉〕司马迁：《报任安书》，载《汉书》卷六十二《司马迁传》。
③ 宋嗣廉：《史记艺术美研究》，东北师范大学出版社1985年版，第72页。

真事去对史料作综合与虚构"。最后，作者通过一系列关于"考信"、"揣度"、"文饰"、"轶闻渲染"等的实例分析后指出："《史记》的实录，除了包括'事核'——'不虚美'、'不隐恶'之外，还包括'文直'——'辨而不华，质而不俚'的特点在内。""相反，那种把'实录'只理解为承认客观事实的看法倒是不全面的。"① 显然，"艺术辩证法"的分析方法，比"以文运事"的概括又前进了一步。

运用"艺术辩证法"的观点去分析前人史传文学的实践，把握的关节在于"入情合理的想象"与"称量以出之"。离开这个"度"，那就是小说虚构。今人钱锺书、郭双成等人的研究，对《史记》的合理想象都给予了充分的肯定。钱锺书说："史家追叙真人真事，必须遥体人情，悬想事势，设身局中，潜心腔内，忖之度之，以揣以摩，庶几入情合理。盖与小说、院本之臆造人物，虚构境地，不尽同而可相通。"② 郭双成在其所作《史记人物传记论稿》一书中也设有专节谈《史记》的生活真实与艺术真实的问题。作者认为："通过想象对历史基本事实在细节上作一些补充，在一定程度上是不可避免的。离开了想象，也便没有了描写具体性，所以这种情形却反而给《史记》的人物传记增添了无限的文学的光彩，可以更好地具体揭示出特定的人物的性格特征、面貌和心理。"③ 这些见解告诉我们，对于《史记》中的某些细节描写，可以认为是司马迁运用合理想象对生活真实的一种补充、复原，也就是一种摹写，它是有别于小说虚构的。例如《淮阴侯列传》，写韩信与陈豨在庭中谋反语，这一情节当时无窃听器记录，又无第三者在场，司马迁何缘得知？有的论者以此提出问题，认为是司马迁"故作疏漏"，照抄"汉廷狱案"以明淮阴侯不反，或者视为小说虚构，均不可取。当时虽无窃听记录，但陈豨举兵可要借此来煽动部属，史公用笔简练，只不过没有记载过程就是了。在两者均无史料证明的情况下，视为史公对轶闻

---

① 宋嗣廉：《史记艺术美研究》，第81—89页。
② 钱锺书：《管锥编》第1册，中华书局1986年版，第166页。
③ 郭双成：《史记人物传记论稿》，中州古籍出版社1985年版，第283—284页。

传说，或照"汉廷狱案"所做的合理想象，似乎要合理得多。

综上所述，对《史记》的文学性界定必须分层次。从语言运用的角度来说，司马迁无疑是一位语言大师，用五十二万字的篇幅，写出了近三千年生龙活虎的历史，而且"逞辞流离"，所以司马迁是历史家，也是文学家。从文章技巧立论，司马迁"善序事理，辨而不华，质而不俚"，是一位散文大家。从写人艺术来看，司马迁开创纪传文学，将历史人物写得形象生动，尤其是那些个性鲜明的人物往往代表了社会上的某一类人，反映了社会现象，有的达到了一定的典型化程度。司马迁写人，在实录的基础上进行了形象化的塑造，不单写人物事迹，而且写出了人物的性格和灵魂，同时还寄托了作者的爱恨和生活体验，也就是"发愤著书，意旨自激"。《史记》中写得最成功的人物，超越了历史人物本身的价值而成为千古传诵的文学名篇和文学人物。很自然地，司马迁不仅仅是伟大的历史学家，而且还是伟大的文学家。那么，他写人的艺术和经验，就值得认真总结和抉发了。这里必须指出，从人物形象塑造的角度看，《史记》中许多人物传记只是一般史笔或散文技法，不能算是写人文学。例如十二本纪，项羽、高祖两篇文学性最强，其次为吕太后、秦始皇、五帝三篇，其余各篇都是一般史笔。又如列传中，《伯夷列传》、《管晏列传》，是夹叙夹议的散文笔法，作者寓论于史，表现某种理性思维，而并未着眼于人物形象塑造。民族史传，则更是重在叙事。那些重点刻画了人物性格的篇章，也只有细节的创作，而并无主干的虚构，各篇文学意味的浓淡，由于受到历史资料的制约而呈现出很大的差别。例如《孔子世家》，司马迁引载《论语》材料，一一做了时间和场景的定位，形成连贯的史料，可以说这已超出了细节的改写，而是进行写人的文学构思，但它并不是虚拟的史事。最典型的莫过于《项羽本纪》中所写的鸿门宴，刘辰翁评曰："历历如目睹，无毫发渗漉，非十分笔力，模写不出。"①"模写"二字用得十分恰当。所谓"模写"，即作者进入场景，带

---

① 〔宋〕刘辰翁：《班马异同评》卷一，刘辰翁评语。

着目击者的意态以文学之笔写出。人物座位的细节描写,惊涛骇浪的氛围渲染,均为写人而设,写史则不需要。樊哙撞军门,怒目视项王,头发上指,则是运用了夸张的笔法。尤其难得,司马迁不是用全知叙事的史笔,而运用了明清小说才出现的限制性叙事笔法,所以鸿门宴上的人物对话,切合说话人的身份及个性。鸿门宴的写法形似小说情节,但绝非虚构的小说之事,它是对真实事件的"模写",亦即真实的再现。司马迁展示的人物图画,是高级的艺术摄影,而绝不是构想的油画创作。讲《史记》的文学成就,必须加上特定的界说,才能概念清楚。所谓界说,就是确定讨论的依据和标准。立论者的角度不同,可以有不同的界定,但必须有界定,才能进入讨论,这是无须多说的。20世纪80年代以来,文学界的研究者从写人艺术系统地抉发《史记》的文学成就,做出了突出的贡献。近年来出版的学术专题论著就有宋嗣廉、郭双成、韩兆琦、吴汝煜、李少雍、可永雪等诸家论说[①],标志着对《史记》文学成就的研究达到了一个新的高峰。

2.《史记》人物传记的特点

按以上界说,把《史记》传记与一般史学论著、先秦诸子,及后世小说比较,《史记》人物传记具有鲜明的一身二任,既是史学又是文学的特点,即实录的典型化。具体地说,《史记》人物传记的特点有三个方面。

(1)《史记》人物传记的第一个特点,是它的全面性与典型性。分说如次。

其一,全面性。全面性又有两个方面。第一,《史记》所写的人物面很广,全方位反映社会生活。试与先秦历史散文比较,如《左传》、《国策》所记载的人物,基本上侧重在政治、军事、外交人物上,面比较窄,尤其是不重视写下层人物;而《史记》

---

① 诸家之说为:宋嗣廉《史记艺术美研究》,1985年东北师范大学出版社出版;郭双成《史记人物传记论稿》,1985年中州古籍出版社出版;韩兆琦《史记评议赏析》,1985年内蒙古人民出版社出版;吴汝煜《史记论稿》,1986年江苏教育出版社出版;李少雍《司马迁传记文学论稿》,1987年重庆出版社出版;可永雪《史记文学成就论稿》,1991年内蒙古教育出版社出版。

则上至帝王将相、皇亲国戚、文武大臣，下至学者、平民、商人、妇女、游侠、医生、卜者、方士、倡优，旁及少数民族首领，农民起义领袖等，凡是活动在从黄帝到汉武帝这三千年的历史大舞台上的各种各类、各行各业的代表人物，都有记载，都有描绘。《史记》所写人物涉及面之广、之全，是前无古人，后无来者的。换句话说，《史记》以人物为中心述史，塑造了社会各色人物的典型形象，全方位地干预社会生活，描绘了一个生动的人群活动的社会历史世界。第二，记叙与评价人物较为全面、公允。《史记》载述人物，十分注意写出人物的特点和缺点、长处和短处，不是好则全好，坏则全坏，而能较全面地记述和评价历史人物。如司马迁对李广是极为敬佩的，他在《李将军列传》的"太史公曰"里说："传曰：'其身正，不令而行；其身不正，虽令不从。'其李将军之谓也？余睹李将军悛悛如鄙人，口不能道辞，及死之日，天下知与不知，皆为尽哀，彼其忠实心，诚信于士大夫也。谚曰：'桃李不言，下自成蹊'，此言虽小，可以喻大也。"这种颂歌式的倾心称道，可以说是无以复加了。但是，司马迁在列传的正文中也没有掩饰李广的缺点。如"尝为陇西守，羌尝反，吾诱而降，降者八百余人，吾诈而同日杀之"的残暴不仁；以及李广家居时，尝因犯夜禁被霸陵尉拘留，当李广又被召为右北平太守时，"广即请霸陵尉与俱，至军而斩之"的小肚鸡肠，公报私仇。司马迁蹲过监狱，受过宫刑，他对于封建社会的酷吏严法是深有体味，且深恶痛绝之的。在《酷吏列传》中，司马迁一口气写了十个酷吏，充分揭露了他们严刑峻法，好杀伐不爱人的罪恶，以及不依律令而专门看着皇帝眼色行事的做法，但是，司马迁尽管对酷吏恨之入骨，可是在文章中仍然肯定酷吏在"方略教导，禁奸止邪"方面的作用和一些酷吏廉而不贪的品格。这样的例子是很多的，司马迁能够突破感情的畛域，实事求是地写出历史人物的正反两面，是极不简单的。

其二，典型性。一部《史记》，记录了四千多个人物，其中给人以深刻印象的有一百多人。这些个性鲜明的人物，往往代表了社会上的某一类人，反映了一种社会现象，有的达到了一定的典型化的程度。如杜周、张汤是酷吏的典型；郭解、朱家是游侠的典型；聂政、荆轲是刺客的典型；邓通、李延年是佞幸的典型；淳于髡、优孟是滑稽家的典型；石奋是恭敬小心的官僚典型；叔孙通、公孙弘是阿谀逢迎的典型；张释之、汲黯是刚直官僚的典型；廉颇、韩信是良将的典型；樊哙是勇猛的典型；张良是权谋的典型。此外如项羽的直率、豪爽，刘邦的狡诈、无赖，吕后的嫉妒、残忍，屈原的耿介孤高，句践的卧薪尝胆，伍子胥的忍辱报仇，范蠡的功成身退，魏公子的礼贤下士，鲁仲连的见义勇为，李斯的自私自利，等等，也都是很典型的。另外，司马迁在塑造了许多某一方面的典型人物的同时，还注意写出同类人物的差异之处，而且写谁像谁，没有重复，不见雷同，都是独具风采的"这一个"。如同为帝王，汉高祖的无赖，汉惠帝的软弱，汉文帝的仁厚，汉景帝的刻薄，汉武帝的多欲，写得各有各的特点；同为谋臣，范增性情暴躁，事不成则好怒，而张良则沉着镇定，虽临大事，却不慌不忙，从容定计，司马迁把两人的面目写得各异。同为战将，白起直言得祸，疏于自全，王翦却老成持重，善于保身，也写得风姿有别。如此等等，司马迁一手写来，无不历历在目，纤毫毕现。《史记》中写得好的人物，其共性与个性都达到了和谐统一。因为司马迁笔下的历史人物都有典型性，所以不少形象已经流传后世，其中有些人的名字或封号，甚至被后人当作普通名词，被认作社会上的某种典型。如《三国演义》第十回叙曹操与荀彧语，大悦，便说："此吾之子房也！"第十四回写曹操抚许褚之背曰："子真吾之樊哙！"这说明，张良作为智者的典型，樊哙作为良将的典型，已经深深扎根于后人的心中。

(2)《史记》人物传记的第二个特点，是它的完整性与集中性。先秦的历史散文由于它的重点是在于写事，它的写人是为叙事服务的，所以从人物形象角度要求，一般来说都显得不够丰满，也无法给人以整体感。像《左传》、《战国策》都写了不少人物，有的甚至还写得比较出色，但是它们由于受到时间和空间的限制，所写人物都是零碎的、片断的，因此是不完整的。司马迁则不同，他以人物为中心，因此很自然地就能够较全面、较完整地来描写人物了，诸如人物的姓名、爵里、出身、家庭、主要行事、思想、性格，以及结局等，在《史记》中都有明确的交代。如《高祖本纪》详细记述了刘邦由起事反秦，楚汉相争，到统一国家，建号称帝的全过程，对于刘邦取得成功的一切优胜措施，如顺应时代，协和人心，分化敌人，团结内部，知人善任而又驾驭有方，刚柔并济，恩威兼施等，都一一做了生动的描绘，说明了他的成功绝非偶然。而对于刘邦的造言妖异，自称圣神，表面豁达而内心忌刻，以及晚年的残杀功臣，诛除异己，也做了充分暴露。洋洋万言的《高祖本纪》，把刘邦的一生做了全面介绍，这样的作品是《史记》以前未曾见过的。在司马迁笔下，像项羽、李斯、陈平、萧何、韩信等人的传记，都是首尾完整、内容丰富、形象鲜明的名篇佳作。

  按时间顺序首尾完整地记述历史人物的一生，如果不分主次、不论轻重地一股脑儿拉杂写来，会使人物传记变成一本流水账，妨碍对人物形象的塑造。司马迁的人物传记却避免了这方面的毛病，这是因为司马迁在写人物时非常注意选材，注意突出重点，更明确地说，就是注意突出每个历史人物的个性特征。司马迁在写每一个人物传记时，都先确定一个主题，然后根据这一主题去选择和组织材料，对于那些不利于表现主题，或有损于人物形象完整性的其他史实，则放到与之有关的人物传记中去加以叙述，还有的干脆略而不载。所以《史记》人物传记又有了一个明显的特点，这就是它的集中性。如《魏公子列传》的中心是突出魏公子的"礼贤下士"、待客以诚和宾客对公子的以死相报，所以有关魏公子个人才能的事情，诸如魏公子曾有一大段很精彩的反对魏王亲秦伐韩的议论，他就把它写到《魏世家》中去了。至于由于信陵君在接待逃亡的魏相魏齐时的表现犹豫，以致造成魏齐自杀的事，则记载到《范雎传》中去了。

  又如司马迁写蔺相如，重点是表现蔺相如的大智大勇、先公后私的精神品质，而不是一般写他处理军国事物的才干。因此，他截取了蔺相如一生中最具有传奇色彩、又最能表现人物精神的三个典型事例，即完璧归赵、渑池会、廉蔺交欢来加以集中地描写；而写"渑池会"则是又把其他政事一概省去，只写了维护国家尊严一事，这就使人物的精神面貌表现得格外生动、突出了。再如李广一生与匈奴进行了大小七十余战，被匈奴称为"飞将军"，畏之如虎。而司马迁只选择了其中最有代表性的三次战斗：一次是李广百余骑猝逢数千敌骑的遭遇战，二是伤重被俘、孤身斗敌的脱险战，三是冲破匈奴四万余骑的突围战，在敌众我寡、紧张惊险的战斗场景的描写中，表现了李广惊人的机智和超人的胆略，塑造了一个富有传奇色彩的英雄形象。由于司马迁写人时所选的事例典型而集中，情节描写生动而传神，所以《史记》中的主要人物都是栩栩如生的，作品的主题思想也都是十分鲜明的。

(3)《史记》人物传记的第三个特点，是它的悲剧性。司马迁发愤著书，最集中地体现在悲剧性上。《史记》全书写悲剧人物大大小小约一百二十多人，《史记》篇目有五十七篇是以悲剧人物的姓字标题的。韩兆琦先生指出：《史记》是一道悲剧英雄人物的画廊，是一部悲剧故事集，是十分中肯的[①]。

关于《史记》的悲剧性，本章下一节还要做专题评述，这里就不多说了。

二、《史记》的抒情性与悲剧性

从情感意义上说，抒情性和悲剧性是两个互相叠合的概念。从具体的审美取向看，二者又各具特色。本节叙述侧重于后者，同时兼顾前者。

1.《史记》的抒情性

明代茅坤曾这样评论过《史记》："读《游侠传》即欲轻生，

---

① 韩兆琦：《史记：一道悲剧英雄人物的画廊》，载《史记评议赏析》内蒙古人民出版社1985年版。

读《屈原贾谊传》即欲流涕，读《庄周·鲁仲连传》即欲遗世，读《李广传》即欲立斗，读《石建传》即欲俯躬，读《信陵平原君传》即欲养士。"① 形象地描画了《史记》给予读者的情感感染，比较早地论述到了《史记》的抒情性问题。鲁迅先生"史家之绝唱，无韵之《离骚》"② 的名言，更成为现今人们对《史记》抒情性的定评。各家对这一问题也从多角度予以论述，综合各家成果，关于《史记》的抒情性问题，可从以下几方面更深入地探讨。

首先，如何理解、界定《史记》的抒情性。

抒情性与叙事性是相对概念，《史记》主要是一部叙事作品，那么如何理解《史记》的抒情性，如何界定《史记》的抒情性，则成为首要问题。从词义上看，"抒"即"泄"也。所以古人认为抒情也就是情感的宣泄。李贽在《焚书·杂说》中精妙地指出："且夫世之真能文者，比其初皆非有意于为文也。其胸中有如许无状可怪之事，其喉间有如许欲吐而不敢吐之物，其口头又时时有许多欲语而莫可所以告语之处，蓄极积久，势不能遏。一旦见景生情，触目兴叹；夺他人之酒杯，浇自己之垒块，诉心中之不平，感数奇于千载。既已喷玉唾珠，昭回云汉，为章于天矣，遂亦自负，发狂大叫，流涕恸哭，不能自止。"形象化地将抒情与内心情感的释放画了一个等号。从这个角度看，司马迁"发愤著书"、"成一家之言"又何尝不是一次情感的释放。

众多学者都指出，司马迁的早期生命体验即幼年家庭环境、读书生活和青年漫游培养了他充沛的激情，激发了他的慷慨豪气，形成了他的远大人生志向。而他的情感气质又最接近于战国士林，以慷慨士林自许，以及时立功名为人生目标。也就是说，在司马迁的主体意识中，早已蕴含了无比的激情，这激情成为他创作《史记》的原动力之一。而李陵之祸犹如巨大的冰川，冰藏了这份激情。使之转化成一份地下的暗火，它汩汩地流动着，流

---

① 〔明〕茅坤：《史记钞》。
② 鲁迅：《汉文学史纲要》。

到哪儿，哪儿就映照着司马迁心灵的创造和生命的激情。一部《史记》就是司马迁心灵的折射与情感生命的灌注，正所谓"大抵贤圣发愤之所为作也，此人皆意有所郁结，不得通其道也，故述往事，思来者"①。

一方面，司马迁蕴藏了无比的激情；另一方面，照司马迁的理解，《春秋》主要不是一部历史书，而是一部表现孔子的社会理想，并用以惩恶扬善，为改造现实社会开药方、画蓝图的政治书、哲学书。"上明三王之道，下辨人事之纪，别嫌疑，明是非，定犹豫，善善恶恶，贤贤贱不肖，存亡国，继绝世，补敝起废，王道之大者也。"②因此，以继承孔子为己志，效法《春秋》而著的《史记》也不再是一本单纯的历史书，纯叙事性作品。梁启超曾说："迁著书最大目的，乃在发表司马氏一家之言，与荀况著《荀子》，董生著《春秋繁露》性质正同，不过其一家之言乃借史的形式以发表耳。故仅以近世史的观念读《史记》，非能知《史记》者也。"③指出司马迁的情感意识对历史和现实的观照与介入。因而《史记》行文对客观世界的反映便具有强烈主观性，其表现出来的赞美、歌颂、向往、同情、憎恶、厌烦等情感倾向都不同程度地含有对现实的价值判断。同时也包含着普遍的社会内涵，能够引起普遍的社会共鸣。如《高祖本纪》中还乡一章，确实像刘辰翁所说，有"还沛置酒，召故人乐饮极欢"几个字便可交代，但作者却放笔铺叙，摹绘点染，造成浓重的抒情氛围。先是写"悉召故人父老子弟""纵酒"，且"发沛中儿百二十人，教之歌"，后自编自唱《大风歌》，然而乐极生悲，欢乐豪迈当中透露出一种巨大的隐忧，所以"慷慨伤怀，泣数行下"，又说出"游子悲故乡，吾虽都关中，万岁后吾魂魄犹乐思沛"这样极动情的话。因此，郭嵩焘《史记札记》评《高祖本纪》说："高祖留沛饮，极人世悲欢之感，史公穷形极态，摄而取之，满纸欢笑悲感之声，水涌云腾，绢蕴四溢，岂亦高祖临终哀气之先征欤？"

---

① 《史记》卷一百三十《太史公自序》。
② 同上。
③ 梁启超：《要籍解题及其读法》。

正是由于史迁渲染了浓重的故土乡情与衣锦还乡所造成的人生荣枯之感，便引发读者生出无限的人生感喟。

李贽《藏书·司马迁传》中说："夫所谓作者，谓其兴于有感而志不容已，或情有所激而词不可缓之谓也。若必其是非尽合于圣人，则圣人既已有是非矣，尚可待于吾也？夫按圣人以为是非，则其所言者乃圣人之言也，非吾心之言也。言不出于吾心，词非由于不可遏，则无味矣，有言者不必有德，又何贵于言也？此迁之史所以为继麟而作，后有作者，终不可追也已。"虽是主要为驱斥班氏父子对司马迁"是非颇谬于圣人"的批评，并借以阐发自己抒写真性情的创作理论，却因此也真正抓住了《史记》富于主观性这一本质特征。而"充分地表现自己独特体验和思想，成为抒情主体自觉的创作原则；具有鲜明个性的情感表现，成为评价抒情性作品的尺度之一"①。

其次，《史记》抒情性的结构和语言。

如果说，饱含激情及宣泄激情是《史记》抒情性的内在核心，那么，抒情性的结构和语言则是《史记》抒情性的外在形式。

其一，部分作品夹叙夹议，或以叙代议，或以议代叙，叙议结合，使整个作品像一首抒情诗。《伯夷列传》的论赞，就是另一首《天问》。而《屈原列传》则"其文便似《离骚》。其论作《骚》一节，婉雅凄怆，真得《骚》之旨趣也"②。又有部分段落颇具抒情意味。大部分篇末的"太史公曰"都有此特征。如《孔子世家》的论赞，"诗有之：'高山仰止，景行止止。'虽不能至，然心向往之。余读孔氏书，想见其为人。适鲁，观仲尼庙堂车服礼器，诸生以时习礼其家，余祇回留之不能去云。天下君王至于贤人众矣，当时则荣，没则已焉。孔子布衣，传十余世，学者宗之。自天子王侯，中国言六艺者折中于夫子，可谓至圣矣！"句句感叹，句句传情。

---

① 童庆炳：《文学理论教程》。
② 〔明〕凌稚隆：《史记评林》引明代杨慎语。

其二，个别段落如诗般押韵，行文则长短句交错运用，形成参差错落之美，又以重沓、虚字传神等手法，增强语言的节奏感①。更有直接以诗歌的韵文形式，构成一唱三叹的抒情效果。如《滑稽列传》淳于髡论酒"若乃州闾之会，男女杂坐，行酒稽留，六博投壶，相引为曹，握手无罚，目眙不禁，前有堕珥，后有遗簪，髡窃乐此，饮可八斗而醉二参。日暮酒阑，合尊促坐，男女同席，履舄交错，杯盘狼藉，堂上烛灭，主人留而送客，罗襦襟解，微闻香泽，当此之时，髡心最欢，能饮一石。故曰酒极则乱，乐极则悲；万事尽然"。其文如行云流水，唱叹有致。

其三，引入诗赋和民间谚语歌谣的大量，尤其是作品中人物的即景作歌，更增强了文章的抒情色彩。《大风歌》对国家未来的隐忧，"四顾寂寥，有伤心者"的心境及深沉的反思；《鸿鹄歌》的无奈与凄惶；《易水歌》的慷慨悲壮……都成为千古绝唱。至于《垓下歌》更是"一腔愤怒，万种低回，地厚天高，托身无所，写英雄末路之悲，至此极矣"②。而这类诗赋，正像清代周亮工所指出的那样："垓下是何等时？虞姬死而子弟散，匹马逃亡，身迷大泽，亦何暇更作歌诗？即有作，亦谁闻之，而谁记之欤？吾谓此数语者，无论事之有无，应是太史公笔补造化，代为传神"③。显然，在表现某种特殊情境时，作品的主人公慷慨悲歌，用诗句和歌声道出内心的各种感受，已成为文学创作的一个重要抒情模式。

2.《史记》的悲剧性

关于悲剧，亚里士多德认为是"一个人遭遇不应遭遇的厄运"，而引起人们的"怜悯和恐惧之情"。恩格斯说，悲剧冲突是指"历史的必然要求和这个要求的实际上不可能实现"。伏尔盖特则概括为："第一，强烈的、异乎寻常的苦难，使它的牺牲者通过身体的毁灭或精神的崩溃，甚或两者同时并至，而走向最后

---

① 史迁行文长短句交错、重沓、虚字传神等艺术手法，详下第八章《史记的语言成就》，兹从略。
② 〔清〕吴见思：《史记论文》。
③ 钱锺书：《管锥编》引。

的灾难;第二,英雄或女英雄身上真正人性的伟大,表现在意志的力量上、感情的力量上或思想与想象的深刻上,都肯定地优越于普通的人;最后,整个情节是这样展开的,使得个人和悲剧命运成为他所属的那一类人中典型的有代表性的命运。"① 以此观之,《史记》一书充满着悲剧精神。

首先,司马迁的悲剧一生就使他成为伏尔盖特所谓的悲剧英雄。他承受了身体的毁灭和精神的崩溃,但是他以极强的意志力创作了体大思精的《史记》。而"屈平疾王听之不聪也,谗谄之蔽明也,邪曲之害公也,方正之不容也,故忧愁幽思而作《离骚》"②的创作动机也呈现出极大的悲剧色彩。当然作为悲剧英雄,司马迁的伟大之处更在于超越一己的悲剧意识而达到对普遍人类命运的体认。他以人生忧患的深切体验而更执着于善与美的理想追求。他用饱蘸深情的笔墨记述了历史上一个个艰苦卓绝、可歌可泣的故事,他为正义复仇呐喊,替重义轻生的侠士讴歌,为失败的英雄流泪。他对社会、对人民、对历史的发展怀有深深的关切,对人类面临的某些共同问题有深入的体察与领悟,总是把自我与进步的或健康的社会意识形态统一起来,使个人命运和追求同人民群众的命运和追求融为一体。他的悲剧抒情既是十分独特的自我表现,又是为时代和人民发出呼声;既是个性情感的自然流露,又同时表现了人类情感的本质。因此,刘熙载说:"太史公文,悲世之意多,愤世之意少,是以立身常在高处。"③

其次,《史记》记叙的时代洋溢着英雄和悲情气概。上古三代记叙虽然简单,但从茹毛饮血向农耕文明的进程中仍不时透露出英雄的豪气和悲壮。而从春秋后期到刘邦建汉五百年间,社会政治、经济、军事、文化,一切都在发生着急剧的变化,这是一个多灾多难、战乱不休的时代,同时也是一个英雄辈出,风云变幻的豪迈时代。中原称霸的齐桓公,流浪十九年终成霸业的晋文

---

① 〔德〕伏尔盖特:《论悲剧的美剧》转引自李斯托威尔著,蒋孔阳译《近代美学史评述》,安徽教育出版社 2007 年版,第 228 页。
② 《史记》卷八十四《屈原贾生列传》。
③ 〔清〕刘熙载:《艺概·文概》。

公，卧薪尝胆的句践，好客养士的四君子，巧舌如簧的张仪、苏秦，足智多谋的孙武、孙膑，英勇剽悍的乐毅、李牧、白起、王翦，更有"力拔山兮气盖世"的项羽、集豁达大度与阴诈猜忌于一身的刘邦和逐鹿中原的各类英雄：勇者如樊哙，智者如张良，善经营者如萧何，善将兵者如韩信……他们前仆后继，演出了一幕又一幕的悲壮之剧。时代造就了他们，他们也推动了时势的迅猛变化。尤其是战国以来，新兴地主阶级登上历史舞台，在当时这是一个奋发有为的阶级，在那个重才情，讲实效，重功利的时代，这些人的品德虽有美恶之分，但奋发上进、百折不挠却是他们的共同性。司马迁被这个时代的壮烈气氛所濡染，被这些英雄的气质风范所吸引，因而激情满怀地以悲壮的笔触来述说自战国以来的这些极具个性色彩的人。

最后，《史记》全书充溢着悲剧气息。《老残游记》的作者曾这样概括："《离骚》为屈大夫之哭泣，《史记》为太史公之哭泣。"根据现代文学理论的阐述，抒情具有意识形态性质，在审美化的情感反映和评价中，抒情自我总是或维护和加强或反抗和削弱特定的经济基础和上层建筑，从属于某种社会意识形态。意识形态内容并不是以完整的观念体系和概念形式出现的，而是体现为某种感受、评价、信仰和表现的模式。在这些模式背后，却潜藏着一定的观念体系和价值规范。因此，《史记》的悲剧人物体系也潜藏着一定的观念体系和价值规范。

其一，由于宗法制度所导致的社会悲剧是《史记》中着力揭示的一类悲剧。司马迁通过这类悲剧揭露封建政治的黑暗，当权者昏庸腐朽、冷酷无情，并以此透视历史。在这类悲剧中，有因人主昏庸愚昧专制所造成的悲剧。"李广无功缘数奇"，在无奈的命运喟叹中隐含了多少悲愤。李广一生经历三朝，参加了大小百余场战役，最后却被逼自杀。文帝、景帝、武帝，无论哪一个都称得上明君，昏庸愚昧无法和他们连在一起。然而，李广就这样在三个"明君"手下，在轰轰烈烈地对抗匈奴中，悄然逝去，空留遗恨。更何况昏庸愚昧的人主在历史上比比皆是，"明君盛世"尚有士不遇，"庸君末世"更不需提。至于因逆鳞、忤上横遭不幸者，古有比干被剖心，汉有马迁受宫刑。更有因惧上媚上而扭曲个性的不幸者，如果说万石君父子奴才式的恭谨让人可憎可叹，汉丞相萧何的自污则让人可怜。扭曲个性的背后隐藏着无尽的恐惧，专制制度必然制造悲剧。有因功高震主而导致的悲剧。"狡兔死，良狗烹；飞鸟尽，良弓藏；敌国灭，谋臣亡"。这样的悲歌从春秋唱到战国再唱到汉。未央宫，韩信一句"我固当烹！"饱含了多少悲愤与悲凉。亦有因从事变法而导致的悲剧。被车裂的商鞅，衣朝衣斩东市的晁错，他们都是各朝的有功之臣，然而在宗法制度的权力角逐中，他们却成了牺牲品。亦有因争权夺利而导致的悲剧。在这里虽没有人性的美丑之分，但残酷的现实总会产生许多弱者，让人洒下同情之泪，像被逼自杀的申生、栗太子等。

其二，有位哲人曾说过"性格即悲剧"，由于性格原因导致的悲剧在《史记》中当首推项羽，"奋其私智"、刚愎自用，是项羽导致失败的直接原因。尤为典型的是李斯，秦因他的辅佐而统一，也因他的患得患失而灭亡。青年时代他的一句感叹"人之贤不肖譬如鼠矣，在所自处耳"。道出他重名利，计较个人得失的心理。赵高正是利用他的这一弱点，诱使其改诏换主。既加速了秦朝的灭亡，也导致了他个人的身败名裂。李斯至死仍念念不忘的是他个人的利益得失。可见其性格缺陷的根深蒂固。而展现个性悲剧冲突最集中的莫过于范雎复仇的故事。这个故事涉及战国几个名人。"一饭之德必偿，睚眦之怨必报"的范雎由于须贾的猜疑，遭到魏相魏齐的殴打与羞辱而怀恨在心。范雎后入秦为相，借秦力索要魏齐人头。魏齐逃到赵国平原君家，秦昭王又将平原君骗到秦国，迫其交出魏齐，平原君拒绝了。范雎又逼迫赵王。赵王发兵包围了平原君家。魏齐连夜逃出，见赵相虞卿，虞卿解相印，与魏齐一起投奔信陵君。信陵君害怕强秦，犹豫不肯见，魏齐怒而自杀。在这个悲剧冲突中，狭隘、怯懦、重诺守信、见义勇为，各种个性冲突呈现出极强的悲剧色彩。至于因贪婪而反目成仇的张耳、陈馀，因报复而杀霸陵尉的李广，因嫉妒而制造人彘的吕后，都在人性悲剧历史上涂写了浓重的一笔。

其三，为坚守某种信念、追求某种信念而导致的悲剧，在情感上尤具震撼力。抱石自沉的屈原已成为中华民族忧国忧民、坚守节操、追求信念的象征。为坚守节操不食周粟的伯夷叔齐，为维护人格尊严不愿称臣受辱的田横，为报答知己不惜漆身吞炭的豫让，为伸张正义从容赴死的程婴和公孙杵臼，他们显示了人性的真与善，高扬了社会历史的堂堂正义和不屈不挠、自强不息的精神。

其四，命运是未知的必然。它带有极大的随机性和盲目性。傅宽和靳歙不过是平庸之辈，但在楚汉战争中却能诛杀名将，降十数城，未尝困辱，只能说是"天授也"。他们是命运的宠儿。而被项梁拥立的楚怀王心却是命运的捉弄对象。他糊里糊涂地从牧羊童一跃成为义军名义上的领袖，又糊里糊涂地因义帝的身份而被项羽派人击杀。他身不由己地被命运裹挟，无可奈何地成为悲剧角色。

虽说《史记》是一部以悲剧人物为主体的文学作品，但它给予读者的影响却不是令人伤感消沉、颓废没落，而是令人感到壮烈，激发人们奋起。朱光潜在《悲剧心理学》中曾说"悲剧的基本美感之一就是能唤起我们的惊奇感和赞美心情的英雄气概。我们虽然为悲剧人物的不幸遭遇感到惋惜，却又赞美他的力量和坚毅"。这些悲剧人物，虽在人性上有美丑之分，在道德上有高下之别，但他们一般都胸怀大志，锐意进取，都有远大的理想，都有一定的奋斗目标。他们是为了某种事业或某种道德观念而生存、奋斗的。他们都有一种为实现个人理想而不怕挫折的精神，有一种经过种种艰难险阻的考验而磨炼出来的坚忍不拔的意志。他们多数都死得很悲壮，有重大的政治意义，有深刻的社会影响。而《史记》写到这些人物时，也着力突出和歌颂他们恪守人格、追求真理的悲壮抗争和献身精神及自我牺牲的生命激情。史勒格尔曾说："人性中的精神力量只有在困苦斗争中，才充分证明自己的存在。"① 从这个意义上说，《史记》不仅记录了中华民

---

① 《论悲剧的美剧》转引自《近代美学史评述》。

族的历史，更高扬了中华民族精神的精华。

三、《史记》的写人艺术

《史记》取得了令人瞩目的文学成就，表现之一就是塑造出了一系列家喻户晓的人物形象：秦皇汉武、刘邦项羽、张良韩信、李斯张汤等，不可胜数。历史著作塑造人物形象受到许多限制，为什么司马迁却能取得这样的成就？这就是我们在这里要探讨的问题。

文学家可以根据生活发展的逻辑进行虚构，进而创造出具有典型意义的人物形象；而历史学家只能真实地记录历史上曾经发生过的事实，没有改变史实情节和原貌的权力；要想创造出生动的人物形象，不啻带着镣铐跳舞。但是司马迁却通过各种手段，突破了这种限制，实现了史学与文学的统一，创造了奇迹。金圣叹说得好："《史记》是以文运事，《水浒》是因文生事。以文运事，是先有事生成如此，却要算计出一篇文字来。虽是史公高才，也毕竟是吃苦事。因文生事即不然，只是顺着笔性去，削高补低都由我。"看《史记》，就是看它如何"以文运事"，即用什么样的语言、方法来处理这一大堆既定的素材——如何点铁成金。

司马迁的匠心独运，从体例的确立、材料的取舍、结构的设计到写作技巧的运用等各个环节都有明确的体现。

1. 体例的选择，以人为主的纪传体的确立

写人本不是史学家的必然要求。司马迁以前的史学著作或为编年体，或为国别体；或记事，或记言。编年以事系人，人为事件的附庸；记言则将一个人的故事集中编排、有集中表现某一人物的倾向，但材料还是机械组合，并非有机组合。不管体例如何，它们都很成功，都不失为中国史学史上的经典。也就是说，体例是否为纪传体，并不影响作品的史学价值。而司马迁五体设计的意图何在？《太史公自序》明确地做了回答，那就是为写人而创设。集中叙写人物的列传，就是为了表彰"扶义俶傥、不令己失时，立功名于天下"的人。立功、立名、立言，是儒家的追求。司马迁写《史记》而立言，也同时将历史人物的功、名记载下来，给别人"立名"，即通过"立人"而"立己"。因而纪传体的体例设计是司马迁将写史、立人、立己三者合为一体的表现。

纪传体的创立打破了以前的史书分国或系年纪事，人作为事件的附庸出现的旧例；它以人为本，使作者有可能更充分、更集中地刻画人物性格，并较完整地写出人物的命运；这与叙事文学主要靠描写人物来反映生活的这一特征，在精神实质上是一致的。高尔基说过："文学就是人学。"因而，纪传体不仅成为后代史书的固定体例，最重要的是它也成为后代传记文学和小说的不祧之祖。司马迁以非凡的热情和无限的创造力独创了纪传体体例，为塑造成功的人物形象提供了基本保证。

2. 选择材料，刻画人物，使用互见，冶文史于一炉

司马迁其目的有二：勾勒历史，表彰先进；而表彰先进必须写出人物的特点，即塑造出人物形象，才能传之久远。也就是说勾勒历史、表彰先进、塑造人物是司马迁写历史人物的三个原则。在不损害历史之真实的原则下，以文运事，主要的手法就是对材料做取舍，以服务于人物形象的塑造。

（1）勾勒历史。司马迁选择人物时，注重选择各类典型人物，并以历史贡献的大小为标准，不以血统尊卑和爵秩高低为转移。然而作为一部历史，有许多人物是不容选择的。一是对历史进程做出巨大贡献的人物，例如楚汉相争的那些风云人物，各有许多典型的事迹，司马迁一一立传。而无所建树的人物，如传代数世的长沙王吴芮就不为立传，谱入年谱足矣。二是帝王贵戚，列侯显宦。这些人《史记》中约有数千之众，十数倍于列传人物，司马迁则用本纪、年表、世家分别加以记载，用以勾勒历史发展的线索和态势，绝大多数并无形象的塑造。选择事件的标准也是如此。司马迁在《留侯世家》中示例说"留侯从上击代，出奇计马邑下，及立萧何相国，所与上从容言天下事甚众，非所以天下存亡，故不著"。作为刘邦的主要谋臣张良"言天下事甚众"，司马迁删去枝蔓，只选择了关于佐刘邦争天下的运筹大事，一方面反映历史，一方面也突出了张良的善谋，做到了反映历史与刻画人物的统一。

（2）表彰先进。如前所述，没有突出事迹的人物，即使王侯贵戚，不为论载。司马迁在《张丞相列传》中交代说："自申屠嘉以后，景帝时开封侯陶青，平棘侯薛泽，武强侯庄青翟，高陵侯赵周等为丞相，皆以列侯继嗣，娖娖廉谨，为丞相备员而已，无所能发明功名有著于当世者。"这就是说，即便是封侯拜相的显赫人物，尸位素餐，不为立传。反之，"能亦各有所长"的佞幸，"谈言微中，亦可以解纷"的俳优，"取与以时而息财富"的商贾，甚至刺客、游侠、医卜、日者等社会下层人物，只要对社会有所贡献，司马迁均一一作传，予以表彰。

（3）塑造形象。有一些事，对表现历史发展的进程没有多大关系，于表彰先进意义也不大，但司马迁还是选择了。这些事也许是小事，也许荒诞不经，看似闲笔，无关宏旨，但往往能反映真实的人性。人的一生不光是令人炫目的事功，毕竟人有七情六欲，一生中更多的是琐碎的小事，选择一些极典型的小事，使人物更血肉丰满，也拉近了历史人物与读者的距离。如刘邦的溲溺儒冠、嘲讽太公；项羽学书学剑学兵法、慷慨别姬；李广杀霸陵尉、射虎中石没镞；韩信受漂母之恩；李斯仓鼠厕鼠之叹；张汤掘鼠等都纯粹为人物形象塑造计。这些小事或者是人物深层心理的偶尔表露，或者是人物日后行动的根本动因，如画像上的一痣一髭一样，最具特色。这些从历史的角度应该删去的枝枝节节，反而往往给人物形象增色。历史记叙以大事为主，而细节小事是可以忽略的，但刻画人物，往往是选用小事最传神。而司马迁却深谙其妙，运用得得心应手。真正成功的人物形象，无不写到了真正的人性，写出了生活原有的生动性、复杂性，而《史记》对逸闻小事的重视，正是它的许多人物形象得以成功的关键。

还有一些人，虽然是重要的历史人物，如古史所载皋陶、伊尹、傅说、仲山甫、柳下惠等，为历史的发展也做出了贡献，但由于年代久远，具体的事迹已模糊，写出来人物形象未免干瘪，司马迁也不为立传。七十列传过半数是汉代人物，大都为司马迁所亲见或所闻，因而形象也鲜明。

另外，司马迁还常常选择那些与历史进程没有关系的奇事。书中用了许多"奇"字：奇才、奇兵、奇节、钓奇、奇货可居等；《陈丞相世家》称赞陈平的智谋，用了七个"奇"字；《淮阴侯列传》用了九个"奇"字等。司马迁所好的"奇"有两个含义，其一即人们所说"司马文奇，班氏文正"，这个"奇"是指《史记》的激进思想，是与当时的封建正统思想对立的观念。如按常理，老百姓应该安分守己，不能犯上作乱。可"不轨于正义"的游侠，首难反秦的陈胜、吴广都受到了司马迁的赞扬；儒家主张舍生取义，以死殉名，可《史记》记载了伍子胥、范雎、蔡泽、韩信、魏豹、彭越、管仲、季布等"不羞小节而耻功名不显天下"的人。儒家主张"男女授受不亲"，但《史记》却记载了文君私奔相如和太史敫女"不取媒因自嫁"等故事。其二包括一切非常的，不一般的、异于凡俗的人、事、传闻等，即胡应麟批评司马迁所说的"不求大体，专鬼奥僻，诩为神奇"，同稗官小说接近的特点。如写人的状貌之奇：刘邦"隆准而龙颜，美须髯，左股有七十二黑子"，项羽的"重瞳子"；写人的生理之奇：周昌口吃，李广猿臂，司马相如消渴疾等；人的名号之奇，郅都号"苍鹰"，石奋号"万石君"，李广号"飞将军"等；写人的遭遇之奇：张良的圯上奇遇，蜀卓氏迁虏而暴富，窦姬误至代而得福等。传奇性显示了《史记》希望塑造出高于生活的形象的倾向；因为常人不及的形象更容易被人引为谈资，广为传诵。这种传奇倾向，在题材和内容上给后代小说家以深刻的启迪。

司马迁对史料的选择、剪辑，在客观上正好暗合了文学创作要求选择典型事件、突出人物性格的典型化原则。

3. 结构的安排，情节故事化

《史记》重要人物的传记，大都按时间顺序纪事，包举一生行事，开篇写姓名、乡里、家世、生辰，结尾述其死，人物一生言行，构成首尾完备的故事。《项羽本纪》写一个盖世英雄如暴风骤雨兴灭的故事，《高祖本纪》写一个布衣登基的故事，《李将军列传》写李广不遇时的故事，《魏其武安侯列传》写窦婴、田蚡等人互相倾轧的故事，等等。而且人物一生言行的情节发展也故事化。如《李将军列传》，重点记述李广追杀匈奴射雕者、佯死脱险、斩霸陵尉、右北平射虎没镞、破左贤王之围、不对簿自刎等六个故事，展现他一生"数奇"、怀才不遇的悲剧故事。《廉颇蔺相如列传》重点有三大故事，即完璧归赵、渑池之会、负荆请罪。中间穿插赵奢、赵括、李牧事迹，也可分解为若干故事。司马迁写人物言行的一个细节、一个场面都可构成故事。如《陈丞相世家》写陈平为宰分社肉的故事，由三十六字对话构成。其文曰：

  里中社，平为宰，分肉食甚均。父老曰："善，陈孺子之为宰！"平曰："嗟乎！使平得宰天下，亦如是肉矣！"

  这一简短对话，描写了陈平的抱负和怀才不遇的慨叹，在对话中父老的赞语也反映了陈平的为人。对话具有故事性，使读者仿佛看到了说话人的神情。

  把人物言行化为具体生动的故事，用以揭示人物的思想面貌，着墨不多，却能表现出人物特有的个性。所以，司马迁在选择材料和谋篇布局中，常常穿插生活小故事。如《淮阴侯列传》开篇写韩信少时穷困受辱，极具匠心地组织了三个小故事展现人物的思想情志。其一，写韩信怒绝南昌亭长，表现了他对世态炎凉的憎恶，对势利小人的不齿。其二，写韩信为言报答漂母施饭之恩，表现了他以德报恩的忠义思想。其三，写韩信遇恶少年而"熟视之，俯出胯下"，表现了他的忍隐性格。这三个小故事表现的精神气质，照映了韩信的一生。韩信怒绝南昌亭长，为他后来背离项羽伏笔。韩信报答漂母和俯出胯下，正是他不背德汉王，即使被夺兵、徙封、诈捕、降爵，都能逆来顺受的思想基础。又如《酷吏列传》写酷吏张汤，用他审讯老鼠盗肉的故事开头："张汤者，杜人也。其父为长安丞，出，汤为儿守舍。还而鼠盗肉，其父怒，笞汤。汤掘得盗鼠及余肉，劾鼠掠治，传爰书，讯鞫论报，并取鼠与肉，具狱磔堂下。其父见之，视其文辞如老狱吏，大惊，遂使书狱。"这个小故事活脱脱刻画出张汤酷烈毒辣的性格，为以后治狱刻深做了铺垫，给读者留下深刻印象。《李斯列传》，司马迁用四次叹息的细节描写做眼，展示李斯人物个性的发展，写活了李斯。李斯见厕鼠、仓鼠的不同处境一叹，贵为丞相一叹，篡改遗诏一叹，具五刑一叹。这四叹深刻地揭露了李斯利己主义的人生观，从而刻画出封建统治阶级的杰出人物，一个既极端自私又抱负不凡的双重性格的人物形象。

《史记》中人物传记最精彩的篇章，也是故事性最强化的名篇。《刺客列传》、《游侠列传》每一人物传记都是一个完整的故事。《魏公子列传》主要写信陵君虚左迎侯生、辞诀侯嬴、从博徒卖浆者游等故事，至于他救赵抗秦的大事件，也化做窃符救赵的故事。历史人物的事实不能虚构，但是可以通过选材、剪裁、集中、布局等各种手法，进行故事化的构思，也就是人物典型化的过程。可以说，情节故事化是司马迁创作人物典型化的一个最基本的方法。

4. 运用各种文学手法塑造人物

（1）通过典型的细节描写来刻画人物形象。细节描写是文学作品塑造艺术形象的重要手段之一。司马迁写人物传记，除了抓住人物一生中的重大事件做浓墨重彩的渲染外，还非常注意选择一些典型细节做精雕细刻，从而很好地表现出人物的性格特征，揭示出人物的精神风貌。如《陈涉世家》写陈涉的佣耕叹息，《留侯世家》写张良亡匿下邳时为圯上老人进履，《孙子吴起列传》写吴起杀妻求将及其为士卒吮疽，《万石张叔列传》写石建奏事误书"马"字的惶恐和石庆以策数马的拘谨，《酷吏列传》写张汤幼年审盗肉之鼠的干练，等等，这些脍炙人口的精妙细节，对表现人物的志趣抱负、性格好尚都起了积极作用，有些甚至与人物的一生行事都有关系。清代章学诚说："陈平佐汉，志见社肉；李斯亡秦，兆端厕鼠。推微知著固相士之玄机；搜间传神，亦文家之妙用也。"《史记》中，凡是生动典型的艺术形象，其中肯定都有生动活泼的细节描写。刘邦是司马迁笔下最生动的人物之一，因此《史记》中关于刘邦的细节描写也最多。例如当刘邦从汉中杀回来，收复了关中，再向东打到洛阳的时候，文章说："至洛阳，新城三老董公遮说汉王以义帝死故，汉王闻之，袒而大哭，遂为义帝发丧，临三日。"这"汉王闻之，袒而大哭"八个字，把刘邦那种随机应变，见景生"情"的本领表现得淋漓尽致。明代凌稚隆说："汉王袒而大哭，特借此以激怒天下，非真哀痛之也。要知项羽不杀义帝，汉王又岂能出义帝下者？项羽特为汉驱除耳。"当刘邦与项羽相持于荥阳，项羽亲自挑战，刘邦骂项羽有十条罪状，尔后文章写道："项羽大怒，伏弩射中汉王。汉王伤胸，乃扪足曰：'卤中吾指！'"这里也把刘邦的神情写活了。刘邦果然是机灵，脑瓜转得快，这一着实在太重要了。张守节说："恐士卒怀散，故言中吾足指。"日泷川资言说："变起仓卒，而举止泰然如此，汉皇非徒木强人也。"这对于蒙骗敌人，稳定自己的军心，起着非同小可的作用。

　　淮阴侯韩信也是司马迁聚精会神描写的人物之一。《淮阴侯列传》中有许多细节描写也是异常精彩的，例如作品开头写韩信早年穷困时受人欺侮的情景说："淮阴屠中少年有侮信者，曰：'若虽长大，好带刀剑，中情怯耳。'众辱之曰：'信能死，刺我；不能死，出我胯下。'于是信熟视之，俯出胯下，蒲伏。一市人皆笑信，以为怯。"明代董份说这里"形容如画"。清代吴见思说："'出胯下'，辱矣，下益'蒲伏'二字，写胯下之状极其不堪，然上有'熟视之'三字，而信之筹画已定，岂孟浪哉！"

　　当韩信平齐，遣人向刘邦请求为假齐王时，"汉王大怒，骂曰：'吾困于此，旦暮望若来佐我，及欲自立为王！'"下面可能就要说"发兵坑竖子"了，这时张良、陈平一蹑其足，刘邦立刻醒悟，于是"因复骂曰：'大丈夫定诸侯，即为真王耳，何以假为！'"这是多么活灵活现的一场戏啊！明代钟惺说："往复骂得妙，转变无迹。"清代何焯说："人见汉王转换之捷，不知太史公用笔入神也。他人不过曰'汉王怒，良平谏，乃许之'。"这个细节不仅表现了刘邦脑瓜的绝顶聪明灵活，而且埋下了韩信日后倒霉遭祸的伏笔。

　　（2）铺写矛盾冲突集中、尖锐的场面，是司马迁描写历史人物的又一重要手段。荆轲是司马迁塑造的人物画廊中的一位相当出色的人物，作品在精心描摹场面，突出人物的英雄气概上取得了显著成就。如作品写荆轲离燕赴秦，燕太子丹为之送行的场面时说："太子及宾客知其事者，皆白衣冠以送之。至易水之上，既祖，取道，高渐离击筑，荆轲和而歌曰：'风萧萧兮易水寒，壮士一去兮不复还！'复为羽声慷慨，士皆瞋目，发尽上指冠。于是荆轲就车而去，终已不顾。"在这个场面上出现的形象是秋风、寒水、白衣、击筑、豪歌、发指、瞋目。在这样一派惊心动魄的氛围中，作者再加了荆轲即景作歌这样画龙点睛的一笔，于是就使得文章通体皆活，使荆轲的形象、气质，以及这个易水送别的场面立刻变得更加慷慨淋漓、姿态横生了。明代董份说："荆轲歌易水之上，就车不顾。只此时，懦士生色。"孙月峰说："只此两句，却无不慷慨激烈，写得壮士心出，气盖一世。"作品在描写秦廷惊变的场面时，用笔尤为绝伦。开始作者先写了蒙嘉对秦王的一套奉承，秦王就是带着接受降书降表那种得意的心情来接见荆轲的。整个咸阳宫里的威严好不吓人，以至于使秦舞阳这个有名的大勇士都一下被吓昏了。这种极力的铺陈渲染，起着一种欲抑先扬的作用。当图穷匕首见，荆轲持匕首刺向秦王的时候，整个大殿上的人都被吓呆了："秦王惊，自引而起，袖绝。拔剑，剑长，操其室；时惶急，剑坚，故不可立拔。荆轲逐秦王，秦王环柱而走。群臣皆愕，卒起不意，尽失其度。而秦法，群臣侍殿上者，不得持尺寸之兵；诸郎中执兵，皆陈殿下，非有诏召，不得上。方急时，不及召下兵，以故荆轲乃逐秦王。而卒惶急，无以击轲，而以手共搏之。是时，侍医夏无且以其所奉药囊提荆轲也。秦王方环柱走，卒惶急，不知所为。左右乃曰：'王负剑！'负剑，遂拔，以击荆轲，断其左股。荆轲废，乃引其匕首以擿秦王。不中，中铜柱。"这是多么令人眼花缭乱的描写啊！秦王一边拔剑，一边绕柱奔跑，荆轲在后紧追不舍，殿上殿下的群臣百官一片慌乱，以手搏的，以药囊打的，着急害怕而又不敢上殿救驾的，千态万状，如在目前。语文短促，气氛紧张。吴见思说："凡二十九字，为十句，作急语，然又详尽如此。"又说："此时正忙，作者笔不及转，观者眼不及眨之时也，乃偏写

'剑长操室'，又写群臣及殿下诸郎及夏无且，然偏不觉累赘，而一时惶急，神情如见。"《史记》中紧张、精彩到这种程度的描写也并不甚多，只有《项羽本纪》、《吕后本纪》、《廉蔺列传》、《田单列传》等少数篇章可以与之并提。如果说易水送别的场面重在表现荆轲的视死如归，那么这个刺秦王的场面则有力地展示了荆轲临危不惧、宁死不屈的一腔豪气，使人对这位顶天立地的勇士肃然起敬。我们很难设想，如果司马迁对荆轲刺秦王只用三言两语概述其过程，而没有这些精彩的场面描写，荆轲的形象就不会这样高大，这样雄武，这样具有振奋人心的感染力量！

《项羽本纪》中写矛盾、写场面最精彩的，以鸿门宴为最突出。灭秦以后，项羽和刘邦的这场冲突是必然的，不可避免的。但至于像《项羽本纪》所写的这个样子，则显然是出于司马迁的加工创造，我们可以把它看成是一个基本上有史实依据的短篇小说。在这里，作者描写了刘邦在张良等人协助下收买项伯，争取项羽，挫败范增，从而在鸿门宴这场惊心动魄的斗争中化险为夷的全过程，表现了刘邦随机应变的突出才能，对比了项羽的粗疏寡谋，优柔无断，缺乏政治斗争的头脑与手段，预示了刘邦必将胜利、项羽必将失败的结局。作品的矛盾中心本来是刘邦和项羽，但在宴会上却表现得非常曲折复杂。开始时，矛盾急剧激化，矛盾的主导方面是项羽。但很快地随着项伯被刘邦收买，项伯又影响项羽，使项羽转成了动摇中立，而真正代表项羽利益的只剩下一个亚父范增了。因此，刘邦集团在整个宴会上的关键问题，就成了依靠项伯，进一步地争取、稳定项羽，而集中力量挫败范增。而刘邦一方，又主要不是由刘邦直接出面，而是以张良为代表。两个集团都不是铁板一块，刘邦手下有自甘做项羽的奸细曹无伤，项羽身边有刘邦的奸细项伯。但是在这个具体的宴会上，刘邦集团的人则是上下一心，团结一致，积极奋斗，有理有节；而项羽集团则是人心涣散，矛盾百出，优柔寡断，被动消极。刘邦集团的一举一动都是经过精心设计，导演安排的，即如刘邦"恳切"地对着项伯讲的，让项伯转告给了项羽；第二遍是刘邦亲自低声下气地对项羽讲的；第三遍是樊哙慷慨激昂、义正辞严地当众讲的。随着这三遍言辞的说出，项羽的态度也就愈来愈向着有利于刘邦的方向转变。忠心耿耿的范增不甘心失败，他见机行事，一计不成，另生一计，因此使整个宴会上前波未平，后波又起。也正是在这种尖锐激烈的矛盾冲突中，使项羽、刘邦、范增、张良、项伯、樊哙等人物的心理个性，都得到了充分的表现。最后使人们遗憾地认识到，二十六岁、血气方刚的项羽，是斗不过五十岁老奸巨猾的刘邦的。这是项羽一生事业与整个命运的转折点。类似这样千头万绪、这样激烈紧张、这样描写细密的作品，在《史记》以前我们还没有见过。宋代刘辰翁说："叙楚汉会鸿门事，历历如目睹，无毫发渗漉，非十分笔力，模写不出。"

（3）注意人物的心理描写。在《史记》中，司马迁对重要人物的心理活动都有精心描绘，而且方法灵活多样。其一，是为人物安排一些言辞，让人物通过自白来表现其内心。这里最突出的例子是《李斯列传》。李斯的语言有独白、对话、著述三大类，三者各有其妙。

李斯的独白有四处，当他入仓见鼠时，他感慨地叹息道："人之贤不肖譬如鼠矣，在所自处耳！"当他功成名就，盛极一时时，喟然而叹道："嗟乎，吾闻之荀卿曰：'物禁太盛'，当今人臣之位无居臣上者，可谓富贵极矣。物极则衰，吾未知所税驾也。"当李斯为赵高所挟，决定依附逆乱时，他仰天长叹，垂泪太息道："嗟乎！独遭乱世，既已不能死，安托命哉！"当他为赵高所害，囚于狱中时，他仰天而叹曰："嗟乎，悲夫！不道之君，何可为计哉！吾必见寇至咸阳，麋鹿游于朝也。"此外还有他临死前顾谓中子所说的："吾欲与若复牵黄犬俱出上蔡东门逐狡兔，岂可得乎！"以上四段独白和一段"顾谓"，是李斯的五叹，最集中地表现了李斯在各个时期各个关键时刻中最有代表性而又最动心的感情流露。所叹的内容虽然不同，表现的喜怒哀乐尽管有异，但是共同的一点都是为了自身的得失荣辱而发。孔子曰："鄙夫可与事君也与哉？其未得之也，患得之；既得之，患失之，苟患失之，无所不至矣。"作者所刻画的李斯就正是孔子所说这样一种极端的典型。

　　李斯的对话有与荀卿的，有与始皇的，有与二世的，其中最精彩的是与赵高的对话。赵高利诱、威逼李斯篡改诏书废嫡立庶一节，两人往复六次，全文将近七百字。赵高稳操胜券，从容自得地一说不成，又进一说，步步逼紧；李斯则色厉内荏，开始尚招架几句，继而则彷徨游移，最后完全被缴械制服。作者的笔像一柄神奇的手术刀，把两个人的心理剖解得昭明委备，细密入微。吴见思说："李斯奸雄，赵高亦奸雄也。两奸相对，正如两虎相争，一往一来，一进一退，多少机权，默默相照。"

　　《李斯列传》与《司马相如列传》相同，都是《史记》中收著作最多的名篇，不同的是，《李斯列传》所收的这些文章都是与表现人物性格密不可分的，它们都是整篇人物传记中不可缺少的组成部分。即以《谏逐客书》而论，这篇文字像是最出以公心的，其实也突出地带着李斯自私好利的特点。明代董份说："秦王性好侈大，故历以纷华进御声色之美启其心，此善说之术也。斯之阴逢迎二世之欲，已兆于此矣。"陈仁锡说："极其佚乐以快主心，即上《督责书》意也。"徐孚远说："李斯前《谏逐客书》，后建议坑儒，皆以自便也，使逐客时独议留斯，当无是书也。"这些话说得也许有点过分，但却是符合李斯性格的。《论督责书》最足以表现李斯的卑鄙灵魂，他为了保全自己，为了苟延一己之命，居然甘愿饮鸩止渴，倒行逆施，置一切国家民族、亲朋妻小、公理是非，以及生前死后的名声于不顾。这种由"私"字导致的祸国殃民、害人害己，是多么令人不寒而栗啊！明代陈子龙说："李斯方惧诛，而顾以督责劝其君者，非本情也，然亦如商君之自毙矣。"李斯下狱后，知不得活，及上书胡亥，言己之"七罪"。说是认"罪"，其实是说反话，是铺陈自己的累累功勋。他上书的目的当然也有像司马迁所说的是"自负其辩，有功，实无反心，幸得上书自陈，幸二世之悟而赦之"。但我们看更主要的还是一种绝望之后的破罐破摔，是想把骨鲠在喉一般的无限委屈怨愤之情来个一吐方快。但就是在这种时候，李斯也还是扬功匿过，不改他的口是心非，欺世盗名。明代凌稚隆说："李斯所谓七罪，及自侈其极忠，反言以激二世耳。岂知矫杀扶苏、蒙恬，以酿其君之暴，其罪更有浮者。"李斯对此承认了没有呢？没有。他对自己一生受病的根源，更是到死不悟。这真是一个多么可鄙，又多么可悲的人物啊！

除了运用独白、对话、著述表现人物的心理活动外，司马迁有时还以人物自唱的诗歌来展示人物当时的内心世界，如冯谖的弹剑而歌，项羽的《垓下歌》，荆轲的《易水歌》，刘邦的《大风歌》，赵王刘友的《赵王歌》，朱虚侯刘章的《耕田歌》，汉武帝的《瓠子诗》，等等，都准确地揭示了人物当时的内心情感与思想活动。

其二，司马迁对有些人物的心理活动不做直接描写，而是通过旁人的话予以揭示，写得比较含蓄。如《吕后本纪》写道："孝惠帝崩，发丧，太后哭，泣不下。留侯子张辟强为侍中，年十五，谓丞相曰：'太后独有孝惠，今崩，哭不悲，君知其解乎？'丞相曰：'何解？'辟强曰：'帝毋壮子，太后畏君等。君今请拜吕台、吕产、吕禄为将，将兵居南北军，及诸吕皆入宫，居中用事，如此则太后心安，君等幸得脱祸矣。'丞相乃如辟强计。太后悦，其哭乃哀。"由"悦"到"哀"，是吕后当时的心理变化，司马迁对之做了准确地把握和描写，非常生动。而且在这里，我们还看到了少年佞幸张辟强的善于揣摸人意和陈平见风使舵的自私灵魂。司马迁的这段文字，实际上起到了一石三鸟的作用。

其三，通过一两个表示心理状态的动词直接揭示人物的内心世界，是司马迁用得最多的一种描写心理的方法。如《司马相如列传》写卓文君偷听相如弹琴时，"心悦而好之，恐不得当也"。用了"悦"、"好"、"恐"三个字，把卓文君的喜、爱、愁的复杂心理活动表现得清清楚楚。又如《吕后本纪》中对吕后的心理活动，司马迁常用"怒"、"大怒"、"恐"、"喜"、"不乐"等词语来加以状写，尤其是文中用了几十个"欲"字，如"太后欲侯诸吕，乃先封高祖之功臣郎中令无择为博城侯"；"太后欲王吕氏，先立孝惠后宫子强为淮阳王"，等等。明代凌约言说："欲侯诸吕则有先封，而以'乃'字转之；欲王诸吕则有先立，皆太史公揣摩吕后本意，欲假公以济私也。"

（4）善于用对比烘托描写人物。如《魏公子列传》中，魏王的昏聩平庸与魏公子的胸有成竹、从容大度是一种鲜明对比。这在对搏闻警一段中表现得极精彩；平原君的不识人、假爱士与魏公子的真识人、真爱士又是一种鲜明对比，这在对待毛公、薛公上表现得清楚极了；侯嬴的阴鸷深谋、老成持重与魏公子的宽厚慈和、热诚仁爱又是一种对比，这在筹划杀将夺符时表现得异常明显。再如《荆轲列传》在描写荆轲的同时，还写了田光的侠肝义胆，他是为了极力促成荆轲刺秦王，为了激励荆轲、坚定荆轲的反秦信念而自杀的。田光这种死的意义，与《魏公子列传》中侯嬴的死意义相同，都是因为自己年事已高，不能亲自去参加抗秦活动了，于是便以自己的死来激励、来强化志同道合者的信念与决心。此外作品还写了樊於期为助成荆轲刺秦王而献出了自己的头颅。作品最后又写了高渐离的刺秦，作为荆轲此举的余波。这些人都是一些见义勇为、奋不顾身的激昂慷慨的人物，他们彼此映照，互相激荡，从而更加陪衬了荆轲，更突出了荆轲这一活动的意义。后世人们所说的"燕赵多慷慨悲歌之士"，就是针对这一群豪侠而言的。

司马迁用对比手法写人，除了在同一篇中的对比外，还有此篇与他篇之间的对比，如《魏公子列传》之与《孟尝君列传》、《平原君列传》、《春申君列传》。四位公子的相同之处只是"好养士"，而四人的思想品质、精神境界的差别是难得以道里计的。魏公子的性格、形象正是在与孟尝君、平原君、春申君等人的这种多方面、多层次的对比映衬中突现出来的。再如《李将军列传》之与《卫将军骠骑列传》，两相对比，李广一生廉洁，"得赏赐辄分其麾下，饮食与士共之。终广之身，为二千石四十余年，家无余财，终不言家产事"。每遇乏绝之处，"见水，士卒不尽饮，广不近水；士卒不尽食，广不尝食"。而霍去病则是"少而侍中，贵，不省士。其从军，天子为遣太官赍数十乘，既还，重车余弃粱肉，而士有饥者。其在塞外，卒乏粮，或不能自振，而骠骑尚穿域踏鞠,事多此类"。二者恰成鲜明对照。宋代黄震说:"凡看卫霍传,须合李广看。卫霍深入二千里,声振华夷,今看其作,不值一钱。李广每战辄北,困踬终身,今看其传,英风如在。"此外,如《酷吏列传》与《循吏列传》,《项羽本纪》与《高祖本纪》,《萧相国世家》与《淮阴侯列传》等篇之间,也都成功地运用了对比写法。

(5)注意用个性化语言来表现人物性格。如《魏其武安侯列传》开头写到汉景帝为讨好窦太后而口不应心地说"千秋之后传梁王"时,窦婴引卮酒进上曰:"天下者,高祖之天下,父子相传,此汉之约也,上何以得擅传梁王!"当灌夫被田蚡所系,窦婴为援救灌夫四处活动时,其夫人劝阻说:"灌将军得罪丞相,与太后家忤,宁可救耶?"窦婴回答说:"侯自我得之,自我捐之,无所恨。且终不令灌仲孺独死,婴独生。"这些都表现了窦婴的厚道、耿直、讲义气,但同时又表现着那种一般贵族的平庸,而缺乏起码的政治斗争经验。又如文章写灌夫,当田蚡说话不算数,答应了人而到时不出席;灌夫起舞属田蚡,田蚡又不起的时候,灌夫于是"从坐上语侵之"。当田蚡仗势想夺窦婴的城南田,派籍福前来游说时,文章行文说:"灌夫闻,怒,骂籍福。"当田蚡聚燕王女为夫人,太后下诏让所有宗室外戚都去祝贺时,在这个宴会上许多人趋炎附势,明显地对田蚡和窦婴表现出了有厚有薄,这使灌夫怒不可遏,于是他借着"行酒至临汝侯,临汝侯方与程不识耳语,又不避席"的机会,骂道:"生平毁程不识不值一钱,今日长者为寿,及效女儿呫嗫耳语!"田蚡拦阻说:"程李俱东西宫卫尉,今众辱程将军,仲孺独不为李将军地乎?"灌夫说:"今日斩头陷胸,何知程李乎!"前两处只说"语侵之",只说"骂籍福",而没有具体展开,其所以要如此处理,就是为了留着到这后面的"骂座"时来一并表现。失礼的是临汝侯,而灌夫却提着名地骂程不识。程不识是长乐宫卫尉,是专门为王太后看宅护院的。田蚡所说的"程李俱东西宫卫尉",明是话中有话,表面上是说李广,其实就是警告灌夫,要他注意程不识的身份,打狗还得看主人,而今天这个宴会本来又是王太后叫大家来的，灌夫也正是认准了这一点，所以他说"今日斩头陷胸，何知程李乎？"他已豁出性命，不顾一切地去与田蚡及其后台王太后干起来了。不然即使"不为李将军地"，又何至于提到"斩头陷胸"呢？这些地方都表现了灌夫的粗直豪爽，敢作敢为，讲究义气，好打不平，到时候可以不顾一切。在战场上是如此，在平常生活中也是如此。不仅主要人物，即使这篇作品中的次要人物也是很有性格的，如韩安国的老奸巨猾，籍福的力求和事，王太后的浑横不讲理，以及汉武帝的心里实有是非但因迫于王太后而表现出的依违不定等，也都通过他们自己的语言表现得很清楚。正如清代吴见思所说："其写醉语、怒语、对簿语、忙语、闲语，句句不同。至武帝亦不直武安，无奈太后何，亦欲廷臣公论，及诸臣竟不作声，遂发作郑当时，是一肚皮不快活语，一一入妙。"由于各人的出身、经历、教养、思想等因素的不同，每个人的说话内容、特点、口吻都是有区别的，司马迁的高明之处就在于他能够准确地写出每个人的独特语言，使人闻其声而知其人。

司马迁捕捉人物个性化的语言，有着许多成功的方法和经验，后面将在第六章第二节《个性化的人物语言》中做专题讨论，兹从略。

司马迁的写人手法，并不限于上述这些，比如还有外貌描写、夸张描写，以及有时还使用某些浪漫主义手法等，我们这里就不细说了。正是由于司马迁成功地运用了以上各种艺术方法，所以才为我们塑造了如此光彩夺目的一道历史人物的画廊，并使这道画廊两千年来一直焕发着如此动人的异彩。

四、司马迁的文学观

人称"文章西汉两司马"，"两司马"就是指司马相如和司马迁。司马迁既是汉代最伟大的历史家，也是汉代最伟大的文学家，他不仅写出了不朽巨著《史记》，丰富了中国文学宝库，他同时也是汉代重要辞赋家之一,《汉书·艺文志》载录他有赋八篇,流传至今的有《悲士不遇赋》。尤其是在《史记》和其他著作中表现出了他领先于时代的一些文学思想,对后世文学和文艺思潮产生了重大的影响。

1. 开始注意文学的特点,区分"文学"与"学术"的界限

先秦时代,文、史、哲是紧密结合在一起的,春秋战国诸子百家中却没有文学这一家,当时所称的"文学",实际上是指学术或儒学。在孔子那里,"文学"是与"德行"、"政治"、"语言"相并列的学问。《论语·先进》说:"德行:颜渊、闵子骞、冉伯牛、仲弓;言语:宰我、子贡;政事:冉有、季路;文学:子游、子夏。"子游、子夏都是继孔子之后的著名儒家学者。从战国中后期起,辞赋作为一种纯文学,悄然兴起,至西汉武帝时候出现高潮,蔚为大观。屈宋的作品被人们广泛传诵、模仿,上自帝王贵戚,下至臣僚文士,对这一新兴文学样式喜之若狂、争相效仿。在这种情势下,人们开始意识到了文学与学术之间的区别,而最先表现这种意识的正是司马迁的《史记》。

在《史记》中,司马迁仍多以"文学"一词来指称学术和经学,《孝武本纪》云:"上乡儒术,招贤良,赵绾、王臧等以文学为公卿。"《袁盎晁错列传》又云:"晁错以文学为太常掌故。"《儒林列传》则云:"及今上即位,赵绾、王臧之属,明儒学而上亦乡之,于是招方正贤良文学之士。"又"郡国县邑有好文学,敬长上,肃政教,顺乡里,出入不悖所闻者,令丞相长丞上属所二千石。"又"及窦太后崩,武安侯田蚡为丞相,绌黄老、刑名百家之言,延文学儒者数百人,天下学士靡然乡风矣"。《太史公自序》亦云:"汉兴,萧何次律令,韩信申军法,张苍为章程,叔孙通定礼仪,则文学彬彬稍进。"而对于有文学色彩和艺术性较强的作品,司马迁大都以"文章"或"文辞"称之。《曹相国世家》说:"(曹参)择郡国吏木诎于文辞,重厚长者,即召除为丞相史。吏之言文刻深,欲务声名者,辄斥去之。"这里的"文辞"指的是有文采的语言,而"言文"则主要是指公文简牍。《三王世家》云:"太史公曰:……燕齐之事无足采者,然封立三王,天子恭让,群臣守义,文辞烂然,甚可观也。"《儒林列传》又云:"臣谨案诏书律令下者,明天人分际,通古今之义;文章尔雅,训辞深厚,恩施甚美;小吏浅闻,不能究宣。"又"天子问治乱之事,申公时已八十余,老。对曰:'为治者不在多言,顾力行何如耳。'时天子方好文辞,见申公对,默然。"对于文学作品,有时干脆以"辞"称之,如《屈原贾生列传》说:"屈原既死之后,楚有宋玉、唐勒、景差之徒者,皆好辞而以赋称。"

司马迁有意识地将"文学(艺术)"与"文章"相区别,当然是文学艺术在汉代长足发展的结果,它表明文学正在朝着独立的方向迈进,同时也表明司马迁对文学艺术的特质有了明确的认识。他对文学与非文学的这种区分,对当时和以后人们的文学观念和文学实践是具有重大推动作用的,到班固修《汉书·艺文志》,就把诗赋别为一略了。

2. 重视文学创作和文章家

汉代辞赋盛行,文学创作蒸蒸日繁,但作为文学创作的主体,像屈原、宋玉等并不受人尊敬和重视,汉武帝时的司马相如、东方朔等也被统治者当作弄臣、倡优而蓄之,直到司马迁写《史记》,才开始确定他们的地位。司马迁不仅为他们立传,记载他们的事迹、他们的文学活动,还全文录载和评价他们的作品。在《屈原贾生列传》中,司马迁不仅详细记载了屈原忠君爱国的事迹,而且把他当作自己意志信念的化身,把他刻画成一个忠贞高洁而遭际不幸的悲剧英雄,并且对他的《离骚》做了高度的评价和热情的赞美,还全文录载了他的绝命之作——《怀沙》。贾谊本是西汉前期著名的政治家和思想家,《汉书》本传全文录载了他的《陈政事疏》。而司马迁却把他刻画成一个悲剧人物,录载了他的充满悲戚情感、文采灿然的《吊屈原赋》和《鵩鸟赋》。司马相如是一位纯文学家,在当时并不被人看好,司马迁却把他当成"扶义倜傥,不令己失时,立动名于天下"一类的人物,为他立传,记载他的文学活动,还以极大的篇幅全文转载他的《子虚赋》、《上林赋》、《大人赋》、《哀二世赋》等重要作品,从而使辞赋这一文学体式和辞赋家在历史上和文学史上的地位得以确立。

除此以外，凡是有情感、有文采的文章、诗辞，司马迁都要设法采入，在《李斯列传》中录载了李斯的《谏逐客书》、《论督责书》、《狱中上二世书》等；《秦始皇本纪》则录载了大量碑石刻文；《鲁仲连邹阳列传》又录载了鲁仲连的《遗燕将书》、邹阳的《狱中上梁王书》等，还说："邹阳辞虽不逊，然其比物连类，有足悲者，亦可谓抗直不桡矣，吾是以附之列传焉。"是所谓人以文传。《三王世家》本应记齐王刘闳、燕王刘旦、广陵王刘胥的事，但这些诸侯王又乏事可陈，因而完全可以不立传。可是司马迁认为这三个诸侯王拜封时的奏章"文辞烂然"，于是仅采集了这些奏章而充当此世家的内容。此外，司马迁对战国时代一些策士们如苏秦、苏代、张仪、陈轸等的充满文学色彩的说辞也尽可能收入各自的传中，以显示他们的文采风仪。

司马迁这种重视文学家、重视文学作品的思想倾向，对文学的发展，对推动文学走向独立影响甚大。班固作《汉书》基本继承了司马迁的做法，凡《史记》录载的一些有文采的文章，基本都予以录载，并尽可能保持原样，同时还增录了不少这类文章，如东方朔的《答客难》、《非有先生论》，扬雄的《甘泉赋》、《羽猎赋》、《向东赋》、《长扬赋》、《解嘲》、《解难》，司马迁的《报任少卿书》；杨恽的《报孙会宗书》等，从而使有汉一代许多重要作家得以名世，许多文学作品得以保存和流传，为文学走向独立、为魏晋文学自觉时代的到来打下了基础。

3. 强调文学作品的"讽谏"作用，提出了"发愤著书"说

在我国古代文学发展史上，讽刺是现实主义文学创作的一个优良传统。先秦儒家就十分重视文学作品的社会功用，《诗经·崧高》云："吉甫作诵，其诗孔硕，其风肆好，以赠申伯"，《节南山》又云："家父作诵，以究王讻。"孔子也说："诗可以兴，可以观，可以群，可以怨。迩之事父，远之事君，多识于鸟兽草木之名。"① 认为文学作品可以怨刺上政。《诗大序》则进一步

---

① 《论语》第十七《阳货》。

说：".风，风也，教也，风以动之，教以化之。"要求文学作品发挥其感人化人，移风易俗的社会职能。司马迁继承了先秦儒家要求文学艺术发挥美刺教化作用的原则，他认为文学作品应该起到讽喻政治得失的作用，要能促进政治的进步。他在《屈原贾生列传》中称赞《离骚》"上称帝喾，下道齐桓，中述汤武，以刺世事。明道德之广崇，治乱之条贯，靡不毕见"。《太史公自序》也说："作辞以讽谏，连类以争义，《离骚》有之。"他在《司马相如列传》中评司马相如的辞赋说："《春秋》推见至隐，《易》本隐之以显，《大雅》言王公大人而德逮黎庶，《小雅》讥小己之得失，其流及上，所以言虽外殊，其合德一也。相如虽多虚辞滥说，然其要归引之节俭，此与《诗》之风谏何异？"还说宋玉、唐勒、景差等人"皆祖屈原之从容辞令，终莫敢直谏"，从而对他们表现出一种不屑的态度。司马迁如此重视讽喻的社会功能，他身体力行，在《史记》中把讽刺艺术发展到了一个新的高峰，详见本书第六章第五节《讽刺艺术》，兹不赘。

讽喻的目的是教化。所以司马迁十分重视文学艺术的教化作用，《乐书》说："凡作乐者，所以节乐。君子以谦退为礼，以损减为乐，乐其如此也。以为州异国殊，情习不同，故博采风俗，协比声律，以补短移化，助流政教"，使得"万民咸荡涤邪秽，斟酌饱满，以施厥性"。

先秦儒家虽然提出了"美刺"原则，认为文学作品可以"讽刺上政"，但儒家诗论还提出了"中和"的要求，认为"怨刺"必须要"中和"，须是"温柔敦厚"的，要"止乎礼"，不能逾越。同时，他们对文学的社会功用，提得还是比较宽的，包括了对伦理道德的作用，甚至还有了解认识事物的作用。而司马迁则不同，首先，他强调一个"怨"字，强调文学作品抒发个人的怨愤，他评屈原作《离骚》说："屈平疾王听之不聪也，谗谄之蔽明也，邪曲之害公也，方正之不容也，故忧愁幽思而作《离骚》。《离骚》者，犹离忧也。"认为屈原作《离骚》的动机就是抒发其忧愤。又说："屈平正道直行，竭忠尽智以事其君，谗人间之，可谓穷矣。信而见疑，忠而被谤，能无怨乎？屈平之作《离骚》，盖自怨生也。"其《报任安书》也说："《诗》三百篇，大氐贤圣发愤之所为作也。此人皆意有所郁结，不得通其道，故述往事，思来者。"认为忠介之士处黑暗之中，受谗毁，遭迫害，走投无路，只好用著书述志来发泄其愤懑。

司马迁的"发愤著书"说，强调的是作家写作的目的有时并非有意去规劝或批评统治者，而主要是宣泄内心的"郁结"之情，写作的动机就是"发愤"。可见，司马迁虽然继承了孔子诗"可以怨"的传统，但更多的是继承和发展了屈原《离骚》"发愤以抒情"的文学观念。

其次，司马迁的"发愤著书"说还强调，许多作家的成功，是与个人受辱遇挫而发愤分不开的。他在《太史公自序》和《报任安书》中反复申述说："盖西伯拘而演《周易》；仲尼厄而作《春秋》；屈原放逐，乃赋《离骚》；左丘失明，厥有《国语》；孙子膑脚，《兵法》修列；不韦迁蜀，世传《吕览》；《诗》三百篇，大氐贤圣发愤之所为作也。"这里的"发愤"，有发奋之意，意即人们在人生途中受挫以后，奋起抗争，写出作品，流传后世。因为当时人们的信条是"太上立德，其次立功，其次立言"①，仕途顺畅时，追求立德、立功；受挫后，处境艰难，立德立功无望，为使自己不致"没世而名不称"，就会全力追求立言，使自己的文采"表于后世"。他在《平原君虞卿列传》中说："虞卿料事揣情，为赵画策，何其工也。及不忍魏齐，卒困于大梁，庸夫且知其不可，况贤人乎？然虞卿非穷愁，亦不能著书以自见于后世云。"

司马迁"发愤著书"说精辟地总结了先秦以来文学创作实践，揭示了一个具有中国传统特色的带有普遍性的艺术创作规律，在理论上具有重大的开拓作用，影响巨大。唐人李白倡言"正声何微芒，哀怨起骚人"。韩愈《送孟东野序》则说："大凡物不得其平则鸣。……人之于言也亦然，有不得已而后言。其歌也有思，其哭也有怀。凡出乎口而为声者，其皆有不平者乎？

---

① 司马迁：《与挚伯峻书》。

……维天之于时也亦然,择其善鸣者而假之鸣。四时之相推夺者,其必有不得其平者乎?其于人也亦然,人声之精者为言,文辞之于言,又其精也,尤择其善鸣者而假之鸣。"都是从"抒愤"这一方面来发挥司马迁"发愤著书"说的。宋人欧阳修则说:"非诗人能穷人,殆穷者而后工也。"[①] 清人赵翼《论诗》说:"国家不幸诗人幸,赋到沧桑句始工。"则与司马迁"受辱著书"说一脉相承。

4. 要求作家思想人格与作品内容、作品内容与形式一致论

司马迁在评论前代文学家和文学作品时,注意将作家人格与作品风格相联系,认为作家个人的思想、品格与作品内容的好坏是一致的。他在《屈原贾生列传》中对屈原其人与《离骚》内容的关系做了精彩的评述,说:"《国风》好色而不淫,《小雅》怨诽而不乱。若《离骚》者,可谓兼之矣。上称帝喾,下道齐桓,中述汤武,以刺世事,明道德之广崇,治乱之条贯,靡不毕见。其文约,其辞微,其志洁,其行廉,其称文小而其指极大,举类迩而见义远。其志洁,故其称物芳;其行廉,故死而不容自疏。濯淖污泥之中,蝉脱于浊秽,以浮游尘埃之外,不获世之滋垢,皭然泥而不滓者也。推此志也,虽与日月争光可也。"认为作家的思想人格对作品的内容有决定性的作用,由于屈原具有"志洁"、"行廉"的伟大人格,才有千秋不朽之《离骚》,其作品才有深厚的内容,才具有那种沁人心脾、滋人五内的含蓄美。而司马相如等一些辞赋作家由于缺乏这种人格美,所以他们的作品多"虚辞滥说",或只有形式上的"从容辞令",做不到"文约"而"义远"。

司马迁除了要求艺术与人格相统一外,还认为作品既要有深厚的内容,也要有美的语言和美的形式。他之所以立《三王世家》,除了爵封三王的诏令奏章表现出天子的"恭让"、群臣的"守义"外,还在于它们"文辞烂然,甚可观也",有美的语言和形式。《儒林列传》又引用群臣的奏章说:"臣谨按诏书律令下

---

① 〔宋〕欧阳修:《梅圣俞诗集序》。

者，明天人分际，通古今之义，文章尔雅，训辞深厚，恩施至美。"所谓"文章尔雅"、"训辞深厚"，就是指文章语言、形式的优雅，富有美感，而内容又深厚蕴藉。司马迁自己的《史记》就是以丰富多彩的内容与独具一格的纪传体形式、优美的语言完美地结合在一起的，从而成为文史结合和文质结合的典范。

五、《史记》与中国文学

《史记》是我国传记文学的开端，它的出现标志着我国古代史传文学已走向成熟，它对前代的历史散文、哲理散文、纵横家文章，甚至《诗经》、《楚辞》都有所继承和借鉴。作为传记文学名著，它具有特殊的意蕴和魅力，其影响是深远的，它为后世文学的发展提供了丰富的营养。

1.《史记》与我国的传记文学

传记文学是人类活动的记录，在历史迈入文明社会之前，这个世界为"神"所统治，记录这段历史的是神话传说。进入文明社会以后，开始有了人的历史记录，最早的历史记录当为殷商时代的甲骨卜辞及钟鼎铭文，但它们的记录很简单，只能算作历史散文的萌芽。到春秋时期，历史散文迅速发展，出现了《尚书》和《春秋》等，尤其是到春秋后期出现了记录历史比较复杂的《左传》、《国语》，开始了较详细地记载个人的活动，如《左传》僖公二十三、二十四年就较完整详细地记叙了晋公子重耳从出亡到返国的近二十年的活动。此外，《诗经·大雅》中的《生民》、《公刘》、《绵》等篇也以诗歌的形式叙述了周民族历代先祖的活动。这些可算作传记文学的雏形。

春秋战国时期，社会发生巨变，出现了"士"这个特殊阶层，这个阶层中人特别活跃，有许多人通过自己的努力取得了成功，获得了较高的社会地位，有的甚至成为驱动时代风云的人物，于是历史就开始注意这些人了，从而出现了专门记载这些人活动的《战国策》。《战国策》开始向以个人为主，以人述史的方向过渡，有些篇章如《苏秦始将连衡》、《冯谖客孟尝君》等明显是在有意识地刻画人物形象，这些形象一般都比较突出，具有一定的个性。几乎同时，还出现了专写个人事迹的《穆天子传》、《燕丹子》等作品，虽然它们存在较多神秘色彩，但也初步算是人物传记了，尤其是《燕丹子》，它主要写燕丹子和荆轲的事迹，而且神秘色彩很轻。

司马迁不仅直接继承了这种一人一传的文章体式，又使之固定化，还全面继承和发展了《左传》、《国语》、《战国策》刻画人物、叙述故事的方法。

司马迁创纪传体，既避免编年体史书人物活动受时间限制的缺陷，也弥补了国别体史书空间上的缺失，能够全面地记叙人物一生的活动，因而《史记》人物传记的情节叙写更曲折、更生动，还能通过"互见法"，多角度地刻画人物形象，使人物形象更丰满，更具个性。

《史记》以后，中国的传记文学沿着史传文学和杂传文学两个方向发展。司马迁开创了以人为中心的纪传体，"后人作史者递相祖述，莫能出其范围"①。班氏父子首先效仿《史记》作《汉书》，体制一仍《史记》，仅取消"世家"，并改"书"为志。其人物传记写作较好地继承了《史记》的传统，有的篇章写得声情并茂，曲折生动，人物形象突出，如《苏武传》、《朱买臣传》、《霍光传》等。《汉书》叙事严谨，语言典雅工致。《三国志》仅纪传二体，全为传记作品，它真实地记录了汉末三国时代众多英雄豪杰的事迹，堪称英雄人物的画廊，它叙事简洁，评价公允，人物性格富于变化。《后汉书》体大思精，刻画人物重点突出，个性鲜明，褒贬分明，议论纵横，其序语言华美整俪。南北朝以后，史书的修撰为官家垄断，史例史法日严，史传文学的个性、思想性日减。并且文学进入了自觉时代，文、史相分离，因而正史的文学性也大大减弱。当然其中也不乏精英之作，如欧阳修的《新五代史》就较好地继承和发扬了《史记》传记文学的优

---

① 〔清〕王鸣盛：《十七史商榷》。

良传统。

《史记》产生以后,杂传散文接踵而出。西汉时就有刘向的《说苑》、《新语》、《列女传》一类的杂传散文,汉末魏晋,杂传散文创作出现高潮,如写汉末三国人物的《赵云别传》、《陈登行状》、《曹瞒传》、《江表传》、《英雄记》等,写魏晋人物的有《高士传》、《法显传》、《高僧传》等。此外,大量志怪之作也乘史传文学之潮流而问世,如《列异传》、《搜神记》等。唐人韩愈、柳宗元等掀起古文运动,他们效仿司马迁私家作史的做法,摆脱官家作史的束缚,创作单独的人物传记,从而开创了单独写人的新传统,并且进一步将笔端伸向下层人物。如韩愈的《张中丞传后叙》、《毛颖传》,柳宗元的《捕蛇者说》、《种树郭橐驼传》等。他们笔下的人物形象大都个性鲜明,富有生气。文章大多短小精悍,生动活泼,论议无羁,表现出不随流俗的大胆的批判精神。宋人继承和发展了韩柳开创的传统,创作了大批单独的人物传记,如王禹偁的《唐河店妪传》、苏轼的《方山子传》、陆游的《姚平仲小传》等。宋以后这类作品仍源源不断涌现,如元人刘岳申的《文丞相传》,明人宋濂的《杜环小传》、高启的《南宫生传》、袁宏道的《徐文长传》,清人侯方域的《李姬传》、邵长蘅的《阎典史传》、戴名世的《左光斗传》、方苞的《左忠毅公逸事》等。这些作品刻画人物,塑造形象,不拘一格,文笔各异,声情俱妙,都是杂传文学的代表之作。

2.《史记》与中国古典散文

中国古典散文与中国文学同时产生,在殷商的甲骨卜辞和铜器铭文中已呈现散文萌芽,殷商末和西周初产生的《易经》卦爻辞就比较丰富了,语言也颇为生动,但仍不成章,尚属萌芽状态的散文。现存《尚书》实为春秋时人所作。主记尧舜禹、殷商、西周著名君主的事迹和言语,多为长篇之作,且文章结构比较严谨,文字古朴,庶可代表周代之散文。春秋战国时期,百家争鸣,散文艺术长足发展,大批哲理散文出现。这些文章大都结构严谨,逻辑缜密,文风各异,争奇斗艳;《论语》之文简约精警。人物语言富有个性;墨子之文,逻辑谨严,语言质朴无华;庄子之文，意出尘外，怪生笔端；孟子之文，浅近形象，气势浩然；荀子、韩非子之文，长篇大别，结构谨严，论证周详，笔锋犀利。同时，当时各国都有自己的历史记载，因而也就产生了历史散文，《春秋》简约而有法；《左传》善于叙事写人，词约义丰，简练含蓄；《国语》善述人物语言，文字流畅，语言隽永；《战国策》铺张扬厉，气势纵横。先秦散文无论历史散文还是哲理散文，它们表意都比较明确，而且主题突出，情感充沛。

《史记》集先秦散文之大成。作为历史散文，它继承了先秦历史散文"不虚美，不隐恶"的实录精神，不为长者讳，不为尊者讳，不以爱而隐其恶，不以憎而掩其善，褒贬鲜明，评价公允。在叙事写人方面，它同《左传》、《战国策》一样，善于准确把握描写对象的主要特征，集中材料，运用多种手法，对人物加以描绘、渲染。在叙述方法上，它也像《左传》、《国语》一样，运用多层透视、旁见侧出、顺叙、倒叙、插叙、补叙等方法来叙事写人，使人物形象、生动、丰满而富于个性。而且，司马迁将其"爱奇"的偏好运用于《史记》人物、材料的选择和事件叙写之中，又将其丰富的爱憎情感融于人物刻画之中，尤其是将其悲剧情怀倾注于众多悲剧人物的刻画之中，从而使整个《史记》充满传奇色彩和悲剧色彩，这是司马迁为历史散文发展所做出的重要贡献。

《史记》还全面继承和发展了先秦历史散文和哲理散文的语言成就。清人刘大櫆《论文偶记》曾以"奇"、"大"、"远"、"疏"、"变"等来概括《史记》的总体风格。韩愈则说《史记》的语言风格"雄深雅健"，而苏辙则说它"疏荡，颇有奇气"。从总体上看，《史记》既得《尚书》、《春秋》的朴拙，又有《论语》的精警；既有《荀子》的浑厚，也有《庄子》、《战国策》的恣肆，并且它还具有诗的蕴藉和韵律美。可称得上是集先秦散文和诗歌语言之大成，是中国古典语言的典范，对后世散文影响巨大。

就在《史记》面世后不久，御史大夫桑弘羊在昭帝始元六年的盐铁廷议与诸儒论战时就多次引用司马迁的话。汉成帝时，刘向受司马迁的影响,校书之余搜集历史资料编成集历史与说教于一体的《列女传》、《说苑》、《新序》。班固作《汉书》,大量转录《史记》的文章。范晔《后汉书》,学习司马迁的做法,在论赞上下功夫,议论纵横,文采飞扬,褒贬分明。唐人韩愈、柳宗元掀起古文运动,为反对六朝的骈俪文风,举起了向《史记》学习的旗帜,他们深入探讨了《史记》的写作方法和语言风格,而有意效仿。韩愈赞赏《史记》的雄浑雅健,学而习之,即得其"雄"。柳宗元以"峻洁"二字称颂《史记》,模而仿之,亦得其"洁",并且还深得《史记》文章荡漾疏散吞吐之妙。宋人更注意研究和学习《史记》作文之法,并将他们的研究成果运用于古文写作实践。苏轼为文,极得《史记》之"流宕";欧阳修作《新五代史》,不遗余力地仿效《史记》,其中五十多篇传序和论全取法于《史记》,其散文则极得《史记》风韵。王安石也从《史记》文章中获得"雄肆"的特点。明代中叶,文坛出现复古主义思潮,复古主义者提出"文必秦汉","文称左迁"的口号,把《史记》树为古文的典范。归有光效《左传》、《史记》、八大家作文,"其风韵疏淡,则于太史公深有会处"①。清人更重视《史记》文章的成就,桐城派作家方苞、刘大櫆、曾国藩等都对《史记》做过点评,他们提出的所谓"义法",就来自《史记·十二诸侯年表序》,他们的文章写作也多得益于《史记》。

3.《史记》与中国古典小说

中国古典小说成熟于唐代,其源可追溯到上古的神话传说。鲁迅先生说传奇源出于志怪,而志怪的祖鼻则应算《山海经》和《穆天子传》。神话传说经人们记录整理就成了小说,上古时代巫史不分,史官就是巫祝,很多神话传说就是经巫史记录下来的,因而像《左传》、《国语》等史书中有不少关于怪异祯祥的记载,连《史记》也不免。其次,传奇中还有大部分写人和事的,这部分传奇的源头自然是史传文学,因而传奇小说的直接源头就是史书或史传文学。

---

① 〔明〕王世贞:《初月楼古文绪论》。

汉魏六朝志怪小说的出现，与《史记》是有直接关系的。司马迁虽然不大相信神鬼怪，但是却在《史记》写作中保留了大量的古代神话故事，《五帝本纪》、《夏本纪》基本上是以神话传说材料写成的，对这些材料，他做了一部分区分整理工作，并保留了一些。《殷本纪》、《周本纪》也保留了一些传说材料，如简狄吞卵生契、姜嫄践迹生后稷等。秦汉史中也有不少怪异祯祥记载，如《秦始皇本纪》载秦王政三十六年，有使者途遇人持璧托其捎给"滈池君"，又说"今年祖龙死"，说完就不见了。后来秦始皇果然病死。《吕太后本纪》载，吕后祭祀还宫，"见物如苍犬，据高后掖，忽弗复见"。不久，吕后就病死了。《绛侯周勃世家》载，许负为周亚夫看相，说他三年后当侯，侯八年当为相，其后九年当饿死，后来果然一一应验。后世人对这类记载极感兴趣，他们认为正史不记载这类事物是一种缺失，于是积极搜罗，整理成书，以补正史之缺。故清人章学诚说："史学衰而传记多杂出，若东京以降，《先贤》、《耆旧》诸传，《拾遗》、《搜神》诸记皆是也。"

中国古典小说不仅其产生受到《史记》的影响，而且其写作方法、刻画人物手法等方面都受到了《史记》直接或间接的影响。

其一，体裁结构上效仿《史记》。中国古典小说大多以"传"或"记"名篇，这两种体式在司马迁以前很少，叙述人物生平事迹的"传"是司马迁首创的，清人赵翼说："古书凡记事立论及解经者，皆谓之传，非专一人事迹也。其专记一人为一传者，则自迁始。"[①] "记"就是"纪"，古文"纪"、"记"互训。司马迁之前有以"纪"或"记"作书名篇名的，但不曾有《史记》"本纪"那样的具有人物传记性质的"纪"或"记"。因此，《史记》中的"纪"、"传"才是最早的真正的人物传记。《史记》以后"传"与"记"几乎成了小说或传记散文的专称。司马迁写人物传记，首先介绍人物的姓名、乡里，乃至外貌、性格，唐人小说

---

① 〔清〕赵翼：《廿二史劄记》卷一。

也多如此，小说开头人物出场，则首先介绍其姓名、乡里、外貌甚至家世。《史记》一些人物传记如《外戚世家》、《儒林列传》、《酷吏列传》等，开篇都有一段议论文字作引子，唐宋传奇、明清白话小说、拟话本等很多都是如此。《史记》结尾都由太史公直接就所传人物发表评论，唐人小说也接受了这一方式，如《玄怪录·郭元振》、《博异记·崔无隐》、《续玄怪录·李卫公靖》等都运用了这种方式，有的议论竟长达数百字，如《任氏传》、《长恨歌传》末尾的议论也是近二百字。这类议论同《史记》中称"太史公曰"一样，如《南柯太守传》的"前华州参军李肇赞曰"；《谢小娥传》则用"君子曰"；《冯燕传》则直称"赞曰"。清人蒲松龄作《聊斋志异》，篇末均以"异史氏曰"发议论，有的议论文字也达数百字，如《王子安》一篇的赞就达三百多字。

其二，中国古典小说同《史记》一样，注意刻画和展示人物个性。《史记》中人物各具个性，日人斋滕正谦云："子长同叙智者，子房有子房风姿，陈平有陈平风姿；同叙勇者，廉颇有廉颇面目，同叙刺客，豫让之与专诸，聂政之与荆轲，出一语，乃觉口气各不相同……"① 中国古典小说，尤其是长篇小说也长于展示人物个性，清人金圣叹说："《水浒传》写一百八个性格，真是一百八样。若别一部书，任他写一千个人也只是一样，便只写得两人，也只是一样。"② 又说："《水浒》所叙，叙一百八人，人有其性情，人有其气质，人有其形状，人有其声口。"③《三国演义》中的人物虽有些类型化，但个性也是鲜明的，曹操之奸，诸葛亮之智，关云长之勇，都是非常突出的。同时，《三国演义》中的一些人物似与《史记》中人物相类；《三国演义》中的张飞与《史记》中的项羽、樊哙极其相似；诸葛亮之智又与张良、陈平相类；而曹操之奸诈又可与刘邦的狡诈相比。

其三，《史记》叙写人物时在细节描写中的合理虚构，为后世小说家所借鉴并加以发展。《史记》是历史著作，它要求表现

---

① 〔日〕泷川资言：《史记会注考证引》。
② 〔明〕金圣叹：《读第五才子书法》。
③ 〔明〕金圣叹：《水浒传序·三》。

历史的真实，必须尊重历史，不能任意虚构。司马迁在尊重历史真实的基础上往往对许多故事细节进行了合乎逻辑的虚构。如《淮阴侯列传》中写韩信屏退从人与陈豨相约谋反一节，后来两人一个死于战场，一个为吕后突然诛杀，那么谁又能见证这件事？谁又听到了他们所说的话呢？故清人梁玉绳质疑道："左右辟则挈手之词谁闻？"[1] 或许，这是司马迁的体情遥想，也就是细节的虚构，历史上的韩信未必有此事，但据情理而言，却是有可能的。后世小说家很快地学会了这种虚构。东汉赵晔、袁康仅依据《国语》、《史记》中关于吴越争霸的不多的记录敷衍出两部长篇来，其中有大量的细节虚构。《三国演义》七分真实，三分虚构；而《水浒传》、《封神演义》、《杨家将》则已是三分真实，七分虚构。《金瓶梅》、《红楼梦》所载，则是若有若无之事。

其四，《史记》组织冲突，描绘戏剧性场面的手法为后世小说所继承和发展。司马迁善于选择典型性事件，组织矛盾冲突，更娴于描绘戏剧性场面。比较突出的如《项羽本纪》中的钜鹿之战、鸿门宴、垓下之围，《廉颇蔺相如列传》中的完璧归赵、渑池会、将相和，《魏其武安列传》中的灌夫骂座、东朝廷辩等，都是矛盾冲突激烈的、描写非常精彩的场面。《史记》的人物传记有单线结构、双线结构、链式结构和网状结构等，双线结构和网状结构主要依靠传内的矛盾各方组织冲突，如《廉颇蔺相如列传》、《魏其武安侯列传》。单线结构在《史记》人物传记中占大多数，司马迁一是在传内设置副线，一是用"互见法"组织外线与传中主人公展开矛盾冲突。如《项羽本纪》中写钜鹿之战，先是用互见法写陈涉、吴广的失败，接着用副线写项梁战死，再用互见法写赵军被围请救，然后再用副线写楚怀王遣兵、宋义与项羽的冲突，把矛盾冲突逐渐推向高潮——破釜沉船救钜鹿。战场描写则是虚实接合，光写项羽遣兵小试锋芒，然后写破釜沉舟渡河击楚，接着笔锋一转写诸侯将是"壁上观"，通过诸侯将的反应衬托楚军和项羽的声威，写得有声有色，扣人心弦。

---

[1] 〔清〕梁玉绳：《史记志疑》卷三十三。

后世短篇小说大都习用《史记》所常用的单线结构方式,也有不少采用双线结构的,长篇小说则大多采用司马迁所创建的网状结构,而像《儒林外史》、《官场现形记》则采用了《史记》所创建的链式结构。《史记》的场面描写方式也被后世小说所继承和发展,如《三国演义》第五回写关羽杀华雄也写得有声有色,惊天动地。作者首先铺垫,与华雄连斩联军三员大将,把矛盾一下子推向高潮,接着又写联军内部在派关羽出战问题上的争执。又设置了一小矛盾冲突,实为欲扬先抑。接下去写关羽战华雄,全用虚笔,"众诸侯听得关外鼓声大振,喊声大举,如天摧地塌,岳撼山崩,众皆失惊"。然后鸾铃响处,关云长手提华雄头,马到中军。写法上完全与司马迁写钜鹿之战相类。这种写法在《水浒传》、《封神演义》、《杨家将》等作品中还有不少。可见,《史记》对后世小说叙事艺术的发展贡献非小。

4.《史记》与中国古典戏曲

戏剧与小说相通之处,在于戏剧通过舞台表演来塑造人物形象,通过语言、行动来展示人物性格,也离不开情节、冲突和戏剧性场面。因此,《史记》对后世戏剧内影响也是很大的。

第一,《史记》的现实主义精神对后世戏剧家有巨大的鼓舞作用。司马迁修史"不虚美,不隐恶",敢于揭露和批判当代社会和当代统治者,大大鼓舞了后世戏曲家。元代杂剧家关汉卿自称是一个"蒸不烂、煮不熟、捶不扁、炒不爆、响珰珰的一颗铜豌豆"。其《窦娥冤》惊天动地,深刻地揭露了元代社会的黑暗和官场的腐败,表现了人民受欺压的悲惨现实。张养浩的《潼关怀古》以"兴,百姓苦;亡,百姓苦"八字一针见血地揭示了历代王朝更迭都给人民带来灾难苦痛的事实。明人王世贞的《鸣凤记》敢于面对统治者可能给予的打击,直接揭露当朝权贵严嵩父子专权擅政,残害忠良的罪恶。清人洪昇的《长生殿》把揭露批判的矛头直指最高统治者,孔尚任《桃花扇》则继承《史记》的传统,史诗般地真实地展示南明王朝兴起和灭亡的全过程,深刻揭露统治集团的腐朽,痛斥祸国殃民的权贵和阉党。后世戏剧还继承《史记》的光荣传统,将笔端伸向下层人民,反映他们多灾多难的生活，表现他们的理想和情操以及喜怒哀乐，塑造了一批又一批的下层人民的形象。如关汉卿笔下的窦娥、蔡婆婆、谢天香等，李玉《清忠谱》中颜佩韦等五位市民英雄、《长生殿》中的雷海青、李龟年，《桃花扇》中的李香君、柳敬亭等。

　　第二，《史记》的爱国主义精神给后世戏剧创作以巨大的影响。《史记》刻画了一大批爱国者形象，如屈原、蔺相如、田单、李广等，这些人的事迹对后世影响颇大。后世许多戏剧就是以这些爱国人物的事迹为题材改编的。而司马迁的爱国精神一直影响着后世戏曲作家的创作，如洪昇的《长生殿》就以相当的篇幅写爱国将领郭子仪的事迹，还集中笔力刻画了宫廷乐师雷海青忠君爱国，誓死不事安禄山伪朝的高大形象。《桃花扇》则以大量篇幅展示抗清名将史可法的事迹，表现他的忠贞节烈。

　　第三，《史记》的悲剧精神给中国古典悲剧以深刻的影响。《史记》所展示的时代是一个大变乱的时代，是一个需要英雄的时代，也是一个大量产生悲剧的时代。《史记》中的悲剧人物大都是在当时的社会变乱中奋起，为社会和历史进步做过卓越贡献的人物，这些人大都有顽强的意志和坚忍的毅力。很多人身处逆境，顽强抗争，不屈不挠，奋力进取，在正义与邪恶，忠与奸，甚至与自身缺陷的斗争中被毁灭，在他们身上表现出强烈的悲剧精神。

　　《史记》的这些悲剧故事有许多被后世搬上戏剧舞台，如取自《淮阴侯列传》的《赚蒯通》，取自《伍子胥列传》的《伍员吹箫》，取自《刺客列传》的《荆轲刺秦王》等，它们都较好地保持并发展了这种悲剧精神。尤其是取材于《史记·赵世家》的《赵氏孤儿》更是将悲剧主人公程婴、公孙杵臼等人的忠肝义胆渲染得淋漓尽致，真可谓动天地，泣鬼神。《史记》悲剧不大强调命运的作用，而注意挖掘悲剧产生的社会原因和个人性格上的悲剧因素，这极大地影响中国悲剧的性质，中国的几大悲剧《窦娥冤》、《赵氏孤儿》、《桃花扇》等，都是通过表现人物与社会环境的冲突，来深刻揭示主人公遭挫折、被毁灭的原因，从而达到揭露社会现实的目的。尤其值得注意的是《史记》把注意力投向下层人物，写了许多下层人物的悲剧，这也对后世悲剧产生了较大影响，后世著名悲剧的主人公多为下层人物，甚至小说中的悲剧人物也是以小人物为主。

第四，《史记》给后世戏剧提供了大量题材。从元代开始，《史记》故事就被源源不断地搬上戏剧舞台，现存元代杂剧剧目中，取材于《史记》的就达一百八十多种，著名的如《赚蒯通》、《伍员吹箫》、《赵氏孤儿》等，甚至近代戏剧家郭沫若的主要著作仍然取材于《史记》，如《楚霸王自杀》、《棠棣之花》、《秦始皇之死》等。京剧、地方剧也有不少《史记》题材的剧目，如《马陵道》、《将相和》、《萧何月下追韩信》等，仅京剧就有一百多种。

第六章 《史记》的语言成就

文学的第一要素是语言。《史记》之所以能产生强烈的美感效应，它的语言美具有举足轻重的作用。司马迁善于对社会、人生进行细致的观察、分析，善于抓住人或事物的本质特征进行描绘，在语言运用方面取得了惊人的成就，使《史记》成为中国文学语言的宝库。司马迁是中国古代最伟大的语言巨匠之一。

一、典范的叙事散文语言

《史记》人物传记的本质是一种散文叙事，其中非人物传记的篇章大都带有政论色彩，更是典型的散文叙事。司马迁散文的艺术成就，代表了汉代文学的高峰。语言锤炼和章法结构是撰写优秀散文的重要因素。司马迁在《史记》中锻造出了自己富于时代特色和个性特色的接近口语的纯正散文语言，我们称之为"典范的叙事散文语言"。

1. 《史记》语言的散文化和口语化

众所周知，汉赋是司马迁生活时代最流行的标准的文学语言。汉赋在句式上喜用骈句、偶句、排比，音韵上讲究抑扬谐妙。汉赋的作者，尤其是散体大赋的作者如司马相如等人，作为大汉帝国润色鸿业的辞赋家，他们对于大汉帝国的繁荣昌盛和大汉帝国的规模气象，对文、景、武几代皇帝迅速发展起来的高度物质文明和精神文明，抱有一种惊异、喜悦、赞叹、自豪的心理，一种不加以夸耀和展示便不足以餍心怿意的心理。正是这样一种心理，促使他们创作出了以"铺张扬厉"、"侈丽闳衍"为特点的汉大赋这种艺术形式。这种作品在语言上追求的是华丽、繁缛、铺陈、整饬，所谓"极声貌以穷文"。这种贵族化、形式主义化，并与口语分家的语言，是不能胜任记叙复杂的历史事件的，更不能用以描写人物，刻画形象。司马迁为了实现"究天人之际，通古今之变，成一家之言"的理想，在全面继承古代书面语言与学习民间语言的基础上，大胆创新，在《史记》中创作出了用以叙事的典型化散文语言。

这种语言有两大特征。其一，在叙事中坚持散句单行，按照语言的自然音节，屈折舒展，伸缩自如，句多长短相间，参差错落，形成一种灵活多变的流转句式，有意识地避免排句、偶句，避免散文的辞赋化。其二，是口语化，坚持汲取和吸纳民间活的口头语言，强化与当时群众语言的血肉联系，这也是散文语言的生机和发展的一大源泉。

司马迁遣词造句，句式灵活而多变化，句子长的可以长到几十个字，短的可以短到三两字，甚至一个字。长长短短，组成文章错落有致，分层举例如次：

先谈《史记》中的长句

例（1）：赐天下鳏寡孤独穷困及年八十以上孤儿九岁以下布帛米肉各有数。（《孝文本纪》二十八字）

例（2）：使壮士车令等持千金及金马以请宛王贰师城善马。（《大宛列传》二十一字）

例（3）：愚民安知市买长安中物而文吏绳以为阑出财物于边关乎？（《汲郑列传》二十四字）

像以上这类长句，在先秦的文字中是较为少见的，而《史记》在叙事中运用相当普遍，有多达四十余字的长句。长句中有着许多包孕的子句，或定语，或状语，或补语，或宾语，或兼语，用以描写复杂的事件和表达复杂的情感色彩，不一而足。多重长句的运用，表现了司马迁对语言的控驭能力。

那么《史记》里一般是在什么地方、什么场合用长句呢？大体有三种情况：一是帝王的诏告封赠，这属于朝廷文告，语言需要严密周详，故多长句，如例句（1）"赐天下鳏寡孤独……"句；二是叙及一些使令时喜欢用长句，如例句（2）"使壮士车令等持千金……"句；三是当遇到情事委曲微妙，非长句不足以曲折达意、婉转尽情的时候来用，这种情况更多。如例句（3）汲黯为长安商人诉冤屈、讨公道所用的句子。这些地方不用长句，只是平铺直叙，就带不出人物的感情，点染不出环境气氛。以句（1）为例，这是一个长宾语的句子，它在艺术上发挥了什么作用呢？析之如下：

例（1）：赐天下鳏寡孤独穷困及年八十以上孤儿九岁以下布帛米肉各有数

这是个省略了主语的陈述句（主语是汉文帝，承前省；谓＋宾）双宾式（间接宾、直接宾语），这一长句的特点是把本来可以分开说的几句话合成了一个有双宾语的长句。这句话的谓语很简单，只有一个"赐"字，其余二十七字可以说全是宾语。（"天下"是宾语的定语，"各有数"属于宾语的补语或说是定语后置）。这个宾语是由几个并列的词组充当，"鳏寡孤独穷困及年八十以上孤儿九岁以下"是间接宾语，"布帛米肉"是直接宾语。"天下"作为间接宾语的定语，表赐的范围；"鳏、寡、孤独、穷困及年八十以上、孤儿九岁以下"并列几种人，表赐的对象之众多、范围之广泛，"布、帛、米、肉"，所赐物品之实惠与品种；"各有数"则对赐的主体汉文帝虑事之周到、细心表述无遗，同时从中也就把文帝的仁心德治给体现出来了。

例（2）：上‖使王然于以越破及诛南夷兵威风喻滇王入朝（《西南夷列传》二十字）

这是一句由名词主语打头，与"使"结合构成主谓句，然后再用兼语，而兼语之后又有兼语（主＋谓＋兼＋谓＋宾，兼语式），结构便越发复杂。为什么非要这么复杂的结构？先抛开"以越破及诛南夷兵威"的状语不说，就其主干而论，就是"上使王然于风谕滇王入"——皇上派王然于讽喻滇王使之入朝。这里涉及了三个人，意思至少也有三层：皇上派王然于（一层）；叫王然于讽喻滇王（二层）；目的是要滇王入朝（三层）。为什么要用两个兼语？因为一个兼语只能管到"风谕滇王"为止，而讽喻滇王不是目的，讽喻的目的是使滇王"入朝"，所以"滇王"后边"入朝"两个字决不能少，而这两个字正是一谓（入）一宾（朝），与"讽喻滇王"合在一起，正好又构成一个兼语："风喻滇王入朝"。光是主干句子就已经够复杂的了，还要加上讽喻手段——"以越破及诛南夷兵威"这个状语，如此，将几层意思凝结在一句话里，通过层折递接的结构，周密而又顺畅地传达出来。

通过以上两例长句的分析，可以看出长句的传情达意的妙用，以及司马迁大手笔驾驭语言的高超才能。

再看《史记》中的短句

例（1）：广令诸骑曰："前！"前，未到匈奴阵二里所，止。（《李将军列传》）

十六个字，分为五句，三个一字句。每个一字句有如千钧之重。第一个"前"字，写口令，概括了李广如雷霆之声的命令，表示只有勇往直前，才能在气势上压倒敌军，争取死里求生。第二个"前"字写进行，表示全军整齐前进的豪壮气势。最后一个"止"字，显示全军峭然不动的意志。通计十六个字，长短五句话，就淋漓尽致地描绘出了汉军视死如归，一往无前的精神，描画了一场两军交兵的大场面，真是精绝。三个一字句的使用提了精神。《史记》中还有二字句、三字句，不一一列举。

例（2）：使者惧而失谒，跪拾谒，还走，复入报曰："客，天下壮士也，叱臣，臣恐，至失谒。曰'走！复入言，而公高阳酒徒也'。"（《郦生陆贾列传》）

例（3）：项羽晨朝上将军宋义，即其帐中斩宋义头，出令军中曰："宋义与齐谋反楚，楚王阴令羽诛之。"当是时，诸将皆慴服，莫敢枝梧。皆曰："首立楚者，将军家也。今将军诛乱。"（《项羽本纪》）

例（2）是在通报和对话场合下的短句，一连串的短句，描写通报人急促情态可掬。例（3）叙写紧张激烈场面之中夹杂半句话。"今将军诛乱"就是半句话。诸将被突如其来的血腥场面吓破了胆，唯恐与宋义沾上边，赶紧表白项羽诛乱，应当为全军统帅，在紧张气氛中说不成整句话，司马迁用半句话的形式活生生地表现出来。

还有一种情况，是说话当中由于别人抢话而出现的半句话。《魏其武安侯列传》写灌夫极力讨好武安侯为魏其兜揽贵客一段："丞相（武安侯田蚡）从容曰：'吾欲与仲孺过魏其侯，会仲孺有服。'灌夫曰：'将军乃肯幸临况魏其侯，夫安敢以服为解！请语魏其侯帐具，将军旦日早临。'"这里武安说什么"欲与仲孺过魏其侯"云云，原是个卖人情的门面话，因为这里正值灌夫有丧服在身，他料想灌夫去不成才这么说的，所以那"会仲孺有服"后边明显的还有"惜不能成行"这种意思的后半句，可没曾想灌夫为魏其兜揽贵客心切，一见武安说出想去拜访魏其的话，不等武安把话说完就受宠若惊地把话抢了过去。这样武安那后半句话只好咽回去而随口应承。正是因此才导致第二天魏其夫妇备办下酒席而武安不到，灌夫登门去请，原来武安还在高卧，早把这个约会忘到九霄云外去了，出现了尴尬局面。

除此之外，《史记》还能写吞吞吐吐的话，写谈话中不知不觉转换称呼的话，写自言自语心口商度的话等等，我们就不一一去展开说了。

句式长短相间，参差错落，增强语气的表现力

人们说话，随意吐词，连成句子，总是长长短短，参差错落。但是，战国时纵横家游说国君的说辞，列国行人的外交语言，讲究辞章华丽，与口语产生距离。《左传》、《战国策》等书记载的行人外交辞令和策士的说辞，已经出现了一定程度的铺陈夸饰和排比对偶句式。到了汉代，辞赋盛行，铺陈夸张和骈偶化成为时尚。这对于推动纯文学语言的发展是有意义的，但不利于写史状人。司马迁为了增强语言的表现力，叙事简洁精练，有意识地不造排句偶句，行文总是长短不齐，参差错落，句式活泼生动，接近口语，富有生命力。如《项羽本纪》所写钜鹿之战，就长短句相间，错落有致。其文曰：

> 项羽乃悉引兵渡河，皆沉船，破釜甑，烧庐舍，持三日粮，以示士卒必死，无一还心。于是至则围王离，与秦军遇，九战，绝其甬道，大破之，杀苏角，虏王离。涉间不降楚，自烧杀。当是时，楚兵冠诸侯。

这一段描写大战的文字，句式多短章促句，它造成一种紧张气氛与激烈的战斗场面相照应，读者随着这短促的节奏，不觉加快了心率的跳动，大战场景历历如画，真是神来之笔。

但是对称是一种美感，是中华民族文化中的一种传统美感，而且司马迁也是一个辞赋家，对称的美感对司马迁也不能不是一种诱惑。《史记》中也有许多排比句子，不过司马迁自有他出神入化的点化手法，运用了一种"寓骈于散"，以散统骈的方法①，造成对偶排句的散文化。清代批评家称之为意偶而笔不偶，或笔单而气双的说法。试以《史记·货殖列传》中的两段话来说明：

> "贵上极，则反贱；贱下极，则反贵；贵出如粪土，贱取如珠玉，财币欲其行如流水。"

> "其在闾巷少年，攻剽椎埋，劫人作奸，掘冢铸币，任侠并兼，借交报仇，篡逐幽隐，不避法禁，走死地如鹜，其实皆为财用耳。"

这两段话中的句子业已构成对偶句，但前者忽然加上'财币欲其行如流水'，后者忽然把四字句改为'走死地如鹜'，这是故意破坏那太整齐的呆板，以构成一种不整齐的美的。

---

① 这里的分析，参见李长之《司马迁之人格与风格》（三联书店1984年版）有关内容。

有时连叙数事,司马迁也有意造出意义排比、句式不排比的散句,构成一种跌宕气氛,加深文意。如《秦楚之际月表序》写天下三嬗:"初作难,发于陈涉;拨乱诛暴,平定海内,卒践帝祚,成于汉家。五年之间,号令三嬗,自生民以来,未始有受命若斯之亟也。"意义排比,加深了三嬗天下的对照;字句变化而不作排比,显示层层递进。吴见思《史记论文》对此评论说:"《史记》凡用数句排比,无一句不变,而后人不复宗法,独用呆板。盖《汉书》一出,以匀齐整练四字害之也。"这的确是极为精辟地概括出了《史记》散文语言的特点。

2. 典范散文语言得心应手的叙事功能

叙事最难,一是对复杂史事如何做到条理清晰,二是行文不呆板,流畅生动。作为历史著作的《史记》,基本要求是线索清晰,前因后果,一目了然。作为人物传记的《史记》,要求文字神采飞扬,有可读性。司马迁得心应手地运笔,游刃有余地叙事,绚丽多彩的史传散文在他手里完成,聚为《史记》,千古传唱。《史记》载三千年史,而对每个事件、每个人物的出处经历都有明确交代,即使再复杂的矛盾也能写得一清二楚。如《魏其武安侯列传》揭露统治阶级内部的矛盾斗争,窦婴、田蚡、灌夫三人的矛盾纠织在一起,难解难分,但司马迁笔力不凡,"以魏其、武安为经,以灌夫为纬,以窦、王两太后为眼目,以宾客为线索,以梁王、淮南王、条侯……许多人为点染,以鬼报为收束,分合联络,错综周密,使恩怨相结,权势相倾,杯酒相争,情形宛然在目"①。《高祖本纪》写刘邦一生,既有本纪的纲领性,又有列传的生动细致性,大小事件纷繁多变,但司马迁写得有条不紊,"整中见乱,乱中见整,绝无痕迹。"②《李斯列传》通过李斯的一生,展现出秦王朝由盛到衰到亡的全过程,虽是列传却有本纪的特点,因此,明代茅坤说:"学者读《李斯传》,不必读《秦纪》矣。"③清代李景星说:"《李斯传》以'竟并天

---

① 〔清〕李景星:《史记评议》。
② 〔清〕吴见思:《史记论文》。
③ 〔明〕茅坤:《史记钞》。

下'、'遂以亡天下'句为前后关锁。'竟并天下'是写其前之所以盛,'遂以亡天下'是写后之所以衰,盛衰在秦,所以盛衰之故,则皆由于斯。……似秦外纪,又似斯、高合传,而其实全为传李斯作用。"①《史记》把复杂多变的历史写得眉目清晰,这是它叙事语言成功之一。

《史记》叙事语言还能做到生动传神。如《项羽本纪》中的钜鹿之战,是项羽一生的关键一仗,它打败了秦军的主力,为起义军在军事上的彻底胜利奠定了基础。我们看作者对这场大战高潮的叙述:

> 项羽已杀卿子冠军,威震楚国,名闻诸侯。乃遣当阳君、蒲将军将卒二万渡河,救钜鹿。战少利,陈馀复请兵。项羽乃悉引兵渡河,皆沉船,破釜甑,烧庐舍,持三日粮,以示士卒必死,无一还心。于是至则围王离,与秦军遇,九战,绝其甬道,大破之,杀苏角,虏王离。涉间不降楚,自烧杀。当是时,楚兵冠诸侯。诸侯军救钜鹿下者十余壁,莫敢纵兵。及楚击秦,诸将皆从壁上观。楚战士无不一以当十,楚兵呼声动天,诸侯军无不人人惴恐。……诸侯将入辕门,无不膝行而前,莫敢仰视。

作者不仅将项羽破釜沉舟的过程、结果写得明了清晰,而且极为生动形象,"精神笔力,直透纸背,静而听之,殷殷阗阗,如有百万之军藏于嚬糜汗青之中,令人神动"②。

又如信陵君,这是司马迁心目中最敬仰的人物之一,《魏公子列传》写信陵君不耻下交、自迎侯生一段是这样的:

> 公子于是乃置酒大会宾客。坐定,公子从车骑,虚左,自迎夷门侯生。侯生摄敝衣冠,直上载公子坐,不让,欲以观公子。公子执辔愈恭。侯生又谓公子曰:"臣有客在市屠中,愿枉车骑过之。"公子引车入市,侯生下见其客朱亥,俾倪故久立,与其客语,微察公子。公子颜色愈和。当是

---

①② 〔清〕吴见思:《史记论文》。

时，魏将相宗室宾客满堂，待公子举酒。市人皆观公子执辔，从骑皆窃骂侯生。侯生视公子色终不变，乃谢客就车。至家，公子引侯生坐上坐，遍赞宾客，宾客皆惊。酒酣，公子起，为寿侯生前。

这样的叙述语言，使读者有身临其境之感。作者从不同的角度来刻画信陵君的谦恭态度，虽是叙述，但人物的神态、形象却非常生动。这类例子在《史记》中俯拾皆是。有时候，作者结合环境情况，采用参差错落的句式，达到生动传神的目的，如《刺客列传》写"荆轲刺秦王"一节：

秦王发图，图穷而匕首见。因左手把秦王之袖，而右手持匕首揕之。未至身，秦王惊，自引而起，袖绝。拔剑，剑长，操其室；时惶急，剑坚，故不可立拔。荆轲逐秦王，秦王环柱而走。群臣皆愕，卒起不意，尽失其度。……秦王方环柱走，卒惶急，不知所为，左右乃曰："王负剑！"负剑，遂拔，以击荆轲，断其左股，荆轲废，乃引其匕首以擿秦王。不中，中铜柱。秦王复击轲，轲被八创。

由于刺秦王就在一刹那之间发生，极为紧张突然，因此，作者在叙述时也用极短促的语句描绘出这个场面，带有力量、速度。

《史记》叙述性语言还常常带有作者的感情，或褒或贬，颇有韵味。我们先看《李将军列传》中一段：

广廉，得赏赐辄分其麾下，饮食与士共之。终广之身，为二千石四十余年，家无余财，终不言家产事。……广之将兵，乏绝之处，见水，士卒不尽饮，广不近水；士卒不尽食，广不尝食。宽缓不苛，士以此爱乐为用。

叙事看来很平常、淡然，但字里行间渗透着作者的感情，对于李将军的廉洁和爱护士卒的品格，作者是持褒扬态度的。

《史记》的叙述语言有时为了节省文字，也用概括性的语言来叙述，如攻、击、守、迫、围、战、下、破之、大破之等动词表明战争的过程，用定、得、取、斩、先登、陷阵等词语表示人的动作，《曹相国世家》即属此种情况。有时候则相反，为了加重语气，不惜用大量的重复词语，如《廉颇蔺相如列传》叙述"完璧归赵"故事，"璧"字反反复复出现，《魏公子列传》全文"公子"用了一百四十七次，这都是作者极用意之处。

《史记》叙述语言有时在交代人物身份、历史背景、地理环境等方面有重要作用。《史记》传记每篇开头总要介绍人物的出身、家世、职业等，看起来漫不经心，实乃是刻画人物很重要的一笔。就交代背景而言，有些事件十分复杂，它的发生原因、时间等都要有个来历。如司马迁写刘邦起义之事："秦二世元年秋，陈胜等起蕲，至陈而王，号为张楚。诸郡县皆多杀其长吏以应陈涉。沛令恐，欲以沛应涉。"然后再写刘邦之事。这样，整个事件的来龙去脉就很清楚。就交代地理形势而言，"秦楚之际，兵所出入之途，曲折变化，唯太史公序之如指掌。以山川郡国不易明，故曰东、曰西、曰南、曰北，一言之下，而形势了然。……盖自古史书兵事地形之详未有过此者，太史公胸中固有一天下大势"①。我们今天读《史记》中写战争的篇章，总会感到线索清晰，地理形势明了，这与司马迁的叙述语言有很大关系。

《史记》叙述语言有时在连贯事件的前后时间及因果关系方面也有重要作用。作者往往用"是时"、"当是时"、"久之"、"顷之"等词语来连缀事件的前后次序。如《刺客列传》写不同时代的刺客，在连缀上用"其用百六十有七年"、"其后七十余年"、"其后四十余年"、"其后二百二十余年"等主语句，使整个传记连为一个体系。

总之，叙述语言在历史著作中是最基本的语言，司马迁运用自如，取得了可喜的成就。

二、个性化的人物语言

一般的历史著作用作者的叙述语言把事件叙述清楚即可，而

---

① 〔清〕顾炎武：《日知录》卷二十六。

《史记》则不只如此，它还用人物自己的语言表情达意，这就由历史向文学迈进了一大步。《史记》的人物语言具有个性化，符合人物的身份、性格、心理等，不管是今人古人，是男是女，高低贵贱各色人物，谁的话就像谁，做到"口吻逼肖"。

1. 切合人物身份的个性语言

在《史记》里，我们读到专制帝王秦始皇的说话。这个专制皇帝发起话来是个什么口气呢？《秦始皇本纪》里写，他统一天下之后，曾经下了一道诏书，要群臣给他议帝号，当群臣向他报告说"古有天皇，有地皇，有泰皇，泰皇最贵"，因此拟给他上尊号为"泰皇"时，他发话道："去'泰'着'皇'，采上古'帝'位号，号曰'皇帝'，他如议。"——这"去'泰'着'皇'"，一字一顿，凛凛然一派金口玉言，拍板定案的语气。

《史记》还写了策士说客的话。《淮阴侯列传》写蒯通说韩信叛汉，说词层层剖析，反复取譬，语势跌宕流转，通脱灵畅，最后促韩信快下决心，那话是："夫听者事之候也，计者事之机也，听过计失而能久安者，鲜矣……故曰'猛虎之犹豫，不若蜂虿之致螫，骐骥之踢躅，不如驽马之安步；孟贲之狐疑，不如庸夫之必至也。虽有舜禹之智，吟而不言，不如瘖聋之指麾也。'此言贵能行之。夫功者难成而易败，时者难得而易失也。时乎时乎，不再来。愿足下详察之。"一听就是善辩滔滔的策士腔口。

又如《张耳陈馀列传》记载了这样一段话："蒯通说范阳令曰：'窃闻公之将死，故吊。虽然，贺公得通而生。'"出口就是说客口吻。

《郦生陆贾列传》写郦生的"狂"，其言语绝对是一个"狂生"而非"儒生"。《淮阴侯列传》中写韩信被拜为大将后，给刘邦分析天下形势，一段言辞写得头头是道，那绝对是一个军事家的眼光，人称这段言辞为"汉中对"，可与诸葛亮的"隆中对"相媲美。上文举证蒯通劝韩信反叛，其言辞滔滔不绝，气势充畅，那绝对是纵横家的语言。又如吕不韦是商人出身，当他看到安国君的儿子子楚在赵国做人质时，就想利用他以"钓奇"，做政治赌注，说："此奇货可居！"这绝对是巨商大贾的语言。

2. 捕捉场景、对话、心理独白，揭示人物个性的语言

言为心声，不同的人说不同的话，通过语言揭示人物的个性，这是司马迁写人艺术的一大特色。手法多多，常见的有场景的捕捉、对话、心理独白等。

捕捉场景。 每一个人天天都在说话，并不是每一句话都能表现他的个性，要通过提炼、筛选，或突发的语言，或漫不经心的生活语言，作家要加以捕捉或营造一种环境，如同照相要抢镜头一样，特定的环境衬托人物语言，才能揭示人物的个性。司马迁最善于捕捉。《魏其武安侯列传》"灌夫使酒骂座"就是一个在特定场景下用人物语言揭示人物个性的典型例证。

> 饮酒酣，武安起为寿，坐皆避席伏。已，魏其侯为寿，独故人避席耳，余半膝席，灌夫不悦。起行酒，至武安，武安膝席曰："不能满觞。"夫怒，因嘻笑曰："将军贵人也，属之！"时武安不肯。行酒次至临汝侯，临汝侯方与程不识耳语，又不避席，夫无所发怒，乃骂临汝侯曰："生平毁程不识不直一钱，今日长者为寿，乃效女儿呫嗫耳语！"武安谓灌夫曰："程、李俱东西宫卫尉，今众辱程将军，仲孺独不为李将军地乎？"灌夫曰："今日斩头陷胸，何知程、李乎！"坐乃起更衣，稍稍去。

灌夫的言辞，"是醉中事，怒中语，如闻其声"①，一个狂傲不羁的武夫形象展现在人们面前。

对话。 对话是人物语言中很重要的一个方面。这是人物性格的直接外露。对话，可以体现出不同人物的个性特点，从艺术手法上说，明显带有对比的性质。如《平原君列传》写平原君准备与楚结盟，挑选文武双全者二十人一起去楚国，结果：

> 得十九人，余无可取者，无以满二十人。门下有毛遂者，前，自赞于平原君曰："遂闻君将合纵于楚，约与食客门下二十人偕，不外索。今少一人，愿君即以遂备员而行

---

① 〔清〕吴见思：《史记论文》。

矣。"平原君曰："先生处胜之门下几年于此矣?"毛遂曰："三年于此矣。"平原君曰："夫贤士之处世也，譬若锥之处囊中，其末立见。今先生处胜之门下三年于此矣，左右未有所称诵，胜未有所闻，是先生无所有也。先生不能，先生留。"毛遂曰："臣乃今日请处囊中耳。使遂蚤得处囊，乃颖脱而出，非特其末见而已。"

这段对话显示出两个人的性格特征及其矛盾冲突，一个是不得意的食客，一个是养士图虚名的贵族公子，而毛遂的语言，"英姿雄风，千载而下，尚可想见，使人畏而仰之"①。《史记》中这类对话是很多的，如《廉颇蔺相如列传》写蔺相如同他的舍人对话："于是舍人相与谏曰'臣所以去亲戚而事君者，徒慕君之高义也。今君与廉颇同列，廉君宣恶言而君畏匿之，恐惧殊甚，且庸人尚羞之，况于将相乎! 臣等不肖，请辞去!'蔺相如固止之，曰：'公之视廉将军孰与秦王?'曰：'不若也。'相如曰：'夫以秦王之威，而相如廷叱之，辱其群臣，相如虽驽，独畏廉将军哉! 顾吾念之，强秦之所以不敢加兵于赵者，徒以吾两人在也。今两虎共斗，其势不俱生，吾所以为此者，以先国家之急而后私仇也。'"这段对话，既表现出舍人的目光短浅，又表现出蔺相如的大度，尤其是他"先国家之急而后私仇"的胸怀，深深地感动着人们。《留侯世家》写张良劝阻刘邦立六国后代的一段对话也极有特点：

汉王方食，曰："子房前! 客有为我计桡楚权者。"具以郦生语告，曰："于子房何如?"良曰："谁为陛下画此计者? 陛下事去矣。"汉王曰："何哉?"张良对曰："臣请藉前箸为大王筹之。"曰："昔者汤伐桀而封其后者于杞者，度能制桀之死命也。今陛下能制项籍之死命乎?"曰："未能也。""其不可一也。武王伐纣封其后于宋者，度能得纣之头也。今陛下能得项籍之头乎?"曰："未能也。""其不可二也。武王入

---

① 〔宋〕洪迈：《容斋五笔》卷五。

殷，表商容之闾，释箕子之拘，封比干之墓。今陛下能封圣人之墓，表贤者之闾，式智者之门乎？"曰："未能也。""其不可三也。发钜桥之粟，散鹿台之钱，以赐贫穷。今陛下能散府库以赐贫穷乎？"曰："未能也。""其不可四矣。殷事已毕，偃革为轩，倒置干戈，覆以虎皮，以示天下不复用兵。今陛下能偃武行文，不复用兵乎？"曰："未能也。""其不可五矣。休马华山之阳，示以无所为，今陛下能休马无所用乎？"曰："未能也。""其不可六矣。放牛桃林之阴，以示不复输积。今陛下能放牛不复输积乎？"曰："未能也。""其不可七矣。且天下游士离其亲戚，弃坟墓，去故旧，从陛下游者，徒欲日夜望咫尺之地。今复六国，立韩、魏、燕、赵、齐、楚之后，天下游士各归事其主，从其亲戚，反其故旧坟墓，陛下与谁取天下乎？其不可八矣。且夫楚唯无强，六国立者复桡而从之，陛下焉得而臣之？诚用客之谋，陛下事去矣。"汉王辍食吐哺，骂曰："竖儒，几败而公事！"令趣销印。

郦食其建议刘邦分封六国后代，以此来牵制项羽。张良左一个"不可"，右一个"不可"，一连摆出八条理由，步步为营，使刘邦无言以对，体现出张良"王者师"的风度，而刘邦则文过饰非，将不是全推到郦食其身上。《李斯列传》写赵高同胡亥、李斯谋议夺权时，对话也极为传神，"如观相扑，如听面谈，文心文笔，两者兼之"①。展现出三个人的卑劣个性。《淮阴侯列传》写刘邦与韩信谈论诸将将兵的才能，韩信以"善将将"和"将兵多多益善"概括刘邦和自己的个性、才能，也非常有神韵。而像《魏其武安侯列传》"廷辩"一场，各种矛盾在辩论中展示出来，面对同一事件，每个人有自己的语言，个性极为鲜明。

心理独白。心理独白既是人物自身语言的一种表现形式，也是心理描写的手法之一。作为心理描写的手法，已在本书第五章第三节《史记的写人艺术》中论及，这里不多说，再从个性化的

---

① 〔清〕吴见思：《史记论文》。

语言角度补充几句。《史记》描写人物的内心独白,往往三言两语,对于展示人物心理,表现人物个性却极为传神。《酷吏列传》写王温舒任河内太守时,捕郡中"豪猾",连坐千余家,二三日内,大举屠杀,"至流血十余里"。汉朝惯例,春天不杀人,王温舒顿足曰:"嗟乎!令冬日益展一月,足吾事矣!"一句独白,就把一个杀人成瘾的酷吏形象展示出来。再如大家熟知的项羽、刘邦,他们二人在观看秦始皇时发出不同的感叹,项羽说:"彼可取而代也",刘邦说:"嗟乎!大丈夫当如此也!"个性完全不同,"项之言悍而戾,刘之言则津津然不胜其歆羡矣"①。《万石张叔列传》有一处写石建的谨慎:"建为郎中令,书奏事。事下,建读之,曰:'误书,马者与尾为五,今乃四,不足一,上谴死矣。'其惶然。"由于"马"字的笔画少写了一点,就吓得要死,其人的个性就可想而知了。

3. 情态描写人的个性化语言

情态描写的人物语言,往往只言片语也能把人物灵魂深处的一些东西亮给读者,有时,从一句话即可见出一个人。譬如庞涓在马陵道发现中了孙膑的埋伏计之后所说"遂使竖子成名"这句话,在一句之中,恨、惜、不平全在其中,一个嫉妒小人的灵魂于此毕现!又如霍去病在天子为其"治第"(建公馆),让他去看的时候,他回答说:"匈奴未灭,无以家为也。"一句豪言,吐尽英雄壮志,凭这一句话,人们便可品味其为人。

情态描写,要因人因事因时而捕捉典型事例,唯司马迁能之。譬如司马迁写口吃、写醉汉语、写惶恐心急而语无伦次,都能托出人物个性与形象。

《张丞相列传》写了周昌的结巴话。刘邦一心想废掉太子刘盈(即后来的孝惠帝)而立戚姬所生的如意为太子。作为御史大夫的周昌坚决反对,便当廷强争。传中写:这时"上问其说,昌为人口吃,又盛怒,曰:'臣口不能言,然臣期期知其不可。陛下虽欲废太子,臣期期不奉诏。'"这句话里的四个"期"字,都

---

① 〔清〕王鸣盛:《十七史商榷》卷二。

是口吃的象声词,是模拟口吃者结结巴巴的声口的。这句话,由于用了象声词,就把一个耿直而口吃的大臣在盛怒之下坚持自己意见的神态声口,极为逼真地摹绘出来了。

《李将军列传》写了霸陵尉带有醉意的蛮话。李广失官赋闲在家的时候,有一次出猎晚归,路过霸陵亭,霸陵尉出来呵止李广,李广的随从上前介绍、通融,说:这是故将军李广。霸陵尉使腔说:"今将军尚不得过,何乃故也!"这里倒没有象声词,可是因为用了"今将军尚不得"如何如何,"何乃"如何如何,听来便是带有醉意的侮慢之词。

《范雎蔡泽列传》写须贾语无伦次的赔罪话。须贾发觉被捉弄,得知范雎原来已经做了秦相,这一来吓得三魂出窍,慌了手脚,赶忙肉袒膝行,入门谢罪。他是这样说的:"贾不意君能自致于青云之上,贾不敢复读天下之书,不敢复与天下之士。贾有汤镬之罪,请自屏于胡貉之地,唯君生死之!"这段谢罪之辞,一口气接连数语,说得心忙口急,杂乱无章,把须贾当时一片惊慌乞命之状活现纸上。

情态描写,对于同一个人在不同的场合却有不同的声口,但都能揭示其人的个性。最典型的是写汉高祖刘邦的语言。

刘邦是以豁达大度著称的,其性格的主调就是豁达。在《史记》当中所写刘邦的许多话,对表达其豁达本色来说,真是语语入情,句句传神。

比如他以亭长身份送民工去骊山,由于这些民工知道在骊山服劳役没有好下场,所以路上纷纷逃跑。刘邦意识到这些民工不等到达目的地就会逃光,没法交差;又看到当时全国反秦情绪如山雨欲来风满楼的形势,因而索性把民工都放跑。在放之前,他先和民工们喝了一顿酒,然后宣布:"公等皆去,吾亦从此逝矣!"吴见思《史记论文》评论说:"两句写得豪达磊落,酷似高祖气度。"

又如陈豨叛乱,赵相周昌奏请斩常山地区守尉,理由是"常山二十五城,豨反,亡其二十城"。然而刘邦问道:"守尉反乎?"对曰:"不反。"于是刘邦说话:"是力不足也。"决定宽赦了守尉。这种做法、看法及他说出的一句诘问的话，鲜活地表现出有多么通情达理！

为平定陈豨叛乱，刘邦要周昌举荐赵地四名壮士，马上任命为将，并'封之各千户'。跟随刘邦左右的人不服气，谏曰："从入蜀汉，伐楚，功未遍行，今此何功而封？"这时刘邦晓谕他们说："非若所知！陈豨反，邯郸以北皆豨有，吾以羽檄征天下兵，未有至者，今唯独邯郸中兵耳。吾胡爱四千户封四人，不以慰赵子弟！"① 从这话里，人们看到刘邦高人一筹的大政治家的豁达胸怀。

写刘邦对生死看得透，他在临终前回答吕后问后事和谩骂医生的两段话极为传神。刘邦病危，吕后问他："陛下百岁后，萧相国即死，令谁代之？"他回答说："曹参。"又问曹参以后呢？刘邦回答说"王陵可以"，又说王陵"少憨"，可以叫陈平帮助他，周勃可以做太尉。吕后又问：再以后呢？刘邦回答说："此后亦非而所知也。"——意思是你用不着管那么长远，你也管不了那么长远。从这样的话里，你可领略到刘邦对整体看得多么透彻，为人又多么通达。他知道自己病已不治，又知医生欺瞒，谩曰"可治"。于是谩骂之曰："吾以布衣持三尺剑取天下，此非天命乎？命乃在天，虽扁鹊何益！"这种旷达语、负气语蛮有意味，实实在在透出他的豁达气概。

豁达固然是刘邦性格的主调，但这位小吏出身的"布衣皇帝"，品格脾性却是多侧面的，颇不单纯。他轻士善骂，什么"竖儒"、"鲰生"、"乃公"、"尔公"，几乎成了他的口头语。而在广武对峙中，当项羽以烹太公相要挟时，他和项羽竟耍起无赖来，说："吾与项羽俱北面受命怀王，曰'约为兄弟'，吾翁即若翁，必欲烹而翁，则幸分我一杯羹。"地地道道一副流氓腔。可是，人们还记得，同一个刘邦，他率义军进入咸阳，安抚黎民百姓的话却是这样说的："父老苦秦苛法久矣……凡吾所以来，为父老除害，非有所侵暴，无恐。"当秦人争持牛羊酒食献飨军士

---

① 《史记》卷九十三《韩信卢绾列传》。

时刘邦辞谢说："仓粟多，非乏，不欲费人。"这两段应又是和煦如旭日，温暖似春风，完全是一位解民倒悬的义军领袖和慈爱长者的风度。

刘邦平时任性率情，好为大言，狎侮轻慢，无所矫饰，高兴了开开玩笑，搞个恶作剧都是常事。当着大臣的面揶揄调侃自己的父亲，说什么"始大人常以臣为无赖，不能治产业，不如仲力。今某之业所就孰与仲多？"因为大白天搂着戚姬调情被周昌碰见，就追出去骑在人家脖子上没皮赖脸地问："我何如主也？"如此这般的话、这般的事刘邦居然说得出，做得出。然而在必要的场合，他又能很严肃、很庄重，甚至表现得十分深沉，说的话也极有分寸。例如，起义初，沛地父老子弟推他为沛令时，他很郑重地对大家讲："天下方扰，诸侯并起，今置将一不善，一败涂地。吾非敢自爱，恐能薄，不能完父子兄弟。此大事，愿更推择可者。"话说得相当恳切。日本的泷川资言评这段话说："词婉礼恭，不似平生大言。"① 消灭项羽不久，诸侯将相共请尊他为皇帝，他先逊辞："吾闻帝贤者有也，空言虚语，非所守也，吾不敢当帝位。"群臣坚请，他不得已，乃曰："诸君必以为便，便国家。"话也说得持重、得体。

刘邦为人处世，能屈能伸，在下层政权混过多年，又练就一套见情说话的本领，所以尽管平时倨傲谩骂，粗野得很，可有的场合又婉言卑辞，语意蔼然。例如在鸿门宴前与项伯拉关系、释嫌疑的话："吾入关，秋毫不敢有所近，籍吏民，封府库，而待将军；所以遣将守关者，备他盗之出入与非常也。日夜望将军至，岂敢反乎？愿伯具言臣之不敢倍德也。"《史记菁华录》评："语气详慎卑抑之至，大英雄能屈处。"而鸿门宴上见到项羽后所说："臣与将军戮力而攻秦，将军战河北，臣战河南，然不自意能先入关，破秦，得复见将军于此。"更是句句套近乎，灌迷汤，终于解除了项羽对他的思想警惕。

刘邦生性刚毅，不是那种好动儿女情肠的人，但他仍然有厚

---

① 《史记会注考证》之《高祖本纪》。

重的人情味。刘邦彭城败退，追兵紧急，为了快跑，竟从车上推堕孝惠、鲁元两个儿女下车，简直可以说他是个绝情的忍人。可是在太子废立和过沛还乡两件事上，刘邦的一言一行，又都充溢着无比浓重的人情味！当四皓随孝惠进见，他看到大势所趋，附保太子的势力不可动摇，决定放弃废立的打算之后，他把戚夫人找来，将四皓指示给戚夫人看，对他说："我欲易之，彼四人辅之，羽翼已成，难动矣。吕后真而主矣！"说这话时，感慨唏嘘，凄凉哀伤，特别是最后一句，揪心撼脾，的是人间至情。《史记论文》评曰："只一句，悲切之至，宛是当时口角，不知何以体贴至此！"

以上，我们谈了《史记》人物语言的一些特点，由于这类语言是人物个性的直接展现，因此，在刻画人物时比叙述语言更为生动。

三、对民间语言的吸收与提炼

《史记》一书博大精深。为了丰富自己的著作，司马迁从民间文学中吸取了不少营养。唐代史学家刘知幾曾指责司马迁"其所载多聚旧记，时插杂言"[①]。宋代郑樵也说："迁书全用旧文，间以俚语，良由采摭未备，笔削不遑"，"所可为迁恨者，雅不足也"[②]。这些指责是错误的。所谓"杂言"、"俚语"，是司马迁对民间语言的吸收与融化，他们没有看到司马迁在吸收民间文学上的贡献。

《史记》中运用了大量的歌谣谚语，给《史记》增添了光彩简析之如下。

> 一尺布，尚可缝，一斗米，尚可舂。兄弟二人不能相容。

---

① 〔唐〕刘知幾：《史通》卷一《六家》。
② 〔宋〕郑樵：《通志·总序》。

这首歌谣见《淮南衡山列传》。淮南厉王刘长，自恃尊贵，起居"拟于天子"。汉文帝担心皇权旁落，采取手段逼刘长绝食而死。作者引歌谣来揭露最高统治者的无耻面目，非常深刻。

这一类谣谚是很多的，《韩长孺列传》在描写汉家内部的倾轧时，引用了这样两句俗谚：

> 虽有亲父，安知其不为虎？虽有亲兄，安知其不为狼？

它一针见血、入木三分地揭示了封建统治阶级内部人与人之间的畸形关系。

汉武帝时，贵族灌夫在颍川一带横行无忌，《魏其武安侯列传》在揭露灌夫"诸所与交通，无非豪杰大猾，……为权利，横于颍川"的恶行之后，引了当时流传于颍川的一首童谣：

> 颍水清，灌氏宁；颍水浊，灌氏族。

颍水不会长清，灌氏也不会永久横行！一旦颍水变浊之日，就是姓灌的灭族之时。这形象而又贴切、富有哲理的诅咒，深刻地表现了人民对称霸一方的豪强势力的反抗情绪。

另外如《项羽本纪》引的"楚虽三户，亡秦必楚"，《赵世家》中的"赵为号，秦为笑，以为不信，视地之生毛"等等，都有着强烈的现实性与鲜明的针对性。

再如，《酷吏列传》的一首歌谣：

> 宁见乳虎，无值宁成之怒。

宁成是汉代有名的酷吏，本传说他"为人上，操下如束湿薪"，对待人民是"如狼牧羊"般地凶恶残暴。这首歌谣就活画出了他这个汉代统治者豢养的刽子手的狰狞面目。

有些歌谣谚语是对生活经验和处世哲学的总结。如

> 《鲁仲连邹阳列传》：规小节者，不能成荣名；恶小耻者，不能立大功。
>
> 《淮阴侯列传》：狡兔死，走狗烹；高鸟尽，良弓藏；敌国破，谋臣亡。
>
> 《春申君列传》：当断不断，反受其乱。

《孙子吴起列传》：能行之者未必能言，能言之者未必能行。

《范雎蔡泽列传》：鉴于水者见面之容，鉴于人者知吉与凶。

《魏世家》：家贫思良妻，国乱思良相。

《留侯世家》：忠言逆耳利于行，毒药苦口利于病。

《三王世家》：蓬生麻中，中扶而直，白沙在泥，与之俱黑。

《乐书》：满而不损则溢，盈而不持则倾。

这些歌谣谚语，是从社会生活中体验、总结出来的，具有一定的辩证思想，能给人以启发，也能给人以警戒，它们虽然简单，运用于某一篇之中，但实际上已具有普遍意义，即使到今天，仍具有一定的现实意义和借鉴作用。如《赵世家》中有：

以书御者不尽马之情，以古制今者不达事之变。

《刘敬叔孙通列传》中有：

千金之裘，非一狐之腋也；台榭之榱，非一木之枝也，三代之际，非一士之智也。

前者强调的是理论与实践的结合，随着时代的变化，制定政策也应变化。后者强调的是要成就一项大的事情，必须依靠各方面的力量，必须有长期的积累。无疑对我们有借鉴意义。

有些歌谣谚语对历史上的人物进行热情赞颂。

萧何与曹参，是汉代开国初的两位相国。他们属于地主阶级中较为开明的政治家；在刚刚结束暴秦虐政压迫的情况下，恰当地采取了"休养生息"的政策，对农民做了某些让步，使人民在一定程度上得以恢复生产。老百姓为二人作歌说：

萧何为法，觏若画一；曹参代之，守而勿失。载其清净，民以宁一。

再如：

得黄金百斤，不如得季布一诺。

这是《季布栾布列传》中的一条楚人谚语，赞扬季布言必信、行必果的品德，表现了人们对真诚的期待。

《史记》中还有些民谚歌谣反映了一定的人情事理。如："人貌荣名，岂有既乎？"①"不知其人，视其友"②等，还有一些表现经济状况的，如"天下熙熙，皆为利来；天下攘攘，皆为利往。"③"长袖善舞，多钱善贾"④等，内容十分丰富。

由于《史记》的记载，流传于民间的歌谣谚语在文字上得以固定，流传得更广泛和长远了，有许多至今活跃在群众的口语中。如"前事不忘，后事之师"⑤、"养虎自遗患"⑥，"唇亡齿寒"⑦，"尺有所短，寸有所长"⑧，"利令智昏"⑨，"智者千虑，必有一失；愚者千虑，必有一得"⑩，等等。这些寓含哲理的通俗成语，即使在今天仍有它的生命力。谚语属于人民的口头文学创作，它来源于生活，也需要熟悉生活的人用它更深入地观察生活。司马迁行游万里路，发现并采撷它们，并将其应用到《史记》写作中去。它们或经书中某些人物之口道出，或由作者直接引用，无论处于何种位置，它们都在发挥着论据的作用，支撑着传记的某一特定主题。由于谚语来自民间，它的哲理性与通俗性完美结合，有浓郁的生活气息。运用中又经司马迁筛选，因而在形成《史记》语言"博而肆"的独特风格方面起了强化、补益的作用。

司马迁对民间的方言俗语也都注意采用，而且与人物的身份地位相符合。如《陈涉世家》写陈胜称王之后，当年与他一起佣耕的人来见他：

---

① 《游侠列传》。
② 《张释之列传》。
③ 《货殖列传》。
④ 《范雎蔡泽列传》。
⑤ 《秦始皇本纪》。
⑥ 《项羽本纪》。
⑦ 《晋世家》。
⑧ 《白起王翦列传》。
⑨ 《平原君虞卿列传》。
⑩ 《淮阴侯列传》。

扣宫门曰："吾欲见涉。"宫门令欲缚之。自辩数，乃置，不肯为通。陈王出，遮道而呼涉。陈王闻之，乃召见，载与俱归。入宫，见殿屋帷帐，客曰："夥颐！涉之为王沈沈者！"楚人谓多为夥，故天下传之，夥涉为王，由陈涉始。

这里的一言一行，完全符合一个农民的身份。"夥颐"是楚地方言，"沈沈"是俗语，司马迁加以采用，增添了作品的趣味性。像这类方言俗语在《史记》中有不少。《留侯世家》曰："（张）良尝从容步游下邳圯上。"裴骃《集解》引徐广曰："圯，桥也。东楚谓之圯，音怡。"可见"圯"字属方言。《张耳陈馀列传》："赵相贯高、赵午等……乃怒曰：'吾王，孱王也。'"《集解》引孟康的话说："冀州人谓懦弱为孱。"可见"孱"字属河北一带方言。《封禅书》："神君者，长陵女子，以子死，见神于先后宛若。宛若祠之其室，民多往祠。"这里的"先后"二字，据颜师古《古书·郊礼志》注引孟廉云："兄弟妻相谓先后。"颜师古进一步说："先音苏见反（xiàn），后音胡构反（hòu）。古谓之娣姒，今关中俗呼为先后，吴楚俗呼之为妯娌。"可见"先后"二字属陕西关中方言。《大宛列传》："于是天子始种苜蓿、蒲陶肥饶地。""苜蓿"、"蒲陶"（即"葡萄"）这是西域一带的植物，张骞通西域时传入汉朝，可见这两个词是西域一带的词语。

《史记》运用方言、俗语，一般都与人物的出生地有密切联系。司马迁能够广泛搜集民间语言，并把它们写入《史记》中，这不只是语言运用问题，而是与作者的阶级出身、世界观有一定关系，司马迁能冲破一些文人偏见，吸收民间语言的精华，这种精神是值得肯定的。

《史记》还采用了各地大量的口语，这些口语经过司马迁的加工，基本符合书面语的规范。如《陈涉世家》中"苟富贵，毋相忘"，《外戚世家》"武帝择宫中不中用者，斥出归之"中的"不中用"，"帝及太子诸窦不得不读黄帝、老子"中的"不得不"等，这些口语直到今天还有其生命力。

四、各色语言的技巧

作为语言巨匠的司马迁，在长期的写作实践中练就了种种语言的技巧，给《史记》传记文学插上了翅膀。

1. 韵味追求：动词连用、副词复用、特殊表数

（1）动词连用。两个动词连用的例句：

"乃褒封寒农之后于焦。"（《周本纪》）

"景驹走死梁地。"（《项羽本纪》）

"放杀义帝于江南。"（《高祖本纪》）

"吕禄信然其计。"（《吕太后本纪》）

"还，袭灭虞。"（《晋世家》）

"郤至射杀宦者。"（《晋世家》）

"独视伟平。"（《陈丞相世家》）

"令赵啖说秦以伐齐之利。"（《乐毅列传》）

"遂皆降平齐。"（《淮阴侯列传》）

"月氏遁逃而常怨仇匈奴。"（《大宛列传》）

"士以此爱乐为用。"（《李将军列传》）

三个动词连用的例句：

"胡甚信之，归而袭破走东胡。"（《匈奴列传》）

"梁客后曹辈果遮刺杀盎安陵东郭门外。"（《袁盎晁错列传》）

"荀卿嫉浊世之政，亡国乱君相属……于是推儒、墨、道德之行事兴坏，序列著万言而卒。"（《孟子荀卿列传》）

"褒封"是又褒又封；"走死"是逃而且死（即逃跑且死在梁地）；"放杀"是既放逐又杀害（先放逐后杀害）；"信然"是既信其计又然（肯定）其计；"往袭辱"、"亡走保"、"遮刺杀"等等也都与此同，每个字都是独立的动词而非复合同。当然，对这样句式可能还存在不同的看法，譬如不同的标点和不同的理解"景驹走死梁地"，可标点为"景驹走，死梁地"；"梁客后曹辈果遮刺杀盎安陵东郭门外",可标点为"梁客后曹辈果遮刺,杀盎安陵东郭门外",等等。或者把这种连用作为动补式理解,即把两个动词中后一个作为表示动作的结果或趋向,"弑代之"便是弑而代之、杀了之后取代它。其中有的后来就发展为复合词了,如"射杀"、"遁逃"等,并且成了常用词。但是,无论怎样理解,司马迁喜欢动词连用确是个明显的事实,是《史记》中值得注意的一个语言现象。

(2)副词复用。例句如下:

"上乃遂去。"(《武帝本纪》)

"张廷尉事景帝岁余,为淮南王相,犹尚以前过也。"(《张释之冯唐列传》)

"天下士郡诸侯愈益附武安。"(《魏其武安侯列传》)

"天下莫不咸服。"(《匈奴列传》)

"酒酣,(田生)乃屏人说赵卿曰:'臣观诸侯王邸第百余,皆高祖一切功臣。今吕氏雅故本推毂高帝就天下,功至大,又亲戚太后之重。太后春秋长,诸吕弱,太后欲立吕产为王,王代。'"(《荆燕世家》)

这类副词复用,尚有"皆各"(《五帝本纪》、《大宛列传》)、"尚犹"(《秦本纪》、《货殖列传》)、"唯独"(《惠景间侯者年表序》)、"始初"(《历书》)、"仍在"(《历书》)、"咸各"(《太史公自序》)等等。

这里,"乃遂"、"犹尚"、"愈益"、"莫不"、"咸"等,都是副词,而且,"乃"与"遂",都是"便",是"就"的意思,本来用一个字就可以的,或者说"上乃去",或者"上遂去",都行,意思是一样的,可司马迁却把"乃"、"遂"两个副词并用。还有"莫不咸"是三个字两个词,"莫不"也就是"咸","咸"也就是"莫不",只是一个反说,一个正说而已,本来两者用一个就可以,或者"天下莫不服",或者"天下咸服",司马迁却连用,其目的是为加强语气,同时也是作者的写作习惯。

(3)特殊的表数法。请看以下文字:

"故曰陆地牧马二百蹄,牛蹄角千,千足羊,泽中千足彘,水居千石鱼陂,山居千章之材。安邑千树枣;燕秦千树栗；蜀、汉、江陵千树橘；淮北、常山以南，河济之间千树萩；陈、夏千亩漆；齐、鲁千亩桑麻；渭川千亩竹；及名国万家之城，带郭千亩亩钟之田，若千亩卮茜，千畦姜韭：此其人皆与千户侯等。"（《货殖列传》）

"通邑大都，酤一岁千酿，醯酱千瓨，浆千甔，屠牛羊彘千皮，贩谷粜千钟，薪藁千车，船长千章，竹竿万个，其轺车百乘，牛车千两，木器髤者千枚，铜器千钧，素木铁器若卮茜千石，马蹄躈千，牛千足，羊彘千双，僮手指千，筋角丹沙千斤，其帛絮细布千钧，文采千匹，榻布皮革千石，漆千斗，糵麹盐豉千苔，鲐鲞千斤，鲰千石，鲍千钧，枣栗千石者三之，狐貂裘千皮，羔羊裘千石，旃席千具，佗果菜千钟，子贷金钱千贯，节驵会，贪贾三之，廉贾五之，此亦比千乘之家，其大率也。它杂业不中什二，则非吾财也。"（同上）

"方今大王之兵众不能十分吴楚之一。"（《淮南衡山列传》）

这样的表数法可能不很规范，是表数方式还没趋于定型的表现，从语言的科学性上来说也没有什么值得称道的，但是它确实把汉语的丰富性、生动性，以及人民群众运用语言中的创造性都充分体现出来了。把如此绚烂多彩的表数法采集运用到自己作品当中，既反映出司马迁对群众语言的重视，也反映出他在语言运用上的创新精神。

无论是动词连用也好，副词复用也好，或者是特殊表数法，这些在遣词造句的灵活多变和创造性，并不是司马迁自己脑子里空想出来的，其中大多数是来自群众的语言或者是受群众的语言的启发。特殊表数法不必说了，就是动词连用和副词复用，也可以找到它与民间语言相互关联的痕迹，比如在汉乐府民歌《有所思》中："闻君有他心，拉杂摧烧之。摧烧之，当风扬其灰"，句子中的"拉杂摧烧"就是动词连用；又如《孤儿行》这首中："愿欲寄尺书，将与地下父母、兄嫂难与久居"，句子中的"愿欲"，就是副词复用。

2. 气势跌宕：重沓、加倍形容、用虚字传神

就语言的文学性而言，除遣词造句的创造性之外，司马迁还很讲究语言的气势，在造成语言的气势上，他经常使用的手法主要有三种：重沓、加倍形容、用虚字传神。

（1）重沓。宋代洪迈在《容斋随笔》卷五中讲："然予每展读至魏世家，苏秦、平原君、鲁仲连传，未尝不惊呼击节，不知其所以然。魏公子无忌与王论韩事曰：'韩必德魏爱魏，重魏畏魏，韩必不敢反魏。'十余语之间，五用"魏"字。苏秦说赵肃侯曰：'择交而得则民安，择交而不得则民终身不安。齐秦为两敌，而民不得安，倚秦攻齐，而民不得安，倚齐攻秦，而民不得安。'平原君使楚，毛遂愿行，君曰：'先生处胜之门下，几年于此矣？'曰：'三年于此矣。'君曰：'先生处胜之门下，三年于此矣，左右未有所称诵，胜未有所闻，是先生无所有也。先生不能，先生留。'遂力请行，面折楚王，再言：'吾君在前，叱者何也？'……卒定从而归，至于赵，平原君曰：'胜不敢复相士，胜相士多者千人，寡者百数，自以为不失天下之士，今乃于毛先生而失之也，毛先生一至楚，而使赵重九鼎大吕，毛先生以三寸之舌，强于百万之师，胜不敢复相士。秦围赵，鲁仲连见平原君曰：'事将奈何？'君曰：'胜也何敢言事！魏客新垣衍令赵帝秦，今其人在是，胜也何敢言事！'仲连曰：'吾始以君为天下之贤公子也，吾今然后知君非天下之贤公子也。'鲁仲连见，新垣衍曰：'吾视居此围城之中者，皆有求于平原君也。今吾观先生之玉貌，非有求于平原君者也。'又曰：'始以先生为庸人，吾乃今日知先生为天下士也。'是数者，重沓熟复，如骏马下驻千丈坡，其文势正尔。风行于上而水波，真天下之至文也。"

吴见思《史记论文》于《平原君列传》之"平原君曰：'夫贤士之处世也，譬若锥之处囊中，其末立见。今先生处胜之门下，三年于此矣，左右未有所称诵，胜未有所闻，是先生无所有也，先生不能，先生留'"，句下批曰："连用三'先生'作调。"又于"楚王谓平原君曰：'客何为者也？'平原君曰：'是胜之舍人也。'楚王叱曰：'胡不下！吾乃与而君言，汝何为者也！'"句下批曰："两'何为'句，铿锵历落，如闻其声。"又于"毛遂按剑而前曰：'王之所以叱遂者，以楚国之众也，今十步之内，王不得恃楚国之众也。'"句下批曰:"前两'何为者也',此两'楚国之众也',俱作两叠调写,怒时急语,气正勃勃,其妙如此。"又于"王之命悬于遂手,吾君在前,叱者何也?且遂闻汤以七十里之地王天下,文王以百里之壤而臣诸侯,岂其士卒众多哉,诚能据其势而奋其威,今楚地方五千里,持戟百万,此霸王之资也。以楚之强,天下弗能当。白起小竖子耳,率数万之众,兴师以与楚战,一战而举鄢郢,再战而烧夷陵,三战而辱王之先人。此百世之怨,而赵之所羞,而王弗知恶焉。合从者为楚,非为赵也。吾君在前,叱者何也?"句下批:"又点一句,与前句亦作两叠调,是章法。"

钱锺书先生《管锥编》于《项羽本纪》"诸将皆从壁上观,楚战士无不一以当十,楚兵呼声动天,诸侯军无不人人惴恐。于是已破秦军。项羽召见诸侯将,入辕门,无不膝行而前"。文下评论史公重沓叠词之妙云:

《考证》:"陈仁锡曰:'叠用三无不字,有精神;《汉书》去其二,遂乏气魄。'"按陈氏评是,数语有如火如荼之观。……马迁行文,深得累叠之妙,如本篇末写项羽"自度不能脱",一则曰:"此天之亡我,非战之罪也",再则曰:"令诸君知天亡我,非战之罪也",三则曰:"天之亡我,我何渡为!"心已死而意犹未平,认输而不服气,故言之不足,再三言之也。又如《袁盎晁错列传》记错父曰:"刘氏安矣!晁氏危矣!吾去公归矣!"叠三"矣"字,纸上如闻太息,断为三句,削去衔接之词(asyndeton),顿挫而兼急迅错落之致。《汉书》却作:"刘氏安矣而晁氏危,吾去公归矣!"索然有底情味?王若虚《滹南遗老集》卷一五苛诋《史记》文法最疏、虚字不妥,举"诸侯军无不人人惴恐"为"字语冗复"之一例。王氏谭艺,识力甚锐而见界不广,当时友生已病其"好平淡"而不"尚奇峭",以"经义科举法绳文"(刘祁《归潜志》卷八)。玩其月旦,偏主疏顺清畅,饰微治细,至若瑰玮奇肆之格,幽深奥远之境,皆所未识;又只责字句之直白达意,于声调章法,度外忍置。是故弹射虽中,勘伤要害，匹似逼察江河之挟泥沙俱下，未尝浑观其一派之落九天而泻千里也。即以《史记》此句论之。局于本句，诚如王氏所讥。倘病其冗复而削去"无不"，则三叠减，一声势随杀；苟删"人人"而不"无不"，以保三叠，则它两句皆六字，此句仅余四字，失其平衡，如鼎折足而将覆餗，别须拆补之词，仍涂附之迹。宁留小眚，以全大体。经籍不避"重言"，《尚书》之"不遑暇食"，《左传》之"尚犹有臭"，孔颖达《正义》已道之。《汉书·项籍传》作"诸侯军人人惴恐"、"膝行而前"；盖知删一"无不"，即坏却累叠之势，何若迳删两"无不"，勿复示此形之为愈矣。"①

有时为了追求感情的酣畅淋漓，常反复使用同一词语，来加强抒情成分，增强感染力量，这又是一种复沓，像《酷吏列传》的"何足数哉！何足数哉！"《楚元王世家》的"贤人乎，贤人乎！"《张释之冯唐列传》的"有味哉！有味哉！"《匈奴列传》的"唯在择任相哉！唯在择任将相哉！"《太史公自序》的"意在斯乎！意在斯乎！""是余之罪也夫！是余之罪也夫！"

（2）加倍形容。司马迁在《史记》普遍地随意运用。《魏其武安侯列传》："其游如父子然，相得欢甚，无厌，恨相知晚也。"这种极度形容，着意刻画的递接性语言，文意上是极力表现窦婴、灌夫二人的相得，文气上是求其畅足。

《平津侯主父偃列传》："愿陛下详察之，少加意而熟虑焉。""详察"、"少加意"、"熟虑"基本上是一个意思，都是希望武帝对他的上书引起注意，对他提出的主张认真加以考虑。换不同的说法加以重复，在于加重语气，表示郑重。

《外戚世家》："欲其生子万方，终无子。""欲连固根本牢甚，然而无益也。"这里的"万方"、"牢甚"，都是为了加倍形容。

《酷吏列传》："其好杀伐行威不爱人如此。""好杀伐"是一层，这是主意所在；好杀伐是为什么？为的是"行威"，这又是一层；以杀伐行威，够不人道的人，所以又加"不爱人"；"如

---

① 钱锺书：《管锥编》第1册，中华书局1986年版，第272—273页。

此"是说竟然达到这种程度！一句话几层意思，层层递加，以达到加倍形容的目的。

又："郡中毋声，毋敢夜行，野无犬吠之盗。"《史记菁华录》批："叠三句，酷焰犹赫！"

《刘敬叔孙通列传》："鲁有两生不肯行，曰：'公所事者且十主，皆面谀以得亲贵。今天下初定，死者未葬，伤者未起，又欲起礼乐，礼乐所由起，积德百年而后可兴也。吾不忍为公所为，公所为不合古，吾不行，公往矣，无污我！'"《史记菁华录》针对最后一段批曰："连下五句，如见其掉头挥手，咄咄不屑之状。"

《高祖本纪》："沛公……乃用张良计，使郦生、陆贾往说秦将，啖以利，因袭攻武关，破之。又与秦军战于蓝田南，益张疑兵旗帜，诸所过毋得掠卤，秦人喜，秦军解，因大破之。又战其北，大破之。乘胜，遂破之。"刘辰翁在《班马异同评》批："两言'大破之'，又言'遂破之'，文如破竹。"吴见思《史记论文》评："'破之'，'因大破之'，'大破之'，'乘胜遂破之'，接连写来，声势赫奕。"又于"秦人大喜，争持牛羊酒食，献享军士。沛公又让，不受，曰：'仓粟多，非乏，不欲费人。人又益喜，惟恐沛公不为秦王。'"下批："一句总收上数节，先言'秦人喜'，后言'秦人大喜'，又'益喜'，步步紧入。"这后一例是写高祖刘邦进入咸阳后约法三章，安抚百姓，秦地百姓对高祖感恩戴德唯恐不及的许多话，所以要不厌其烦地讲那么多，是因为觉得非如此不足以表达其拥戴之情，作者极力传达出那种热乎劲，这便是极意形容语之所以出现的原因。

（3）用虚字传神。虚字造成语气，而语气是传达感情造成韵味的重要手段，然而这必得有深厚而强烈的内在感情和较高的语感素质方可达到。虚字的运用使得司马迁把他主观的感情态度、感情色彩找到了一种适当的载体，一种适当的体现方式。

洪迈说："东坡作《赵德麟字说》云：汉武帝获白麟，司马迁、班固书曰：'获一角兽，盖麟云。''盖'之为言疑之也。予观《史》《汉》所记事，或曰'云'，或曰'焉'，或曰'盖'，其

语舒缓含深意……"(《容斋随笔》续笔卷七"迁固用疑字"条)

焦竑则于《封禅书》评曰:"《书》中叠用'盖'字、'若'字、'云'字、'焉'字、'矣'字,皆有意,当玩。"(《史记萃宝评林》)

《史记》的《封禅书》是揭露讽刺历代帝王,特别是秦始皇、汉武帝搞迷信,信神仙,求长生不老的,其中用了许多"盖"、"若"、"云"等疑词,把事情写得迷离惝恍,似有若无,又用了许多"矣"、"焉"等拖长声的语气助词,便构成了强烈的讽刺意味。比如:

"自威、宣、燕昭使人入海求蓬莱、方丈、瀛洲。此三神山者,其传在渤海中,去人不远;患且至,则船风引而去。盖尝有至者,诸仙人及不死之药皆在焉。……临之,风辄引去,终莫能至云。"

"及至秦始皇并天下……使人乃赍童男女入海求之。船交海中,皆以风为解,曰未能至,望见之焉。"

用"盖"、"焉"、"云"等疑词,表示所讲的事情都是迷离惝恍,根本不可凭信,不足凭信。"盖"、"焉"不必说了,"风辄引去,终莫能至云"——不加"云"就是肯定的叙述语,加"云"就把它的可靠性打消了,成为飘忽不定之词了。

"于是天子(武帝)始亲祠灶,遣方士入海求蓬莱安期生之属,而事化丹砂剂为黄金矣。"

"(栾)大见数月,佩六印,贵震天下,而海上燕齐之间,莫不扼腕而自言有禁方,能神仙矣。"

"其明年,齐人少翁以鬼神方见上。上有所幸王夫人,夫人卒,少翁以方盖夜致王夫人及灶鬼之貌云。天子自帷中望见焉。"

用"矣"、"焉"等拖长音的语气词,表示这些事引起的无可改变的不良后果和作者对这种事的深深慨叹和讽意。

所有这些虚字,都饱含讥讽,由于《封禅书》多用这类虚字,多用这种语气,所以全文造成了浓厚的讽刺情调。

还有,司马迁对武帝时外戚卫青、霍去病的靠山卫皇后很看不起,在《外戚世家》中写到卫皇后时,便用了"卫皇后,字子夫,生微矣,盖其家号曰卫氏!"——(她的)出身太微贱了,似乎她家自己号称姓卫。这句话，有了"号曰"，再加"矣"、"盖"两个虚词，似乎他家自己号称姓卫，那意思是到底姓什么只有天知道。这话里，鄙夷之情流露无遗。在提到卫皇后的姐姐时，还有一句"及卫皇后所谓姊卫少儿"，《史记论文》评："'所谓姊'，与'盖其家号曰卫氏'，尖毒乃尔！"

《酷吏列传》："是时赵禹、张汤以刻深为九卿矣！"《史记菁华录》评："沉痛可味。"

又："其治所诛杀甚多，然取为小治，奸益不胜，直指始出矣。吏之治以斩杀缚束为务，阎奉以恶用矣！"《史记菁华录》评："两'矣'字，有太息之声。"

无论是从遣词造句看，还是重沓、加倍形容、运用虚字传神来造成语言的韵味看，司马迁都不遗余力地追求语言的表现力，追求语言的文学性。人们在阅读《史记》和《汉书》以后，都明显地感到两书在语言风格上的差异，而且都在寻找恰切的字眼对这种差异加以说明，有的概括为《史记》雄浑酣畅，《汉书》富赡严整；有的概括为《汉书》"方以正"，《史记》"圆而神"。无论怎样概括，其中有一点大家的感受恐怕是共同的，即班固的追求趋向于语言的规范性和典雅性，而司马迁则追求表情达意的逼真性和鲜活性。就实质上说，这两种追求在某种程度上反映了语言趋向科学化与趋向文学化的两种不同倾向——与文史结合还是文史分家的两种倾向相适应。

3. 语译古文

创作历史要运用许多古史资料，这是不能回避的问题。司马迁极为重视书面语言的通俗化，与追求古奥典雅的班固决然相反。所以司马迁引用先秦文献资料，对古奥难懂的古文进行汉代通行语的翻译。例如，我们将《尚书·尧典》与《五帝本纪》对照就可以发现司马迁做了全面的翻译，有的句子直译，有的为意译，有的变换了语序句式和转译了词汇，有的为熔铸改写，表现了司马迁在古语今译上积累了丰富的经验。例如《尧典》中的"允厘百工，庶绩咸熙"，十分"佶屈聱牙"；《五帝本纪》写作"信饬百官，众工皆兴"，这就明白畅达多了。宋人王观国在《学林》卷一中对司马迁转译先秦古籍词汇做了集中的统计，王氏说：

> 司马迁好异而恶与人同。观《史记》，用《尚书》、《战国策》、《国语》、《世本》、《左氏传》之文多改其正文。改"绩用"为"功用"；改"厥田"为"其田"；改"肆觐"为"遂见"；改"霄中"，为"夜中"；改"咨四岳"为"嗟四岳"；改"协和"为"合和"；改"方命"为"负命"；改"九载"，为"九岁"；改"格奸"为"至奸"；改"慎徽"为"慎和"；改"烈风"为"暴风"；改"克从"为"能从"；改"浚川"为"决川"；改"恤哉"为"静哉"；改"四海"为"四方"；改"熙帝"为"美尧"；改"不逊"为"不训"；改"胄子"为"稚子"；改"维绩"为"维静"；改"天工"为"天事"；改"底绩"为"致功"；改"降丘"为"下丘"；改"纳锡"为"入赐"；改"孔修"为"甚修"；改"夙夜"为"早夜"；改"申命"为"重命"；改"汝翼"为"汝辅"；改"敕天"为"陟天"；改"率作"为"率为"；改"宅土"为"居土"，如此类甚多。又用《论语》文分缀为《孔子弟子传》，亦多改其文，改"吾执"为"我执"；改"毋固"为"无固"；改"指诸掌"为"视其掌"；改"性与天道"为"天道性命"；改"未若"为"不如"；改"便便"为"辩辩"；改"滔滔"为"悠悠"；如此类又多。子长但知好异而不知反有害于义也。

王观国泥古，批评司马迁改字害义，这是完全错误的。但王氏的这番胪列比较是很有意义的，它生动地说明了司马迁语译古文是自觉的创新，系统的转译。司马迁师事孔安国，孔氏就以今文读古文《尚书》，在解说中必然用现代词汇转译古语。所以司马迁的古文今译工作也是有师承的。但是，把今译大量运用于书面语中，司马迁无疑是第一个取得了重大成就的人。

4. 直抒胸臆的评论语言

司马迁在《史记》中经常以"太史公曰"的形式，或评论历史事件，或褒贬历史人物，或对复杂的历史现象做出某种说明。

放在篇首的称"序",放在篇末的称"赞",这是司马迁首创的一种史论形式,是《史记》内容不可缺少的一部分。

这些评论语言或长或短,大都直抒胸臆。如《李将军列传》:"若此,其旨深矣"①。

《史记》评论语言有时曲折往复,极富变化。且看《项羽本纪赞》:

> 太史公曰:吾闻之周生曰:"舜目盖重瞳子",又闻项羽亦重瞳子。羽岂其苗裔邪?何兴之暴也!夫秦失其政,陈涉首难,豪杰峰起,相与并争,不可胜数。然羽非有尺寸,乘势起陇亩之中,三年,遂将五诸侯灭秦,分裂天下,而封王侯,政由羽出,号为"霸王",位虽不终,近古以来未尝有也。及羽背关怀楚,放逐义帝而自立,怨王侯叛己,难矣。自矜功伐,奋其私智而不师古,谓霸王之业,欲以力征经营天下,五年卒亡其国,身死东城,尚不觉寤而不自责,过矣。乃引"天亡我,非用兵之罪也",岂不谬哉!

清人吴调侯、吴楚材《古文观止》评此赞曰:

> 前后"兴"、"亡"二字相照,"三年"、"五年",并见兴亡之速,俱关键。"过矣"、"谬哉",唤应绝韵。一赞中,五层转折,唱叹不穷,而一纪之神情已尽。

两吴氏对《项羽本纪赞》曲折往复的特点给予了高度评价。我们再看《六国年表序》中的一段:

> 秦既得意,烧天下《诗》、《书》,诸侯史记尤甚,为其有所刺讥也。《诗》、《书》所以复见者,多藏人家,而史记独藏周室,以故灭。惜哉!独有《秦记》,又不载日月,其文略不具。然战国之权变亦有可颇采者,何必上古。秦取天下多暴,然世异变,成功大。传曰"法后王",何也?以其近己而俗变相类,议卑而易行也。学者牵于所闻,见秦在帝位日浅,不察其终始,因举而笑之,不敢道,此与以耳食无异。悲夫!

---

① 〔明〕凌稚隆:《史记评林》引。

这段评论首先对秦国毁灭文化的政策表示惋惜，继而转到"何必上古"，以示战国之权变"亦有可颇采者"。再说秦国以暴力取天下，但又转到"成功大"上来，肯定秦统一天下的进步性。再转到现实，一些学者见秦国是短命王朝，就采取"举而笑之"的态度，不能对秦国历史进行公允评价，作者对此予以批评："此与以耳食无异"，并以"悲夫"收束。一段评论，多次转折，极尽曲折之能事，表现了作者对秦国历史的全面而深刻的认识。

另外如《五帝本纪赞》、《秦楚之际月表序》、《游侠列传序》等，都是极有特色的论赞。限于篇幅，我们不引原文，只引《古文观止》对这几篇论赞的评点，以见其风格。

评《五帝本纪赞》曰：

> 此为赞语之首，古质奥雅，文简意多。转折层曲，往复回环。其传疑不敢自信之意，绝不作一了结语，乃赞语中之尤超绝者。

评《秦楚之际月表序》曰：

> 前三段一正，后三段一反，而归功于汉。以四层咏叹，无限委蛇，如黄河之水，百折百回，究未尝著一实笔，使读者自得之，最为深妙。

评《游侠列传序》曰：

> 凡六赞游侠，多少抑扬，多少往复，胸中荦落，笔底抒写，极文心之妙。

这些评论均能切中要害，有助于我们深刻理解《史记》评论语言的特色。

为了增强评论语言的力量，《史记》还常常引用格言来证实自己的评论，或篇首立论，或篇末明旨，《伯夷列传》、《李将军列传》、《酷吏列传》、《游侠列传》、《货殖列传》等论赞就是这样，前代先哲如老子、孔子、管子等人及一些经典中的名言，都成为作者论证自己观点的依据。如《酷吏列传》序中孔子曰："导之以政，齐之以刑，民免而无耻。导之以德，齐之以礼，有耻且格。"老氏称:"上德不德,是以有德;下德不失德,是以无德。法令滋章,盗贼多有。"一开头就引用孔子、老子的名言来阐明礼义道德的重要性。为后文打下了基础。

总之,《史记》评论语言丰富多彩,有直接明显的论断,有含蓄冷静的论断,有微言讥刺的论断,有言外之意的论断,也有貌似无关的论断,有哲理性的论断,还有叙事性实录性的论断,有时则为夹叙夹议的论断,再有就是运用对照手法加以论断。从语言的运用来看,有的运用重言叠句,有的故作反语,有的设疑问语,有的借他人语,有的引证古书或民间俗语[①],成为《史记》语言中一个重要的方面。

五、讽刺艺术

司马迁主张文学反映现实生活,并刺讥时事。本书第五章已指出司马迁十分赞赏屈原《离骚》和司马相如赋的讽谏价值和意义,做了高度评价。司马迁身体力行,他敢于刺讥,而且旗帜鲜明,所以《史记》问世而遭"谤书"之诬。讽刺的表现形式是用尖锐而诙谐的语言对假恶丑的东西加以揭露、嘲笑和谴责。目的是通过讽刺对假恶丑的否定,达到对真善美的肯定,并使人们在欣赏讽刺艺术中得到审美的愉快。司马迁擅长"微言讥刺,贬损当世"。《六国年表序》云:"孔子次《春秋》,……七十子之徒口授其传指,为有所刺讥褒讳挹损之文辞不可以书见也。"《匈奴列传赞》云:"太史公曰:孔氏著《春秋》,隐桓之间则章,至定哀之际则微,为其切当世之文而罔褒,忌讳之辞也。"这两则序赞借《春秋》以揭示《史记》对当代史的记载多有微词讽喻。宋人吕祖谦在《大事记》中说:

> 太史公之书法,岂拘儒曲士所能通其说乎?其指意之深远,寄兴之悠长,微而显,绝而续,正而变,文见于此,而

---

① 白静生:《灵活多彩的"太史公曰"》,载《河北师院学报》1995年第1期。

起意在彼，若有鱼龙之变化，不可得而迹者矣。读是书者，不可不参考互观，以究其大旨之所归乎！

吕氏认为太史公行文如"鱼龙之变化"，莫测高深。这见解十分精到。所以我们条列司马迁的讽刺艺术手法，只能举其大端。

其一，状摹本人自矜声色的心态以寓讽。《高祖本纪》载，汉高祖刘邦尊太公为太上皇，而"心善家令言，赐金五百斤"。因太公家令劝太公执人臣礼，刘邦心善之。"心善"二字揭示刘邦做作孝敬的内心世界，十分绝妙。"赐金五百斤"这一行动，就是"心善"意识情不自禁的表现。又高祖置酒未央宫，为太上皇祝寿，曰："始大人常以臣无赖，不能治产业，不如仲力。今某之业所就孰与仲多？"刘邦的揶揄举动，使太上皇尴尬难言，引动殿上群臣高呼万岁，大笑为乐。又《叔孙通列传》载，叔孙通作礼仪，"于是高帝曰：'吾乃知今日为皇帝之贵。'乃拜叔孙通为太常，赐金五百斤。"这两例更是自矜声色的典型例证。

其二，引用他人之语以寓讽。如《汲郑列传》借汲黯之口指责汉武帝"内多欲而外施仁义"，可以说这是用他人之口抒写自己意趣的妙笔。司马迁用这一手法对叔孙通心态的描摹更为妙绝。先引鲁生语直斥叔孙通曰，"公所事者且十主，皆面谀以得其贵"，作为铺垫，尔后借叔孙通弟子之言，"诸生皆喜：叔孙通诚圣人也，知当世之要务。"这一贬一褒，相映成趣，使叔孙通好面谀以取宠的情态跃然纸上，嬉笑怒骂皆成讽喻。

其三，借秦讽汉。《六国年表序》云："论秦之德义不如鲁卫之暴戾者，量秦之兵不如三晋之强也，然卒并天下，非必险固便形势利也，盖若天所助焉。"又说："秦之帝用雍州兴，汉之兴自蜀汉。"鲜明地把秦汉联系起来，言外汉之兴也是得天之助，不是刘邦个人有什么德行，讽刺之意，隐于笔端。吴汝纶《点勘史记》评云"语虽论秦，意乃指汉。"以秦事讽汉，《平准书·赞》最鲜明。"于是外攘夷狄，内兴功业，海内之士力耕不足粮饷，女子纺绩不足衣服。古者尝竭天下之资财以奉其上，犹自以为不足也。"明斥始皇，暗喻武帝。《史记评林》眉批引茅坤之语曰：

"不及本朝,而以秦事为言若此,其旨深矣。"方苞《评点史记》亦云:"举秦事以譬况汉也。"

其四,用以褒为贬的反写法以寓讽。《萧相国世家赞》云:"淮阴、黥布等皆已诛灭,而何之勋烂焉。"显系以褒为贬。《傅靳蒯成列传》、《万石张叔列传》等篇最为集中,最为典型。如蒯成侯周緤,当刘邦自将击陈豨时,周緤泣曰:"始秦政破天下,未尝自行。今上尝自行,是为无人可使者乎?"刘邦很受感动,"上以为'爱我',赐入殿门不趋,杀人不死。"司马迁在赞中评论说:"蒯成侯周緤,操心坚正,身不见疑,上欲有所之,未尝不垂涕,此伤心者然,可谓笃厚君子矣。"周緤等阿谀奉承而得高爵,司马迁郑重地载其谀行,严肃地给予褒扬,愈是庄重,刺讥愈是深刻。"此伤心者然",这句话的意思是说,"做出一副伤心的样子还真像那么一回事",语意既诙谐而又尖酸,行文却又装扮成十分严肃的样子,读后让人忍俊不禁。

《万石张叔列传》的讽刺极为冷峭。本篇通过讽刺一类人来讥刺绝对君权下的腐败政治,是对一种社会风习的针砭。万石君石奋一家是西汉一朝的显贵。石奋是高祖刘邦的一个贴身侍从,本人"无文学",但"恭谨无与比"历仕高、惠、文、景,成为四朝元老。石奋和他的四个儿子在文帝时都官至二千石,合计万石,尊荣无比,得了个外号"万石君"的美名。汉武帝时,两个做高官的儿子郎中令石建、官至丞相的石庆,也无他能,惟效法老父一生醇谨。这时石奋家族累计二千石高官达十三人。万石君一家人做官的诀窍就是醇谨无比。万石君过宫门必下车趋,见路马必式,子孙为小吏来归谒,必朝服见之,子孙胜冠者在侧,虽燕居必冠。石建官至郎中令,还亲自为老父洗涤内裤溺器。写石庆,他为太仆,一次驾车出宫,皇上问有几马,石庆郑重其事地"以策数马",然后举手比出数字回答:"六马"。司马迁插语说:"庆于诸子中最为简易矣,然犹如此。"很明显,司马迁的插语,"皆辞为褒义存讥刺"①。

---

① 〔清〕方苞:《评点史记·太史公自序》中评语。

万石君其人是愚忠愚孝的典型，他们身上确实有优点，为人诚笃宽厚，忠于职守，与万石君合传的人物卫绾、直不疑、周文、张叔等也都是言行持重、廉谨的长者君子。但这一类人没有什么政绩可言。石庆为丞相九年，"无能有所匡言"，"醇谨而已"。这是封建官僚政治体制下的一群奴才，他们平庸无能，只知保官而已。司马迁还用互见法揭露了这类人的"讷于言"具有虚伪的一面。郎中令石建在群臣廷见时，"如不能言"，一个"如"字，说明他是装出一副不能说话的样子；但"屏人恣言"，也就是打起小报告来却口若悬河，滔滔不绝。《魏其武安侯列传》，东朝廷辩，石建不发一言，退朝以后他为汉武帝"分别言两人事"，结果是魏其侯被处斩。显然石建是看风使舵，站在王太后一边袒护卑劣小人田蚡。这类人打小报告时还能表演一番"极切"厚重的忠诚样子，所以能博得人主的"尊礼"。司马迁在叙述石建擅长"屏人恣言，极切；至廷见，如不能言者"后说："是以上乃亲尊礼之"。明显地把讽刺矛头转向了汉武帝。原来司马迁集中写平庸官僚的"醇谨"细节，就是要揭露官僚政治用奴才不用人才的腐朽本质。至于对这一类被绝对君权异化的"笃厚君子"，司马迁是有褒有贬的。

其五，记事两出，故为破绽以寓讽。 周亚夫平吴楚七国之乱，采取以梁委吴的策略。《吴王濞列传》记载为周亚夫至淮阳，采纳了都尉的献策而制定的战略；但在《绛侯周勃世家》周亚夫本传中却记载为在京师制定，得到景帝的批准。以事实按之，梁王向周亚夫求救，周亚夫"守便宜，不肯往"；梁王又告急于景帝，景帝使使诏周亚夫救梁，他仍"不奉诏"。事后梁王怨周亚夫，在窦太后面前极言其短，但景帝不但不责备周亚夫，反而升任他为丞相。再从《梁孝王世家》中可知，梁孝王受窦太后恩宠，出入服舆"拟于天子"，景帝心中不满，而表面上却慈爱有加，并声言"千秋万岁后传梁王"。窦婴谏说景帝失言，"上何以得擅传梁王"[①]，景帝欣然以窦婴为贤。由此可知景帝心迹。他

---

① 《史记》卷一百零七《魏其武安侯列传》。

批准周亚夫的委梁之计，乃是借刀杀人，欲除却心头之患。所以司马迁故作矛盾记载，露出破绽，引人深思，暗示皇亲国戚之间的互相倾轧，以诛景帝之心。

其六，记事雷同，周而复始，相映成趣，构成讽刺。如《封禅书》记载汉武帝欲修道成仙，求不死之药，始受齐人少翁文成将军的欺骗，继而受栾大的更大欺骗。尽管他相继诛杀了文成、栾大，但是并不醒悟，仍旧与方士"处之不疑"。故《封禅书》以如下意味深长的话语作结："自是之后，方士言祀神者弥重，其效可睹矣。"骗人的方士更加疯狂地活动，等着瞧吧！当今皇帝还要上当的。这冷嘲的笔调，近于戏谑，把汉武帝"尤敬鬼神之祀"的愚蠢面目活现在读者面前。

其七，用无声的沉默以寓讽。《匈奴列传·赞》云："尧虽贤，兴事业不成，得禹而九州宁。且欲兴圣统，唯在择任将相哉！唯在择任将相哉！"此为影射之讽，声东击西，讽喻汉武帝好大喜功而不能择贤，故伐匈奴建功不深。何焯《义门读书记》云："下即继以卫、霍、公孙弘，而全录主父偃谏伐匈奴书，太史公之意深矣。"吴汝纶《点勘史记》亦云："此篇后，继以卫霍、公孙二篇，著汉所择任之将相也。"《佞幸传》末忽赘二语："卫青、霍去病亦以外戚贵幸，然颇用材能自进。"可为佐证。王鸣盛《十七史商榷》云："一若以此二人本可入《佞幸》者。"不过综观《史记》载述，司马迁曲折婉约地批评汉武帝不能择贤，主要是指兵败降敌的贰师将军李广利，卫、霍二将军毕竟以才能自进，并未深责，而是有抑有扬。又，《酷吏列传》所写酷吏无汉代以前人，十之八九集中在汉武帝一朝；《循吏列传》全为汉代以前人，而无一汉代人，两相对照，构成强烈讽刺。《大宛列传·赞》不评论征宛事，亦寓无声之讽。所谓无声之讽，就是不作直接的评论而寓有强烈的讽喻意义。无声之讽要运用各种创造性的手法构成讽喻的环境和气氛，引人深思，唯司马迁能之。

其八，讽喻随文变化，或尽情形容，或委婉含蓄，或暗示喻讽，或用虚字传神以喻讽，不可尽举。《平津侯列传》对汉武帝丞相公孙弘诒谀、诡诈的品性尽情形容，一箭双雕，还揭示了汉武帝的昏庸。《平津侯列传》是这样叙述的：

> 每朝会议，开陈其端，令人主自择，不肯面折庭争。于是天子察其行敦厚，辩论有余，习文法吏事，而又缘饰以儒术，上大说之。二岁中，至左内史。弘奏事，有不可，不庭辩之。尝与主爵都尉汲黯请间，汲黯先发之，弘推其后，天子常说，所言皆听，以此日益亲贵。尝与公卿约议，至上前，皆倍其约以顺上旨。……左右幸臣每毁弘，上益厚遇之。

一个老于世故、善于奉承的滑头形象于此可见。作者在这里，不仅讽刺公孙弘的善于逢迎的丑恶形象，而且讽刺汉武帝的昏庸，一个老滑头被他重用，并不断提拔，这是多么荒唐！

在《封禅书》中，作者讽刺历代帝王迷信神仙，语句极为委婉含蓄。"自威宣燕昭，使人入海求蓬莱、方丈、瀛洲；此三神山者，其傅在勃海中，去人不远；患且至，则船风引而去。盖尝有至者，诸仙人及不死之药皆在焉。其物禽兽尽白，而黄金银为宫阙。未至，望之如云；及到，三神山反居水下；临之，风辄引去，终莫能至云。世主莫不甘心焉。"作者用"焉"、"盖……焉"、"云"等虚词，造成了跌宕讽刺的神韵，嘲笑了"世主"的愚蠢，秦皇汉武莫如此。作者在《封禅书》结尾说："自此之后，方士之祠神者弥众，然其效可睹矣！"对于汉武帝封禅、求仙种种荒唐行为一语推翻，"可睹矣"字句有"余音袅袅，不绝如缕"的讽刺效果。

《酷吏列传》讥讽汉武帝外宽内深，用法严酷，采用暗示法。司马迁对残民以逞的酷吏，采用"刻露而尽相"的手法予以揭露和鞭挞，作为讥刺汉武帝的铺垫。如写宁成，是"为人上，操下如束湿薪"，为济南都尉，"其治如狼牧羊"，当时人们传言说："宁见乳虎，毋值宁成之怒"。写义纵，"以鹰击毛鸷为活"。写王温舒，大举杀人"至流血十余里""爪牙吏虎而冠"，尽十二月，王温舒顿足叹曰："嗟乎，令冬月益展一月，足吾事矣！"写杜周，更是一个"重迟外宽内深次骨"的人，他任廷尉，"诏狱逮至六七万人，吏所增加十余万人"。对这些如狼似虎的酷吏，他们仗恃的是汉武帝给予的权力和鼓励。司马迁直斥王温舒说："其好杀伐行威不爱人如此。"紧接着说："天子闻之，以为能，迁为中尉。"全传点示"天子以为能"，"上以为能"共有八处之多，其讥刺所指是十分鲜明的。

  运用虚字传神以喻讽，前节已述及，兹从略。

  讽刺的特点是"微文刺讥"，迂曲行文，意在言外。《酷吏列传》对酷吏们"刻露而尽相"的描写是鲜明的刺讥，而不是讽刺。"上以为能"的点示才是讽刺，司马迁对汉代帝王加以刺讥、讽刺之外，还用互见法，"本传晦之"，而于"他篇发之"。例如汉文帝宠幸邓通，赐以铜山，使得一个皇帝家奴富比王侯，就不载于文帝本纪，而在《佞幸列传》中揭出。汉景帝猜疑周亚夫，使之冤死狱中；嫉恨张释之，左迁出京；迁怒栗夫人，废杀栗太子，亦不载于本纪，而在他篇揭出。至于今上汉武帝，司马迁更是将其强烈的批判锋芒运于笔端，但却又巧妙地纡曲其词，分散于各篇，既有明写，更多的是暗喻，用以突破禁忌。暗喻的手法就是讽刺。《封禅书》、《酷吏列传》、《万石君列传》三篇集中讽刺汉武帝其人及其腐败政治，是《史记》中讽刺艺术的名篇。由此可见，讽刺的重点是"微文刺讥，贬损当世"，针对现实政治，发挥史学警世的功能，具有积极的进步意义。

  司马迁的讽刺艺术也是有继承的。《诗经》中就有许多尖锐的讽刺诗。如《魏风·伐檀》讥刺在位的贪鄙者为素餐君子，即白吃闲饭的饭桶。《硕鼠》讥刺重敛的国君为大老鼠。《关雎序》称，这样的讽刺形式，"言之者无罪，闻之者足以为戒"。《汉书·艺文志》说："古有采诗之官，王者所以观风俗，知得失，自考正也。"《国语·周语》邵公谏厉王弭谤，有"天子听政，使公卿至于列士献诗"的记载。也就是说，讽刺艺术具有源远流长的历史，而且也是统治者能够接受的一种讥刺方式。司马迁正是继承又向前发展的。司马迁的讽刺无论多么尖锐，它并没有违背尊汉的大旨而走向与封建制度彻底决裂的地步。例如他对所深恶痛绝的酷吏，也没有全盘否定，而称赞其廉者可以为吏治的表率。这就是《史记》的讽刺艺术得以流传下来的原因。

六、雄健、峻洁、婉曲的语言风格

司马迁文章的风格多彩多姿，异彩纷呈，归纳起来，主要有三点：一曰雄健，二曰峻洁，三曰婉曲。分述于次。

一曰雄健。 韩愈、辛弃疾、刘熙载诸人认为，雄健是司马迁的风格之一。的确，司马迁笔力劲健，感情充沛，发之为文，使他的作品的文势或大起大落，跌宕有致；或如江河浪涛，滚滚而来，汹涌不绝，给人以雄放流荡的感觉。《项羽本纪》用千钧笔力写项羽那种狂飙突放、不可一世的盖世之勇，文章排宕开阖，浑浩流转，显得很有气势，很有魄力。他的《报任安书》"粗粗卤卤，任意写去，而矫健磊落，笔力如走蛟龙、挟风雨，且峭句险字，往往不乏，读之但见其奇肆，而不得其构造锻炼处。""真是大有力量文字"①。至于毛遂定纵、蔺相如完璧归赵、荆轲刺秦王等等，无不写得惊心动魄，一种逼人的气势充溢在字里行间。就连他的十表序文，寥寥短幅也能极尽曲折跌宕之能事，有尺幅千里之势。有人评《三代世表序》说"曲折秀洁，数尺有千寻之势"②。牛运震评《秦楚之际月表序》说："月表雄峻奇伟，顿挫处遒古可诵。"③张廉卿则誉之曰："雄逸恣肆，千古一人"④。文之雄健，全在气势。司马迁雄健有力的风格特点，就是由文章中那种旺盛不衰的强烈气势表现出来的。所以方孝孺总颂之曰：波澜壮阔，"如决江河而注之海，不劳余力，顺流直趋，终焉万里；势之所触，裂山转石，襄陵荡壑，回旋曲折，抑扬喷伏，而不见艰难辛苦之态，必至于极而后止"⑤。这是一段

---

① 《评注昭明文选》引。
② 〔清〕李晚芳：《读史管见·引》。
③ 〔清〕牛运震：《史记评注》。
④ 〔清〕姚鼐：《古文辞类纂·引》。
⑤ 〔明〕方孝孺：《与舒君书》。

非常形象生动的评论。

司马迁文章的气势，首先来自它文章的宽阔远大。清人刘大櫆指出："文贵大。古文之大者莫如史迁。震川论史记，谓为'大手笔'。又曰'起头处来得勇猛'，又曰'连山断岭，峰间参差'。又曰'如书长江万里图'。又曰'如大塘上打纤，千船万船，不相妨碍'。此气脉洪大，丘壑远大之谓也"①。百三十篇《史记》，反映的是从上古到秦汉之际三千年的历史。在这漫长的历史画廊中，司马迁描绘了大大小小、数以百计的历史事件，刻画了形形色色、风姿有别的人物形象，展现在读者面前的，确实是一幅绚丽多彩的"长江万里图"。面对这幅巨画，读者会惊叹，会兴奋，会感到一股磅礴气势在胸中激荡。这确实是"大手笔"，非"大手笔"不能如此！

在具体描述时，司马迁有"来得勇猛"的开端，也有"连山断岭，峰头参差"的文章波澜。前者如《西南夷列传》，李景星说："传之起首如青天霹雳，如平地奇峰，突兀得势，入后步步照应，有破竹之妙"②。后者如《赵世家》，李景星评道："通篇如长江大河，一波未平，一波复起，令览之者应接不暇，故不觉其长。用笔节节变化，有移步变形之妙。"③司马迁还善于通过变化使用各种不同的语言来造成种种不同的气势，有时他连用一些表示动作的词语，以短促急迫的节奏，写出当时紧张激烈的情景，造成一种势如破竹、锐不可当的气势，如写钜鹿之战；有时用接连不断、层层逼近的反诘句造成一种刺激淋漓、怒气勃勃的气势，如《伯夷列传》对天道的责疑；有时则句式匀称，排比迭用，数语之间连用十几个"也"字，构成一种感情强烈、充畅激奋的气势，如《屈原列传》论《离骚》一节。司马迁还深谙累迭之妙，善于重复取势，如《魏世家》、《苏秦列传》、《平原君列传》、《鲁仲连列传》等篇，都善用重复取势，所以宋人洪迈称赞说："重沓熟复，如骏马下驻千丈坡，其文势正尔，风行于上而

---

① 〔清〕刘大櫆：《论文偶记》。
② 李景星：《史记评议》。
③ 同上。

水波，真天下之至文也"①。

二曰峻洁。 随着《史记》各篇内容的不同，在文章风格上也呈现出不同，有的雄恣悲壮，有的冷峻深刻，有的低回婉转，有的轻捷飘忽，有的奇谲诙诡，有的热情奔放。而柳宗元独以"峻洁"二字目为司马迁风格。

所谓"峻洁"，主要指《史记》文章写得朴素凝练，干净利落，没有东枝西蔓之病。清人恽敬说："古今之文，越天成越有法度，如《史记》，千古以为疏阔，而柳子厚独以'洁'许之。今读伯夷、屈原等列传，重叠拉杂，及删其一字一句，则其意不全，可见古人所得矣。"② 看来文章要写得浑然天成，滴水不漏，不能删除一词一句，方算达到"洁"的境界。《史记》各篇，虽不能说"字字经思，句句有法"，已经"无衍词，无泛笔，一字不容增减"，但它沉郁高洁，含蓄精深，即便是名家圣手，要想轻易删改，也不是件容易的事。顾炎武《日知录》曾记载了这样一件有趣的事，其言云：

《黄氏日钞》言苏子由《古史》改《史记》多有不当。如《樗里子传》，《史记》曰："母，韩女也。樗里子滑稽多智。"《古史》曰："母，韩女也。滑稽多智。"似以母为滑稽矣。然则"樗里子"三字其可省乎？《甘茂传》，《史记》曰："甘茂者，下蔡人也，事下蔡史举，学百家之说。"《古史》曰："下蔡史举学百家之说"。似史举自学百家矣。然则"事"之一字其可省乎？以是知文不可以省字为工；字而可省，太史公省之久矣。

从此可以知道，司马迁作文，遣字造句是很用心的，名家如苏辙，删改《史记》的文章也不能尽如人意。难怪明代茅坤说，对《史记》文章，"于中欲损益一句一字处，便如于匹练中抽一缕，自难下手"③。此话虽不免溢美，但也不是没有一点道理的。

---

① 〔宋〕洪迈：《容斋随笔》。
② 〔清〕恽敬：《与舒白香》。
③ 〔明〕茅坤：《史记钞》。

关于"峻洁"的具体内容，柳宗元没有做出明确的阐述，晚清曾国藩曾做了解释。第一，他评论《朝鲜列传》时说："事绪繁多，叙次明晰，柳子厚所称太史（公）之洁也。"① 把纷纭复杂的历史人事写得有条不紊，清楚明了，的确是《史记》文章所以"洁"的原因之一。曾国藩还以《西南夷列传》为例说："叙川边、川南、云南、贵州一带……诸种族，情形异常复杂，虽在今日，尚且很难理清头绪，太史公却能用极简洁的笔法把形势写得了如指掌。他把他们分为三大部分，用土著、游牧及头发的装束等等做识别，每一大部中复分为若干小部，每小部举出一个或两个部落为代表，代表之特殊地位固然见出，其他散部落亦并不挂漏。……这是详略繁简的最好标准。"② 梁启超对这篇列传十分推崇，多次予以表彰，说"这是作文求简法的最好法门"。

第二，曾氏评《萧相国世家》说："萧相之功，只从猎狗及鄂君两段指点，其余却皆从没要紧处著笔，实事当有数十百案，概不铺写。文之所以高洁也；后人为之当累数万言，不能休矣。"③ 这就指出，司马迁文章所以"洁"的第二个原因，是善于抓住重点作精雕细刻，而将一切对表现人物性格特征无用的东西全部剔除。《史记》中这种例子真是不胜枚举。如写项羽，侧重描绘钜鹿之战、鸿门宴和垓下之围三件大事，就把项羽的威猛骁勇和政治上的天真幼稚表现得淋漓尽致。李广一生经历大小七十余战，司马迁却只写他三次战斗，从而把李广非凡的才智和超人的胆略表现得十分充足。又如梁启超评《廉颇蔺相如列传》说：

> 记蔺相如完璧归赵及渑池之会两事，从始至末一言一动都记得不漏。这是详记大事之法。因为这两件大事最足表现相如的个性，所以专用重笔写他，其余小事都小叙。廉颇的大事，三回伐齐，两回伐魏，一回伐燕，传中前后只用三四

---

① 〔清〕曾国藩：《求阙斋读书条》。
② 梁启超：《作文教学法》。
③ 〔清〕曾国藩：《求阙斋读书条》。

十个字便算写过，绝不写他如何作战，如何战胜，因为这些战术战功是良将所通有，不足以特表廉颇的人格，倒是廉颇怎样的妒忌蔺相如，经相如退让之后怎样的肉袒谢罪，失势得势时候怎么的对付宾客，晚年亡命在外思念故国时怎么的"一饭斗米肉十斤，被甲上马尚示可用"这些小事写得十分详细，读之便可以知道廉颇为人短处在褊狭，长处在重义气、识大体。①

司马迁行文，或从大处着眼，或从小处落墨，总之是非常善于抓住主要的东西作刻意描绘，而将那些可有可无、无关紧要的史料一并删除。因为《史记》写的都是有用的东西，所以它的文字特别干净，特别精练，称之为"峻洁"，是最恰当不过的。

三曰婉曲。 太史公的文章，有的如浑浩的长江大河，雄奇奔放，豪迈不羁，表现出一种阳刚之美；有的却像微波荡漾的清池曲水，委婉曲折，平易自然，偏于阴柔之美。所以在注意到司马迁雄健的风格特征时，还不能忽视他风格中委婉的一面。古人对司马迁纡徐委婉、含蓄深远的风格特征是有很多评论的，清人刘大櫆指出："文贵远，远必含蓄。或句上有句。或句下有句，或句中有句，或句外有句，说出者少，不说出者多，乃可谓之远。昔人谓子长文字，微情妙旨，寄之笔墨蹊径之外，又谓如郭忠恕画，天外数峰，略有笔墨，而无笔墨之迹。故太史公文，并非孟坚所知。意尽而言止者，天下之至言也，然言止而意不尽者尤佳。意到处言不到，言尽处意不尽，自太史公后，惟韩、欧得其一二。"② 刘氏对对司马迁寄于笔墨之外的"微情妙旨"理解颇透，故这段评论把《史记》委婉含蓄的风格特点，指点得异常详尽。

我们知道，司马迁是实录作家，具有耿直的性格，他敢于大胆地爱，也敢于大胆地恨，但他的思想，他的感情，并非在所有的时候都像庐山瀑布，一泻无遗的。他风格的另一特色是婉曲不

---

① 梁启超：《作文教学法》。
② 〔清〕刘大櫆：《论文偶记》。

露，常常愿意将自己的是非态度、爱憎感情隐蔽起来，而出之于婉笔，让读者去思考，去回味，给人以含蓄美的快感。

司马迁的委婉笔法，在批评讽刺汉武帝时用得最为充分。比如司马迁对汉武帝的穷奢极欲，为了举行封禅，消耗了大量的人力物力感到不满；对汉武帝为访仙求不死药，甘心情愿受方士欺骗而不能自拔的所作所为，更是无限愤懑。故他的那篇富有滑稽色彩的《封禅书》，曾被古代学者认为是专门讽刺汉武帝的大文章。不过这种讽刺不是直截了当的，而是若明若暗、曲折委婉的，用的是指桑骂槐的手法；需要认真思索才能体会出来。如文中叙到"秦始皇并天下"后，有这样一段话：

> 始皇封禅之后十二岁秦亡。诸儒生疾秦焚诗书，诛僇文学，百姓怨其法，天下畔之。皆讹曰："始皇上泰山，为暴风雨所击，不得封禅。"此岂所谓无其德而用事者邪？

这里的"始皇"，清人吴汝纶就指出是隐射汉武帝的。因为秦始皇封禅后并未得到上天神灵的庇佑，江山也并未传之万世，而仅传之二世就在"一夫发难，天下响应"的农民起义声中土崩瓦解了；汉武帝虽值盛世，可在盛世帷幕掩盖之中仍旧是矛盾重重，危机四伏，农民起义已此起彼伏了，这种现状若不加紧改变，其结果并不会比秦始皇好多少。所以这段话表面看来，字字句句是针对秦始皇的，而骨子里，却字字句句都是在警示汉武帝。因此，《封禅书》的结尾含蓄地说："自是之后，方士言祀神者弥重，然其效可睹矣。"方士还在骗人，皇帝尚未觉醒，然其效果是不言而喻的。这个不失尖刻浅露的结尾，受到了古人非常的好评。

司马迁这种"语虽论秦，意乃指汉"的写法，在《平准书》中也有突出表现。这里先看该书结尾一段话：

> 至于秦，卒并海内，……中一国之币为三等，黄金以镒名为上币；铜钱识曰半两，重如其文，为下币。而珠玉龟贝银锡之属，为器饰宝藏，不为币。然各随时而轻重无常。于是外攘夷狄，内兴功业，海内之士，力耕不足粮饷，女子纺

织不足衣服。士者尝竭天下之资则以奉其上，犹自以为不足也。

这段话字面上说的是"秦"事，其实一字一句都是针对刘彻的。像"于是外攘夷狄"以下几句，完全是汉武帝时代现实的真实写照。汉武帝积极对外扩张，大肆封禅求仙，劳民伤财，人们早已怨声载道。所以敏感的明代学者茅坤读到这里，提笔评道："不及本朝，而以秦事为言若此，其旨深矣。"① 觉得大有言外之意可寻。清人方苞的评语更明确，说这是"举秦事以譬况汉也"②。一针见血，毫不躲躲闪闪。清代另一位学者李晚芳对《平准书》的表现艺术体会更深，评论更细，值得一提。

李氏说，汉武帝时代弊政甚多，弃而不书，则不足为信史；若奋笔直书，又不足为君讳。故"太史（公）于是以敏妙之笔，敷绚烂之辞，若吞若吐，运含讥冷刺于有意无意之间，使人赏其绚烂，而不觉其含讥；赞其敏妙，而不觉其冷刺，笔未到而意已涵，笔虽煞而神仍浑。前用隐伏，将种种包孕，如草芽之在土；后用翻笔显笔，而节节迥应，若绿缛之逢春。每于提处，或推原，或突起，用凌空之笔，醒纷更之不一。每段小驻，或绾或含，用概笔，留不尽之神，令人远想其味外之味。将数十年种种弊政，布于万余言之中，乱若散线而不可收拾，乃或离或合，忽断忽接，或错综叙去，或牵连并写，起伏转拉，痕迹俱化，浑如一线穿成，是何等笔力！八书中唯此书出神入化，骤读之无一语径直，细案之无一事含糊，总括之无一端遗漏，使当时后世，皆奉为信史，而不敢目为谤书，煞是太史公惨淡经营之作。"③ 看来司马迁用含蓄委婉的手法表现他的"言外不尽之言，味外不尽之味"已经到了娴熟自如、炉火纯青的地步，无怪乎古往今来的文章大家都要对他钦佩之至，连连叫好了。

下面再简单谈谈古人对司马迁风格形成原因的探讨。

---

① 〔明〕凌稚隆：《史记评林》引。
② 〔清〕方苞：《评点史记》。
③ 〔清〕李晚芳：《读史管见》。

一个作家的风格，主要是由他的生活经历、性格特征、美学趣味、艺术修养等因素决定的。不同的作家有不同的个性，所以不同的作品有不同的风格。比如"性格清澈者音调自然宣畅，性格舒徐者音调自然疏缓，旷达者自然浩荡，雄迈者自然壮烈，沉郁者自然悲酸，古怪者自然奇绝"①。像"贾生俊发，故文洁而体清；长卿傲诞，故理侈而辞溢"②。司马迁的性格不同于贾谊、司马相如，故他的风格和他们亦颇有差异。明代方孝孺说："司马迁豪迈不羁，宽大易直，故其文崒乎如恒华，浩乎如江河，曲尽周密，如家人父子语，不尚藻饰而终不可学"③。方氏注意到司马迁的个性与他作品风格的关系，评其文，先察其人，这种论文方法，是值得肯定的。

　　在探究司马迁风格形成的原因时，古代学者还十分重视司马迁广泛的生活阅历对作品风格的直接影响。宋人马存在《赠盖邦式序》一文中，对友人盖邦式谈到了周游天下的阅历对司马迁性情的陶冶和形成多样文章风格的影响。他的评论很精辟，这里援引如下，供研究者参考：

　　　　子长平生喜游，方少壮自负之年，足迹不肯一日休。非直为景物役也，将以尽天下之大观，以助吾气，然后吐而为书。今于其书观之，则其平生所尝游者皆在焉。南浮长淮，溯大江，见狂澜惊波，阴风怒号，逆走而横击，故其文奔放而浩漫；望云梦、洞庭之陂，彭蠡之潴，涵混太虚，呼吸万壑，而不见介量，故其文停蓄而渊深；见九疑之绝绵，巫山之嵯峨，阳台朝云，苍梧暮烟，态度无定，靡曼绰约，春妆如浓，秋饰如洗，故其文妍媚而蔚纡；泛沅渡汀，吊大夫之魂，悼妃子之憾，竹上犹斑斑，而不知鱼腹之骨尚无恙者乎？故其文感愤而伤激；北过大梁之墟，观楚、汉之战场，想见项羽之喑呜，高帝之谩骂，龙跳虎跃，千兵万马，大弓

---

① 转引自王凯符等：《古代文章学概论》，1983年武汉大学出版社出版。
② 〔南朝梁〕刘勰：《文心雕龙·体性》。
③ 〔明〕方孝孺：《张彦辉文集序》。

长戟，交集而齐呼，故其文雄勇猛健，使人心悸而胆栗。世家龙门，念神禹之巍功，西使巴蜀，跨剑阁之鸟道，上有摩云之崖，不见斧凿之痕，故其文斩绝峻拔而不可攀跻。讲业齐鲁之都，睹夫子之遗风，乡射邹、峄，彷徨乎汶阳、洙、泗之上，故其文典重温雅，有似乎正人君子之容貌。凡天地之间，万物之变，可惊可愕，可以娱心，使人悲者，子长尽取而为文章。是以变化出没，如万象拱四时而无穷。今于其书观之，岂不信乎？

古人论文，特别讲究有"江山之助"，认为"若局促里门，踪迹不出百里外，天下名山大川之奇胜，未经寓目，胸襟何由而开拓？[①]"胸襟不开阔，那么，其文之单调乏味也就可以想见了。司马迁则不然，他跋山涉水，足迹几乎遍及祖国各地；伟大祖国的名山秀水，以及历史陈迹，人情风貌，深深地陶冶了他的性情，引发着他的才智，促进了他作品风格的异彩纷呈。所以说，他雄深雅健，逸气纵横的独特风格的形成，与他深广的生活经历关系甚大，这一点，马存的评论已做了最清楚明晰的说明。

---

① 盛大士：《溪山卧游录》。

第七章 《史记》对先秦文化的继承与总结

一、《史记》与先秦诸史

在中国现存的古代典籍里，最早的典籍无疑是历史，其主要著作有《尚书》、《国语》、《春秋》、《左传》、《国策》等，诸子著作则是相对较晚的。因此要说《史记》对于先秦文化的继承，当然首先应该讲到这些史书。

1. 《史记》与《尚书》

《尚书》是我国现存最早的历史文献资料汇编，内容包括"典"、"谟"、"训"、"诰"、"誓"、"命"等天子、诸侯和朝廷大臣所发布的各种文告。它上起尧、舜，中经夏、商、周，下至春秋时代的秦穆公。因为它只有文告，没有史的系统，所以只能算是"资料汇编"。《尚书》对《史记》的影响主要在两个方面：

其一，《尚书》所记的最早人物是尧、舜，而尧、舜又是在《论语》里被孔子倾心歌颂过的，所以司马迁首先把这两个人收进了《史记》的《五帝本纪》里。司马迁发展了《尧典》、《舜典》里的材料,把尧、舜第一次生动地刻画成了两个一切以天下黎民百姓的幸福为准则,而丝毫不计个人私利的"天下为公"的君主,寄托了自己崇高的政治理想。《五帝本纪》里的第一个人物是黄帝,是中国古代传说中的"始祖",司马迁第一个写他,有为中华民族确定"始祖"之意。但这个人物在作品中没有什么活动,给人留下的只是一种概念。至于颛顼和帝喾,更只是提到而已,所以说,司马迁之所以立《五帝本纪》,实际上主要还是为了写尧、舜。这件事表明了司马迁对于中国历史实际应从哪里开端的认识,也表明了司马迁尊崇孔子,以孔子见解为自己取舍标准的态度。

其二,《夏本纪》、《殷本纪》和《周本纪》的西周部分,主要材料取自《尚书》,如夏初的事情主要取自《大禹谟》、《禹贡》、《皋陶谟》、《益稷》、西周初期的事情取自《泰誓》、《牧誓》、《武成》、《大诰》、《多士》、《无佚》等,此外个别"世家"中的个别段落,也有取用《尚书》之处。应该特别提出的是有关大禹形象的描写,这方面的材料,《尚书》里本来也多,司马迁选用、发挥得也充分,因而遂使一个吃苦在前,根本不讲享受的、"先天下之忧而忧"的、劳动英雄一样的帝王形象,矗立在后世读者面前,使后人万世景仰。

司马迁在取用《尚书》原文的时候,有时删繁就简(如《泰誓》、《牧誓》);有时将难懂的原文改写成稍稍好懂的文字(如《尧典》),也有时加进一些自己的想象发挥,以突出自己所要表达的思想。如《五帝本纪》写尧将禅位于舜时的一段心理活动说:"尧知子丹朱之不肖,不足授天下,于是乃权授舜。授舜,则天下得其利而丹朱病;授丹朱,则天下病而丹朱得其利。尧曰:'终不以天下之病而利一人。'而卒授舜以天下。"这段文字是司马迁以前的任何古籍里所没有的,清代郭嵩焘对此议论说:"尧舜二帝纪全用《尚书》文,尧本纪篇末引《孟子》语以结之,因于其中著此数语以生趣。此亦史公好奇处,尧、舜之禅代,正不必有此计较。"① 郭嵩焘认为这样写是"降低"了大圣人的形

---

① 〔清〕郭嵩焘:《史记札记》。

象，实际上不增加这段文字则不能引起人们的注意，司马迁所以要想象、推衍、增加这段文字，正是为了突出大圣人的无私品格，为后世一切视天下为其私有财产的帝王做反照。

2.《史记》与《春秋》

《春秋》是以鲁国历史为基础，以鲁国十二国君为编年线索的大事纲要，相传为孔子所作。这部纲要记事非常简单，且还残漏不全，严格说来，这也难以称为一部合格的史书。但由于相传它是孔子作的，而孔子的弟子众多，在战国时他们的儒学就被称为"显学"，到汉武帝时代更被最高统治者看中，在其他学派都被罢黜的情况下，唯有儒学被尊崇起来。在汉代，随着孔子的其他教本如《诗》、《书》、《易》、《礼》被尊为"经"的同时，这部相传为孔子亲自著作的《春秋》便地位更高，其内容、含义，以及它的写作方法，甚至一词一字便也被吹嘘、神化得让人难以相信了。这里边的许多玄虚，当然是应该揭穿、抛弃的，而且早在宋朝王安石就已经说它是"断烂朝报"了。但是，《春秋》是汉代的官学，而且司马迁还受过公羊派的相当影响，尤其是司马迁还明确地立志要做孔子第二，他写《史记》是要写成第二部《春秋》，这一来，《春秋》对《史记》的影响就不可低估了。具体影响有三方面；

其一，《春秋》本身虽然是个残漏不全的大事纲要，但它毕竟是我国第一部按时代顺序编排的历史著作，具备了编年体史书的雏形，而《史记》中多数的"本纪"与"世家"，基本上就是按照这种体例发展而来。这点无须论证，只要一翻《周本纪》、《秦本纪》，以及《齐世家》、《鲁世家》等就可以明白。

其二，《春秋》本身虽然是个简单残漏，甚至被人视为"断烂朝报"的东西，但是在汉代它却被人们视为"经典"。汉朝人对《春秋》价值的认识，以及孔子当日为什么要写《春秋》，司马迁在《太史公自序》中曾有一段非常重要的论述："周道衰废，孔子为鲁司寇，诸侯害之，大夫壅之。孔子知言之不用，道之不行也，是非二百四十二年之中，以为天下仪表，贬天子，退诸侯，讨大夫，以达王事而已矣。夫《春秋》，上明三王之道，下辨人事之纪，别嫌疑，明是非，定犹豫，善善恶恶，贤贤贱不肖。……《春秋》，前有谗而弗见，后有贼而弗知；为人臣者不可以不知《春秋》，守蒙首恶之名；为人臣子而不通于《春秋》之义者，必陷篡弑之诛，死罪之名。"于是《春秋》这部大事纲要遂被吹成了一部君臣上下、千秋万代必须遵循的治国大法，而孔子的写《春秋》也就成了一种"素王"事业。司马迁由此受到启发，他要真的写一部"成一家之言"的《史记》，以寄托自己的理想，以表达自己对许多问题的看法，这倒是真的。并且为了打鬼而借助钟馗，为了说明自己《史记》的性质意义，于是便顺势打起了孔子写《春秋》的这个旗号。

其三，《春秋》里的批判精神影响司马迁，使司马迁在这个方面引孔子为同道。《孔子世家》评述孔子《春秋》的意义时说："吴楚之君自称'王'，而《春秋》贬曰'子'；践土之会实召周天子，而《春秋》讳之曰'天王狩于河阳'，推此类以绳当世。贬损之义，后有王者举而开之，《春秋》之义行，则天下乱臣贼子惧焉。"这里的核心问题是说的《春秋》的批判性、战斗性。只可惜孔子的批判性局限太大，他的矛头主要是对着下面的"乱臣贼子"，而对于周天子这个"王"，他是无论如何也要"尊"的。比较有意思的是，司马迁在《太史公自序》里阐述孔子为什么要写《春秋》时竟说："贬天子，退诸侯，讨大夫，以达王事而已矣。"过去读《史记》的人们读到这里，发现这"贬天子"不是孔子的思想，于是便怀疑这里的文字有问题，如清末李笠说："三字衍，孔子作《春秋》所以扶君抑臣，明上下之分。'贬天子'，非其义矣。"而班固在写《汉书·司马迁传》时，则早已经将这三个字删掉了。其实，他们不明白这是司马迁的一种手法，是把他自己的理想加在了孔子头上。如果早在孔子就把"贬天子"作为写《春秋》的目的，那么他这"孔子第二"的司马迁再写"《春秋》第二"的《史记》时，"贬天子"不就极其合理而又合法了吗？这里又一次为了打鬼而借助钟馗。

3.《史记》与《国语》

《国语》也是一部历史资料汇编，它的记事，上起西周中期的周穆王,下至战国初期。但其中的绝大部分资料是关于春秋时代的,这些资料与《左传》的记事,有的相合,有的相异,有的可以相互参补。也正因为它的这种特点,所以有些人在称《左传》为《春秋》"内传"的时候,便称《国语》为"外传"。《国语》对于《史记》的影响主要在三方面:

其一,西周后期以至春秋初期的记事,为《史记》所大量吸取、所移录,这点最明显地表现在《周本纪》中。《周本纪》写文王、武王、成王、康王时代的事情,主要根据《尚书》,西周中期以后,《春秋》与《左传》记事之前,《尚书》里的材料不多,《国语》在这时正好补充了历史记事的缺乏。如《周本纪》中的祭公谋父谏伐犬戎、密康公纳女亡国、召公谏厉王弭谤、芮良夫谏厉王近荣夷公、召公匿厉王太子静等,就是从《国语》的开头五段按原文依次移录而来。接着如虢文公谏宣王不藉千亩、仲山甫谏宣王料民、伯阳甫由三川震言西周必亡等,也都是相继由《国语》的相应部分约括、点化而来。尤其是关于幽王之后褒姒来历的那段神话传说,这是对后世影响巨大的"女人祸水"论的第一次记载,这段文字来自《郑语》,大概是东周初期的人民口头创作。

《郑语》写郑桓公早在西周宣王时代,史伯就向他预言西周必亡,劝他及早在东方寻找合适的地盘,并具体向他提出"虢叔恃势,郐叔恃险,是皆有骄侈怠慢之心,而加之以贪冒"云云,为郑国日后灭虢郐,在东方建国做了准备。这些都是非常重要的史料。

其二,《国语》中有一些远古史事的传说,为《史记》的相应叙事提供了依据。如《郑语》史伯为郑桓公论述各国形势,说"荆子熊严生子四人:伯霜、仲雪、叔熊、季纟川。叔熊逃难于濮而蛮,季纟川是立:薳氏将起之,祸又不克。是天启之心也,又甚聪明和协,盖其先王。"又说:"且重黎之后也,夫黎为高辛氏火正,以淳耀敦大,天明地德,光照四海,故命之曰'祝融',其功大矣。"这里涉及楚国先世开国的情景。又《楚语》观射父论古代天人关系混乱,颛顼为了整顿秩序,"乃命南正重司天以属神,命火正黎司地以属民,使复旧常,无相侵渎。"又说:"故重黎氏世叙天地,而别其分主者也。其在周,程伯休父其后也。"这些话都成了司马迁自述其家世的依据,移入了《太史公自序》中。

其三,《吴语》、《越语》为《史记》《吴世家》、《越世家》以及《伍子胥列传》的写作提供了基础。《左传》叙吴越争霸的过程用语简单,叙事很粗,尤其奇怪的是竟根本没有范蠡这个人。相比之下,《吴语》、《越语》是《国语》中写人叙事最详尽最生动的部分,尤其是《越语下》,更主要的是描写叙述了范蠡的才干与活动。可以说,《史记》中有关吴、越争霸的材料,主要是来自《国语》的。

《史记》吸收、使用《国语》材料,而明显加以扩展、改动的主要在以下两点:

其一,突出了越王句践忍辱发愤的思想行动。关于句践发愤图强的问题,《左传》中根本没有涉及。只有《国语》才写了句践的"卑事夫差,宦士三百人于吴,其身亲为夫差前马",以及在国内实行休养生息等,而对句践的精神活动仍缺乏应有的揭示。只有到《史记》中才有了这样的描写:"句践之困会稽也,喟然叹曰:'吾终于此乎?'文种曰:'汤系夏台,文王囚羑里,晋重耳奔狄,齐小白奔莒,其卒王霸。由是观之,何遽不为福乎?'吴既赦越,越王句践返国,乃苦身焦思,置胆于座,坐卧即仰胆,饮食亦尝胆也。曰:'女忘会稽之耻耶?'身自耕作,夫人自织,食不加肉,衣不重采,折节下贤人,厚遇宾客,振贫吊死,与百姓同其劳。"只有这样,司马迁在《史记》中所一贯表现的那种忍辱发愤,那种艰难挫折方能激发人成大事的精神才得到了充分的发挥。

其二,突出了范蠡"功成身退"、躲避矛盾的思想,以及句践诛杀功臣的罪恶行径。《左传》中没有范蠡其人,《国语》说范蠡胜吴之后向句践辞行,并没有说明是出于什么原因。句践开始不答应,范蠡说:"君行制,臣行意",于是"遂乘轻舟以浮于五湖,莫知其所终极"。轻轻淡淡,如此而已。但到了《史记》里,情况就大不相同了。《越世家》这样说:"范蠡遂去,自齐遗大夫种书曰:'飞鸟尽,良弓藏;狡兔死,走狗烹。越王为人长颈鸟喙,可与共患难,不可与共乐,子何不去?'种见书,称病不朝。人或谗种且作乱,越王乃赐种剑曰:'子教寡人伐吴七术,寡人用其三而败吴,其四在子,子为我从先王试之。'种遂自杀。"《左传》、《国语》都没有写句践杀文种的事情,而这段文字竟写得如此惊心动魄,显然司马迁是把汉代初期刘邦、吕后杀功臣的那桩历史公案写进去了。而且司马迁在《越世家》里写范蠡这个人物时,头脑里肯定是活动着张良的影子。《国语》里的范蠡,是黄老思想居多,以今本《黄帝四经》与《越语下》相较,可以看出有许多段落的思想完全相同。《史记》里的张良,是以"黄老"思想为其安身立命之基,因此这两个人物在司马迁笔下,你中有我,我中有你,是可以理解的。文种是佐句践灭吴称霸的关键人物,《左传》、《国语》虽然没有写他的悲剧结局,但战国时期别的资料里却说到了他的死。司马迁同情韩信、彭越等人,于是断然吸取其他地方的材料,写出了文种的悲剧。在文种与韩信诸人之间,彼此也是你中有我、我中有你的。

4. 《史记》与《左传》

从今天的观点看来,先秦时代品位最高的历史著作,无疑应该首推《左传》。《左传》是我国第一部成熟的编年史,其成熟的程度,甚至可以使得后来司马光在组织学者编写中国通史的《资治通鉴》时,他们认为春秋时代的部分已经不用再编,就看《左传》就行了,而他们的《资治通鉴》就是接着《左传》继续向下编的。另外再从历史与文学二者巧妙结合,既有很高的历史品位,又有很高的文学品位,从而直接对《史记》产生巨大影响,并深刻影响后代传记文学,以至小说、戏剧的,无疑也是要首推《左传》。《左传》中的许多精彩部分,直到今天仍可以让人们当作小说读。几十年前,有些人在高度评价《史记》的时候,往往有意无意地贬低了《左传》,这是不应该的。《左传》对《史记》的影响,比较重要的有下述几方面:

其一,它为《史记》提供了春秋时代的周天子以及各诸侯国的相当详尽的编年史线索。《左传》的写作，可能是参考并依据了《春秋》这部大事纲要，但由于《春秋》太简略，且又残漏太多，根本无法让人看出历史的原委；只有到了《左传》里，才把《春秋》的那些"一句话新闻"一一地扩展成了详略不等的历史故事，使人从此得以明白了那两百多年间的周天子与各诸侯国的比较清楚的历史进程。《史记》中《周本纪》与《秦本纪》的相应部分，以及齐、鲁、晋、郑、卫、宋等诸国世家，以及《楚世家》的相应部分，基本上就是把《左传》的许多段落加以删削、约括、串连而成。但司马迁写掌握一条"厚今薄古"的原则，他是从春秋末期开始，写人叙事才开始变详；而春秋末期以前，也就是在《左传》叙事的大部分时间范围，司马迁是从略，是只要一个大体轮廓的。春秋末期以前的人物，《史记》的"列传"里只写到了管仲、晏婴、子产，但篇幅都很短，而且也没有真正写到这些人物在《左传》里的那些重要活动。也正因此，《左传》里许多精彩的战争描写、外交人员的辞令描写等，在《史记》中或者根本不见，或者被削减得索然无味了。从这个角度讲，《史记》是绝对不能代替《左传》的。《史记》中凡涉及春秋时代的历史，眉目分明，头绪清楚；而从战国开始到秦的统一，按时代说，离司马迁更近了，但《史记》中战国一段的记事，反而头绪纷乱，含混不清，许多事情连个时代先后也排不出来，其原因就因为前者有《左传》如日月中天，高悬在那里，给司马迁提供了方便；而战国时代没有这样一部编年史，于是司马迁无可依傍，遂"巧妇难为无米之炊"了。

但是《史记》在删削、约括，使用这些《左传》中的材料时，也常常加以发挥、想象，以突出人物的性格，或突出某种司马迁想要表现的东西。如齐桓公之死，《左传》只是说："冬十月乙亥，齐桓公卒。"这样就什么也看不出来。而《史记·齐世家》则说："桓公病，五公子各树党争立。及桓公卒，遂相攻，以故宫中空，莫敢棺。桓公尸在床上六十七日，尸虫出于户。"这就立刻显得触目惊心了。再如骊姬杀申生的事情，《左传》说："姬谓太子曰：'君梦齐姜，必速祭之。'太子祭于曲沃，归胙于公。

公田，姬置诸宫六日，公至，毒而献之。公祭之地，地坟；与犬，犬毙；与小臣，小臣亦毙。姬泣曰：'贼由太子。'"于是申生被迫自杀。这样写只能明白一个过程，还看不出人物的性格。《国语》写得比《左传》生动，而到了《史记·晋世家》中，情况就大不相同了。它先写道："献公私谓骊姬曰：'吾欲废太子，以奚齐代之。'骊姬泣曰：'太子之立，诸侯皆已知之，而数将兵，百姓附之，奈何以贱妾之故废嫡立庶？君必行之，妾自杀也。'骊姬佯誉太子，而阴令人谮恶太子，而欲立其子。"接着写到下毒药一节，《晋世家》说："骊姬使人置毒药胙中，居二日，献公从猎来还，宰人上胙献公。献公欲享之，骊姬从旁止之曰：'胙所以从来远，宜试之。'祭地，地坟；与犬，犬死；与小臣，小臣死。骊姬泣曰：'太子何忍也！其父而欲弑代之，况他人乎？且君老矣，旦暮之人，曾不能待，而欲弑之！'谓献公曰：'太子所以然者，不过以妾与奚齐之故。妾愿母子辟之他国，若早自杀，勿徒使母子为太子所鱼肉也。始君欲废之，妾犹恨之；至于今，妾殊自失于此。'"这段描写简直精彩得无以复加了，这是我国文学史上第一个恶毒女人的形象；而司马迁的刻画本领，至今读起来仍令人为之拍案叫绝。

再比如，晋献公死后，骊姬的两个儿子也被里克杀掉了，里克是重耳一党，重耳为什么不在这时回国即位而还要在外头躲避？《左传》无交代，《晋世家》则在此处加了两句话："重耳畏诛，因固谢，不敢入。"清代史珥对此点评说："重耳非不贪得国者，亦非深自引咎者，内犹有诸公子可立，外求难信，吕郤犹虑之。则重耳之不就召，意概可知。二语提缀分明。"又比如城濮之战前，楚兵围宋，《晋世家》在此描写晋文公的心理说："楚围宋，宋复告急晋。文公欲救则攻楚，为楚尝有德，不欲伐也；欲释宋，宋又尝有德于晋，患之。"这是《左传》所没有的。史珥对此评点说："就文公心上描写数笔，较左氏传更有神采。"司马迁用《左传》主要是删繁就简，但在许多细部，在一些人物的心理神情刻画上又做了许多工作，这也是不可忽视的。

其二，《左传》关于春秋末期吴、越、楚三国的记事，给司马迁写《吴世家》、《越世家》、《伍子胥列传》提供了基础。我们之所以把《左传》有关春秋末期的事情拉出来单独叙述，是因为司马迁把"近代史"的上限划在了这里，从这时开始他就大量地为历史人物写作专传了。关于伍子胥、孙武、晏婴等人的文字固然是人物传记，而关于句践等人的文字其实也是人物传记。司马迁写《吴世家》、《越世家》主要是依据《左传》和《国语》。《国语》叙句践忍辱发愤以及在国内生聚教训的情景异常详细，且又特别出现了一个重要人物范蠡，这些都为司马迁所吸取。但《左传》也有非常精彩的部分为《国语》所没有。如吴王阖闾被句践打败身死，其子夫差即位，《左传》写道："夫差使人立于庭，苟出入，必谓己曰：'夫差！而忘越王之杀而父乎？'则对曰：'唯，不敢忘。'三年乃报越。"这段表现夫差英雄气概的话，《国语》中没有，《史记·吴世家》将其改为："阖闾（临死前）使立太子夫差，谓曰：'尔而忘句践杀汝父乎？'对曰：'不敢。'三年乃报越。"史珥对此评论说："夫差一生生色处在此，可为千古报仇之法，《左传》极写得精神，龙门截去数字，便觉枯直。"① 后来夫差又被越国打败，对于夫差死时的描写，《左传》则似乎不如《国语》与《史记》了。《左传》对此叙述说："越灭吴，请使吴王居甬东，辞曰：'孤老矣，焉能事君！'乃缢。"《国语》对此写得较详，句践对夫差说："寡人其达王于甬句东，夫妇三百，唯王所安，以没王年。"夫差说："天既降祸于吴国，不在前后，当孤之身，实失宗庙社稷，凡吴土地人民，越既有之矣，孤何以视于天下！"又自己愧悔地说："使死者无知则已矣，若其有知，吾何面目以见伍员也！"遂自杀。《史记》在这里则取了《国语》的文字，又加以发挥说："吴王乃蔽其面曰：'吾无面以见子胥也。'"

《史记·伍子胥列传》的写作，主要是根据《左传》。伍子胥的父兄被害，以及伍子胥引吴兵入郢的事情，《国语·楚语》中根本没有。而《左传》对于费无极谗害伍氏，伍子胥逃至吴国，

---

① 〔清〕史珥：《四史剿说》。

协助阖闾刺王僚即位，后又发吴兵破楚入郢的事情，都描述得相当精彩，是《左传》中最精彩的部分之一。比如当伍子胥兄弟面临被捕时，"棠君尚谓其弟员曰：'尔适吴，我将归死。吾知不逮，我能死，尔能报。闻免父之命，不可以莫之奔也；亲戚为戮，不可以莫之报也。奔死免父，孝也；度功而行，仁也；择任而往，知也；知死不避，勇也。父不可弃，名不可废，尔其勉之！相从为愈"。《史记》的意思与此略同，只是文字更浅显一些。《左传》写吴兵破楚的情景："十一月庚午，二师阵于柏举。阖闾之弟夫概王晨请于阖闾曰：'楚瓦不仁，其臣莫有死志，先伐之，其卒必奔。而后大师继之，必克。'弗许。夫概王曰：'所谓臣义而行，不待命者，其此之谓也。今日我死，楚可入也。'以其属五千先击子常之卒，子常之卒奔，楚师乱，吴师大败之。子常奔郑，史皇以其广乘死。吴从楚师，及清发，将击之，夫概王曰：'困兽犹斗，况人乎？若知不免而致死，必败我。若使先济者知免，后者慕之，蔑有斗心矣，半济而后可击也。'从之，又败之。楚人为食，吴人及之。奔，食而从之，败诸雍，五战及郢。"如此精彩的描写，为改动后的《史记》所不及。《史记》写伍子胥入郢后，着重突出了他的为父兄报仇，而《左传》、《国语》对此都根本未提。只有到了《史记·伍子胥列传》里，才有了如下描写："始伍员与申包胥为交，员之亡也，谓包胥曰：'我必覆楚。'包胥曰：'我必存之。'及吴兵入郢，伍子胥求昭王，既不得，乃掘楚平王之墓，出其尸，鞭之三百然后已。申包胥亡于山中，使人谓子胥曰：'子之报仇，其已甚乎！子故平王之臣，亲北面而事之，今至于戮死人，此岂无天道之极乎！'伍子胥曰：'为我谢申包胥曰：吾日暮途远，吾故倒行而逆施之。'"对于伍子胥的这种报仇，司马迁在"太史公曰"里特别称赞说："怨毒之于人甚矣哉！王者尚不能行之于臣下，况同列乎！向令伍子胥从奢俱死，何异蝼蚁？弃小义，雪大耻，名垂于后世，悲夫！方子胥窘于江上，道乞食，志岂须臾忘郢邪？故隐忍就功名，非烈丈夫孰能致此哉！"歌颂报仇是《史记》经常表现的主题之一，作者的主观色彩在这里表现得非常鲜明。

与此有关的是司马迁写吴兵入楚时还写到了孙武，这个人是《左传》和《国语》中都没有的。司马迁喜欢这个人物，先是在《孙子吴起列传》里写了他在吴王面前演练女兵的故事；在《伍子胥列传》里则说是孙武与伍子胥一同率吴兵破楚入郢。对此，前人曾提出过疑问。

在伍子胥因谏吴王赦越而被杀的问题上，《左传》中没有提到伯嚭其人；《国语》中出现了伯嚭，但也没有写到他与伍子胥的矛盾。而《史记·伍子胥列传》的后半截，特别突出了伍子胥与伯嚭的忠奸之争，这便又是司马迁的个人发挥了。关于伍子胥的死，《国语》记伍子胥说："员不忍称疾避易，以见王之亲为越之擒也，员请先死。"这就好像不是被吴王赐死的。《左传》则明确地说是吴王"使赐之属镂以死"，伍子胥死前说："树吾墓，槚可材也，吴其亡乎！"《史记》是根据《左传》，但发挥得最详细，它先写了伯嚭的进谗言，而后说："吴王曰：'微子之言，吾亦疑之。'乃使使赐伍子胥属镂之剑，曰：'子以此死。'伍子胥仰天叹曰：'嗟乎，谗臣伯嚭为乱矣，王乃反诛我！我令若父霸，自若未立时，诸公子争立，我以死争之于先王，几不得立。若既得立，欲分吴国于我，我顾不敢望也。然今若听谀臣言以杀长者！'乃告其舍人曰：'必树吾木以梓，令可以为器；而抉吾目悬吴东门之上，以观越寇之入灭吴也。'乃自刭死。"把一个有远见，忠心耿耿，但又无人理解、哭告无门的老臣形象写得十分突出。

其三，是《左传》写人叙事的方法普遍影响司马迁。《左传》是编年史，其中不可能专门写某个人物，但是其中有的人物事迹比较集中，作者的描写叙述也相当精彩，如郑庄公、晋文公、晏婴、子产等，尤其是郑庄公，只要我们把《左传》中有关他的叙事剪辑在一起，几乎就是一篇很好的个人传记。至于那些情节描写、场面描写、人物的心理神情描写等等，出现在《左传》中，很多都是有开创性的，对司马迁的影响更是不言而喻。

其四，是《左传》中的"君子曰"这种时有时无的议论方式被司马迁发展成了有规则的"史论"，即《史记》中每篇最后的"太史公曰"，和"类传"与"表"这种文体开头的"序"。《左传》中的"君子曰"往往就事论事，有的无关紧要，有的僵化迂腐，有的前后矛盾。只有到《史记》中，才真正成了整个作品中非常重要的一部分。这些请参考《〈史记〉的语言艺术》一节。

5.《史记》与《战国策》

《战国策》是战国时代策士们的著作，最后的编订成书大约在秦汉之交。严格说来这本书不能算是历史著作，但因为它毕竟记述了很多战国时代的史实，而且在司马迁以前再也找不到足以反映战国时代的更具有历史品位的书了，所以司马迁也就只好大量地借助于它。司马迁写史从春秋末期转详，而到了战国时代，也就是进入了司马迁"近代史"的范畴，其写人叙事也就非常精心、非常详尽了。《史记》中关于战国史事的纪、传、世家共有三十篇，享有个人专传的人物共有三十四个。如果再将虽非以其名字命篇，而实际其人在作品中起过重要作用，给人印象很深的人物加上，则《史记》中所写的战国人物可达五十多个。司马迁在写这些战国人物时，大量地录用《战国策》原文。除《屈原列传》、《孟子荀卿列传》两篇与《战国策》无关外，其余二十八篇都与《战国策》有关，涉及《战国策》一百一十二章的内容。《战国策》的大段大段文字，有的几乎一字不易地被移入《史记》中。因为《战国策》里没有"周策"，所以《史记·周本纪》也就从周敬王三十九年（孔子《春秋》终于此年）一直到周赧王元年的一百六十多年间，没有任何事情可写；而赧王元年以后的五十多年的记事，则完全是根据《西周》、《东周》二策。又例如苏秦、张仪的列传，其实就是将《战国策》中有关苏秦、张仪的言论加以排比、串联，稍加删削组合而成的。由此可以看到《战国策》对于《史记》的关系之大。但是我们必须注意，司马迁在运用《战国策》的材料时也做过许多加工，从而使他笔下的这些战国人物的传记具有了司马迁的特色。主要有三点：

其一，突出了司马迁的社会理想。例如《秦本纪》写秦孝公变法强国的一段文字，是根据《秦策》"卫鞅亡魏入秦"一节写成的，但是《秦策》中写到秦孝公的作用只是"卫鞅亡魏入秦，孝公以为相"，如此而已，平平淡淡。而《秦本纪》则从孝公元年起用了二百八十多字叙述秦孝公兴复旧业，富国强兵的事迹，其中特别突出了他的招贤用能："孝公于是布惠，振孤寡，招战士，明功赏，下令国中曰：'宾客群臣有能出奇计强国者，吾且尊官，与之分土。'卫鞅闻是令下，西入秦。"

又《赵世家》记载赵武灵王的事迹，主要是依据《赵策》"武灵王平昼居闲"的一段文字，但司马迁在这里增加了武灵王因为立太子问题而最后导致的内乱，并在其中塑造了相国肥义这样一个忠臣形象。当时武灵王犹豫不定，长子章与爱子何各拉一派势力准备政变，危机四伏，大难将至。同僚李兑劝肥义"称疾勿出"，以保性命。肥义说："不可，昔者主父以王（即爱子何）属义也，曰：'勿变而度，勿易而虑，坚守一心，以没于世。'义再拜受命而籍之。今畏不礼之难而忘吾籍，负孰甚焉！谚曰：'死者复生，生者不愧。'吾言已在前矣，吾欲全吾言，安得全吾身？且夫贞臣也，难至而节见；忠臣也，累至而行明。吾有语在前者也，终不敢失。"表现出一种既在其位，遂不避其难的磊落之行与慷慨之气。在政变发生时，他不避危难，竟代赵王而死。司马迁赞扬肥义那种忠于职守、临危授命的凛然之气，所以为他增加了一段言辞，刻画了他的行动。

《刺客列传》中的"聂政刺侠累"一段，是根据《韩策》"韩傀相韩"一章写成的。关于故事本身，司马迁毫无改变地抄入了《韩策》原文；但在最后的聂荣哭弟一段，司马迁有意地做了一些点染。《韩策》中聂荣哭诉的话是："勇哉！气矜之隆，是其轶贲育而高成荆矣，今死而无名。父母既没也，兄弟无有，此为我故也。夫爱身不扬弟之名，吾不忍也。"作品强调的是"扬名"。但到了《刺客列传》中，聂荣的哭辞变为："严仲子乃察举吾弟困污之中而交之，泽厚矣，可奈何？士固为知己者死，妾其奈何畏没身之诛，终灭弟之名！"主旨改成为赞颂"士为知己者死"了，这的确是《史记》中受歌颂的重要准则之一。

其二，突出了司马迁的人生观与审美观。司马迁有很壮烈的人生观，因而他在采用《战国策》的材料以塑造《史记》的人物时，也往往赋予它们以自己的思想认识。总的来说，《战国策》

的人物常常把"名"和"利"连在一起，而《史记》中的人物，则往往把"名"和"义"连在一起，于是这就给原来的人物增加了一种新的慷慨激昂之气，更能鼓舞人心，更具有感召力了。如《苏秦列传》、《张仪列传》，这两篇作品的主要材料，《战国策》上都有。这两个人是战国纵横家的代表，也是朝秦暮楚、"竞进无厌"的典型人物，他们在战国当时以及汉代初期都是声名狼藉的。但是司马迁除了厌恶他们的卑劣一面外，同时也钦佩他们在那样的乱世之中能"立终身之名，定累世之功"。有了这种价值取向上的变化，必然也就要在确定主题、选择材料时做相应变更。首先，司马迁在这两个人物身上都加进了"忍辱奋斗"、"穷而后工"的慷慨之音。如《战国策》写苏秦几经磨难，终于说服六国合纵，衣锦经过故乡，受到父老家人欢迎时，他慨叹道："嗟乎！贫穷则父母不子，富贵则亲戚畏惧，人生在世，势位富贵何可忽乎哉？"这里所体悟的是富贵权势的力量。可是到了《史记》中，苏秦的慨叹就变成了："此一人之身，富贵则亲戚畏惧之，贫贱则轻易之，况众人乎？且使我有洛阳负郭二顷田，吾岂能佩六国相印乎？"这里所体悟的乃是一种"忍辱奋斗"、"穷而后工"的哲理了。至于张仪，《战国策》里根本没有早期受辱的记载，只有到《史记》里才写了他早年游楚不遇，以及被诬告受鞭打的情节。而且还说张仪的入秦是受苏秦的激将法，并在苏秦暗中大力援助下才去了秦国的。这后一种说法的可信性尤其差，但司马迁却是一本正经地写出来的。写这种困厄激发人上进的还有《平原君虞卿列传》和《范雎蔡泽列传》。前者说："虞卿料事揣情，为赵画策，何其工也。及不忍魏齐，卒困于大梁，庸夫且知其不可，况贤人乎！然虞卿非穷愁，亦不能著书以自见于后世云。"后者说："士亦有偶合，贤者多如二子，不得尽意，岂可胜道哉！然二子不困厄，恶能激乎？"只有倒过霉的人才能干出大事业，这是司马迁的一贯思想，这些在《太史公自序》和《报任安书》中表述得最清楚。

其次是司马迁在写苏秦、张仪、范雎这些人物时都给他们注入了一种复仇情绪，这些都是《战国策》中原来所没有的。例如他在《苏秦列传》里增加的一段话："初，苏秦至燕，贷人百钱为资，及得富贵，以百金偿之。遍报诸所尝见德者。其从者有一人独未得报，乃前自言，苏秦曰：'我非忘子。子之与我至燕，再三欲去我易水之上，方是时，我困，故望子深，是以后子，子今已得矣。'"在《张仪列传》里他增加的一段话："张仪既相秦，为文檄告楚相曰：'始吾从若饮，我不盗而璧，若笞我；若善守汝国，我顾且盗而城。'"在《范睢列传》里所写的情况就更为惊心动魄了：范睢原来在魏国为吏，被须贾诬为里通外国，差点被魏国宰相魏齐打死。后来在秦国使者的帮助下更名改姓逃到秦国，当了宰相，魏国全然不知。后来须贾出使到秦国时："范睢大供具，尽请诸侯使与坐堂上，食饮甚设。而坐须贾于堂下，置莝豆其前，令两黥徒夹而马食之。数曰：'为我告魏王，急持魏齐头来。不者，我且屠大梁！'"就这样一直把魏齐逼到自杀为止。表彰报仇，叙写报复情绪是《史记》经常出现的重要思想之一，我们比较《伍子胥列传》、《淮阴侯列传》、《韩长孺列传》、《李将军列传》等可以得知。

其三，是加强了文章的艺术性。司马迁在截取《战国策》的文章以塑造自己的人物时，往往加上想象，从而使人物、故事变得更形象、更生动。例如商鞅是怎么到秦国去的，《战国策》里并没有细说；而一到《史记》中就立刻变得非常精彩了："公叔座病，魏惠王亲往问病，曰：'公叔病如有不可讳，将奈社稷何？'公叔曰：'座之中庶子公孙鞅，年虽少，有奇才，愿王举国而听之。'王默然。王且去，座屏人言曰：'王即不用鞅，必杀之，无令出境。'王许诺而去。公叔座召鞅曰：'今者王问可以为相者，我言若，王色不许我。我方先君后臣，因谓王即弗用鞅，当杀之，王许我。汝可急去矣，且见禽。'鞅曰：'彼王不能用君之言任臣，又安能用君之言杀臣乎？'卒不去。"这一来，故事就曲折多了，特别是公叔座先劝魏王用商鞅，转身又劝商鞅逃走一节，更是扣人心弦。司马迁写这段文字，并不是赞美公叔座的两面三刀，而是通过这个情节来表现商鞅料事的精确，来为这个人物性格的发展、为下面一系列故事的展开做铺垫。

又例如苏秦和吴起的死，在《战国策》里都没有专门描述，而到了《史记》中，司马迁对苏秦的死描写说："齐大夫多与苏秦争宠，而使人刺苏秦。不死，殊而走。齐王求贼，不得。苏秦且死，乃谓齐王曰：'臣即死，车裂臣以徇于市，曰：苏秦为燕作乱于齐，如此则臣之贼必得矣。'于是如其言，而杀苏秦者果自出，齐王因而诛之。"司马迁描写吴起之死的过程说："楚之贵戚尽害吴起，及悼王死，宗室大臣作乱而攻吴起，起走之王尸而伏之。击起之徒因射刺吴起并中楚王。悼王既葬，太子立，乃使令尹尽诛射吴起而并中王尸者，坐射起而夷宗死者七十余家。"苏秦、吴起都是战国时代数一数二的能人，一生用过许多奇谋妙策，直到临死还来个最后的一鸣惊人，用特殊的手段为自己报了仇。其情节之离奇，几乎难以使人置信，但是司马迁的这种写法对于表现苏秦与吴起的性格无疑是非常精彩的。

另外，司马迁也像把《论语》的材料处理成《孔子世家》一样，在运用《战国策》资料写作人物传记时，凭着他的学问和见识，也对那些杂乱无章的材料一一进行了排比连缀，使之成了一篇篇有头有尾、来龙去脉清楚的生动故事，这个贡献也是很大的。试想，假如没有《史记》，让我们去直接读《战国策》，那我们对战国时代历史的掌握将是如何的茫无头绪啊！

二、《史记》与先秦诸子

按照梁启超的观点，《史记》和《孟子》、《荀子》、《庄子》等先秦诸子的著作一样，都是作者自己的"一家之言"。但《史记》是后来者，司马迁在《史记》里是对先秦诸子进行了研究、总结，进行了吸收与扬弃的。这里举例谈谈《史记》与先秦几部主要思想著作的关系。

1.《史记》与《论语》、《孟子》

《论语》是被《史记》按原文取用最多的先秦著作，它总共一万多字，差不多都被司马迁引用了。孔子为深受司马迁敬重的先秦人物之一，而司马迁之所以能够认识孔子，并在思想上能深受孔子的影响，也主要是通过《论语》这部书。司马迁对《孟子》的引用虽然不像《论语》那样多，但孟轲的思想却对司马迁影响甚大。下面我们综合起来扼要地谈几点：

（1）《史记》的《孔子世家》与《仲尼弟子列传》主要就是用《论语》里的材料串连而成的。关于孔子的记载，《国语》中只有四段不长的文字，两段说孔子的博闻，一段说他夸奖一个贵族妇人知"礼"，一段说他反对季氏实行田赋制度。《左传》是第一次按照时代顺序写了孔子从鲁定公十年在鲁国做官，到鲁哀公十六年孔子死二十多年间的断断续续的几件事。司马迁就是在《左传》这点有关孔子记事的基础上，进一步考订、推想、判断，遂将《论语》里那些没有年代的大量材料编排起来，写成了今天我们所看到的《孔子世家》。迄今为止，这是有关孔子生平、事迹的最早、最有权威性的传记，也是我国思想史上第一篇全面研究、评价孔子的学术文章，同时也是寄寓司马迁人生感慨，使司马迁视为同道、视为异代知音的这位楷模人物的赞歌与挽歌。

《仲尼弟子列传》中的绝大多数人物都是依据《论语》的材料写成的，其中写得比较充分，写得有思想、有性格，而材料又于《论语》、《左传》信而有征的是子路。至于另一个花笔墨最多，占篇幅最大的子贡，则有些近于小说了。王安石说："齐伐鲁，孔子问之曰：'鲁，坟墓之国，国危如此，二三子何为莫出？'子贡因行，说齐伐鲁，说吴以救鲁，复说越，复说晋，五国由是交兵，或强或破，或乱或霸，卒以存鲁。观其言，迹其事，与夫仪、秦、轸、代无以异也。嗟乎，孔子曰：'己所不欲，勿施于人。'己以坟墓之国，而欲全之，则齐吴之人岂无是心哉？奈何使之乱与？吾所以知传者之妄一也。于史考之，当是时，孔子、子贡，穷为匹夫，非有卿相之位、万钟之禄也，何以忧患为哉？然则异于颜回之道矣，吾是以知传者之妄二也。坟墓之国虽君子之所重，然岂有忧患为谋之义哉？借使有忧患为谋之义，即可以变诈之说亡人之国以求自存哉？吾所以知其传者之妄三也。子贡之行，虽不能尽当于义，然孔子之贤弟也。孔子之贤弟所为固不至于此,矧曰孔子使之也?太史公曰:'学者多称七十子之徒,誉者或过其实,毁者或损其真',子贡虽好辩,讵至于此邪?亦所谓毁损其真哉!"① 清末史珥也说:"子贡存鲁,乱齐,观其说田常开口著一'君'字,已不是当时口吻,无论立言非圣贤义理也。然文之起灭变幻,盖《国策》之高者。"

子贡在孔子心目中不是最好的学生,孔子对子贡的经商活动也不持肯定态度,但司马迁在《货殖列传》中却对子贡相当赞赏。司马迁说:"七十子之徒,赐最饶益。"说"子贡结驷连骑,束帛之璧以聘享诸侯,所至,国君无不分庭与之抗礼"。甚至说:"使孔子名布扬于天下者,子贡先后之也。"这里不仅表现了司马迁对商业活动的重视,而且还和孔子开了个不小的玩笑。

(2)《史记》中所表现的司马迁的政治理想,主要是来自于《论语》与《孟子》。如帝王的"禅让"制度;治国必须实行仁政;帝王必须以身作则,俭朴率下,以及反对不义战争等。《论语·泰伯》记孔子曰:"巍巍乎,舜、禹之有天下也而不与焉!大哉尧之为君也!巍巍乎!唯天为大,唯尧则之。荡荡乎,民无能名焉。巍巍乎其有成功也,焕乎其有文章!"又说:"泰伯其可谓至德也已矣,三以天下让,民无得而称焉!"司马迁正是根据这种精神,在《史记》"本纪"的第一篇写了尧舜,在"世家"的第一篇写了吴太伯,在"列传"的第一篇写了伯夷。"末世逐利,唯彼奔义,让国饿死,天下称之。"② 这是司马迁自己标出的写作《伯夷列传》的宗旨。在儒家的传说中,古代圣明的帝王都是"天下为公"的,而司马迁所看到的现实,却是为了争权夺利而耍阴谋,搞诡计,动刀兵,直至打得"君不君,臣不臣,父不父,子不子"。

《论语·为政》记孔子说:"为政以德,譬如北辰居其所,而众星拱之。"又说:"道之以政,齐之以刑,民免而无耻;道之以德,齐之以礼,有耻且格。"《孟子·梁惠王上》:"王如施仁政于

---

① 《子贡》。
② 《太史公自序》。

民，省刑罚，薄税敛，深耕易耨。壮者以暇日修其孝悌忠信，入以事其父兄，出以事共长上，可使执挺以击秦楚之坚甲利兵矣。彼夺其民时，使不得耕耨以养其父母，父母冻饿，兄弟妻子离散。彼陷溺其民，王往而征之，夫谁与王敌？故曰：'仁者无敌'。"司马迁正是依据这些观点在《陈涉世家》的末尾引了贾谊的《过秦论》以评论秦朝的失败原因，说它是"仁义不施，攻守之势异也"。在《吴起列传》里，当武侯说"美哉乎，山河之固，此魏国之宝也"时，吴起对答说："在德不在险。昔三苗左洞庭，右彭蠡，德义不修，禹灭之。夏桀之居，左河济，右太华，伊阙在其南，羊肠在其北，修政不仁，汤放之；殷纣之国，左孟门，右太行，常山在其北，大河经其南，修政不德，武王杀之。由此观之，在德不在险。若君不修德，舟中之人尽为敌国也。"司马迁赞赏这种观点，并依据这种思想对比着写了项羽、刘邦入关后的不同举措，预示了他们日后的不同结局。

《论语》特别强调统治者的表率作用，如《子路》篇说："其身正，不令而行；其身不正，虽令不从。"《颜渊》篇说："季康子患盗，问于孔子。孔子对曰：'苟子之不欲，虽赏之不窃。'季康子问政于孔子曰：'如杀无道，以就有道，何如？'孔子曰：'子为政焉用杀？子欲善而民善矣。君子之德风，小人之德草，草上之风，必偃。'"《孟子·离娄下》有所谓："君仁，莫不仁；君义，莫不义。"《论语·泰伯》又赞扬禹的勤俭率下说："禹，吾无间然矣。菲饮食而致孝乎鬼神，恶衣服而致美乎黻冕，卑宫室而致力乎沟洫。禹，吾无间然矣！"司马迁正是根据这种精神写了《夏本纪》、《孝文帝本纪》，并在《李将军列传》的最后称道李广说："传曰：'其身正，不令而行；其身不正，虽令不从。'其李将军之谓也。余睹李将军悛悛如鄙人，口不能道辞。及死之日，天下知与不知，皆为尽哀。彼其忠实心诚信于士大夫也。谚曰：'桃李不言，下自成蹊。'此言虽小，可以喻大也。"

孟子明确地反对不义战争，其《尽心下》说："春秋无义战。"《离娄上》又说："君不行仁政而富之，皆弃于孔子者也，况于为之强战？争地以战，杀人盈野；争城以战，杀人盈城，此所谓率土地而食人肉，罪不容于死。故善战者服上刑，连诸侯者次之，辟草莱、任土地者次之。"司马迁正是依据这些思想写了《匈奴列传》、《朝鲜列传》、《南越列传》、《西南夷列传》，尤其是《大宛列传》谴责了汉武帝出于扩张、掠夺目的所进行的不义战争，并深恶痛绝地谴责了卫青、霍去病，尤其是李广利等这种为迎合汉武帝的扩张野心而为之争城、争地，以至于杀人盈城、盈野的人。司马迁还为此写了《平准书》，揭示了由于汉武帝发动不义战争而引起的军事、政治、经济、法律、吏治等一系列严重的恶性循环，以至于把整个国家推到了崩溃的边缘。

　　（3）孔子提倡"君君臣臣，父父子子"，比较倾向于维护以统治者利益为中心的等级制；孟子在这方面则进步得多，他旗帜鲜明地反对暴君。《孟子·尽心下》有所谓："民为贵，社稷次之，君为轻。"《梁惠王下》又说："贼仁者谓之'贼'，贼义者谓之'残'，残贼之人谓之'一夫'。闻诛一夫纣矣，未闻弑君也。"打倒坏帝王、坏国君，是理所应当的事情。这思想真是精彩之极、开放之极。孟子还认为君臣之间的关系应该是双向的，而不应该是无条件的。其《离娄下》说："君之视臣如手足，则臣视君如腹心；君之视臣如犬马，则臣视君如国人；君之视臣如土芥，则臣视君如寇仇。"《史记》中有一种任何其他"正史"所没有的民主性与批判性，而且其批判矛头还大胆地指向了当代皇帝的头上，这点我们只要看看《封禅书》、《平准书》、《游侠列传》等就行了。《伍子胥列传》写的是一个发愤报仇，向自己的国君讨还血债的故事。司马迁满腔热情地称赞这位复仇者是"烈丈夫"，其离经叛道的程度为两千年的封建社会所不容，但是这种思想却与《孟子》一脉相承。

　　《孟子·告子下》还批判了一群助纣为虐、为虎作伥的文武百官，它说："今之事君者皆曰：'我能为君辟土地，充府库。'今之所谓良臣，古之所谓民贼也。君不向道，不志于仁，而求富之，是富桀也。"司马迁笔下的公孙弘、桑弘羊、张汤等就是一群这样的形象，这点我们只要看看《平津侯主父列传》、《平准书》、《酷吏列传》等也就可以明白了。

儒家也有许多非常琐碎的东西，是很令人讨厌的，即如《论语·乡党》所说：" 君召使傧，色勃如也，足躩如也。揖所与立，左右手，衣前后，襜如也。趋进，翼如也。宾退，必复命曰：'宾不顾矣。'"又说："入公门，鞠躬如也，如不容。立不中门，行不履阈。过位，色勃如也，足躩如也，其言似不足者。出，降一等，逞颜色，怡怡如也。没阶，趋进？翼如也。复其位，踧踖如也。"连篇累牍，不胜其烦。《论语》写这些还不算多，如果我们再看看《仪礼》，尤其是《仪礼》中的"丧礼"部分，令人头昏脑涨。对于儒家的这类问题，司马谈早在《论六家要指》中就说它"博而寡要，劳而少功，是以其事难尽从"；说它烦琐得"累世不能通其学，当年不能究其礼"，司马迁把这些话全文引入了《太史公自序》。与此同时，司马迁在《孔子世家》中还让晏婴把孔子学问的短处又指说了一遍："儒者滑稽而不可轨法；倨傲自顺，不可以为下；崇丧遂哀，破产厚葬，不可以为俗；游说乞贷，不可以为国。自大贤之息，周室既衰，礼乐缺有间。今孔子盛容饰，繁登降之礼，趋详之节，累世不能殚其学，当年不能究其礼，君欲用之以移齐俗，非所以先细民也。"这些都是有识者共同的看法。

2.《史记》与《老子》、《庄子》

《老子》、《庄子》都是先秦道家的代表作，二者的思想有许多共同之处，但也有很多差异。相比之下，司马迁显然是受《老子》的影响更大，对于《庄子》，《史记》中也偶有所引用。下面我们综合地谈谈《史记》与它们二者的关系。

（1）作为一种治理国家的指导思想，司马迁推崇、赞美过《老子》。《老子》最根本的思想是倡导清静无为，顺其自然，如第四十八章说："为学日益，为道日损，损之又损，以至于无为。"第二章说："圣人处无为之事，行不言之教，万物作而弗始，生而弗有，为而弗恃，功成而弗居。"第四十三章说："天下之至柔，驰骋天下之至坚，无有入无间，吾是以知无为之有益。不言之教，无为之益，天下稀及之。"《庄子·应帝王》也有所谓："南海之帝为倏，北海之帝为忽，中央之帝为浑沌。倏与忽相遇于浑沌之地，浑沌待之甚善。儵与忽谋报浑沌之德，曰：'人皆有七窍，以视听食息，此独无有，尝试凿之。'日凿一窍，七日而浑沌死。"此外《马蹄》篇也表现了同样的意思。司马迁正是依据这些思想在《吕后本纪》里赞扬了汉代初期的政治，他说："孝惠皇帝高后之时，黎民得离战国之苦，君臣俱欲休息乎无为，故惠帝垂拱，高后女主称制，政不出房户，天下晏然。刑罚罕用，罪人是稀。民务稼穑，衣食滋殖。"曹参在萧何死后继任宰相，其执政特点就是一切谨遵旧法，不做任何变动。司马迁在《曹相国世家》中引用民歌称道当时的社会政治说："萧何为法，较若画一。曹参代之，守而勿失。载其清静，民以宁一。"

《老子》坚决反对统治者的多欲，反对统治者繁令苛法的祸国殃民，其第六十章说："治大国，若烹小鲜。"第五十七章说："天下多忌讳，而民愈贫；人多利器，国家滋昏；人多技巧，奇物滋起；法令滋章，盗贼多有。故圣人云：我无为，而民自化；我好静，而民自正；我无事；而民自富，我无欲，而民自朴。"与此类似，《庄子·胠箧》中也有所谓："弓弩毕弋机变之智多，则鸟乱于上矣；钩饵网罟罾笱之智多，则鱼乱于水矣；知诈渐毒颉滑坚白解垢同异之变多，则俗惑于辩矣。"又说："舍夫种种之民，而悦夫役役之佞，释夫恬淡无为，而悦夫啍啍之意。啍啍已，乱天下矣。"司马迁正是依据这些思想写了《孝文本纪》，赞扬了汉文帝的谦退俭朴，不事任何兴作。他在这篇本纪的最后说："孔子言：'必世而后仁，善人之治国百年，亦可以胜残去杀。'诚哉是言！汉兴至孝文四十有余载，德至胜也，廪廪向改正朔封禅矣，谦让未成于今。呜乎，岂不仁哉！"与此相反，司马迁在《平准书》、《酷吏列传》、《大宛列传》等篇中严厉地批判了汉武帝发动不义战争，实行酷吏政治，以及国家各项重大政策朝令夕改的严重扰民。司马迁在《史记》里特别表彰了汉武帝时代唯一的一个具有道家思想的人物，这就是汲黯。《汲郑列传》写汲黯任东海郡太守时的政绩说："黯学黄老之言，治官理民，好清静，择丞史而任之。其治，责大指而已，不苛小。黯多病，卧闺阁内不出，岁余，东海大治。"后来武帝把他调到朝廷任主爵都尉，他仍是"治务在无为而已，弘大体，不拘文法"。汲黯对汉武帝的一系列政策以及那些为汉武帝出谋划策的左膀右臂如公孙弘、桑弘羊、张汤等，一概深恶痛绝。因此，他不仅当面痛斥过公孙弘、桑弘羊、张汤，而且还经常与汉武帝当面发生冲突。当时，"天子方招文学儒者，上曰'吾欲'云云，黯对曰：'陛下内多欲而外施仁义，奈何欲效唐虞之治乎？'"

（2）作为一种为人处世的生活哲学，司马迁是深有感慨而自叹不如的。《老子》的第四十四章说："知足不辱，知止不殆，可以长久。"第四十六章说："祸莫大于不知足，咎莫大于欲得。故知足之足，常足矣。"第七章说："圣人后其身而身先，外其身而身存。非以其无私耶？故能成其私。"第九章说："持而盈之，不如其已；揣而锐之，不可常保；金玉满堂，莫之能守；富贵而骄，自遗其咎。功成身退，天之道也。"第二十二章说："不自见，故明；不自是，故彰；不自伐，故有功；不自矜，故长。夫唯不争，故天下莫能与之争。"司马迁就正是依据这些思想写了《留侯世家》中的张良这个人物。张良在刘邦身边总是以客人自居，从不陷得过深，更决不受刘邦的羁绊。他说话、做事，总是先摸清刘邦的思想，而采取从旁指点的态度，从而可进可退。他要干大事，但却从不表现出任何贪得之心，而总把"有病"与日后出家寻仙挂在嘴上，决不招惹刘邦的疑忌。清代林伯桐说："汉高一生最喜狎侮，又多猜忌，老成如酂侯，英雄如淮阴，皆不免于疑忌。他如黥布之勇，郦食其之辩，其始皆不免于狎侮。唯遇留侯，则自始至终，无敢失礼，亦无有疑心。岂徒以其谋略哉？观留侯自称，一则曰为韩报仇强秦；再则曰愿弃人间事，欲从赤松子游，其进退绰绰有余于功名爵禄之外者矣。考其生平，居得为之地，而无田宅之好，无声色之嗜，至其经营天下则如行所无事者，谁能及之哉！"①宋代司马光说："以子房之明辨达理，足以知神仙之为虚妄矣，然其欲从赤松子游者，其智可知也。夫功名之际，人臣之所难处，如高帝之所称者，三杰而已，淮阴诛夷，萧何系狱，非以履盛满而不止耶？故子房托于神仙，

---

① 〔清〕林伯桐：《史记蠡测》。

遗弃人间，等功名于外物，置荣利而不顾，所谓明哲保身者，子房有焉。"①

司马迁是先有了张良，又参考着张良加以发挥，从而写出了春秋末期的范蠡，张良和范蠡在《史记》中是一对孪生的兄弟。《庄子》里也讲过很多处世哲学，最有代表性的言论见于《养生王》、《山木》、《秋水》等篇。但庄子这方面的思想偏于消极，近乎无所作为，故不为张良所用，也不为司马迁所取。

（3）作为一种处理矛盾的策略、手段，司马迁曾对《老子》学说的实际运用进行了精彩的总结。《老子》第三十六章说："将欲歙之，必固张之；将欲弱之，必固强之；将欲废之，必固兴之；将欲取之，必固与之，是谓微明。柔弱胜刚强。鱼不可脱于渊，国之利器不可以示人。"第六十八章说："善为士者不武，善战者不怒，善胜敌者不与，善用人者为之下，是谓不争之德，是谓用人之力，是谓配天古之极。"此外第二十八章还有所谓"知其雄，守其雌"；"知其白，守其黑"；"知其荣，守其辱"，等等。《史记》里的张良和陈平就是极其熟练地运用这一套谋略，先是帮着刘邦与秦朝斗，又帮着刘邦与项羽斗，再帮着刘邦与功臣斗，同时也运用这一套手段为保全自己而与刘邦、吕后斗。宋代杨时说："老子之学最忍，他闲时似个虚无单弱的人，到紧要处发出来，使人支吾不住，如张子房是也。子房如峣关之战，与秦将连合了，忽乘其懈击之，鸿沟之约，与项羽讲解了，忽回军杀之，这便是柔弱之发处，可畏！可畏！"② 司马迁在《陈丞相世家》最后说："陈丞相平少时，本好黄帝老子之术，方其割肉俎上之时，其意固已远矣。倾侧扰攘楚魏之间，卒归高帝。常出奇计救纠纷之难，振国家之患。及吕后时，事多故矣，然平竟自脱，定宗庙，以荣名终，称贤相，岂不善终哉！非智谋孰能当此者乎？"清代赵恒说："论留侯筹策功则归之天，论平功名则归之智谋。智谋者，人也，正谲之间耳。读陈平一传，可见人无所不

---

① 〔宋〕司马光：《通鉴考异》。
② 〔明〕凌稚隆：《史记评林》引。

为也。"这些评论都是惊服、赞叹张良、陈平的谋略、手段的厉害；至于对他们的为人行事则不一定就是赞赏了。司马迁的态度也是如此，他在《陈丞相世家》中让陈平最后论定自己说："吾世即废，亦已矣，终不能复起，以吾多阴祸也。"

由以上情况可以说明，《史记》确实表现了不少道家思想，司马迁也的确赞扬过一些具有道家思想的人物，但倘若由此便说司马迁的思想体系是属于道家一派，恐怕还不行。司马迁引用并赞扬道家思想一般在三种场合：其一是在他批判汉武帝"尊儒"，批判汉武帝好大喜功，劳民伤财的时候，这时司马迁往往引用黄老的"清静无为"，以否定汉武帝的"多欲"。这种对道家思想、道家辞句的引用，目的只是为了战斗，并不是喜欢它们的思想体系。老子的"小国寡民"与庄子"赫胥氏"时代的"含哺而嬉，鼓腹而游"，并不是司马迁的理想社会，这点我们只要看看《货殖列传》中他对《老子》学说的批判就可以明白了。司马迁在此篇说："《老子》曰：'至治之极，邻国相望，鸡狗之声相闻，民各甘其食，美其服，安其俗，乐其业，至老死不相往来。'必用此为务，挽近世涂民耳目，则几无行矣。"其二是在他反对汉武帝的严刑峻法，在他讨厌儒家大搞烦琐哲学的时候。例如，他在《酷吏列传》序里说："孔子曰：'导之以政，齐之以刑，民免而无耻；导之以德，齐之以礼，有耻且格。'老氏称：'上德不德，是以有德；下德不失德，是以无德。法令滋章，盗贼多有。'太史公曰：信哉，是言也！法令者，治之具，而非制治清浊之源也。昔天下之网尝密矣，然奸伪萌起，其极也，上下相遁，至于不振。当是之时，吏治若救火扬沸，非武健严酷，恶能胜其任而愉快乎？言道德者溺其职矣。故曰：'听讼，吾犹人也，必也使无讼乎'；'下士闻道大笑之'，非虚言也。汉兴，破觚而为圆，斫雕而为朴，网漏于吞舟之鱼，而吏治蒸蒸，不至于奸，黎民艾安。由是观之，在彼不在此。"在这里，司马迁儒、道并引，目的在于向往一种政简刑清的政治环境，而不是相信本质意义上的老子学说。其三是引用《老子》、《庄子》中的言论，以揭露、批判现实社会的腐朽黑暗。如司马迁在《游侠列传》序中先说了一通社会黑暗,是非不分,善良的人们受打击、受迫害,哭告无门,在这样的情况下,如果再没有一批行侠尚义的侠客,那人们还怎么话呢?下面他接着说:"鄙人有言曰:'何知仁义?已飨其利者为有德。'故伯夷丑周,饿死首阳山,而文武不以其故贬王;跖蹻暴戾,其徒诵义无穷。由此观之,'窃钩者诛,窃国者侯,侯之门,仁义存',非虚言也。"这里所引的话,见于《庄子·胠箧》。庄子对于现实黑暗的揭露批判是非常深刻、非常精彩的,司马迁引来为己所用,但并不说明司马迁赞成庄子的思想体系。司马迁思想的主要方面是来自先秦的儒家,这应该从他的社会理想、政治原则、生活态度、人格精神、写史标准等各方面去综合考察。而他对当时被汉武帝所尊起的汉代之"儒",则是深恶痛绝的,因为它们已经抽掉了孔子、孟子思想里面的批判性、战斗性的精华,而赤裸裸地变成了汉武帝酷吏政治、"多欲"政治的装饰品,同时也成了汉代卑鄙文人进入官场的敲门砖。对此,我们只要读读《儒林列传》、《平津侯主父列传》就可以明白了。

司马迁对先秦儒家与先秦道家两派学说的态度,我想可以借用我国近代史上一句名言的格式来表达,这就是:以先秦儒家为体,以先秦道家为用。

3.《史记》与《商君书》、《韩非子》

商鞅、韩非都在《史记》中有传,他们的著作《商君书》与《韩非子》也都是先秦法家最重要的著作,都对司马迁产生过重要影响,所以我在这里以这两部著作为中心,也结合其他先秦法家一起谈谈他们与《史记》的关系。

(1)司马迁对先秦法家人物的才干是充分肯定的。如《商君列传》的一开头便写了商鞅的料事之明,他断定既然魏王不能听公叔痤之劝用自己,那么他也就不可能听从公叔痤之劝杀自己,结果事实果然如此。这段故事既不见于《商君书》,也不见于《战国策》,而司马迁一定要这么写,只能说明是司马迁欣赏商鞅的才干。商鞅为实行变法而与顽固派激烈辩论的一段,见于《商君书》,这里充分展现了商鞅卓绝的见识与其犀利的锋芒。接着商鞅又严厉处置了带头破坏变法的顽固派头子公子虔与公孙贾，从此使新法得以畅行无阻，迅速取得了实效。所有这一切，都让人为之击案称快。比商鞅更早的法家人物吴起也有着非凡的才干；他在鲁国为将时便能打败强齐；他在魏国为将时又一连地打败强秦；后来到了楚国，又为楚国的变法图强作出了突出的贡献，司马迁对此是完全肯定的。韩非是理论家，其揭示矛盾之深刻，其分析问题之透辟，其文章逻辑之紧严，在先秦诸子中都是前所未有的。司马迁尽管不完全同意韩非的思想，但对韩非的文章也不由得不感到惊心动魄。他在《老子韩非列传》里说："人或传其书至秦，秦王见《孤愤》、《五蠹》之书，曰：'嗟乎！寡人得见此人与之游，死不恨矣！'"这该是多么高的评价呢？

（2）司马迁对法家人物所做的历史贡献是充分肯定的。法家最根本的思想是实行严格的法治，奖励耕战，以达到富国强兵的目的，这和儒家那种架空地侈谈"德"、侈谈"仁"、侈谈"仁政"是大不相同的。在商鞅、韩非的眼里，儒家的这种空洞鼓吹不仅对治理国家无益，而且还破坏法制、扰乱视听，因此他们都主张对儒家坚决取缔，这些在《商君书》的《去强》、《农战》、《赏刑》、《一言》以及《韩非子》的《有度》、《二柄》、《五蠹》等篇中都申说得极其明白。对于这些观点，司马迁都不很同意，例如他说："吴起说武侯以形势不如德，然行之于楚，以刻暴少恩亡其躯，悲夫！"又说商鞅："余读商君《开塞》、《耕战》书，与其人行事相类，卒受恶名于秦，有以也夫！"但司马迁也清楚地看到了法家人物对于富国强兵，对于国家与历史发展所做出的卓越贡献。他在《商鞅列传》中极其客观地描述商鞅变法的成效说："行之十年，秦民大悦，道不拾遗，山无盗贼，家给人足，民勇于公战，怯于私斗，乡邑大治。"又过了五年，"秦人富强，天子致胙于孝公，诸侯毕贺"。秦国遂成为天下的霸主，并为日后吞并六国奠定了坚实的基础。与此相似，《孙子吴起列传》写吴起在楚国变法的成效说："于是南平百越，北并陈蔡，却三晋，西伐秦，诸侯患楚之强。"吴起与商鞅在战国以及西汉初期，都是声名狼藉，为人们所不齿的，但司马迁能够破除成见，在战国时代的济济人材中选出了他们两个，把他们的才干与历史功效书之子史，其眼光的卓越实在令人叹服。

(3) 法家人物的行为，光明磊落，为国家、为黎民，而不计个人的安危，他们的功业有成有不成，但他们个人的遭遇却十之八九都是悲剧结局，司马迁对此颇多感慨，内心深处实际上是很同情的。韩非曾为此写过《孤愤》，慨叹法术之士与权奸的不两立，并屡屡被权奸所陷害的事实。他在《问田》中又说："堂溪公谓韩非子曰：'臣闻服礼辞让，全之术也；修行退智，遂之道也。今先生立法术，设度数，臣窃以为危于身而殆于躯。夫舍乎全遂之道，而肆乎危殆之行，窃为先生不取焉。'韩子曰：'臣明先生之言矣。夫治天下之柄，齐民萌之度，甚未易处也。然所以废先王之教，而行贱臣之所取者，窃以为立法术，设度数，所以利民萌、便众庶之道也。故不惮乱主暗上之患祸，而必思以齐民萌之资利者，仁智之行也。惮乱主暗上之患祸，而避乎死亡之害，知明夫身而不见民萌之资利者，贪鄙之为也。臣不忍向贪鄙之为，不敢伤仁智之行。先生有幸臣之意，然有大伤臣之实。'"这就是法家的人格！吴起、商鞅就是秉着这种精神实行变法，而被反动势力杀害的。我们再看《晁错列传》中汉代法家人物的一段话："错所更令三十章，诸侯皆喧哗疾晁错。错父闻之，从颍川来，谓错曰：'上初即位，公为政用事，侵削诸侯，别疏人骨肉，人口议多怨公者，何也？'晁错曰：'固也，不如此，天子不尊，宗庙不安。'错父曰：'刘氏安矣，而晁氏危矣，吾去公归矣！'遂饮药死，曰：'吾不忍见祸及吾身。'死十余日，吴楚七国果反，以诛晁错为名。及窦婴、袁盎进说，上令晁错衣朝衣斩东市。"这段话的意思和说话者的腔调都与韩非的《问田》完全相同，也可能这个情节就是司马迁根据《问田》为晁错设计出来的。

由于司马迁是以先秦儒家的思想为基础，而且又身受汉代的酷吏政治之害，所以司马迁对法家人物常有一种厌恶情绪，这是可以理解的。但司马迁毕竟是一位杰出的历史家，所以他的叙事还能够做到尽量的公正，对先秦法家是如此，对汉代法家也是如此。即使是《酷吏列传》，他也把郅都写得忠心耿耿，大义凛然；

把张汤写得"家产直不过五百金,皆所得奉赐,无他业"。而郅都、张汤竟也都是悲剧人物,惨死于统治阶级的内部斗争之中。

4.《史记》与《荀子》

荀况是韩非的老师,按顺序应该先讲《荀子》,后讲《韩非子》。但荀况的学术是兼取儒、法两家而合之,带有总结性、综合性,所以我们把它放在了最后。例如,《荀子》的《劝学》、《修身》、《臣道》等篇都是讲儒家观点的;而其《性恶》、《王制》、《儒效》、《正论》等篇又讲了许多法家观点。孔子是很强调"礼"的,荀子也特别爱讲"礼",但《荀子》一书所讲的"礼"就已经很像是法家嘴里所讲的"法"了。《荀子》书里固然还有许多地方批"法",但同样也有许多地方批"儒"。当然,其他道家、墨家、阴阳家等更没有哪一家没有受过荀子的批判。《荀子》一书的基本思想是接近于法家,但在辞句上、在继承关系上,的确又有许多儒家的东西。因此,可以说荀况的思想是"儒法结合",或者说他是"外儒内法"。汉代董仲舒所鼓吹的"儒",汉武帝"独尊儒术"所尊的"儒",以及后世两千年历代统治者所崇奉的"儒",实际上都是秉承荀况的衣钵,只不过是各个人之间有些细小的差别而已。比如董仲舒倡导"正其义,不谋其利;明其道,不计其功",这的确有点"纯儒"的样子;但我们如果再看看他鼓吹的那套"阴阳五行"呢?荒唐得简直活像个巫师。再读读他的《春秋繁露》,更是儒、法、道各家都有。其实这倒是正常的现象,因为作为一种学术思想,总是要发展;作为一种统治术,也总是要在实践过程中不断完善的。

《史记》里吸收、运用《荀子》的观点很多:

(1)《荀子》中的"性恶论"被司马迁所取用。《孟子》是讲性善的,他的"仁政"学说就建立在"性善"说的基础上,其观点详见于《孟子·梁惠王上》。而荀子则主张"性恶",其《性恶篇》云:"今人之性,生而有好利焉,顺是,故争夺生而辞让亡焉;生而有疾恶焉,顺是,故残贼生而忠信亡焉,生而有耳目之欲,有好声色焉,顺是,故淫乱生而礼义文理亡焉。然则从人之性,顺人之情,必出于争夺,合于犯分乱理而归于暴。故必将有师法之化，礼义之道，然后出于礼让，合于文理，而归于治。用此观之，然则人之性恶明矣，其善者伪矣。"司马迁正是根据这种思想在《货殖列传》中写道："富者，人之情性，所不学而俱欲者也。故壮士在军，攻城先登，陷阵却敌，斩将搴旗，前蒙矢石，不避汤火之难者，为重赏使也；其在闾巷少年，攻剽椎埋，劫人作奸，掘冢铸币，任侠并兼，借交报仇，篡逐幽隐，不避法禁，走死地如骛者，其实皆为财用耳；今夫赵女郑姬，设形容，揳鸣琴，揄长袂，蹑利屣，目挑心招，出不远千里，不择老少者，奔富厚也；游闲公子，饰冠剑，连车骑，亦为富贵容也；弋射渔猎，犯晨夜，冒霜雪，驰坑谷，不顾猛兽之害，为得味也；博戏驰逐，斗鸡走狗，作色相矜，必争胜者，重失负也；医方诸食技术之人，焦神极能，为重糈也；吏士舞文弄法，刻章伪书，不避刀锯之诛者，没于赂遗也；农工商贾畜长，固求富益货也。此有智尽能索耳，终不余力而让财矣。"又说："夫神农以前，吾不知矣。至若《诗》、《书》所述虞夏以来；耳目欲极声色之好，口欲穷刍豢之味，身安逸乐，而心夸矜势能之荣使。俗之渐民久矣，虽户说以妙论，终不能化。"又说："'天下熙熙，皆为利来，天下攘攘，皆为利往。'夫千乘之王，万家之侯，百室之君，尚犹患贫，而况匹夫编户之民乎？"尽管语带愤疾，但都是事实，既深刻，又富有战斗性。

(2)《荀子》里"法后王"的观点为司马迁所赞同。孔子、孟子等儒家代表人物都是一贯鼓吹"法先王"，而从荀子开始，则提出了"法后王"。荀子在其《儒效篇》里把能够"法后王，一制度，隆礼义而杀《诗》、《书》"的人称为"雅儒"；把能够"法后王，统礼义，一制度，以浅持博，以一统万"的人称为"大儒"。他说一个国家如果任用"雅儒"，就可以长治久安；如果任用"大儒"，就可以统一天下。其《王制篇》又说："王者之制，道不过三代，法不贰后王。道过三代谓之荡，法贰后王谓之不雅。"荀子这种"法后王"的思想，在韩非那里又得到了进一步地发挥。司马迁对此是赞赏的，他在《六国年表·序》中痛斥汉代那些极力诋毁秦朝，不把秦朝看作一个朝代的俗儒时说："秦取天下多暴，然世异变，成功大。传曰'法后王'何也？以其近己而俗变相类，议卑而易行也。学者牵于所闻，见秦在帝位日浅，不察其终始，因举而笑之，不敢道，此与以耳食无异。悲夫！"

（3）《荀子》里的天道观、唯物思想达到了古代辉煌的境界，司马迁受其影响，在《史记》中也表现得相当精彩。《荀子·天论》说："天行有常，不为尧存，不为桀亡。"又说："大天而思之，孰与物畜而制之；从天而颂之，孰与制天命而用之。"司马迁正是借助这种思想，在汉代那种天人感应的迷雾下，对麻醉人的"天道观"进行驳斥说："或曰：'天道无亲，常与善人。'若伯夷叔齐，可谓善人者非邪？积仁洁行如此而饿死！且七十子之徒，仲尼最荐颜渊为好学，然回也屡空，糟糠不厌，而卒早夭。天之报施善人其何如哉？盗跖日杀不辜，肝人之肉，暴戾恣睢，聚党数千人横行天下，竟以寿终。是遵何德哉？此其尤大彰明较著者也。若至近世，操行不轨，专犯忌讳，而终身逸乐富厚，累世不绝；或择地而蹈之，时然后出言，行不由径，非公正不发愤，而遇祸灾者，不可胜数也。余甚惑焉，倘所谓天道，是耶？非耶？"这些话固然是针对社会黑暗而发，但其对"天道"迷信的怀疑否定，也是客观事实。《史记》里有一种疾"虚妄"的科学精神，如《五帝本纪》里有所谓"百家言黄帝，其文不雅驯，荐绅先生难言之"；《刺客列传》里有所谓"世言荆轲，其称太子丹之命，'天雨粟，马生角'也，太过"。类似这种荒唐的东西他都剔除不要，足见其唯物思想之卓绝。至于有些地方为了表情达意，他采取了记述"妖祥"的手法，那是一种权宜之计，我们不要错怪了作者。

（4）《荀子》中关于"礼"，关于"兵"、"刑"的看法，被司马迁所吸取。《史记·礼书序》云："人道经纬万端，规矩无所不贯，诱进以仁义，束缚以刑罚，故德厚者位尊，禄重者宠荣，所以总一海内而整齐万民也。人体安驾乘，为之金舆错衡以繁其饰；目好五色，为之黼黻文章以表其能；耳乐钟磬，为之调谐八音以荡其心；口甘五味，为之庶羞酸咸以致其美；情好珍善，为之琢磨圭璧以通其意。故大路越席，皮弁布裳，朱弦洞越，大羹玄酒，所防其淫侈，救其凋敝。是以君臣朝廷尊卑贵贱之序，下及黎庶车舆宫室饮食嫁娶丧祭之分，事有宜适，物有节文。"这就是《荀子》的思想，其基本意思以及其许多辞语都来自于《荀子》的《富国篇》。序文之后，又引入了《荀子》的《礼论》、《议兵》等。其中所谓"礼者，治辨之极也，强固之本也，威行之道也，功名之总也，王公由之所以得天下也，不由所以陨社稷也"云云，是荀子论礼的基本观点。类似的说法还见于其《王霸》、《强国》等篇。

　　关于"兵"的看法，司马迁在《太史公自序》中说："非兵不强，非德不昌。黄帝汤武以兴，桀纣二世以崩，可不慎与？《司马法》所从来尚矣，太公孙吴王子能绍而明之，切近世，极人变，作《律书》第三。"他在《律书·序》中说："兵者，圣人所以讨强暴，平乱世，夷险阻，救危殆。自含齿戴角之兽见犯则校，而况于人怀好恶喜怒之气？喜则爱心生，怒则毒螫加，情性之理也。"又说："故教笞不可废于家，刑罚不可捐于国，诛伐不可偃于天下，用之有巧拙，行之有逆顺耳。"这些都是荀子、韩非的思想，孔子是绝对没有的。孔子主张"去兵、去食、存信"。当卫灵公"问阵于孔子"，孔子回答说："俎豆之事，则尝闻之矣；军旅之事，未尝学也。"对战争、军备采取了一种完全排斥的态度。而在《荀子·议兵篇》里则说："仁者爱人，爱人故恶人之害之也；义者循理，循理故恶人之乱之也。彼兵者，所以禁暴除害也，非争夺也。"司马迁的观点正是从这里发展来的。司马迁批驳了那些食古不化的"俗儒"，说他们那种"不量轻重，猥云德化"的攻击用兵是"暗于大较"。并把《荀子》的《议兵篇》大段地引进了他的《律书》。

　　关于"刑"的问题，司马迁在《酷吏列传·序》中先引了孔子的一段话和老子的一段话，尔后说："信哉，是言也。法令者治之具，非制治清浊之源也。昔天下之网尝密矣，然奸伪萌起，其极也，上下相遁，至于不振。当是之时，吏治若救火扬沸，非武健严酷恶能胜其任而愉快乎？言道德者溺其职矣。故曰'听讼吾犹人也，必也使无讼乎！''下士闻道大笑之'，非虚言也。汉兴，破觚而为圆，斫雕而为朴，网漏于吞舟之鱼，而吏治蒸蒸，不至于奸，黎民艾安。由是观之，在彼不在此。"再结合作品中所写的人物事件看，司马迁显然是反对严刑峻法的，与法家思想截然不同。但是他在《太史公自序》中谈到为什么要写《酷吏列传》时又说："民倍本多巧，奸轨弄法，善人不能化，唯一切严削为能齐之。"似乎又认为治"乱世"也还是非用"重典"不行。这倒是和《礼书·序》所说的"诱进以仁义，束缚以刑罚"；以及《律书·序》所说的"教笞不可废于家，刑罚不可捐于国"的思想是完全一致的。而这种"德"、"法"并举，"仁义"与"刑罚"并用的主张，正好是荀子的观点。《礼书》、《律书》是否出于司马迁之手，自古人们有争议，所以我们把涉及这两篇的问题放在了最后。但由于这两篇里的观点可以和其他没有争议的篇章相印证，所以我们还是参证各篇写了这一节。

汉儒继承荀子，司马迁也继承荀子，为什么司马迁又对汉儒那么深恶痛绝呢？看来恐怕就是因为汉儒太把"儒学"当成敲门砖；在以"儒学"为汉武帝的现时政治做装点、做外衣、做无所不用其极的解释与辩护时，实在是庸俗而使人厌恶。

三、《史记》与《诗经》

1. 《史记》引《诗》概况

《史记》是将《诗经》称为"《诗》"的。据李晓光、李波编的《史记索引》，《史记》中共出现"诗"字一百二十五次，其中一百零一次均为称说《诗经》。在标明"《诗》曰"，"《诗》云"的情况下，引用《诗》中诗句二十次，涉及十五个诗篇。此即《鄘风》中的《相鼠》①；《小雅》中的《出车》②、《六月》③、《巧言》④、

---

① 见《商君列传》。
② 见《匈奴列传》。
③ 见《匈奴列传》与《卫将军骠骑列传》。
④ 见《范雎蔡泽列传》。

《北山》①、《车辖》②、《渐渐之石》③与《何草不黄》④；《大雅》中的《皇矣》⑤、《洞酌》⑥、《板》⑦、《荡》⑧与《抑》⑨，以及《周颂》中的《有瞽》⑩与《鲁颂》中的《闷宫》⑪。未标明"《诗》曰"而引《诗》中诗句者，计有《周本纪》之引《周颂·时迈》、《周颂·思文》与《大雅·文王》；《孝武本纪》与《封禅书》之引《周颂·与衣》。两项合计，《史记》中引用《诗》中诗句共二十五次，涉及篇目为十九个。

褚先生补作的部分，共引《诗》五次。此即《三代世表》之引《大雅·生民》与《商颂·玄鸟》，《滑稽列传》之引《小雅·鹤鸣》与《青蝇》、《白华》。此外，《宋微子世家》中所引的、《麦秀之诗》的诗句，《商君列传》中所引的"诗曰'得人者兴，失人者崩'"，《春申君列传》中所引的"诗曰'大武远宅而不涉'"，皆与《诗经》无关。古人引用书中之成语或成句，或有通称"诗"之成例。如上引之末一例，据孙诒让考证，是见之于《周书·大武篇》的。

《史记》中列举《诗经》篇名者，计有《周南·关雎》、《召南·甘棠》、《秦风·黄鸟》、《豳风·鸱鸮》、《小雅·鹿鸣》、《小雅·黍苗》、《大雅·文王》与《周颂·清庙》。"风"、"雅"、"颂"以及"国风"、"大雅"、"小雅"之类的专称，《史记》中全都使用过。

《史记》中也用过"《诗经》"这个词。《儒林列传》中说："申公独以《诗经》为训以教，无传（疑），疑者则缺不传。"（此

---

① 见《司马相如列传》。
② 见《孔子世家》。
③ 见《仲尼弟子列传》。
④ 见《孔子世家》。
⑤ 见《乐书》。
⑥ 见《孝文本纪》。
⑦ 见《乐书》。
⑧ 见《春申君列传》。
⑨ 见《晋世家》。
⑩ 见《乐书》。
⑪ 见《建元以来侯者年表》、《淮南衡山列传》与《匈奴列传》。

据中华书局1982年版《史记》引)《汉书·儒林传》于"为训"下多一"故"字，于"无传"下少一"疑"字。《史记索隐》说，上引《传》文的意思是，"谓申公不作《诗传》，但教授，有疑则缺耳。"而《汉书·楚元王传》中说："文帝时，闻申公为《诗》最精，以为博士。……申公始为《诗传》，号《鲁诗》。"《汉书·艺文志》载："《诗经》二十八卷，鲁、齐、韩三家。"注引应劭曰："申公作《鲁诗》。"是则三家之《诗》学，固以《鲁诗》为最先出；认为《鲁诗》没有《诗传》，其说是不确的。另据《汉书·武帝纪》，建元五年春，始置"五经"博士。"五经"中是包含有《诗经》的；称《诗》为"经"当始于此时。《史记》中称"《诗经》"者只在《儒林列传》中出现一次，这也许与《史记》中多用《诗经》的简称或惯称为"《诗》"有着关系。

据《史记·孔子世家》与《儒林列传》，孔安国为申公弟子，曾从申公受《诗》，为博士。司马迁又曾从孔安国问业，则其所习之《诗》，自亦当为《鲁诗》。而今本《史记》中，唯见"《韩诗》"出现二次，而不见有"《鲁诗》"的字样出现。虽则《儒林列传》中介绍了三家《诗》的传授情况，并且说过："言《诗》虽殊，多本于申公。"

《史记》中所引《诗》中诗句的文字，也有不统一的。例如对《鲁颂·闷宫》中的"戎狄是膺，荆舒是惩"（此据《毛诗》）二句，《建元以来侯者年表》引作"荆荼是徵"，《匈奴列传》引作"戎狄是应"。依王先谦《诗三家义集疏》的说法，《史记》"膺"作"应"，"舒"作"荼"，用的是《鲁诗》（王氏未计"惩"作"徵"一条）。然《淮南衡山列传·赞》引《闷宫》又不改作，这可能说明司马迁是曾兼学过三家《诗》的。

2. 依史学需要用《诗》

先秦时代，引《诗》最早的是孔子，引《诗》最多的是荀子。孔子的引《诗》，是断章取义式的；而荀子的引《诗》，则是以《诗》为证式的。《史记》引用《诗》中的诗句，都属于以诗为证的一种。而其对于《诗》的概括叙述，则是依史学的需要引用的。这是因为太史公有着明确的史学意识，他撰写的通史式巨著是一部严肃的史学著作。可以说，《史记》对《诗经》的利用完全是一种史学的利用。这表现在如下各点：

其一是用《诗》以证史。即将《诗》中所述之古史，作为古代史料来加以利用。《平准书·赞》中说："《书》道唐虞之际，《诗》述殷周之世。"此系就《书》与《诗》的记事时限，相对而言；不等于说《书》只道唐虞之际，《诗》只述殷周之世。《殷本纪·赞》中说："余以《颂》次契之事。"所谓"以《颂》次契之事"，系指《商颂·玄鸟》而言，其中包含有上古神话传说。《商颂·玄鸟》的开头，有"天命玄鸟，降而生商"二句。《殷本纪》将此传说坐实，予以历史化："殷契，母曰简狄，有娀氏之女，为帝喾次妃。三人行浴，见玄鸟堕其卵。简狄取吞之，因孕生契。"

《大雅·生民》叙述了周人始祖后稷降生的一段神话传说："厥初生民，时维姜原。生民如何？克禋克祀，以弗无子。履帝武敏歆，攸介攸止，载震载夙，载生载育，时维后稷。……诞置之隘巷，牛羊腓字之；诞置之平林，会伐平林；诞置之寒冰，鸟覆翼之。"《周本纪》据此，叙述了周始祖后稷诞生的历史："周后稷，名弃。其母有邰氏女，曰姜原。姜原为帝喾元妃。姜原出野，见巨人迹，心忻然说，欲践之，践之而身动如孕者。居期而生子，以为不祥：弃之隘巷，马牛过者皆辟不践；徙置之林中，适会山林多人，迁之，而弃渠中冰上，飞鸟以其翼覆荐之。姜原以为神，遂收养长之。初欲弃之，因名曰弃。"这里的叙述，和《生民》相差的，只有"会伐平林"与"牛羊腓字之"二句。《周本纪》中又写到公刘的故事。"公刘虽在戎狄之间，复修后稷之业：务耕种，行地宜，自漆、沮度渭，取材用。行者有资，居者有畜积，民赖其庆。百姓怀之，多徙而保归焉。周道之兴自此始，故诗人歌乐思其德。"这里所说的内容，是依据《大雅·公刘》转述的。周初开国的历史，如古公亶父的迁岐，太王至文王的征伐，以及文王的迁都丰京，武王的迁都镐京，实取材于《大雅》的《绵》、《皇矣》与《文王有声》诸篇。于此可以说，《史记》对于《诗经》中史料的使用是较为广泛的。

其二是记作《诗》本事。《秦本纪》载："缪公卒，葬雍。从死者百七十七人，秦之良臣子舆氏三人名曰奄息、仲行，鍼虎，亦在从死之中。秦人哀之，为作歌《黄鸟》之诗。"记事之后，下文复引"君子曰"以为评论："秦缪公广地益国，东服强晋，西霸戎夷，然不为诸侯盟主，亦宜哉。死而弃民，收其良臣而从死。且先王崩，尚犹遗德垂法，况夺之善人良臣百姓所哀者乎！"《太史公自序》中也说："以人为殉，《诗》歌《黄鸟》。"这是所谓"刺诗"之一例。

《燕召公世家》记："召公之治西方，甚得兆民和。召公巡行乡邑，有棠树，决狱政事其下。自侯伯至庶人各得其所，无失职者。召公卒，而民人思召公之政，怀棠树不敢伐，哥（歌）咏之，作《甘棠》之诗。"《太史公自序》中也说："嘉《甘棠》之诗。"这是所谓"颂诗"之一例。

其三是记作《诗》本意，即解说诗人作《诗》之本旨，其依据是《鲁诗》家之说。

《十二诸侯年表·序》："周道缺，诗人本之衽席，《关雎》作。"《儒林列传》："周室衰而《关雎》作。"这是认为《关雎》是一首"刺诗"。《汉书·杜周传》中，记杜钦的解说云："后妃之制，夭寿治乱存亡之端也。迹三代之季世，览宗、宣之享国，察近属之符验，祸败曷尝不由女德？是以佩玉晏鸣，《关雎》叹之。知好色之伐性短年，离制度之生无厌，天下将蒙化，陵夷而成俗也。故咏淑女，几以配上，忠孝之笃，仁厚之作也。"注引臣瓒曰："此《鲁诗》也。"又引李奇曰："后夫人鸡鸣佩玉去君所，周康王后不然，故诗人叹而伤之。"《后汉书·皇后纪·序》中也说："康王晚朝，《关雎》作讽。"

《十二诸侯年表·序》中又说："仁义陵迟，《鹿鸣》刺焉。"这亦是认为《鹿鸣》是一首"刺诗"。《太平御览》卷五百七十八引《大周正乐》曰："《鹿鸣》者，周大臣之所作也。王道衰，君志倾，留心声色，内顾妃后。设旨酒嘉肴，不能厚养贤者，尽礼极欢，形见于色。大臣照（昭）然独见，必知贤士幽隐，小人在位，周道陵迟，自以是始。故弹琴以风谏，歌以感之。……此言禽兽得美甘之食，尚知相呼，伤时在位之人不能，乃援琴以刺之，故曰《鹿鸣》也。"《文选》卷十八《琴赋》注引蔡邕《琴操》说："《鹿鸣》者，周大臣之所作也。王道衰，大臣知贤者幽隐，故弹弦风谏。"

于上引之《关雎》，《毛诗序》中说："《关雎》，后妃之德也，风之始也，所以风天下而正夫妇也，故用之乡人焉，用之邦国焉。"对《鹿鸣》，《毛诗序》中说："《鹿鸣》，宴群臣嘉宾也。既饮食之，又实币帛筐篚，以将其厚意，然后忠君嘉宾得尽其心矣。"《毛诗》以《关雎》、《鹿鸣》为"美诗"，《鲁诗》以《关雎》、《鹿鸣》为"刺诗"。《史记》中的论述，是遵从《鲁诗》，信守其家说的。

其四是记传《诗》之史。秦始皇三十三年，李斯建议："非博士官所职，天下敢有藏《诗》、《书》、百家语者，悉诣守、尉杂烧之。"① 此项建议，经始皇帝批准施行。秦既已焚书，《诗》又是如何流传下来的呢？《六国年表·序》中说："秦既得意，烧天下《诗》、《书》，……《诗》、《书》所以复见者，多藏人家。"由于"多藏人家"，《诗经》才得以免遭厄难，后来才得以复出。《儒林列传》中叙述了如下史实："陈涉之王也，而鲁诸儒持孔氏之礼器往归陈王。……及高皇帝诛项籍，举兵围鲁，鲁中诸儒尚讲诵习礼乐，弦歌之音不绝。……自是之后，言《诗》于鲁则申培公，于齐则辕固生，于燕则韩太傅。"这里清晰地描述了《诗》之复出的过程，并且对于汉代初期三家《诗》学的传授源流做了明确的记载。这就为后代的《诗经》研究者提供了原始而又可靠的史料，其功绩是不可磨灭的。

3. 按政治观点论《诗》

如上所述，《史记》依写通史的需要，从《诗》中吸取史料，可以说是按史学需要用《诗》。另一方面，《史记》又按其政治观点论《诗》。在这里，司马迁不是简单地将《诗》视为文学作品，而是将其视为文化典籍的。司马迁以一个伟大史学家的敏感，论述了与《诗》有关的一些重要问题。

---

① 《秦始皇本纪》。

《太史公自序》中说："《易》著天地阴阳四时五行，故长于变；《礼》经纪人伦，故长于行；《书》记先王之事，故长于政；《诗》记山川溪谷禽兽草木牝牡雌雄，故长于风；《乐》乐所以立，故长于和；《春秋》辨是非，故长于治人。是故《礼》以节人，《乐》以发和，《书》以道事，《诗》以达意，《易》以道化，《春秋》以道义。"在这里，司马迁将《诗》与《易》、《礼》、《书》、《乐》、《春秋》并列在一起予以讨论，显然，他是将《诗》视为儒家的经典，视为孔子倡导的"六艺"之一的。因而，司马迁将《诗》作为王道政治的遗迹，认为《诗》中包含有王道文化的内容，是毫不奇怪的。《宋微子世家·赞》中说："襄公之时，修行仁义，欲为盟主。其大夫正考父美之，故追道契、汤、高宗殷所以兴，作《商颂》。"虽则正考父并非宋襄公之大夫，但这段话中赞美王道政治的用意是十分显然的。《周本纪》在记述文王、武王、成王的功绩之后说："兴正礼乐，度制于是改，而民和睦，颂声兴。"《集解》引何休曰："颂声者，太平歌颂之声，帝王之高致也。"实际上，这里的"颂声"，歌颂的也是王道政治。《周本纪》中又说："懿王之时，王室遂衰，诗人作刺。"这所谓"诗人作刺"，据《汉书·匈奴传上》，是指懿王时戎狄交侵，暴虐中国，诗人疾而歌之曰："靡室靡家，猃允之故"；"岂不日戒，猃允孔棘。"颜师古注曰："《小雅·采薇》之诗也。"这就是说，等到王道政治衰微时，诗人就要奋起作刺了。由于《诗》可以"颂"，可以"刺"，因而，《司马相如列传·赞》中认为，《诗》是可以用之于"风（讽）谏"的。

《孔子世家》记有孔子删《诗》之说："古者《诗》三千余篇，及至孔子，去其重，取可施于礼义……三百五篇孔子皆弦歌之，以求合《韶》、《武》、《雅》、《颂》之音。礼乐自此可得而述，以备王道，成六艺。"这段文字不太好解，但它说了两个意思，却很明显。一是说孔子做过"正乐"工作。孔子一一地弦歌三百五篇，就是这样的一种表示。这与《论语·子罕》所记孔子之语"吾自卫反鲁，然后乐正，《雅》、《颂》各得其所"二者是相应的。二是说孔子看待《诗》的重要标准是"取可施于礼义"，

"礼乐自此可得而述"，其终极目的是为了"备王道，成六艺"。不管它是否符合孔子的原意，但它符合司马迁的观点，则是肯定无疑的。于此可以证明：司马迁是把《诗》看作"王道"、"六艺"的一种重要体现。

《史记》中论及《诗》与乐的看法。《乐书》中说："诗，言其志也；歌，咏其声也。"又说："《雅》、《颂》之音理而民正，……郑卫之曲动而心淫。""郑卫之音，乱世之音也。……桑间、濮上之音，亡国之音也。"这即是认为："治世之音安以乐，其正（政）和，乱世之音怨以怒，其正（政）乖；亡国之音哀以思，其民困。"上述观点，源自《礼记·乐记》，亦为司马迁所首肯。

对"风"、"雅"、"颂"各体，《史记》也有自己的解说。《屈原列传》谓："《国风》好色而不淫，《小雅》怨诽而不乱。"所谓"《国风》好色而不淫"，其意是说：《国风》中的各篇，从表层上看，所写的多为男女之事；而从深层上看，它所说的实为政治问题。所谓"《小雅》怨诽而不乱"，其意是说：《小雅》中的各篇，多含有怨愤之言；但怨愤的目的，是希望政治改良，而不是要犯上作乱。即是说，这些诗歌合乎儒家的"发乎情，止乎礼义"的要求。《司马相如列传·赞》中又说："《大雅》言王公大人而德逮黎庶，《小雅》讥小己之得失，其流及上。"《集解》引文颖释"《大雅》"句曰："《大雅》先言大人王公之德，后及众庶。"又释"《小雅》"句曰："《小雅》之人材志狭小，先道己之忧苦，其末流及上政之得失也。"总之，对于《大雅》、《小雅》，司马迁也是按照政治观点来概括的。至于"颂"，《史记》以为是"赞美"的意思；这赞美当然也是政治性的。

4. 以"发愤"释《诗》之所为作

《太史公自序》中有两句重要的话值得提出讨论。一句是"夫《诗》、《书》隐约者欲遂其志之思也。"一般以为，这是概括《诗》、《书》的写作风格的；实则不然。蒋礼鸿先生在《义府续貂》中列有专条，认为本句当读作"夫《诗》、《书》，隐约者欲遂其志之思也。"蒋先生列举《逸周书·官人》、《庄子·山木》、《楚辞·哀时命》、《说苑·敬慎》、《后汉书·冯衍传》，王安石

《梅龙图》诗与李壁注诸例，以为"隐约二字连文"，"隐约者，谓忧患困厄之人也"。实则"隐约二字连文"，尚可举出例证。《后汉书·赵典传》："典少笃行隐约，博学经书，弟子自远方至。"又《逸民传·矫慎传》载吴苍书："勤处隐约，虽乘云行泥，栖宿不同，每有西风，何尝不叹！"此可证蒋先生的断句是信而有征的。

另一句是"《诗》三百篇，大抵贤圣发愤之所为作也"。"发愤"是一个多义词（《汉语大词典》载有五个义项），《史记》中五次用"发愤"，义亦不同。《孔子世家》中的"发愤忘食"，是勤奋努力；《伯夷列传》中的"非公正不发愤"，是激起愤慨；《儒林列传》中的"积怨而发愤于陈王"，是发奋振作；《太史公自序》中的"发愤且卒"，是含着怨恨。这里的"发愤"，应是"发泄愤懑"，与《九章·惜诵》的"发愤以抒情"是同义的。

这样，上引两句表达的是同一个意思，即隐约愤懑出诗人。钟嵘《诗品·序》中说："使穷贱易安，幽居靡闷，莫尚于诗矣"，与此表达的是同一意义。上引《太史公自序》语句的上文，有"七年而太史公遭李陵之祸，幽于缧绁"之句。它说明，司马迁的上述认识，是在归纳了个人的切身感受，分析了大量的客观事实之后取得的。我们不只可以把它应用到《诗经》上，而且可以把它应用到《史记》上。

四、《史记》与《楚辞》

1. "辞"、"赋"与"辞"

作为一个文体的名称，"楚辞"是以屈原作品的出现为其标志的。在屈原的作品里，文体名称只出现了"诗"和"颂"，如《九歌·东君》"展诗兮会舞"和《九章·抽思》"道思作颂"。屈原作品中"辞"字用得不少。如《离骚》："济沅湘以南征兮，就重华而陈词（一作'辞'）。""跪敷衽以陈辞兮，耿吾既得此中正。"《九章·抽思》："结微情以陈辞兮，矫以遗夫美人。""兹历情以陈辞兮,荪详聋而不闻。"以上几个"陈辞"中的"辞",都是"言辞"或"辞令"之义,不是文体专名。《屈原列传》说,屈原是"娴于辞令"的。屈原的作品之所以不称"诗"而称为"辞",是否与此有关呢?

《货殖列传》称"南楚好辞",《太史公自序》谓"作辞以讽谏,连类以争义,《离骚》有之",是屈原的作品可称之为"辞"。《屈原列传》说屈原"乃作《怀沙》之赋",是屈原的作品又可称之为"赋"。《屈原列传》又说:"屈原既死之后,楚有宋玉、唐勒、景差之徒,皆好辞而以赋见称。"这里出现了"辞"与"赋"的互用。《司马相如列传》中说"景帝不好辞赋",至此已经出现"辞赋"连称了。

"楚辞"一名,《史记》中已经出现。《酷吏列传·张汤传》中说:"始长史朱买臣,会稽人也。读《春秋》。庄助使人言买臣,买臣以《楚辞》与助俱幸,侍中,为太中大夫,用事。"这里将《楚辞》与《春秋》对举,可证《楚辞》当为专书之名。《楚辞》的编辑成书,一般以为出于刘向之手。《汉书·淮南衡山济北王传》:"淮南王安为人好书……"招致宾客方术之士数千人,作为《内书》二十一篇,《外书》甚众;又有《中篇》八卷,言神仙黄白之术,亦二十余万言。"……初,安入朝,献所作《内书》。新出,上爱秘之。使为《离骚传》,旦受诏,日食时上。"淮南王刘安既能以最快的速度完成《离骚传》的写作,他应当非常熟悉《离骚》。而且,武帝让他写《离骚传》,是因他献所作《内书》而引起的。那么,在他的《内书》中,是否含有"楚辞"呢?据《楚辞释文》所定《楚辞》篇目顺序,《楚辞》一书的编辑,是经历了一个漫长的过程的。汤炳正先生推测:今存王逸《楚辞章句》中的作品,可分为五组。第一组当辑成于先秦,纂辑者或即为宋玉。第二组增辑于武帝时,增辑者为淮南小山或淮南王刘安。这是刘安以后到刘向辑录之前的一个《楚辞》通行本①。这个通行本的流行范围难以确知,但《楚辞》一书已

---

① 汤炳正:《屈赋新探·〈楚辞〉成书的探索》。

出现于西汉初期则可以确定。从《酷吏列传》中的上引文字来看，司马迁即使没有见过淮南辑成的《楚辞》，但他读过屈原作品，知道有《楚辞》这一书名，则是确定无疑的。

2. 首记屈原生平

先秦文献没有说到屈原。《史记》中的《屈原列传》第一次记下了屈原生平的史料。

"屈原者，名平，楚之同姓也。为楚怀王左徒。博闻强志，明于治乱，娴于辞令。入则与王图议国事，以出号令；出则接遇宾客，应对诸侯。王甚任之。"屈原出身楚国王族，担任楚怀王的左徒。他有着"明于治乱，娴于辞令"的才能，承担"图议国事，应对诸侯"的工作，甚得楚王的信任。这是屈原的基本情况。

与屈原官位同列的上官大夫，嫉妒屈原的才能，在楚王面前说屈原的坏话，使得"王怒而疏屈平"。其后秦欲伐齐，而齐楚有合纵之约。秦王使人谓怀王曰："楚诚能绝齐，秦愿献商、於之地六百里。"怀王贪得地，竟绝齐。而秦违约，怀王怒，大兴师伐秦。秦大胜楚军，并取楚之汉中地。楚大困。后秦昭王与楚婚，欲与怀王会。入武关，秦伏兵绝其后，留怀王以求割地。怀王不听，竟死于秦而归葬。

怀王长子顷襄王继立，令尹子兰使上官大夫短屈原于顷襄王，"顷襄王怒而迁之"。屈原接连受到党人的排斥，遭到放逐的打击。在理想无法实现、国事一无可为的情况下，屈原满怀悲愤，自沉汨罗以死。

屈原的一生，屡受排斥，屡遭打击，是悲剧的一生。对于屈原的一生，司马迁是用充满同情以至景仰的笔调描述的。

3. 给《离骚》做评价

对于屈原的作品，司马迁十分重视《离骚》。《屈原列传》中有一大段话是论述《离骚》的。这段话包含如下四层意思：

（1）关于《离骚》解题。即"离骚者，犹离忧也"。《左传·昭公元年》："楚公子围设服离卫。"杜预注："设君服，二人执戈陈于前以自卫。离，陈也。"古"离"可通"摛"，《说文》："摛，舒也。"如此，"离骚"即是"陈忧、舒忧"了。古今以来对"离骚"的含义提出了多种解释，看来还是"陈忧"或"舒忧"最切合《离骚》的题意。

（2）关于《离骚》成因。《传》中说："屈平疾王听之不聪也，谗谄之蔽明也，邪曲之害公也，方正之不容也，故忧愁幽思而作《离骚》。……夫天者，人之始也；父母者，人之本也。人穷则反本，故劳苦倦极，未尝不呼天也；疾痛惨怛，未尝不呼父母也。屈平正道直行，竭忠尽智以事其君，谗人间之，可谓穷矣。信而见疑，忠而被谤，能无怨乎？屈平之作《离骚》，盖自怨生也。"

这即是说，屈原是由于"信而见疑，忠而被谤"才作《离骚》的，是由于王听不聪、谗谄蔽明、邪曲害公、方正不容才作《离骚》的。一个"信而见疑，忠而被谤"的人，他该蒙受多大的冤屈啊！能不悲天抢地、呼爹喊娘地陈诉吗？所以，"屈平之作《离骚》，盖自怨生也"这种概括，是完全合乎屈原遭遇的实际。从《离骚》中看，也是如此。"世溷浊而嫉贤兮，好蔽美而称恶。闺中既以邃远兮，哲王又不寤。怀朕情而不发兮，余焉能忍与此终古？"像这样沉痛、浓烈的感情，司马迁在遭受李陵之祸、幽于缧绁之后，能无深切的感受吗？

（3）关于《离骚》的内容。《传》中说："上称帝喾，下道齐桓，中述汤武，以刺世事。明道德之广崇，治乱之条贯，靡不毕见。"这是说，《离骚》中称道帝喾、汤武、齐桓这些明君，是肯定他们"举贤而授能兮，循绳墨而不颇"的措施的；同时，又是否定党人"困时俗之工巧兮，偭规矩而改错"的做法的。《离骚》中既提供了正面的可供效法的典型，又揭示了反面的应该鄙弃的行径。这样做的目的是"以刺世事"，同时也是用以"明道德之广崇，治乱之条贯"的。

（4）关于《离骚》的风格。《传》中说："《国风》好色而不淫，《小雅》怨诽而不乱，若《离骚》者，可谓兼之矣。其文约，其辞微；其志洁，其行廉；其称文小而其指极大，举类迩而见义远。其志洁，故其称物芳；其行廉，故死而不容自疏。濯淖污泥之中，蝉蜕于浊秽，以浮游尘埃之外，不获世之滋垢，皭然泥而不滓者也。推此志也，虽与日月争光可也。"

这段文字，可以注意的有两点：

一是说《离骚》兼有"《国风》好色而不淫，《小雅》怨诽而不乱"的特点。上一节里，我们解释过"《国风》好色而不淫，《小雅》怨诽而不乱"的含义，并且指出，它是合乎儒家"发乎情，止乎礼义"的要求的。这里说《离骚》兼有《国风》、《小雅》的特色，那是把《离骚》看得与《诗经》一样了。《孔子世家·赞》中说："孔子布衣，传十余世，学者宗之。自天子王侯，中国言六艺者折中于夫子，可谓至圣矣。"司马迁景仰孔子，接受儒家思想的影响，这里的表现是明显的。

二是说《离骚》具有文约辞微，志洁行廉，称文小而旨极大，举类迩而见义远的风格特色。这种评价，既是对《离骚》风格的精确评论，也是对屈原人格的高度肯定。这种评论与肯定，启发了后代的《楚辞》研究者。王逸在《离骚经章句·序》中说："《离骚》之文，依《诗》取兴，引类譬喻。故善鸟香草，以配忠贞；恶禽臭物，以比谗佞；灵修美人，以媲于君；宓妃佚女，以譬贤臣；虬龙鸾凤，以托君子；飘风云霓，以为小人。其词温而雅，其义皎而朗。"刘勰在《文心雕龙·辨骚》中说："《离骚》之文，依经立义：驷虬乘翳，则时乘六龙；昆仑流沙，则《禹贡》敷土。名儒词赋，莫不拟其仪表，所谓金相玉质，百世无匹者也。"总之，作为第一个研究屈原的专家，司马迁对《离骚》风格的肯定与赞美，为后来的《楚辞》研究奠定了良好的基础。

上引《屈原列传》中的这段评价《离骚》的文字，据称系来自淮南王刘安的《离骚传》。宋人洪兴祖在《楚辞补注·楚辞卷第一》中，先节引《屈原列传》中的这段文字，然后说："班孟坚、刘勰皆以为淮南王语，岂太史公取其语以作传乎？"由于《离骚传》早已亡佚，今已无从核对了；《屈原列传》中的上引文字，果真全引自刘安，那说明司马迁也是赞同这种观点的。

4. 屈原对司马迁的影响

《屈原列传·赞》中说："余读《离骚》、《天问》、《招魂》、

《哀郢》，悲其志。适长沙，观屈原所自沉渊，未尝不垂涕，想见其为人。"司马迁对于屈原原本是衷心景仰的。

战国末期兴盛起来的楚文化，绵延于秦汉之际，而大发展于有汉一代。秦汉之际，叱咤风云、揭竿起义的刘邦、项羽、陈涉，原本为楚人，受到楚文化的感染熏陶。在他们身上，散发着楚文化的强烈气息。项羽被围垓下，夜闻汉军四面皆"楚歌"，不禁悲歌慷慨，泣数行下①；刘邦易立太子不成，谓戚夫人曰："为我楚舞，我为若楚歌。"戚夫人嘘唏流涕，刘邦为之罢酒②。及至雄才大略的武帝，因尝得神马渥洼水中而作《太一之歌》③，因河决瓠子、悼功不成而作《匏子之歌》④，对于"楚歌"是更为倾心了。从这几个上层统治人物的身上可以看到，西汉初期，楚文化的氛围是浓厚的、强烈的。

司马迁虽生于北国的龙门，但他"二十而南游江淮，上会稽，探禹穴，窥九疑，浮于沅湘"⑤，到过楚国的大部分地区，楚国的风土人情给他留下了深刻的印象。当他"适长沙，观屈原所自沉渊"时，他的心中已经深深地印上屈原的形象了；到他读完了《离骚》、《天问》、《招魂》、《哀郢》等屈原作品，他景仰屈原的心情就更为强烈了。屈原与司马迁都是"竭忠尽智，以事其君"的人，结果却都"信而见疑，忠而被谤"。他们的遭遇是相同的。屈原发愤以抒情，写下了不朽的长诗《离骚》；司马迁发愤以著书，写下了"史家之绝唱"《史记》。他们的精神是相通的。

屈原是我国文学史上第一个浪漫主义诗人。浪漫主义的特色之一，是其作品中有着奇丽的想象。如刘勰《文心雕龙·辨骚》中所指出的，在屈原的作品中，就有着"托云龙，说迂怪，丰隆求宓妃，鸩鸟媒娀女"以及"康回倾地，夷羿弊日，木夫九首，

---

① 《项羽本纪》。
② 《留侯世家》。
③ 《乐书》。
④ 《河渠书》。
⑤ 《太史公自序》。

土伯三目"的"诡异之辞"与"谲怪之谈"。这构成了屈原作品的一个重要特色。司马迁的重要特色是"好奇"。扬雄在《法言·君子》中说："子长多爱，爱奇也。"司马贞在《史记索隐后序》中说："其人好奇而词省，故事核而文微。"到了现代，李长之先生在《司马迁之人格与风格》中，直称"好奇"是"司马迁一生最大的特点"。

司马迁"好奇"，首先是爱奇才，爱奇士。上自古人，下至今人；上起帝王，下至平民，凡有才气者，司马迁无不欣赏。《项羽本纪·赞》："吾闻之周生曰：舜目盖重瞳子。又闻项羽亦重瞳子。羽岂其苗裔耶？何兴之暴也！夫秦失其政，陈涉首难，豪杰蜂起，相与并争，不可胜数。然羽非有尺寸，乘势起陇亩之中，三年，遂将五诸侯灭秦，分裂天下，而封王侯，政由羽出，号为'霸王'，位虽不终，近古以来未尝有也。"显然，司马迁是把项羽视为"奇才"的。《淮阴侯列传》中数出"奇"字。首言"滕公奇其言，壮其貌，释而不斩"；次言"言于上，上拜以为治粟都尉，上未之奇也"；复言"信数与萧何语，何奇之"。其后韩信屡出奇语，屡使奇兵，屡建奇功，实不愧为"奇才"，然终于被夷三族。对于韩信的受冤而死，司马迁是极其惋惜的："假令韩信学道谦让，不伐己功，不矜其能，则庶几哉于汉家勋可以比周、召、太公之徒，后世血食矣。"甚至对于酷吏，司马迁的评价亦不同于一般："自郅都、杜周十人者，此皆以酷烈为声。然郅都伉直，引是非，争天下大体。张汤以知阴阳，人主与俱上下，时数辩然否，国家赖其便。赵禹时据法守正。杜周从谀，以少言为重。自张汤死后，网密，多诋严，官事寖以秏废。九卿碌碌奉其官，救过不赡，何暇论绳墨之外乎！然此十人中，其廉者足以为仪表，其污者足以为戒，方略教导，禁奸止邪，一切亦皆彬彬质有其文武焉。虽惨酷，斯称其位矣。"①

司马迁"好奇"，还表现在好奇事、爱奇语上。《大宛列传·赞》中说："故言九州山川，《尚书》近之矣。至《禹本纪》、《山

---

① 《酷吏列传·赞》。

海经》所言怪物，余不敢言之也。"而在《传》中，却记下了张骞所说的许多"奇事"。例如大宛国"有蒲陶酒。多善马，马汗血，其先天马子也"。安息国"以银为钱，钱如其王面，王死辄更钱，效王面焉。画革旁行以为书记"。条枝国"有大鸟，卵如瓮。……国善眩。安息长老传闻条枝有弱水、西王母"，等等。爱记奇语之例，如秦始皇帝出游，项羽见后说："彼可取而代也！"刘邦见后说："嗟乎！大丈夫当如是也！"陈涉起义前发出的"嗟乎，燕雀安知鸿鹄之志哉"的浩叹，以及"且壮士不死即已，死即举大名耳。王侯将相宁有种乎"的号召，都属奇人奇语。乃至李斯年少时，"见吏舍厕中鼠食不洁，近人犬，数惊恐之。……观仓中鼠食积粟，居大庑之下，不见人犬之忧。于是李斯乃叹曰：'人之贤不肖譬如鼠矣，在所自处耳！'"亦属于这类实例。

司马迁的"好奇"，还表现在他敢于面对现实，批判一切邪恶势力。对于汉代帝王的种种劣迹，他无所畏惧地——予以揭露。高祖的流氓无赖，景帝的刻薄寡恩，武帝的迷信方士，在他的笔下都一一地现出原形。对于草菅人命的酷吏，对于尸位素餐的官僚，即使他们位极人臣，权势显赫，司马迁照样对他们射出"何足数哉！何足数哉"的鄙视目光。司马迁的爱憎感情像屈原一样，表现得极其鲜明。

《史记》是"不虚美，不隐恶"的"实录"之作，然其中亦弥漫着浪漫主义的文化精神。受到屈原精神的影响，受到神话传说的感染，受到汉代文化的熏陶，司马迁写《史记》时，"不拘于史法，不囿于字句，发于情，肆于心而为文"，故能成其为"史家之绝唱，无韵之《离骚》"[①]。明代茅坤称《史记》"指次古今，出《风》入《骚》……若一人舞剑于曲旃之上而无不如意者，西京以来千年绝调也"[②]。清人刘熙载称："学《离骚》得其情者为太史公……离形得似，当以史公为尚。"[③] 这类评论都可

---

① 鲁迅：《汉文学史纲要》。
② 〔明〕茅坤：《史记钞·序》。
③ 〔清〕刘熙载：《艺概·文概》。

谓是得其精髓的。

五、继承与总结前代历史文化的方法与原则

司马迁是如何继承和总结前代文化典籍，综合融汇百科知识于一书呢？可概括为两个方面：《史记》取材范围；《史记》取材义例。

1.《史记》取材范围

秦末，刘邦起兵入关，至咸阳，秦王子婴投降，"萧何尽收秦丞相府图籍文书"①，秦朝的藏书及档案归汉所有。汉朝建立，规定"天下计书，先上太史公，副上丞相"②，即太史令直接掌管国家藏书和档案。所以，《太史公自序》称：汉兴"百年之间，天下遗文古事，靡不毕集太史公"。司马迁一生读万卷书，行万里路，他有"二十壮游"，奉使西征巴蜀以南之游，以及扈从汉武帝之游，足迹踏遍大江南北、黄河上下，"西至空桐，北过涿鹿，东渐于海，南浮江淮"，获得了大量的社会调查和文献资料。具体条列，《史记》取材，可以概括为七个主要方面。

（1）取资六艺经传与百家杂语。六艺经传，即儒家全部典籍。百家杂语，包括以先秦诸子百家为主体内容的司马迁所见的一切古今典籍。今可考者，见于《史记》中的司马迁所见书就有103种，按四部分类法统计，有六经及训解书24种，历史地理及汉室档案20种，诸子百家书52种，文学书7种，这仅仅是司马迁因事论及的一部分。由此可见，司马迁对于文献典籍是何等的重视。

（2）搜求被秦始皇焚灭了的古诸侯史记。《六国年表·序》说，秦焚《诗》、《书》，诸侯史记尤其，"而史记独藏周室，以故灭。惜哉，惜哉！"秦只焚灭了官家之藏，而民间尚有残留。如

---

① 〔汉〕班固：《汉书》卷一《高帝纪》。
② 〔汉〕卫宏：《汉仪注》，《太史公自序·集解》引。

《燕召公世家》载：燕孝王"三年卒，子今王喜立"，又载，"今王喜四年，秦昭王卒"。这是公元前251年至前225年事，下距司马迁一百四五十年，而两称"今王"，显然是抄录燕国史记而改写未竟的痕迹。又如《廉颇蔺相如列传》载秦赵会渑池，赵王鼓瑟，秦御史书"某年月日，秦王与赵王会饮，令赵王鼓瑟"。蔺相如挟秦王击缶，赵御史所书必不载于秦史记而是据赵史记写下的。又年表、世家载各诸侯国史事用第一人称"我"，不可能全部据秦史记回改，亦当是依据诸侯史记。这些例证是《史记》取材于"诸侯史记"的有力佐证。

（3）取材当代文献。当代文献是司马迁写汉兴百年历史的主要依据。当代文献内容极其丰富，条列《史记》所载，有八个大类。其一，当代人的著述。如萧何次律令，韩信申军法，张苍为章程，叔孙通定礼仪，贾谊、晁错政论等。其二，诏令奏议。诏令是皇帝意志的体现，封建社会中的许多重大决策都是通过皇帝颁布诏令来实现的。臣下的奏议，有建议、申诉、进谏、规劝等内容。史传收载诏令奏议，可以看出历史事件的原委，对了解当时的社会有着重要的意义。如《孝文本纪》载，汉文帝十三年（前167年）废除肉刑，导因于缇萦上书救父。这一事件原委，既表现了缇萦的"孝"，又赞扬了汉文帝之"仁"。其三，皇帝的言论与廷议记录。如《高祖本纪》载高帝置酒洛阳宫论楚亡汉兴；《淮南衡山列传》载廷议淮南王刘安谋反案等，均系原始记录整理而成。其四，将相列侯功状。清赵翼《二十二史劄记》就指出，《史记·曹参世家》，"叙功处，绝似有司所造册籍"。汉初功臣传记及汉代诸表大量引用。《史记·三王世家》全据档案材料属辞为文更是一典型例证。其五，狱案材料。如《淮阴侯列传》载韩信与陈豨会别时谋反云云，取自狱案记录。《淮南衡山列传》载淮南王刘安谋反，原委十分详细，却全据伍被自首的供词，好似现身说法，十分有力。其六，地方报告文献。有边境情报，水旱灾异记录，暴动起义，符瑞嘉祥，等等。其七，医案。《扁鹊仓公列传》记载仓公淳于意的医术，所据主要材料为淳于意整理上奏的医案，不仅传记生动，而且为后世留下了珍贵的医学资料。其八,其他文献。如《儒林列传》所载学生的法规《功令》,生动地反映了汉代大兴教育的政策、导向及其影响。总之,司马迁写当代汉朝历史,大量搜求当代文献,苦心孤诣,惨淡经营,掌握了第一手资料,所以把汉兴百年历史写得清清楚楚,其发展变化,灿然可观。班固评曰:"其言秦汉详矣。"司马迁之所以写秦汉史特详,就是充分地使用了各方面的当代文献,为后世史家树立了榜样。

(4) 采集歌谣诗赋、俚语俗谚。司马迁对采集的民歌童谣、俚语俗谚,标明"谚曰"、"语曰"、"鄙语曰"云云,并大量引入论赞中,用以褒贬人物,就像引用经典一样郑重。歌谣俚语,寓有平凡的真理,是人民群众生活实践的结晶。司马迁引用歌谣俚语,正是他史识过人的一种表现。

(5) 游历访问,实地调查。司马迁足迹遍全国,搜集了有关上古历史的传说,考察了西周建国经营洛邑的情况,纠正了学者所传之误。至于调查战国故事、汉初故事、古战场形势、人物遗事,至为详悉。《货殖列传》对全国都市经济、各地物产、习俗的记载,生动多采,无疑得自于游历调查所获得的生活资料。

(6) 接触当事人或他人的口述材料。如冯王孙讲述赵王迁无行而诛良将李牧的故事,贾嘉通书追怀贾谊的故事,樊他广讲述汉高祖及樊郦滕灌等功臣微时的故事,等等。李广质朴,郭解矮小等情节均为司马迁所亲见而载入史中。

(7) 取资金石、文物、图象及建筑。《秦始皇本纪》载录了《泰山石刻》、《琅邪石刻》、《之罘石刻》。《孔子世家·赞》云,司马迁适鲁观孔子庙堂车服礼器。《留侯世家·赞》云,司马迁考核留侯张良画像。《春申君列传·赞》云,司马迁适楚,观春申君故城宫室。《蒙恬列传·赞》云,司马迁观蒙恬所筑长城、亭障、直道。

2.《史记》取材义例

取材义例,指取舍材料的标准。条列《史记》取材义例,主要有六条标准。

(1) 考信于六艺,折中于夫子。"考信于六艺",语出《伯夷列传》:"夫学者载籍极博,犹考信于六艺。""折中于夫子",见《孔子世家·赞》:"太史公曰:自天子王侯,中国言六艺者折中于夫子,可谓至圣矣!"司马迁述史,考信于六艺,内容有两个方面。一是取材,五帝、夏、殷、周诸本纪,三代、十二诸侯两年表,齐、鲁、燕、晋、宋、卫、孔子诸世家,以及仲尼弟子列传等篇,主要以六艺经传为史料。二是验证,即以古文和六艺经传为验证百家杂语的标准。至于孔子之言,司马迁往往征引为评判人物史事的标准,贯穿《史记》全书。如《封禅书》:"或问禘之说,孔子曰:'不知;知禘之说,其于天下也,视其掌'。"《鲁周公世家·赞》:"余闻孔子称曰:甚矣,鲁道之衰也,洙泗之间,龂龂如也。"这是引孔子之言评说、印证史事。《孝文本纪·赞》:"孔子言'必世然后仁,善人之治国百年,亦可以胜残去杀',诚哉是言!"引孔子之言起头,用以评论孝文帝为仁德之君。《留侯世家》、《万石张叔列传》、《田叔列传》都以孔子之言为权威性的脚注,用以印证自己的评论。总之,司马迁以孔子言论作为褒贬人物的一个尺度,在《史记》中俯拾即是,兹不一一具引。

(2)择其言尤雅者。《五帝本纪》是"择雅"的典型例证,故在赞语中申说其义。本篇三千余字,在文献取资方面,至今犹能按核者就有十余种:①古今文《尚书》,②《大戴礼记》,③《国语》,④《左传》,⑤《世本》,⑥《庄子》,⑦《孟子》,⑧《韩非子》,⑨《战国策》,⑩《吕氏春秋》,⑪《礼记》,⑫《淮南子》。此外,还有我们至今无法按核的典籍,如《百家》、《牒记》等。这些资料杂陈一起,有的相互矛盾,有的记载神异,如《五帝德》记载黄帝"黄黼黻衣,大带黼裳,乘龙扆云",记载颛顼"乘龙而至四海",记载帝喾"春夏乘龙,秋冬乘马,黄黼黻衣"等,司马迁认为不可信,删削不载。《百家》、《牒记》载黄帝以来皆有年数,司马迁也予以摒弃。司马迁"择雅"的方法,就是文献与实地考察互证。对重大史实,用多方面史料排比、考实,然后谨慎地取舍、综合。例如《山海经》记载黄帝与蚩尤战,"尤请风伯雨师,纵大风雨;黄帝乃下天女曰魃,雨止,遂杀尤。"司马迁说："《山海经》所言怪物，余不敢言之也。"所以《五帝本纪》载黄帝与蚩尤战，只说"黄帝乃征师诸侯，与蚩尤战于涿鹿之野，遂擒杀蚩尤。"黄帝得众而胜蚩尤。在"择雅"中，司马迁还运用了考证。《周本纪·赞》说，学者们都说周武王伐纣，定都洛邑。司马迁考察历史事实，推翻了这一说法。他说，周武王只是营建了洛邑，周成王命召公卜问都邑所在，结果把九鼎置放在洛邑，而西周仍以丰、镐为都城，直到犬戎杀了周幽王，周室才东迁洛邑。又引用"周公葬于毕"来印证，其地就在镐京东南杜中。司马迁用历史典籍与实地考察互相参证的方法，纠正误说，不从流俗，得出了正确的结论。他的考信精神及方法，在今天仍有借鉴意义。

（3）纪异而说不书，所有怪物，余不敢言之也。《天官书》云："幽厉以往，尚矣。所见天变，皆国殊窟穴，家占物怪，以合时应，其文图籍礼详不法。是以孔子论六经，纪异而说不书。"可见"纪异而说不书"，这是司马迁究天人关系的一个原则。"纪异"，就是对天异灾变加以记载；而"说不书"，即对感应的说法不作记载。《律》、《历》、《天官》三书记载了天变以及感应的资料，而在载人事的纪传中并不加以发挥。天是天，人是人，两者在《史记》五体的分工中做了明显区分。神奇荒诞之事，非信史，一概不录。但对于先民留下的神话传说，前代史官所记灾异祯祥、征梦验卜，司马迁经过审慎选择，在《史记》中仍保留了不少，这种印证历史的志怪倾向给历史记述增加了神韵，不过就其本质说是文学之笔，也表现了司马迁的好奇。

（4）"非天下所以存亡，故不著；至于世传其书者，论其轶事。"这一原则司马迁反复申言之，在《留侯世家》、《张丞相列传》、《管晏列传·赞》、《孙子吴起列传·赞》分别做了交代。记载天下大事与记述人物轶事是怎样关联的呢？原来司马迁这一原则，着重是运用选择塑造人物的典型形象以反映历史的本质。如《留侯世家》，载张良言天下事，却又展开笔墨写张良圯上为老人进履的轶事，塑造张良人物性格的涵养。又如《李斯列传》，司马迁通过塑造李斯这一历史人物的个人品性来揭示秦朝历史演变的某些原因，极富哲理性，耐人寻味。传中用人物四次叹息的细节描写作眼，展示李斯个人性格的发展，写活了李斯。李斯见厕鼠、仓鼠的不同处境一叹，贵为丞相一叹，篡改遗诏一叹，具五刑一叹。这四叹使得这个具有双重性格的人物形象跃然纸上。《管晏列传》，对春秋齐国大政治家管仲和晏婴，因两人留下书说传于后世，本传只载其轶事，用以刻画人物的品德风貌，写得非常成功。这一原则推而大之，具体说就是，对于无功无过的显宦，司马迁不为之作传；反之，事关治道的下层人物司马迁选择典型一一立传。从编纂方法上说，司马迁的这一原则是以简驭繁之法，它使以人物为中心的《史记》只用了五十二万余字，就叙述近三千年的故事，真正做到了采摘广泛而浓缩成文的语言，字字精练，要言不烦。

（5）厥协六经异传，整齐百家杂语。司马迁述史要"成一家之言"，因此他引载六经与百家杂语，要做一番"厥协"与"整齐"的工作。司马迁提出"考信于六艺"，"折衷于夫子"，但并不墨守教条。这里"厥协"与"整齐"对举，说明司马迁是把六艺经传放在第一位，"厥协"即综合，把六艺经传正确可靠的资料综合起来吸收到《史记》中去。而对百家杂语，则进行"整齐"，批判取舍，去粗取精。整齐之手法有多种。或剪裁摘要，或增补史实，或训释古文，或熔铸改写，或重新改编。如《五帝本纪》就是将多种资料熔铸改写的生动例证。《孔子世家》是将《论语》资料做了时间和场景定位的改编，于是语录成了传记。《史记》以实录著称于世，是就历史本质而言，至于细节，往往有改动，甚至虚拟情节，而更加符合历史发展的真实。这一创造，贵在掌握分寸，唯司马迁能之。试举一例说明。《左传·宣公三年》记载楚庄王伐陆浑之戎，"遂至于雒，观兵于周疆。定王使王孙满劳楚子。楚子问鼎之大小轻重焉"。《史记·楚世家》载其事，楚庄王与王孙满问对，庄王曰："子无阻九鼎，楚国折钩之喙，足以为九鼎。"这句话是司马迁遥情揣度，合理想象增加的。在《史记·周本纪》中亦载其事，司马迁又改为楚庄王伐陆浑之戎，次洛，"使人问九鼎"。楚子问鼎周室，这是历史事实。但是问鼎细节,司马迁根据需要却做了不同的处理,旨在突出楚庄王的野心,既刻画人物,又更加符合历史的真实。众所周知的鸿门宴,刘邦赔礼解困,这是事实,至于席间的对话细节,显然做了文学加工。这种加工不是虚构,而是充填缺载的谈判史实。有的论者钻牛角,考核细节真伪,否定《史记》为实录,称为小说虚构,混淆了"以文运事"与"因文生事"的界限,则未懂《史记》。正如司马迁所说:"非好学深思,心知其意,固难为浅见寡闻道也。"①

(6) 两存传疑。《三代世表序》:"太史公曰:五帝、三代之记,尚矣。自殷以前诸侯不可得而谱,周以来乃颇可著。……故疑则传疑,盖其慎也。"《史记》兼采两说的例子随处可见,大多是司马迁的精心安排,随文具有不同的作用。有的并存今古文说以传疑②,有的为了回护而存两说。如《秦始皇本纪》载,始皇之父庄襄王子楚在赵为秦质子时,娶吕不韦姬而生始皇;而《吕不韦传》载吕不韦献已有孕之姬于子楚而生始皇。两传对照,可知秦始皇实为吕不韦子,而名为庄襄王子,故不韦传记其实,始皇本纪书其名,回护之法。张良刺杀秦始皇,《秦始皇本纪》称"为盗所惊",是正其名,《留侯世家》云张良所为,是记其实,此亦回护之法。有的记事两出,故为破绽以寓讽。周亚夫平吴楚七国之乱,采取以梁委吴的策略,《吴王濞列传》记载为周亚夫至淮阳,采纳了邓都尉的献策而制定的战略;但在《绛侯周勃世家》周亚夫本传中却记载为在京师制定,得到景帝的批准。以事实按之,梁王向周亚夫求救,周亚夫"守便宜,不肯往";梁王又告急于景帝,景帝使使诏周亚夫救梁,他仍"不奉诏"。事后梁王怨周亚夫,在窦太后面前极言其短,但景帝不但不责备周亚夫,反而升任他为丞相。再从《梁孝王世家》中可知,梁孝王受窦太后恩宠,出入服舆"拟于天子",景帝心中不满,而表面上却慈爱有加,并声言"千秋万岁后传梁王"。窦婴谏

---

① 《史记》卷一《五帝本纪·赞》。
② 《殷本纪》、《周本纪》对殷、周始祖,一言有父而生,一言无父而生,就是两存传疑的例证,并存古今文说。

说景帝失言,"上何以得擅传梁王"①。景帝不但不怒,而且暗自欣然,认为窦婴贤。由此可知景帝心迹,他批准周亚夫的委梁之计,欲以借刀杀人,除却心头之患。所以司马迁故作矛盾记载,露出破绽,引人深思,暗示皇亲国戚之间的互相倾轧,以诛景帝之心。

(7) 维护西汉王朝的统一。颂扬大一统,既是《史记》的写作主题之一,也是一条取材义例。开篇《五帝本纪》对全书起序例作用,贯穿了明显的大一统精神。任何一个时代的历史家,常常是以当代的政治基本模式去观察、研究和表述古代社会的。司马迁写五帝草创国家,用大一统精神联络,实际上投入了主观的意向化史影,使历史反过来为现实政治服务,巩固西汉王朝的中央集权制。司马迁是怎样从古文献中取材来表述他的大一统呢?《五帝本纪》说:"炎帝欲侵陵诸侯,诸侯咸归轩辕。轩辕乃修德振兵,治五气,艺五种,抚万民,度四方,教熊罴貔貅䝙虎,以与炎帝战于阪泉之野。三战,然后得其志。"此段取材于《五帝德》。又说:"诸侯咸尊轩辕为天子,代神农氏,是为黄帝。"帝颛顼、帝喾、尧、舜,继承黄帝的事业,并加以发扬光大。至舜时,四方诸侯,"各以其职来贡,不失厥宜。方五千里,至于荒服。南抚交趾、北发、西戎、析枝、渠廋、氐、羌、北山戎、发、息慎、东长、鸟夷,四海之内咸戴帝舜之功"。这一段亦取自《五帝德》而又有所发挥。

从《五帝本纪》看,自黄帝至舜,已初步形成了一统天下的规模。

禹治水时,与益、后稷等"命诸侯百姓兴人徒以傅土,行山表木,定高山大川",禹的足迹走遍了中国大地。治水成功,"九州攸同","众土交正,致慎财赋,咸则三壤,成赋中国"。禹规定了各地的土地等级,各地按照土地的等级向中央交纳贡赋。禹又规定了"天子之国以外"由近及远的甸、侯、绥、要、荒五服,并规定了每服的诸侯对中央的义务。禹对诸侯们说:"祗台

---

① 《史记》卷一百零七《魏其武安侯列传》。

德先,不距朕行。"这样,就加强了中央对地方的控制。"于是,帝锡禹玄圭,以告成功于天下。"这一段,取于《尚书·禹贡》。舜死后,禹在这样的形势下"即天子位,南面朝天下,国号曰夏后"①。

《五帝本纪》和《夏本纪》都十分注意表述国境的四界。《五帝本纪》写黄帝巡狩四方,"东至于海,西至于空桐,南至于江,北逐荤粥",写颛顼"北至于幽陵,南至于交趾,西至于流沙,东至于蟠木",又说:"动静之物,小大之神,日月所照,风雨所至,莫不从服";《夏本纪》写大禹"东渐于海,西被于流沙,朔、南暨:声教讫于四海"。总之,中国文化声教被于四海,国家四至疆域辽阔巩固,四至之民都受感化走向一统。司马迁说,黄帝时是"万国和",帝喾时是"既执中而遍天下",尧时"合和万国","四海之内,咸戴帝之功"。实际上,五帝禅让到禹奠定家天下,历史的确是走向一统,但当时的社会状况并不是像《五帝本纪》和《夏本纪》所写的那样协合,古文献也不是这样单一的记载,例如《竹书纪年》就载述了五帝时代并非禅让而是争夺的情况。但在司马迁笔下,筛选材料,精心编织了一幅历史趋向统一和协合的政治氛围,实现大一统,产生了深远的影响。

综上所述,《史记》的取材范围与取材义例,表现了司马迁卓越的史识和运用史料的能力。《史记》容纳众典,会综前代文化,铸成一代大典,没有卓越的史识是不可想象的。清末古文家林纾说:"识者,审择至精之谓。""审择至精"四字尤其切合司马迁。由于司马迁对历史本身有极为深刻的认识和精辟的见解,所以对历史材料的选择十分精当,能够充分反映历史的本来面貌。

---

① 《史记》卷二《夏本纪》。

第八章 《史记》对后世的影响

一、《史记》与《汉书》

《史记》与《汉书》是我国史学史上的两部辉煌巨著，也是我国文学史上的辉煌巨著。《史记》是通史，其记事是上起轩辕黄帝，下至汉武帝太初年间（前104—前101年）；《汉书》是断代史，其记事是上起汉高祖元年（前206年），下至王莽地皇四年（23年），其间的从刘邦建国（前206年）到汉武帝太初末年（前101年）这一段是相互重合的。而且班固在处理这段与《史记》重合的史实时，又没有完全另起炉灶，重新编写，而是不避嫌疑地直接袭用、或是改编袭用了《史记》中的许多东西。这一来就使得《汉书》与《史记》有了很大的可比性，人们通过这种比较，可以看出两个作家的政治立场、学术思想、历史观、文学观、写史目的、写作技巧，以及个人的情感、兴趣等许多方面的差异。一句话，《汉书》与《史记》是各自带着它们鲜明的时代烙印与作家自己的思想与个性之烙印的。

班固为了写《汉书》而继承《史记》的固有遗产，甚至大幅度袭用《史记》的现成文字，我认为无可指责，我们只可能分析研究班固在这种继承、袭用、发展、改动的过程中哪些工作做得好，哪些工作做得不好，以及为什么会产生这种现象，等等。现在我们分两方面来谈：

1.《汉书》继承、发展了《史记》的成就

这里面主要有六条：

其一，《汉书》的体例比《史记》更为严整、更为统一了。如《史记》中的《吕后本纪》只写了吕氏集团的兴亡史，名虽为"纪"，其实仍同一"传"；而《汉书·吕后纪》则叙写全国大事，真正成了"纪"体。同时又增加了《惠帝纪》，《景帝纪》也更为加详。班固还去掉了"世家"一体，又将《史记》中原来的单人传记进行了适当的归并，改编成《萧曹传》、《良平陵勃传》、《陈涉项籍传》、《韩彭英卢吴传》等。对于这些改法，尽管也有人提出过不同意见，但总的看来，不能不说是要比《史记》整齐规范得多了。

其二，《汉书》记载汉代的典章制度更为详细具体了，例如《汉书》的《百官公卿表》是从《史记》的《汉兴以来将相名臣年表》发展来的，但是《史记》的年表只有"三公"，而《汉书》的表中又增加了九卿。尤其重要的是《汉书》在该表的开头有一段很长的文字，叙述了汉代的官制沿革，这是非常重要的。又如《汉书》里的《外戚传》，开头有一段文字叙述了汉代后宫里的制度与官阶，这同样也是非常重要的。又例如《汉书》调整《史记》八"书"，增加了《刑法志》、《地理志》、《艺文志》、《五行志》；又改《平准书》为《食货志》；改《封禅书》为《郊祀志》，从而使所包含的内容更加全面、更为丰富了。

其三，《汉书》多收经世之文，例如在《吕后纪》、《文帝纪》、《景帝纪》诸篇中加进了许多皇帝的诏令和群臣的上书；在《贾谊传》里收进了《治安策》；在《晁错传》中收入了《削藩》、《贤良对策》、《论贵粟》；在《董仲舒传》里收入了《贤良三策》等。这些文章不仅有助于读者认识当时国家的情势，而且也突出了作品所要表现的文章作者的思想与人格。例如，在《史记》的

《屈原贾生列传》里司马迁只收了贾谊的《吊屈原赋》与《鵩鸟赋》，这样贾谊在司马迁笔下就成了一个牢骚满腹的"怀才不遇"的文人；而《汉书》一收入他的《治安策》，作为一个政治家思想家的贾谊，这才被突出了起来。

其四，《汉书》补充了许多重要史实。司马迁是把汉文帝当做一个理想的皇帝来写的，对于汉文帝的许多作为，例如废除肉刑，司马迁都是毫无保留地热情歌颂。但在《汉书》中班固则指出了其名为德政，其实杀人更多的本质。又如武帝晚年的刑法之残酷，《史记》只在《酷吏列传》中一般地谈到了，而《汉书》则在《公孙贺传》里写出了一连串的宰相皆不得其死，以至于再让谁当宰相，谁就吓得趴在地上叩头求饶的情景，实在生动有力。又例如《汉书·匈奴传》增加叙述了匈奴民族的前身猃狁与周宣王发生战争的情景，并引用《诗经》中的篇章加以说明。《史记·匈奴列传》不知为什么竟只字没有提到周宣王讨伐猃狁的事情。

其五，班固驳正了司马迁的一些偏颇之见，突出了他要表达的某些思想。例如司马迁在《贾生列传》里说绛、灌诸老臣"排挤"贾谊，字里行间充盈着司马迁对贾谊"怀才不遇"的同情。而班固在《汉书》里则说：贾谊的许多意见在当时或稍后几乎都被皇帝采纳了，说贾谊"虽未至公卿，非不遇也"。再如晁错为巩固汉王朝的中央集权，建议并大力推行削藩。待至吴楚七国叛乱时，以"清君侧"为名请诛晁错。汉景帝顶不住压力，背信弃义地把晁错杀掉了。司马迁在传后评论说："语曰：'变古乱常，不死则亡'，岂错等谓耶？"《史记》中的议论失衡，没有比这篇更为严重的了。而班固在传后则说："错虽不终，世哀其忠。"这显然就平允公道得多了。又例如司马迁说郦况协助周勃、陈平从吕禄手中骗来北军兵符的做法是"卖友"，而班固则说："为安社稷、救君亲，不得云'卖友'。"这些见解都是很好的。

其六，《汉书》的文字虽然没有《史记》那么生动，但它简洁整饬，叙事明晰。例如《史记·魏其武安侯列传》里有一段文字是：

> 窦婴守荥阳，监齐赵兵。七国兵已尽破，封婴为魏其侯，诸游士宾客争归魏其侯。孝景时每朝议大事，条侯、魏其侯，诸列侯莫敢与亢礼。孝景四年，立栗太子，使魏其侯为太子傅。孝景七年栗太子废，魏其侯争不能得，魏其谢病，屏居兰田南山之下数月。

我们再看《汉书》记此事的同一段文字：

> 婴守荥阳，监齐赵兵。七国破，封为魏其侯，游士宾客争归之。每朝议大事，条侯、魏其侯，列侯莫敢与亢礼。四年，立栗太子，以婴为傅。七年，栗太子废，婴争不能得，谢病，屏居兰田南山下数月。

明代王懋对此评论说："文不满百字，《汉书》删去三十余字不嫌简，此减字法也。"又如《司马相如列传》写卓王孙请司马相如到他家做客时说："至日中，谒司马长卿，相如谢病不能往。临邛令不敢尝食，自往迎相如。相如不得已，强往，一座尽倾。"既然如此"不得已"，那么到了宴会上也就不应该再有什么过分积极的表现了，事实却不如此，当人们邀请司马相如鼓琴时，司马相如"为鼓一再行。是时卓王孙有女文君新寡，好音，故相如谬与令相重，而以琴心挑之。"前后的表现完全矛盾，实不可解。到了《汉书》中，班固更换了一个字，将其改为："相如为不得已而强往。""为"者，"伪"也。原来前面的"不得已"，乃是故意装的，假撇清！实际上他早就迫不及待要去"勾引"卓文君了。这个"为（伪）"字怎么能省！

以上是《汉书》发展、改动《史记》后的长处。

2.《汉书》改动后的文字也有明显的短处

可归纳为六条：

其一是正统气、儒学气大大地增强了。在《史记》里，司马迁所体现的主要是先秦儒家大师孔子，尤其是孟子的精神，同时也吸取了道家、墨家、法家、兵家等诸家思想的长处。司马迁的思想是在先秦学术自由以及汉初的战国学术回潮的时代氛围的熏陶下发展形成起来的。司马迁对汉武帝实用主义的尊儒，以及被汉武帝所尊起来的以公孙弘、张汤为代表的卖身投靠的儒生，和那种专门为汉武帝的独裁专制做"缘饰"的新儒学极其反感，对于首先帮着汉武帝倡导尊儒的董仲舒也没有多少好感，只是在《儒林列传》里给他简单地写了几行，而且言语之间还不乏揶揄之意。但是到了《汉书》里情况就大大改变了，班固写《礼乐志》多本儒说，写《食货志》亦先引儒说。班固为董仲舒、公孙弘等都立了专传，并无限钦敬地称董仲舒为"纯儒"，夸颂董仲舒有"王佐之才"，甚至说他"伊吕无以加，管乐殆不如"。

司马迁对汉代统治者是有许多批判的，而对于汉景帝与汉武帝的批判尤其厉害。而班固则不同了，他的"为尊者讳，为王者讳"表现得异常突出。这些问题在今天看来是班固的局限，但在当时班固却是公开以此为自豪的。班固曾明确地批评司马迁"论大道则先黄老而后六经"，责备司马迁不能"依五经之语言，问圣人之是非"。这些是由他们各自不同的思想、立场，以及他们各自不同的写作目的决定的。司马迁写《史记》的目的是"究天人之际，通古今之变，成一家之言"；而班固写《汉书》则是为了"纬六经，缀道纲"。在班固"综其行事"，进行写作的时候，他是时刻注意"旁贯五经，上下洽通"的。班固自觉地融汇汉代儒学，通过写史来为汉王朝"追述功德"，为汉王朝既定统治服务的目的性非常明确。

其二是《史记》有比较强烈的反天道、反迷信的思想，而《汉书》则相对迂腐。《史记》怀疑、否定"天道"的思想见于《伯夷列传》；司马迁生在"天人感应"邪说甚嚣尘上的年代，而对这种问题的揭露与嘲笑见于《河渠书》所述田蚡事与《儒林列传》所述董仲舒事。至于《封禅书》中对一系列方士骗人伎俩的揭露，与对秦始皇、汉武帝迷信"神仙"，祈求长生不死的种种愚蠢行为的讽刺与嘲笑，就更为登峰造极了，《封禅书》是揭露欺骗，讨伐封建迷信的义正辞严的檄文。相比之下，班固从这个水准上大大地后退了：他所新增的《五行志》，将自然界的一切变故一一地与社会人事加以比附，这篇文章与他所整理的《白虎通义》一样，可以说是东汉时代鼓吹"天人感应"、鼓吹封建迷信的最有力而又最有权威性的文字了。又比如他在《霍光传》的后半部分写了许多怪异现象，以预示霍氏家族行将毁灭的悲惨结局即将到来；又比如他在《张汤传》的"赞语"中说"汤虽酷烈，及身蒙咎，其推贤扬善，固宜有后"；又在《路温舒传》中说："路温舒辞顺而意笃，遂为世家，宜哉！"这是什么逻辑呢？宋代刘子翚说："审如班氏所言，则比干谏纣、子胥谏吴皆不免刑戮者，岂其言不正耶？君有明暗宽暴，由其所遭有幸与不幸也。"在这些地方，班固真像是有点被"因果报应"弄昏了头。

其三是对待下层人民的态度，《汉书》与《史记》大异。《史记》的重视下层人民，一是表现在为许多下层人物立传，如刺客、游侠、日者、滑稽、医生、商人等；二是表现在有些传的传主虽是王侯将相，但助成他们一生功业的仍是下层人物，如侯嬴、朱亥、毛遂、冯谖等；三是对陈涉的评价高得出奇，他说："桀纣失其道而汤武作，周失其道而春秋作，秦失其道而陈涉发迹。"竟然把陈涉列入了他心目中的大"圣人"行列。到了《汉书》里，一部分固有的写下层人物的类传不见了；陈胜、项羽也都从"世家"与"本纪"里被拉下来合为一篇，真正成了给刘邦"清道"的先驱。班固指责司马迁"序游侠则退处士而进奸雄，述货殖则崇势力而羞贫贱"，他认为司马迁所歌颂的朱家、郭解等是"以匹夫之细，窃杀生之权，其罪已不容于诛矣"。与司马迁的观点截然对立。

其四是《史记》的爱憎感情、主观色彩异常突出，而到《汉书》里则往往变成不动声色的"客观"叙述了。例如司马迁对于刘邦、吕后的杀功臣，对于韩信、英布、彭越等人的死，对于萧何、张良、陈平等人依违其间的种种表现，都是很有看法、很有感慨的。但到了《汉书》里，班固将萧何、曹参；张良、陈平、王陵、周勃；以及韩信、彭越、英布、卢绾、吴芮这么一分类归并，再把蒯通的事情从《淮阴侯列传》里抽出来，去和江充、息夫躬另立一传，这样从物以类聚上说，是清楚整齐了，但司马迁原有的义意、感情，以及他故意流露于字里行间的许多要说而未能明说的话，也都通通不见了。《史记》里还有许多类似后来鲁迅作品里所常有的那种连类而发的火花四射，例如在《孟尝君列传》、《廉蔺列传》、《汲郑列传》、《魏其武安侯列传》等篇中所发的那种对于世态炎凉的谴责；在《范雎蔡泽列传》、《淮阴侯列传》、《李将军列传》、《韩长孺列传》等篇中所流露出来的那种复仇心理；在《伍子胥列传》、《廉蔺列传》、《陈涉世家》、《季布栾布列传》等篇中那种对于人生观、生死观方面的表述；以及在《平原君虞卿列传》、《张仪列传》、《太史公自序》等篇中所表现的那种忍辱发愤、艰苦奋斗的思想，等等。也正因此，《史记》形成了它在所有历史著作中的独一无二的抒情性，以至于后来被鲁迅称之为"无韵之《离骚》"。相比之下，《汉书》则完全不再具有这种性质。又比如《史记》的《李将军列传》是写李广及其整个李氏家族的悲剧命运，而班固将其与苏建合为一传，集中笔墨写苏武，突出了忠君爱国的主题，而原有作品的悲剧性以及对汉代统治者的批判性则大大减弱了。

其五是《汉书》比《史记》的生动性大大降低，在文学性上大踏步地后退了。例如《史记·郦生陆贾列传》写郦食其在被齐王田广杀害前，还有与齐王的一段对答，以见其狂放豪迈的性格。班固写《郦陆朱刘叔孙传》时将其通通删去，遂使人物毫无生气地索然而终。《史记·外戚世家》写窦太后认弟一节，褚先生《补史记》写汉武帝亲迎王太后的前女以及钩弋夫人的被杀，也都极其生动，而《汉书》加以删削，遂使故事变得平平淡淡。这方面的比较，前人已经做过很多。相比之下，《汉书》中这些从《史记》因袭下来的文章，虽然经过删削，与《史记》有了不同，但其炉灶毕竟还是司马迁旧有的样子，读者如果不仔细，可能还注意不到其间的差异。关于这种文章风格方面的事情，我们最好还是拿班固自己独创的后半部的文章，如表现作为朝廷大臣的霍光、匡衡、刘向与作为杰出将领的赵充国、辛庆忌、陈汤等人的传记，与《史记》中表现朝廷大臣和杰出将领的萧何、贾谊、晁错、卫青、霍去病、李广等人的相应篇章对比，这样我们才能真正看出二者之间的差别有多么大。《史记》是通过生动曲折的情节与冲突剧烈的场面来表现人物的性格，而《汉书》则是通过平实的叙述以完成清晰的记事。《汉书》里倒也不是没有某些比较生动的故事情节和个性稍为鲜明的人物形象，但那仿佛不是班固追求的目标。即以常被人们用来举例的《霍光传》中的"太后听诏"与《陈万年传》里的"深夜训子"诸节来说，班固也只是勾画得比较明晰而已，《史记》中那种惊涛骇浪，大魔术师表演一般的情节场面，在《汉书》中再也见不到了。原因当然是多方面的，最根本的我觉得是在于两位大作家的审美观与审美情趣的不同。

其六是《汉书》有些地方对《史记》因袭得不合理。如《史记·留侯世家》的"太史公曰"有云："学者多言无鬼神，然言有物，至如留侯所见老父予书，亦可怪矣。上曰：'夫运筹策帷帐之中，决胜于千里之外，吾不如子房。'余以为其人计魁梧奇伟，至见其图，状如妇人好女。"这些都是司马迁个人的感想，而班固也将其移入《汉书》中，难道班固刚好也有与司马迁相同的思想历程？又例如司马迁在《大宛列传》的"太史公曰"中说："《禹本纪》言河出昆仑，昆仑其高二千五百里，日月所相避隐为光明也，其上有醴泉瑶池。今自张骞使大夏之后也，穷河源，恶睹本纪所谓昆仑者乎？"这也是司马迁个人的认识，而且也不见得正确。班固是从《大宛列传》中摘出有关张骞与李广利的事迹另立了一篇《张骞李广利传》的，居然也把司马迁的这段话移入了《张骞李广利传》。难道班固在这里刚好又与司马迁的想法一样了？而且《大宛列传》是以区域标名，故连带谈及黄河昆仑事，而在《张骞李广利传》的"赞语"中再发这种议论有什么必要呢？又例如司马迁在《汲郑列传》的"太史公曰"里引了翟公书门的所谓"一死一生，乃见交情"云云，这是司马迁在趁势抒发有关世态炎凉的感慨，结果班固也将其写入《汉书》，而且不是放入"赞语"，乃是将其放在了汲黯、郑当时的传后，这一来就与前文完全不相连贯了。相反的倒是有一处十分重要的文字，班固是绝对应该抄入《汉书》的，这就是《高祖本纪》所写的垓下之战："五年，高祖与诸侯兵共击楚军，决胜垓下。淮阴将三十万自当之。孔将军居左，费将军居右，皇帝在后，绛侯、柴将军在皇帝后。项羽之卒可十万。淮阴先合，不利，却。孔将军、费将军纵，楚兵不利，淮阴侯复乘之，大败垓下。"这是决定项羽最后命运的关键一仗，这段文字如果不写入《高祖纪》，而写入《项羽传》或《韩信传》，当然也是可以的。遗憾的是班固在这三个地方都没有写，在整个《汉书》里再也找不到这段文字，于是遂使读《汉书》的人无法知道"垓下之战"是怎么回事，这就大成问题了。这倒不应该怀疑班固的眼光，可能是他在抄写移动的过程中给搞丢了。

总之，《汉书》对《史记》的继承、改动，有得有失，二者各有所长，都是伟大的杰作。但比较起来，司马迁更突出的是才华；班固更富有的是学问。司马迁思想解放，观点新颖，批判性强；班固则谨遵传统，奉行儒教，歌颂皇权。司马迁的文章是讲气势、讲感情，天马行空；班固的文章是讲材料、讲客观，细密周严。如果再用形象一点的话来打比喻，则司马迁好像是诗人里的李白，班固则更像是杜甫；司马迁好像是军事家里的韩信、李广；班固则更像是程不识与赵充国。另外，从今天的观点看来，《史记》无疑更像是一部伟大的文学；而《汉书》则更像是一部严格的历史。《汉书》来源于《史记》，但也从此开始转轨，从此更明确、更自觉地形成了中国封建"正史"的传统；而《史记》则是中国古代历史与中国古代文学尚未分流时代的渊海，是从它那里开始分支，开始形成了中国后代的"正史"，以及后代文学里的传记、小说、戏剧等，于是《史记》自然地也就成为文学、历史两个支派的共同的祖先了。

二、《史记》与《新五代史》

《新五代史》是欧阳修在宋初薛居正等人官修的《旧五代史》的基础上重新写成的一部私人著作，全书七十四卷，分本纪、传、考、世家、年谱、附录六个部分，写了从朱温篡唐建梁，中经后唐、后晋、后汉、后周，到赵匡胤篡周建宋，共六十余年的历史。《新五代史》历来受到文学研究者们的重视，说它"深得《史记》神髓"，是后代历史家学《史记》学得最好的一部作品。近几年来，经过反复研究，觉得这话的确有道理，本文拟从思想内容与写作方法两方面分别进行论证。

《新五代史》所表现的欧阳修的思想，特别应该注意的有以下几方面：

1. 有关国家民族问题的忧患意识、自强意识

宋代自澶渊之盟以后，与辽国划大清河为界，置北方大片国土于不顾，每年向辽国进贡，习以为常。宋仁宗时，辽国又向宋挑衅，迫使宋王朝把给辽国进贡的银、绢数目又提高了一倍。与此同时，占据在银川一带的西夏小王国也比照着辽国的样子，向宋王朝进行威胁，宋王朝畏敌如虎，竟也答应每年向西夏进贡。宋代统治者是有一种理论的，他们认为："方今天下正如大富家，上下和睦，田园开辟，但有邻舍来侵侮，不免岁时以物赠之。"这是一副多么卑劣的阿Q相！作为一个比较正直，并身居高位的官员，欧阳修对国家民族的这种局面，有不满，但也没有胆量大声疾呼，只是在他的文章中时而有所流露。《新五代史》是欧阳修企图借此"粗伸其心"的一部著作。其中有不少关于民族问题的内容，主要是针对契丹，也就是辽国。

其一，作品著录了引狼入室、卖国求荣的一群民族败类的罪行。五代时期的卖国活动，最主要的有两起：第一起是石敬瑭、桑维翰、刘知远所为。石敬瑭为了取代唐废帝，在桑维翰等人的怂恿下出卖了今山西与河北中北部的燕云十六州，以讨得契丹人的援助，建立了晋朝，他自称儿皇帝。第二起是杜重威、张彦泽所为。当时晋出帝不甘心"孙皇帝"的屈辱，在景延广等人的支持下，奋起与契丹开战，战果辉煌。正在这个时候，杜重威、张彦泽二次倒戈，引契丹入屠京师，灭掉了晋朝。有趣的是，由于这几个家伙罪大恶极，连契丹人也容不了他们，结果就像《史记·越世家》中的伯嚭一样，想以出卖国家换取新主子的富贵，不料却在事成之后被那个阴鸷而有霸气的新主子杀掉了。欧阳修在《桑维翰传》中著录了他们的罪恶活动与可悲结局后，感慨地评论说：

> 呜呼，自古祸福成败之理，未有如晋氏之明验也！其始以契丹而兴，终为契丹所灭。……然则晋氏之事，维翰成之，延广坏之。二人之用心者异，而其受祸也同，其故何哉？盖夫本末不顺而与夷狄共事者，常见其祸，未见其福也。可不戒哉！可不戒哉！

这是说的桑维翰，不也是说的历代的卖国贼吗？《张彦泽传》在描述张彦泽引契丹屠灭晋朝后的结局尤其生动：

> 彦泽自以有功于契丹，昼夜酣饮自娱，出入骑从常数百人，犹题其旗帜曰"赤心为主"。迫迁出帝，遂辇内库，藏之私第，因纵军士大掠京师。军士逻获罪人，彦泽醉不能问，瞑目视之，出三手指，军士即驱出断其腰领。皇子延煦母楚国夫人丁氏有色，彦泽使人求于皇太后，太后迟疑未与，即劫取之。彦泽与阁门使高勋有隙，乘醉入其家，杀数人而库输之私第，因纵军士大掠京师。皇子延煦母楚国夫人去。耶律德光至京师，闻彦泽劫掠，怒，锁之。高勋亦自述于德光，德光以其状示百官及都人，问："彦泽当诛否？"百官皆请不赦，而都人皆投状疏其恶，乃命高勋监杀之。彦泽前所杀士大夫子孙，皆缞绖杖哭，随而诟詈，以杖扑之，彦泽俯首无一言。行至北市，断腕出锁，然后用刑。勋剖其心祭死者，市人争破其脑，脔其肉而食之。

接着欧阳修又发了"呜呼，晋之事丑矣，而恶亦极矣"云云二百多字的评论。《新五代史》向以简洁闻名，许多大事件都往往几语带过，而张彦泽一个逆贼的末路，欧阳修竟如此不厌其烦，这不应该看作是偶然现象，是他内心有说不完的愤慨。

其二，对于英勇抗击契丹的将领倾心歌颂，至今读起来仍虎虎有生气。如《王晏球传》写唐将王晏球大破契丹的胜利情景：

> 定州王都反，以晏球为招讨使，与宣徽南院使张延朗等讨之。都遣人北招契丹，契丹遣秃馁将万骑救都。晏球闻秃馁等来，留张延朗屯新乐，自逆于望都。而契丹从他道入定

州，与都出不意击延朗军，延朗大败，收余兵会晏球趋曲阳，都乘胜追之。晏球先至水次，方坐胡床指麾，而都众掩至。晏球与左右十余人连矢射之，都众稍却，而后军亦至。晏球立高冈，号令诸将皆櫜弓矢，用短兵，回顾者斩。符彦卿以左军攻其左，高行硅以右军攻其右，中军骑士抱马项驰入都军，都遂大败，自曲阳至定州，横尸弃甲六十余里。都与秃馁入城，不敢复出。契丹又遣惕隐以七千骑益都，晏球遇之唐河，追击至满城，斩首二千级，获马千匹。契丹自中国多故，强于北方，北方诸夷无大小皆畏伏；而中国之兵遭契丹者，未尝少得志。自晏球击败秃馁，又走惕隐，其余众奔溃投村落，村落人皆以锄櫌白梃所在击之，无复遗类。惕隐以数十骑走至幽州西，为赵德钧擒送京师。明宗下诏责契丹。契丹后数遣使至中国，又求惕隐等，辞甚卑逊，辄斩其使以绝之。于是时，中国之威几于大震，而契丹少衰伏矣，自晏球始也。

这是多么激动人心的颂歌式的文字！这场战争在石敬瑭割送燕云十六州之前。待至开运二年（公元945年），晋出帝与契丹人开战，晋将皇甫遇等也打得相当精彩。《皇甫遇传》云：

> 开运二年，契丹寇西山，遣先锋赵延寿围镇州，杜重威不敢出战。延寿分兵大掠，攻破栾城、柏乡等九县，南至邢州。是时岁除，出帝与近臣饮酒过量得疾，不能出征，乃遣北面行营都监张从恩会马全节、安审琦及（皇甫）遇等御之。从恩至相州，阵安阳河南，遣遇与慕容彦超率数千骑前视虏。遇渡漳河，逢虏数万，转战十余里，至榆林，为虏所围。遇马中箭而踣，得其仆杜知敏马，乘之以战，知敏为虏所擒。遇谓彦超曰："知敏，义士也，岂可失之！"即与彦超跃马入虏，取之而还。虏兵与遇战，自午至未，解而复合，益出生兵，势甚盛。遇戒彦超曰："今日之势，战与走耳。战尚或生，走则死也。等死，死战犹足以报国。"张从恩与诸将怪遇视虏无报，皆谓遇已陷虏矣。已而有驰骑报遇被

围,安审琦率兵将赴之,从恩疑报者诈,不欲住。审琦曰:"成败天也,当与公共之。虽虏不南来,吾等失皇甫遇,复何面目见天子!"即引骑渡河,诸军皆从而北,距虏十余里,虏望见救兵来,即解去。遇与审琦等收军而南,契丹亦皆北去。是时,契丹兵已深入,人马俱乏,其还也,诸将不能追。而从恩率遇等退保黎阳,虏因得解去。

也就是说,倘若当时张从恩等敢于追蹑其后,这将是一场大获全胜的战争,可惜时机被他们错过了。但事实已经说明,契丹人不是不可战胜的。但也就在这个时候,杜重威暗中投降了敌人,他"伏兵幕中,悉召诸将列坐,告以降虏",尔后逼着他们签字画押。皇甫遇画了押,出门后自杀了。欧阳修感慨地评论说:"方晋兵之降虏也,士卒初不知;及使解甲,哭声震天,则降岂其欲哉! 使遇等奋然攘臂而起,杀重威于坐中,虽不幸不免而见害,犹为得其死矣,其义烈岂不凛然哉! 既俯首听命,相与亡人之国矣,虽死不能赎也,岂足贵哉!"在这场战争中有些坚守危城,至死不降契丹的人,如吴峦、沈斌等都受到了欧阳修的表彰。这些人所表现的都不是一般的"气节",而是涉及一种民族大义。

其三,歌颂收复失地的英雄,对其大功未竟而中年早逝表现了深深的惋惜。五代时期最杰出的人物无疑是周世宗柴荣,在他在位的短短五年里,向南打败了南唐,夺取了长江以北的大片地区;向西打败蜀国,夺取了甘肃东部的大片地区;尤其值得歌颂的是他向北进攻打败了契丹,收复了被石敬瑭割送出去的瀛、莫、易三州,即今河北省大清河以南的大片地区。正当周世宗准备进一步恢复燕云其他十三州的时候,病魔夺去了他的生命,年仅三十九岁。对于周世宗的这段历史功绩,欧阳修在《四夷附录》中评论说:

呜呼,自古夷狄服叛,虽不系中国之盛衰,而中国之制夷狄必因其强弱。予读《周日历》,见世宗取瀛、莫、定三关,兵不血刃,而史官讥其"以王者之师,驰千里而袭人,轻万乘之重于崔苇之间，以侥幸一胜"。夫兵法，决机因势，有不可失之时。世宗南平淮甸，北伐契丹，乘其胜威，击其昏殆，世徒见周师之出何速，而不知述律有可取之机也。是时，述律以谓周之所取皆汉故地，不足顾也，然则十四州之故地，皆可指麾而取矣。不幸世宗遇疾，功志不就。然瀛、莫、三关，遂得复为中国之人；而十四州之俗，至今陷于夷狄。彼其为志，岂不可惜，而其功不亦壮哉！夫兵之变化屈伸，岂区区守常谈者所可识也？

一切事实表明，契丹是可以打败的，十六州是可以收回的。晋出帝以其冲弱之身，凭借其飘摇不定之势，尚可与之较量个平手；周世宗以其新建之基，仅凭借着黄河流域之地，尚可长驱北上，剑指幽燕，为什么堂堂的一个统一了天下的大宋王朝，竟至于向辽国年年进贡呢？不仅如此，甚至连个小小的西夏居然也把宋王朝吓得战战兢兢，每年向人家进贡不绝，这到底是怎么回事？当年契丹主耶律德光攻入晋国首都后，对人说："我本无心至此，汉兵引我来尔！"当一场战争过后，尸横遍野，井邑荒残，耶律德光望着中原地区的人们说："致中国至此，皆燕王为罪首。"燕王即当时引狼入室的逆贼赵延寿。耶律德光又回头对张砺说："尔亦有力焉。"这些故事都见于《四夷附录》，欧阳修不是没有所指的。他在《读李翱文》中明确地说：

> 翱一时人有道而能文者莫若韩愈，愈尝有赋矣，不过"羡二鸟之光荣，叹一饱之无时"尔，推是心使光荣而饱，则不复云矣。若翱独不然，其赋曰："众嚣嚣而杂处兮，咸叹老而嗟卑。视予心之不善兮，虑行道之犹非。又怪神尧（指李渊）以一旅取天下，后世子孙不能以天下取河北以为忧。呜呼，使当时君子皆易其叹老嗟卑之心为翱所忧之心，则唐之天下岂有乱与亡哉！然翱幸不生今时见今事，则其忧又甚矣，奈何今之人不忧也？呜呼，在位而不肯自忧，又禁他人使皆不得忧，可叹也夫！

这段话可以算是《新五代史》中这方面思想内容的一个总抒

发、总概括。

2. 有关道德伦理、气节人格方面的愤慨与唱叹

说到伦理道德，欧阳修显然是比较迂腐的，诸如"礼崩乐坏，三纲五常之道绝，而先王之制度文章扫地而尽于是矣"；"君不君，臣不臣，父不父，子不子，至于兄弟夫妇人伦之际无不大坏，而天理几乎其灭矣"，如此等等，陈旧的老调头几乎可以用在任何一个朝代的某个时期。但是从欧阳修具体所反映的这个历史阶段看，的确又有它的特殊性。这个历史阶段总共五十三年，但其间却经历了五个朝代、十三个帝王。这样走马灯似的更迭，是任何时代所没有过的。由于更迭太快，所以不论是政治、经济、军事、文化，什么秩序也建立不起来，什么都没有个章法，一切都是乱糟糟。赵匡胤建国以后，到欧阳修写《新五代史》，中间又过了一百年。随着北宋建国以来的整顿"风化"，提倡"纲常"，应该说，国家秩序与道德风化是绝对比五代时期"好"多了，但是，也不能一概而论。例如，反映在民族斗争方面的气节问题；反映在不同政见之间如何公正对待的问题；作为一个朝廷上的官僚如何正直敢言、尽职尽责的问题；以及如何清除那种尸位素餐、八面玲珑的伪君子、老好人的问题，在这些方面，似乎都还存在着许多严重问题，甚至有些人的表现比起五代来也不见得好多少。因此，《新五代史》的感慨伦理气节问题，是有其现实意义的。

欧阳修在《十国世家年谱》中说："《春秋》因乱世而立治法，本纪以治法而正乱君。"很明显，"正乱君"是《新五代史》的重要思想之一。五代时期的"乱君"第一个应该是朱温。朱温原是黄巢农民军的一分子，位至东面行营先锋使；后来投降官府，反过来镇压农民军，取得了唐朝皇帝的宠爱；但很快又杀掉了唐朝皇帝，自己建立了梁国。也就是这么一个反复无常的家伙，最后被他的儿子抢班夺权给杀掉了。欧阳修在《梁家人传》中说："呜呼，梁之恶极矣！自其起盗贼，至于亡唐，其遗毒流于天下，天下豪杰，四面并起，孰不欲戡刃于胸，然卒不能少挫其锋以得志。梁之无敌于天下，可谓虎狼之强矣。及其败也，因于一二女子之娱，至于洞胸流肠，刲若羊豕，祸生父子之间，乃知女色之能败人矣。"这段话里有些提法很迂腐，但有些话也道出了朱温的罪行与当时人们对他的愤恨，欧阳修的态度是鲜明的。

五代时期的第二个"乱君"应该是石敬瑭。石敬瑭出卖国土，勾结契丹，充当儿皇帝的罪行，上节已经提到，此处不再细说。欧阳修在《死事传》里写道：

> 呜呼，甚哉！自开平迄于显德，终始五十三年，而天下五代。士不幸而生其时，欲全其节而不二者固鲜矣。于此之时，责士以死与必去，则天下为无士矣，然其习俗遂以苟生不去为当然。至于儒者，以仁义忠信为学，享人之禄，任人之国者，不顾其存亡，皆恬然以苟生为得，非徒不知愧，而反以其得为荣者，可胜数哉！

于是经过挑选，可以列入《死事传》的只有十五个，可以列入《死节传》的只有三个，其他则等而下之了。欧阳修在《死节传》里著录了王彦章、裴约、刘仁赡三个人的事迹后评论说：

> 呜呼，天下恶梁久矣，然士之不幸而生其时者，不为之臣可也，其食人之禄者必死人之事，如彦章者可谓得其所哉！仁赡既杀其子以自明矣，岂有垂死而变节者乎？自古忠臣义士之难得也！五代之乱，三人者或出于军卒，或出于伪国之臣，可胜叹哉！可胜叹哉！

在这里，欧阳修所表彰的是臣子的忠义和气节，也就是忠于其主，至于其主的人品如何，行事是否合于正义，欧阳修就不管了。朱温是"乱君"，王彦章忠于他，为之矢志不二，于是欧阳修就把他写入《死节传》，这不分明是鼓励"助纣为虐"吗？这就充分表现出了欧阳修所鼓吹的那种忠义与气节的虚伪与矛盾，即使在同一本书里也不能自圆其说。欧阳修之所以批判"乱君"，是因为他们曾"弑"君犯上；欧阳修之所以痛心臣子没有节行，也首先是因为他们没有从一而终。所谓伦理纲常，其内容条目虽然有不少，但最根本的其实就是忠君一项。而欧阳修之所以鼓吹伦理纲常，其目的还是为了净化社会，为巩固宋王朝的统治服务。从这个意义上讲，在今天看来完全是消极的。但是五代的局势也太乱了，人们怎么活得下去呢？于是人心求治，赵匡胤正是顺应了这种时代要求。而为了让赵宋王朝巩固，就必须建立一套相应的伦理秩序、气节风范，这也是符合人民愿望的。也正是在这个意义上，《新五代史》这种思想也有它一定的积极性。

《新五代史》在气节人格方面所着力讽讥的重要人物之一是冯道。冯道居乡里的时候，"躬自负薪。有荒其田不耕与力不能耕者，道夜往潜为之耕"。"遇岁饥，悉出所有以赒乡里"。身居高位后犹自刻苦俭朴，"所得奉禄，与仆厮同器饮食，意恬如也。"他还能给皇帝念诵聂夷中的《田家诗》，劝说皇帝以"仁义"为宝。如果作为一个平民百姓来要求，完全可以说是一个大好人。可惜冯道不是平民百姓，而是一个当朝宰相。更奇怪的是他这位宰相前后竟服务于后唐、后晋、契丹、后汉、后周，共经历了十个君主。君主们杀伐不已，走马灯似地换个不停；黎民百姓们尸横遍野，井邑空虚，惟有冯道长保其富贵的宰相职位于不变，成为我国历史上独一无二的地地道道的不倒翁，一个政治史上的奇迹。《冯道传》写冯道在契丹主耶律德光面前的一段问答是漫画式的："德光责道事晋无状，道不能对。又问曰：'何以来朝？'对曰：'无城无兵，安敢不来？'德光诮之曰：'尔是何等老子？'对曰：'无才无德痴顽老子。'"其装疯卖傻，恰像是国灭被执，憨状可掬的刘禅。冯道历事诸君，"未尝谏净"，其"视丧君亡国亦未尝以屑意。"孔子说过："周任有言曰：'陈力就列，不能者止'。危而不持，颠而不扶，则将焉用彼相矣？"如果不准备谋其政，那就不要在其位。在其位而不谋其政，冯道可算个什么人呢！

欧阳修又进一步描绘冯道的精神、心理，让他为自己画像：

当是时，天下大乱，戎夷交侵，生民之命，急于倒悬，道方自号"长乐老"，著书数百言，陈己更事四姓及契丹所得阶勋官爵以为荣。自谓："孝于家，忠于国，为子、为弟、为人臣、为师长、为夫、为父、有子、有孙。时开一卷，时饮一杯，食味、别声、被色，老安于当代，老而自乐，何乐如之？"

对于这样一个保官保命，对国家民族丝毫不负责任的家伙，欧阳修在《冯道传》中愤慨地写道：

传曰："礼义廉耻，国之四维。四维不张，国乃灭亡。"善乎，管生之能言也！礼义，治人之大法；廉耻，立人之大节。盖不廉则无所不取，不耻则无所不为。人而如此则祸乱败亡亦无所不至。况为大臣而无所不取不为，则天下其有不乱，国家其有不亡者乎！予读冯道《长乐老叙》，见其自述以为荣，其可谓无廉耻者矣，则天下国家可从而知也。

但就是这个冯道，威望却又出奇的高，以至于"当世之士无贤愚皆仰道为元老，而喜为之称誉"。冯道是七十三岁死的，"道既卒，时人皆共称叹，以谓与孔子同寿"。在他们眼目中冯道简直俨然是一代圣人了。人们的品评标准竟颠倒混乱到了这种程度，这是使欧阳修尤其愤慨的。看来，冯道这种人在北宋中期还一定很有市场、很有影响，还在为某些人奉为楷模，所以欧阳修才如此痛心疾首地在《新五代史》中大张挞伐。

除以上贯穿全书的两种思想倾向外，还有两点也应该注意。其一是有关朝廷群臣间拉帮结派，打击陷害不同政见的人，而且是上下左右株连，一动一大片的所谓"朋党"问题。"朋党"是北宋仁宗年间保守派为打击、陷害推行庆历新政的范仲淹、富弼等一群革新派人物而加给他们的一种恶名。保守派的目的就是想借这个名声把革新派通通搞掉，其用心是极其险恶的。欧阳修为此曾写过《朋党论》来对他们进行揭露，而在写《新五代史》的时候，欧阳修不由得又连类而发了。他在《唐六臣传》中叙述了朱温为排除异己而罢免了唐朝宰相裴枢、独孤损，并在同一天将这些宰相、尚书等七人赐死于白马驿，其余缙绅之士凡不拥护他的，一律诬为"朋党"，又杀害了几百人，以至于整个朝廷为之一空，于是朱温的篡位得以实现了。欧阳修对此议论说：

呜呼，始为朋党之论者谁欤？甚乎，作俑者也，真可谓不仁之人哉！当汉之亡也，先以朋党禁锢天下贤人君子，而立其朝者皆小人也，然后汉从而亡。及唐之亡也，又先以朋党尽杀朝廷之士，而其余存者皆庸懦不肖倾险之人也，然后唐从而亡。故曰：可夺国而予人者，由其国无君子。空国而无君子，由以朋党去之也。呜呼！朋党之说，人主可不察哉！传曰"一言可以丧邦"者，其是之谓与。可不鉴哉！可不鉴哉！

许多提法都与他的《朋党论》一样，这不完全是耳提面命，说给宋朝皇帝听的吗！其二是彻底的天人相分。他在《司天考》中说："呜呼，圣人既没而异端起，自秦汉以来，学者惑于灾异矣，天文五行之说，不胜其繁也。"他不信这些东西，他认为："三辰五星常动而不息，不能无盈缩差忒之变，而占之有中有不中，不可以为常者，有司之事也。"于是他明确提出："予述本纪，书人不书天。"这种思想在纪传中也时常流露出，如《伶官传》中就说："呜呼，盛衰之理，虽曰天命，岂非人事哉！原庄宗之所以得天下与其失之者可以知之矣。"在《吴越世家》中说："呜呼，天人之际为难言也，非徒自古术者好奇而幸中，至于英豪草窃亦多自托于妖祥，岂其欺惑愚众有以用之矣？"在《前蜀世家》中，他特意引进了一些旧有的凤凰黄龙诸瑞的说法，而后攻驳说：

> 麟凤龟龙，王者之瑞，而出于五代之际，又皆萃于蜀，此虽好为祥瑞之说者亦可疑也。因其可疑而攻之，庶几惑者有以思焉。

一部《新五代史》完全讲的是人事。兴衰祸福成败，都是由人们自己决定的，而与天道、天命没有什么联系，他把一切天文灾变完全排除在历史的纪述之外。欧阳修在这里所表现出的唯物主义的见解与勇气，实在令人敬佩。在我国古代的历史典籍中能像《新五代史》将迷信因素剔除得如此干净的还实在不多。《新五代史》的艺术成就有以下几点：

（1）塑造了一些生动的人物形象，其成就有的不在《史记》

之下。如唐庄宗、刘皇后、周德威、王彦章、冯道等，都写得极其动人，流传广远。关于唐庄宗，《唐本纪》里有两段比较生动，其一是文章开头时介绍他的幼年即不平凡：

> 存勖，克用长子也。初，克用破孟方立于邢州，还军上党，置酒三垂冈，伶人奏《百年歌》，至于衰老之际，声甚悲，坐上皆凄怆。时存勖在侧，方五岁，克用慨然，抚须指而笑曰："吾行老矣，此奇儿也，后二十年其能代我战于此乎！"存勖年十一，从克用破王行瑜，遣献捷于京师。昭宗异其状貌，赐以鸡勒卮、翡翠盘，而抚其背曰："儿有奇表，后当富贵，无忘予家。"及长，善骑射，胆勇过人。稍习《春秋》，通大义，尤善音声歌舞俳优之戏。

写作方法完全与《史记》的写项羽、韩信、陈平等相同，由这些地方预示着他后来必有一番轰轰烈烈的事业，同时也为他的悲剧结局埋下了伏笔。接着作品描写了唐庄宗大破梁兵的夹城战役，突出了唐庄宗的军事才干：

> 天佑五年正月，即王位于太原。叔父克宁杀都虞侯李存质，幸臣史敬镕告克宁谋叛。二月，执而戮之，且以先王之丧、叔父之难告周德威，德威自乱柳还军太原。梁夹城兵闻晋有大丧，德威军且去，因颇懈。王谓诸将曰："梁人幸我大丧，谓我少而新立，无能为也，宜乘其怠击之。"乃出兵趋上党，行至三垂冈，叹曰："此先王置酒处也！"会天大雾昼暝，兵行雾中，攻其夹城，破之，梁军大败，凯旋告庙。

这里写唐庄宗的决断固然精彩，而其中再次提到"三垂冈"，则顿时与二十多年前的旧事联系起来，使人感慨唏嘘，一时情景如画。

《新五代史》写唐庄宗最精彩的一段在《伶官传》中，其文曰：

> 世言晋王之将终也，以三矢赐庄宗而告之曰："梁，吾仇也；燕王吾所立；契丹与吾约为兄弟，而皆背晋以归梁。此三者，吾遗恨也。与尔三矢，尔其无忘乃父之志！"庄宗

受而藏之于庙。其后用兵，则遣从事以一少牢告庙，请其矢，盛以锦囊，负而前驱，及凯旋而纳之。方其系燕父子以组，函梁君臣之首，入于太庙，还矢先王而告以成功，其意气之盛，可谓壮哉！及仇雠已灭，天下已定，一夫夜呼，乱者四应，苍皇东出，未及见贼而士卒离散，君臣相顾，不知所归，至于誓天断发，泣下沾襟，何其哀也！

这里虽然不是正面描写，而是出自一种议论唱叹的口气，但由于它语言形象、感情饱满，因而一下子取得了以议代叙和吊古抒怀两种作用，于是唐庄宗这个小一号的楚霸王式的悲剧英雄立刻突现在我们面前了。周德威是唐庄宗手下最杰出的将领，《唐臣传》介绍他：

周德威，字镇远，朔州马邑人也。为人勇而多智，能望尘以知敌数。其状貌雄伟，笑不改容，人见之，凛如也。事晋王为骑将，稍迁铁林军使，从破王行瑜，以功迁衙内指挥使。其小字阳五，当梁晋之际，周阳五之勇闻天下。

梁军围太原，令军中曰："能生得周阳五者为刺史。"有骁将陈章者，号陈野叉，常乘白马被朱甲以自异，出入阵中求周阳五，必欲生致之。晋王戒德威曰："陈野叉欲得汝以求刺史，见白马朱甲者宜善备之。"德威笑曰："陈章好大言耳，安知刺史非臣作邪？"因戒其部兵曰："见白马朱甲者，当佯走以避之。"两军皆阵，德威微服杂卒伍中。陈章出挑战，兵始交，德威部下见白马朱甲者因退走，章果奋矟急追之，德威伺章已过，挥铁锤击之，中章坠马，遂生擒之。

这里突出了周德威的有勇有智。接着作品又描写了周德威协同唐庄宗大破梁将王景仁的战役：

德威晨遣三百骑叩梁营挑战，自以劲兵三千继之。景仁怒，悉其军以出，与德威转斗数十里，至于鄗南。两军皆阵，梁军横亘六七里，汴宋之军居西，魏、滑之军居东。庄宗策马登高望而喜曰："平原浅草，可前可却，真吾之胜地！"乃使人告德威曰："吾当为公先，公可继进。"德威谏曰:"梁军轻出而远来与吾转战,其来必不暇赍粮糗,纵其能赍,亦不暇食。不及日午,人马俱饥,因其将退而击之,胜。"诸将亦皆以为然。至未申时,梁军东偏尘起,德威鼓噪而进,麾其西偏曰:"魏滑军走矣!"又麾其东偏曰:"梁军走矣!"梁阵动,不可复整,乃皆走,遂大败。自鄗追至柏乡,横尸数十里,景仁以十余骑仅而免。自梁与晋争,凡数十战,其大败未尝如此。

这里的描写比《左传》写城濮之战、《史记》写井陉之战一点都不逊色。其中唐庄宗的骠勇乐战,与周德威的见机行事、机智灵活都表现得相当精彩。

(2) 作者的笔调轻灵,于干练浑茫中时而露出一种诙谐幽默,使读者乐而忘疲。如《唐太祖家人传》在描写了唐庄宗的刘皇后如何贪婪、如何矫杀大臣等恶行外,还写了她生活方面的两件事:一个是她好虚荣,她为了掩盖自己的出身"贫贱",竟至不认自己的生身父亲:

其父闻刘氏已贵,诣魏宫上谒。庄宗召袁建丰问之,建丰曰:"臣始得刘氏于成安北坞,时有黄须丈夫护之。"及出刘叟示建丰,建丰曰:"是也。"然刘氏方与诸夫人争宠,以门望相高,因大怒曰:"妾去乡时,略可记忆,妾父不幸死于乱兵,妾时环尸恸哭而去。此田舍翁安得至此!"因命笞刘叟于宫门。

为了这件事唐庄宗曾专门开过她的玩笑:

庄宗乃为刘叟衣服,自负著囊药笈,使其子继岌提破帽而随之,造其卧内,曰:"刘山人来省女。"刘氏大怒,笞继岌而逐之。

这段故事见于《伶官传》,它一举两得,一方面突出了刘皇后的固执褊狭,同时又生动地表现了唐庄宗这位悲剧帝王除了骠勇乐战外,还有如此诙谐爱闹的一面。《唐本纪》一开头不是说他"尤喜音声歌舞俳优之戏"吗,这里随手一带就把庄宗表现得极其圆足了。至于他们的儿子既不敢违背父亲,又不敢逃避母亲，于是只好哭笑不得地挨顿打。

另一件事情是作品写了刘皇后机警麻利地打发掉了唐庄宗的一个宠姬：

> 庄宗有爱姬，甚有色而生子，后心患之。庄宗燕居宫中，元行钦侍侧，庄宗问曰："尔新丧妇，其复娶乎？吾助尔聘。"后指爱姬请曰："帝怜行饮，何不赐之？"庄宗不得已，阳诺之。后趣行钦拜谢，行钦再拜，起顾爱姬，肩舆已出宫矣。

深宫里的后妃们为了固位求宠而互相嫉害以至残酷凶杀的，史不绝书，而像欧阳修笔下的刘皇后这样伶牙俐齿，见缝插针，于一片嘻笑声中爆发式地排除了自己的情敌，而又使老公虽然"不乐"，甚至"称疾不食者累日"，但却对她又毫无办法的，以前还没有见过。

冯道是欧阳修《新五代史》中集中暴露、批判的人物之一，有些事情前面已经说过，但欧阳修为了表达自己对他的鄙视，在写别人的传记时也总忘不了借机开他点玩笑。如《刘岳传》中有一段：

> 宰相冯道世本田家，状貌质野，朝士多笑其陋。道旦入朝，兵部侍郎任赞与岳在其后，道行数反顾。赞问岳："道反顾何为？"岳曰："遗下《兔园册》尔。"

《兔园册》是当时农村私塾先生教孩子们识字用的课本，刘岳说这句话是鄙视冯道的无学无才而忝居高位。这是欧阳修在人们嘻笑声中又随手给冯道的鼻子上抹了一块白，使之千秋万代成为笑柄。

欧阳修在《伶官传》里集中批判了景进、史彦琼、郭门高三个人，而惟独对敬新磨写得有情有致，请看其中的两个故事：

> 庄宗好畋猎，猎于中牟，践民田。中牟令当马切谏为民请，庄宗怒，叱县令去，将杀之。伶人敬新磨知其不可，乃率诸伶走追县令，擒至马前责之曰："汝为县令，独不识吾天子好猎邪？奈何纵民稼穑以供租赋，何不饥汝县民而空此

地以备吾天子之驰骋？汝罪当死！"因前请亟行刑，诸伶共唱和之，庄宗大笑，县令乃得免去。

新磨尝奏事殿中，殿中多恶犬，新磨去，一犬起逐之，新磨倚柱而呼曰："陛下勿纵儿女啮人！"庄宗家世夷狄，夷狄之人讳狗，故新磨以此讥之。庄宗大怒，弯弓注矢将射之，新磨急呼曰："陛下无杀臣！臣与陛下为一体，杀之不祥！"庄宗大惊，问其故，对曰："陛下开国，改元同光，天下皆谓陛下'同光帝'。且'同'，铜也，若杀敬新磨，则'同'无光矣。"庄宗大笑，乃释之。

敬新磨完全是个有政治头脑、有正义感的淳于髡、东方朔式的人物，如能到司马迁笔下，完全可以入《滑稽列传》。《红楼梦》中曾将敬新磨与唐伯虎、祝枝山等一批高人才子并列，称他们是"其聪俊灵秀之气则在万万人之上，其乖僻邪谬不近人情之态又在万万人之下"的一种特殊令人喜爱的人。

（3）整个作品中充盈着一种浓厚的悲剧气氛和一种强烈的抒情性。《新五代史》中标名立传的人物有四百多个，其中故事比较生动，性格比较鲜明，能给人留下较深印象的大约有五十多人。而这里面绝大多数都是悲剧性的，作为帝王的有朱温、李存勖；作为宰相的有敬翔、郭崇韬、安重诲、桑维翰、苏逢吉、史弘肇；作为大将的有王彦章、周德威、李存孝等。其中有些人的功业深为作者所钦敬，而其遭遇又极其不幸，深为作者所惋惜，如李存勖、郭崇韬等；也有的品行恶劣，多行不义，其死原是罪有应得，但因为他们都处于政治漩涡中，因而他们的兴衰生死也就与许多历史教训联接了起来，因而同样能引发人的感慨深思，如朱温、桑维翰。郭崇韬是唐庄宗李存勖的心腹大臣，是他运筹帷幄，协助唐庄宗灭掉了梁朝；后来又率军入川，为后唐灭掉了蜀国，可谓功勋卓著。他嫉恨伶人宦官的干预朝政，他为了固权而讨好刘皇后，不想最终竟被宦官勾结刘皇后将他杀掉了。欧阳修在这篇作品的最后写道："崇韬尽忠国家，有大略，其已破蜀，因遣使者以唐威德风谕南诏诸蛮，欲因以绥来之，可谓有志矣。"这里面包含着多少同情与惋惜！

《梁家人传》记载了梁太祖朱温的悲剧结局，情节惊心动魄。朱温是个极度荒淫的人，尤其可怪的是专门好奸占自己的各个儿媳妇。作品说："太祖自张皇后崩，无继室，诸子在阵，皆邀其妇入侍。友文妻王氏有色，尤宠之。太祖病久，王氏与友珪张氏常专房侍疾。"后来朱温准备派王氏去叫友文回来接替帝位，而任命友珪为莱州刺史，于是事变发生了：

> 太祖素刚暴，既病而喜怒难测，是时左降者必有后命，友珪大惧，其妻张氏曰："大家以传国宝与王氏，使如东都召友文，君今受祸矣！"夫妻相对而泣。左右劝友珪曰："事急计生，何不早自为图？"友珪乃易衣服，微行入左龙虎军见统军韩勍计事。勍夜以牙兵百随友珪杂控鹤卫士而入。夜三鼓，斩关入万春门，至寝中，侍疾者皆走。太祖惶骇起呼曰："我疑此贼久矣，恨不早杀之，逆贼忍杀父乎！"友珪亲吏冯廷谔以剑犯太祖，太祖旋柱而走，剑击柱者三，太祖愈，仆于床，廷谔以剑中之，洞其腹，肠胃皆流。

接着友珪又按胡亥、赵高的伎俩，篡改诏书，将友文赐死，自己即位做了皇帝。当然时间不长又被别人推翻杀掉了。朱温是个反复无常，又极端荒淫残暴的家伙，但是他居然曾一度在中原地区削平群雄，统治天下达六年之久，真是像有人所说的"胜利者不一定代表正义"。可悲的是这个家伙不是被别人，而是被他的一个很坏的儿子杀掉了，就像是安猪儿杀掉了安禄山。这该是多么惊险，而教训又多么深刻的一幕！莎士比亚笔下的麦克白、理查三世、克劳狄斯大概就与他们都是一条藤上长的瓜吧！

《新五代史》里到处充溢着欧阳修对于整个时代的绝望与悲哀，如《晋家人传》云："五代，干戈贼乱之世也，礼乐崩坏，三纲五常之道绝，而先王之制度文章扫地而尽于是矣。"《一行传》云："呜呼，五代之乱极矣，传所谓'天地闭，贤人隐'之时欤！当此之时，臣弑其君，子弑其父，而缙绅之士安其禄而立其朝，充然无复廉耻之色者皆是也。"带着这种强烈的悲剧意识，描写比比皆是的悲剧人物，因而《新五代史》充满悲剧气氛是理所当然的。这一条正与司马迁的《史记》相通，是《新五代史》深得《史记》精髓之所在。

一提《新五代史》的抒情性，人们首先会想到欧阳修的好发议论，而且每段议论又往往是以"呜呼"二字开头。为此，清代章学诚还曾讥《新五代史》是一部"吊祭哀挽文集"。其实，文章有没有抒情性倒不在乎开头是否用"呜呼"二字，而是在于作者叙事时是否真的饱含着热情，是否真有强烈的爱憎。说到"吊祭哀挽"，这也不能降低《新五代史》的声价，相反的倒是更承认了欧阳修对于历史人物、历史事件的愤激感慨以及充篇盈纸的吊古伤今之情，正好承认了《新五代史》的抒情性。

《新五代史》的抒情性最主要的是贯穿在描写人物、叙述故事的过程中，如《唐臣传》写后唐大将卢龙军节度使符存审晚年的悲惨结局说：庄宗灭梁入洛，存审自以身为大将，不得与破梁之功，怏怏，疾益甚，因请朝京师。是时郭崇韬权位已重，然其名望素出存审下，不乐其来而加己上，因沮其事。存审妻郭氏泣诉于崇韬曰："吾夫于国有功，而于公乡里之旧，奈何忍令死弃穷野！"崇韬愈怒，存审章累上，辄不许。存审伏枕叹曰："老夫事二主四十年，今日天下一家，四夷远俗，至于亡国之将，射钩斩祛之人皆得亲见天子，奉觞为寿，而独予弃死于此，岂非命哉！"临终戒其子曰："吾少提一剑去乡里，四十年间取将相，然履锋冒刃出死入生而得至此也。"因出其平生身所中矢镞百余而示之曰："尔其勉哉！"这里饱含着老将多少伤心的血泪，同时笔下又夹带着多少作者个人的身世之悲。

叙事描写中的抒情是寄作者的情感于客观的形象之中，而议论中的抒情则在于所议事情的普遍、典型、深刻，从而对人有一种强烈警戒力。《伶官传》序说："呜呼，盛衰之理，虽曰天命，岂非人事哉！原庄宗之所以得天下与其所以失之者，可以知之矣。岂得之难而失之易欤？抑本其成败之迹而皆自于人欤？《书》曰：'满招损，谦得益。'忧劳可以兴国，逸豫可以亡身，自然之理也。故方其盛也，举天下之豪杰莫能与之争；及其衰也，数十伶人困之，而身死国灭，为天下笑。夫祸患常积于忽微，而智勇多困于所溺,岂独伶人也哉!"这里既说的是历史,又分明指着现实,自古以来由于"逸豫"而亡身,以及那些祸起于"忽微",事败于"所溺"的人物该有多少啊!但是人们吸收了教训没有呢?前车已覆,来轸方遒,"秦人不暇自哀而后人哀之,后人哀之而不鉴之,亦使后人而复哀后人也"。

三、《史记》与我国传记文学

我国是一个历史散文异常发达、早熟的国家,由现存有文字依据的作品来说,最早的有商朝中期的《盘庚》,其次有西周初期的《大诰》、《牧誓》、《无逸》等,这些都见于《书》。到了春秋战国,又相继出现了《国语》、《左传》、《战国策》。这些作品有的是编年体,目的在于记事;有的是国别体,比较偏于记言,甚至也有点像是资料汇编。它们在结构情节、描写场面以及在刻画人物的心理神情上都取得了一定的成就,但是那种以人物为中心的能被后人称为传记体的作品,这时还没有出现。

真正以崭新的传记体登上历史与文学舞台的是司马迁的《史记》,《史记》既是我国古代传记文学的正式开端,又是我国古代传记文学最卓绝的代表。它为我国古代传记文学和传记体的散文与小说确定了规模,树立了样板,对它们的发展产生了极其巨大的影响。这里从几个方面谈谈这个问题。

其一,本朝人写本朝历史而能够如此忠于史实,秉笔直书,从而使作品具有如此强烈的批判性,这一点是它及其以后的历朝正史以及有关的史传文学中所绝无仅有的。司马迁有一种突出的求实精神,这种精神首先表现在他广泛地搜集、占有资料和对资料的辨别选取上。为了写《史记》,司马迁不仅读遍了皇家图书馆、档案馆里的"金匮石室之书",而且为了寻遗访古,他利用一切公私外出的机会几乎走遍了整个中国。这些活动不仅使司马迁丰富了知识、开阔了眼界,而且大大地提高了思想认识,增强了识别问题的能力。

对事实有认识,对是非有鉴别,还不等于就一定能实事求是地写出来,在这里司马迁的勇气是令人钦敬的。他能够不顾统治者的喜怒而毫不含糊地写出他认为应该肯定、应该歌颂,而在当时却是为官方舆论所不容的东西。例如被刘邦所取代的秦王朝在当时人们的眼里不能算是一个朝代,他们说汉王朝是直接承继周朝的。而司马迁却不顾这些,他首先为秦国和秦始皇立了两篇本纪,尔后在《六国年表·序》中又痛斥那些为刘邦捧臭脚说秦朝不是一个朝代的人是吃饭不用嘴而用耳朵。又例如游侠郭解是在汉武帝亲自参与下被杀掉的。而司马迁顶着风头为郭解树碑立传,极力歌颂他的"其言必信,其行必果,已诺必诚,不爱其躯,赴士之厄困,既已存亡死生矣,而不矜其能,羞伐其德"。这是多么不容易的事啊!司马迁实事求是的勇气还表现在能战胜个人的好恶。《史记》的主观色彩是很浓的,但司马迁能尽量做到不因为个人的爱憎而改变事实的真相。例如吴起、商鞅、刘邦、吕后这些人,司马迁显然是不喜欢的,但在作品中司马迁都如实地写出了他们才干上的超人和事业上的成功。伍子胥、项羽、李广等人是司马迁所同情喜爱的,但他也如实地写出了他们性格上的种种弱点,预示出他们的悲剧结局绝非偶然。也正因为司马迁在坚持作品的真实性方面做出了如此卓绝的努力,所以早在汉代,班固就曾引用刘向、扬雄的话称赞《史记》是"辨而不华,质而不俚,其文直,其事核,不虚美,不隐恶,故谓之实录"。班固曾说过一些对《史记》不满意的话,但他这段对《史记》的褒美也是绝伦的。

鲁迅说:"现在的所谓讽刺作品,大抵倒是写实,非写实决不能成为所谓讽刺。"对于《史记》的批判性我们觉得也应该这么看。正是因为《史记》在极大的程度上写出了汉代社会的真实,暴露了封建统治者内部的许多阴私与黑暗,所以才使汉武帝以及当时的那些名公巨卿们都对他恨之入骨,甚至使后代那些正统气十足的"学者"们也对他忿忿不平,把他的《史记》称之为"谤书"。关于这一点,我们觉得由于种种原因所致,司马迁对汉王朝各种问题的看法确实有他片面偏激之处,但作为一个历史家，这种敢于面对现实，敢于揭露矛盾，敢于秉笔直书的精神是极其难能可贵的。也正是由于这种原因，他受了宫刑；又因为他写了《报任安书》，最后竟连是怎么死的都让人没法说了。但也正是由于这一点，司马迁在历史的长河中高标独树，后世再也没有任何人可以超过他，以后的历史家几乎都不再写当代，唐朝的历史宋朝人写，宋朝的历史元朝人写，元朝的历史明朝人写，依次类推。而且还都是国家开局，组成庞大的写作班子，由宰相亲自挂帅以成其事，这样修出来的史书当然也就不可能像《史记》那样要求它表现历史家个人的什么思想与寄托了。

真实性、批判性在"正史"中日益萎缩，但却在作家们自己写作的散篇传记文学中发展起来，如陶渊明的《五柳先生传》，刘禹锡的《子刘子自传》，张溥的《五人墓碑记》。前两篇都是自己写自己，后一篇也是写的当时人。这些作品虽然写的是个别人物、个别事件，但它们都触及了当时国家政治、社会风习中的许多重大问题，有很强的战斗性，与《史记》的思想、风骨一脉相承。

其二，写历史不是为史而史，而是为了表现自己的理想，是为了"成一家之言"。司马迁在《报任安书》中曾表述他写《史记》的目的："仆窃不逊，近自托于无能之辞，网罗天下放失旧闻，略考其行事，综其终始，稽其成败兴坏之纪。亦欲以究天人之际，通古今之变，成一家之言。"什么叫"成一家之言"呢？梁启超解释说："（司马迁作《史记》）与荀况著《荀子》、董生著《春秋繁露》性质正同，不过其一家之言乃借史的形式以发表耳，故仅以近代史的观念读《史记》，非能知《史记》者也。"① 这是从《史记》的整体上讲的。从其中的某一篇来说，司马迁也不是单纯地为某人写某人，为某事写某事，这一点前人也早就看出了。明代陈仁锡说："子长作传，必有一主宰。"近人高步瀛说："史公之文，每篇各有主旨，如《吴太伯世家》以'让'、'争'二字为主，《鲁周公世家》以相臣执政为主，《陈丞相世家》以阴

---

① 梁启超：《要籍解题及其读法》。

谋为主,《魏其武安侯列传》以权势相倾为主,《大宛列传》以通使兴兵为主,前半叙通使,以张骞为线索,后半叙兴兵,以宛马为线索,最为谋篇之奇者。"这些对某篇主旨的具体概括,也许不能尽合人意,因为每个人的理解是不同的,但是他们指出《史记》每篇都有一主旨,这是千真万确的,不然,全书"成一家之言"的总目的不就落空了吗?《史记》中有些篇章的主旨的确是很明显的,如《五帝本纪》的歌颂禅让,歌颂天下为公;《魏公子列传》的歌颂礼贤下士,批判昏庸统治者的自毁国家长城;《淮阴侯列传》的揭示"狡兔死,走狗烹;高鸟尽,良弓藏;敌国破,谋臣亡"这一历代封建统治者之间的血腥诛杀等等。司马迁的理想,司马迁的追求,司马迁的厌弃与诅咒就是通过这种方式表现出来的。

司马迁的写理想不是离开史实附加进去什么东西,而是忠于史实,写出事物发展的规律性。这个史实、这个规律,越写得典型、深刻,那它对现实社会的比照性和教育性也就越大,用不着作者特别地搞影射,读者自己本来就有丰富机敏的联想。例如关于秦朝的败政,司马迁在《秦始皇本纪》中写道:"始皇为人,天性刚戾自用,起诸侯,并天下,意得欲从,以为自古莫及己。专任狱吏,狱吏得亲幸。丞相诸大臣皆受成事,倚办于上。上乐以刑杀为威,天下畏罪持禄,莫敢尽忠。上不闻过而日骄,下慑伏谩欺以取容。"又说:"群臣谏者以为诽谤,大吏持禄取容,黔首振恐。"读着这些,我们不是很自然地就想到了汉武帝时的"外事四夷之功,内盛耳目之好,征发烦数,百姓贫耗,穷民犯法,酷吏击断,奸宄不胜,于是招进张汤、赵禹之属条定法令,作见知故纵监临部主之法,缓深故之罪,急纵出之诛"了吗!大司农颜异因为"腹诽"的罪名被杀,注意,这个"腹诽"的罪名似乎连在秦朝都没听说过。汉武帝后期的宰相一连好几个被他杀掉,以至于最后弄得再让谁当宰相,谁就吓得伏地痛哭求饶。当时的情景也是"上下相为匿,以文辞避法";"九卿碌碌奉其官,救过不赡"。这是多么触目惊心的事实啊!事情写得典型、深刻,具有永久性的观照、警诫意义,这是构成《史记》诱人魅力的重要因素之一。这个特点在后代的散篇传记中得到了充分发展，如韩愈的《梓人传》、柳宗元的《种树郭橐驼传》、苏轼的《方山子传》，前两篇都是写的下等人，究竟是否真有其人也还不一定；后者写的是陈慥，此人虽然确有族姓，但也与社会人生无大关涉。这些作品突出的都是表现了作者的一种社会理想，一种人生处世的哲学。它的关键是在于说理，至于人物本身的问题倒转而成为次要的了。这种作品直接和《史记》中的《伯夷列传》、《日者列传》等一脉相承。

其三，以人物为中心，以写性格、写典型为目的，而不注重材料的多与全。在司马迁那个时代，历史和文学的界限尚不清楚。依司马迁看来，既然要写一部"究天人之际，通古今之变，成一家之言"的伟大著作，那就理应在历史上和文学上都达到最高的水平。他不满足于《左传》那种编年和《国语》、《国策》那种杂纂，他要创立一种以历代帝王为叙事总纲，以世家、列传为细目的纪传体裁。于是在他呕心沥血的奋斗下，一条生动而丰富多彩的历史人物画廊在我们面前出现了。由于从战国到汉初，这是一个大动荡、大变革，兵火连年，充满苦难的时代，也是一个波澜壮阔，英雄辈出，英雄人物们大有作为，得以充分表演的时代。在这种时代风习的熏染和司马迁个人独特经历的影响下，《史记》为我们展现的不是一道普通的历史人物的画廊，而是一道英雄人物的画廊；不是一道普通英雄人物的画廊，而是一道悲剧英雄人物的画廊。为了塑造这些悲剧英雄人物，司马迁学习了先秦史传的种种描写方法，并把它们发展、创造，使之达到了一个全新的阶段。我们想一想伍子胥、蔺相如、田单、荆轲、项羽、刘邦这些形象，哪一个不是个性鲜明，情态栩栩如生呢？

司马迁搜集材料是很勤苦的，但使用材料却不是多多益善，他着力于突出人物的性格，写出那些最有代表性的东西。例如写蔺相如，他抓住了完璧归赵、渑池会、将相和三件事；写魏公子，他突出了请侯嬴和窃符救赵两件事；写田单他只写了火牛阵一件事。这些人并不是再没有别的事情可写了，例如田单后来当了齐国宰相，还又当过赵国的宰相，但是司马迁都没有写，他认为使田单永垂不朽的是火牛阵，而不是什么当宰相。他认为要突出这几个人物的性格和精神气质，有这几件事就足够了。而且也正是为了这一点，他还使用了所谓"互见法"，也就是把那些对于这个人物来说是不能不写，但为了保证人物性格的完整、突出而又不便于写入本传的东西，有计划、有安排地写到别人的传记中去，让读者可以参酌互见。例如魏公子是有代表其政治见解的大议论的，但是司马迁认为这与《信陵君列传》的礼贤下士的中心不合，因而他把它写到《魏世家》中去了。正因为司马迁在写人方面下了这样的大功夫，所以《史记》中的许多人物都对读者很有感染力。明代茅坤说："读游侠传即欲轻生，读屈原贾生传即欲流涕，读庄周、鲁仲连传即欲遗世，读李广传即欲立斗，读石建传即欲俯躬，读信陵、平原传即欲养士也。"从今天的观点看来，司马迁对某些人物的写法和对某些材料的运用，的确不无可议，但是写传记绝不能只是罗列材料，而是必须突出人物性格，这一点，司马迁的确为我们作出了榜样。《史记》以后的其他"正史"，如《汉书》、《后汉书》、《三国志》、《新五代史》等在描写人物的性格方面也取得了相当的成就，但一般说来，随着理论上历史与文学的分家，写历史的也就越来越不重视，甚至还有意地排斥文学性了。《史记》写人物性格的传统被后代作家们的散篇传记和传记体的散文、小说所继承，并在那里得到了充分的发扬与光大。其中突出的如韩愈的《张中丞传后叙》、柳宗元的《段太尉逸事状》、方苞的《左忠毅公逸事》，以及唐传奇中的《柳毅传》、《虬髯客传》、《聊斋志异》中的《婴宁》、《小谢》等皆是。可见《史记》对我国写人文学的影响是多么广泛而深刻。

其四，作品有浓重的主观色彩，有强烈的爱憎，有浓厚的抒情性。关于司马迁写《史记》的问题，鲁迅先生在《汉文学史纲要》中曾说道："恨为弄臣，寄心楮墨，感身世之戮辱，传畸人于千秋。虽背《春秋》之义，固不失为史家之绝唱，无韵之《离骚》矣。"我们在前面说过，《史记》是"爱的颂歌，恨的诅曲，是饱含着作者满腔血泪的悲愤诗"。其所以如此，因为司马迁自己不是政治家，他的治国平天下的见解不能像贾谊、晁错那样可以直接化为贯彻实行的纲领措施；他是一个历史家，他只能在写人叙事的过程中寓褒贬，别善恶。他在那些伟大、崇高、善良的人物身上，赋予了他们以理想的光辉，从而表现了自己对这种理想政治、理想道德的追求；他在那些卑鄙、奸邪、阴险的人物身上，也更突出了他们作为一股反动势力的那种腐朽丑恶的本质特征，流露了自己对这些人的无比愤怒与轻蔑，表现了自己对邪恶势力的唾弃与鞭挞。郭沫若《论诗札记》说："诗之精神在其内在的韵律。内在韵律并不是什么平上去入，高下抑扬，强弱短长，也不是什么双声叠韵，什么押在句中的韵文，这些都是外在的韵律。内在的韵律便是情绪的自然消涨。"依照这个原则，即使不必再有其他条件，《史记》也已经是一部五十二万字的大悲愤诗了。更何况《史记》在"外在韵律"上也是非常讲究的，例如有的作品夹叙夹议，以叙代议，以议代叙，叙议结合，整篇作品就像一部抒情诗，《伯夷列传》、《屈原列传》、《游侠列传》就是这样的；也有些作品虽然不能说它整篇都像一首诗，但其中有许多抒情段落，语言的韵律感很强，如《平原君列传》、《鲁仲连列传》、《李将军列传》就是这样的；也有些作品中引入了许多诗、赋和民间的歌谣谚语，尤其是司马迁还安排了许多场面让当事人即景作歌，如伯夷饿死前作《采薇歌》，荆轲临出发时作《易水歌》，项羽被围困时作《垓下歌》，刘邦还乡时作《大风歌》，刘邦与戚夫人对泣时作《鸿鹄歌》，这些都突出地增强了作品的抒情气氛；《史记》中还有一部分篇章或是一个篇章里的某些部分是押韵的，如《滑稽列传》、《日者列传》等，其效果一方面是突出了滑稽幽默的气氛，同时也增强了文章的韵律性、抒情性。

正由于《史记》有一种一以贯之的"内在韵律"，同时又有表现方法上的许多讲求，因而就使作品呈现了一种在我国散文史上所少有的主观性、抒情性与气势感。为此，《老残游记》的作者刘鹗说："《离骚》为屈大夫之哭泣，《史记》为太史公之哭泣。"具有这种强烈的抒情性与震撼力的作品，在以后的"正史"中我们只能偶尔遇到，如《汉书》的《苏武传》、《新五代史》的

《伶官传》等，而其他绝大多数作品都已经变得很平淡、很枯燥了。在后代作家们的散篇传记中继承发扬了《史记》这种强烈抒情性的作品不少，如韩愈的《柳子厚墓志铭》，归有光的《先妣事略》，邵长蘅的《阎典史传》，它们有的哀婉，有的凄清，有的悲壮，但它们都能使读者的心灵为之震动，深有《史记》之余韵。

其五，《史记》的篇章结构及其叙事议论的方法，广为后世传记文学所仿效，并成为一种定格。清代赵翼说："左史记言，右史记事，言为《尚书》，事为《春秋》，其后沿为编年、记事二种。记事者以一篇记一事，而不能统贯一代之全；编年者又不能即一人而各见其本末。司马迁参酌古今，发凡起例，创为全史，本纪以序帝王，世家以记侯国，十表以系时事，八书以详制度，列传以志人物，然后一代君臣政事贤否得失总汇于一篇之中。自此例一定，历代作史者遂不能出其范围，信史家之极则也。"① 这是从整体形式上讲的，以后历代"正史"和许多野史杂传就大体都是模仿的这个样子。

从每个单篇作品来看，开头都是从主人公的姓字籍贯讲起，继而叙述其生平事迹，最后要讲到主人公的死以及其死后的家族兴衰。每篇作品都还要有一段作者的评论，用"太史公曰"四字领起。这段评论绝大多数是放在作品的末尾，也有个别篇章是放在作品的开头。这段话的内容可以是评论人物，评论事件；也可以是作者借机发挥个人的感慨；也还可以谈点异闻，补充点材料，总之是比较自由的。自《史记》此例一开，不仅后代正史、后人传记全都视之为圭臬，而且连后代传记体的散文和小说也都争相沿用而不变更分毫了。韩愈的《毛颖传》是一篇滑稽幽默，嬉笑怒骂，而且又感慨愤疾的散文，其格式以及其说话的声音口角全部是模拟《史记》，而且模拟得惟妙惟肖，使人为之捧腹。唐宋传奇中的相当一部分作品也是模仿《史记》，只不过它的议论是直接缀于篇后，不再标出"太史公曰"而已。至于《聊斋志

---

① 〔清〕赵翼：《二十二史劄记》。

异》，篇末的议论通通以"异史氏曰"四字领起，格式完全与《史记》相同。

《史记》中篇幅最长的是《秦始皇本纪》，共一万三千多字，其次是《高祖本纪》、《项羽本纪》，分别为万字和九千字。最短的是《司马穰苴列传》，只有七百来字；《史记》的多数篇章在三千到六千字之间，总平均为每篇四千字，是比较短的。《史记》人物传记的这种篇幅短小也对我国古代传记文学产生了重大影响。后代"正史"中以篇幅长闻名的有《汉书》中的《王莽书》，约三万五千字，《宋史》中的《高宗本纪》，约九万字；《元史》中的《世祖本纪》，约十八万字。但它们在我国古代典籍中第一是少有的，第二也不能算是文学，而且千百年来也只有很少的人看过它。我国的古代传记文学和传记体的散文、小说都以短小精悍著称，不论是本传、别传，也不论是碑文、墓志铭，也不论是寓言体、杂著体的散文和"有意为之"的小说，它们的篇幅大都在几千字之间。在很有限的篇幅里，既要叙事，又要写人，还要达到相当高的思想境界，这是《史记》之所长，也是我国古代传记文学的优良传统之一。

四、《史记》与我国古代小说

《史记》有很高的文学性，这是人所公认的。其描写人物的成就之高，简直可以说是一种超前的成熟。在《史记》出现之后，一直到唐代传奇出现之前的九百年间，没有任何一部作品的写人艺术能够与《史记》相提并论。有一位很有影响的评论家曾经说过：中国写人艺术有两个高峰，第一个是《史记》，第二个是《红楼梦》。这种说法并不是虚夸的。十几年前笔者曾写过一篇《史记的小说因素》，对《史记》中的许多小说特点进行过若干分析。文章最后对《史记》与我国后世小说的关系提出了一些看法。由于那篇文章的重点不在这里，所以只能粗略带过。现在已经过了十多年，觉得对于后面这个问题还有做进一步归纳说明的必要。在这里准备从三个方面谈：

1.《史记》与南北朝小说

讲起中国小说的起源，鲁迅当年是说它起源于魏晋南北朝小说，具体观点见于《中国小说史略》。我们认为南北朝小说是流，而不是源，魏晋南北朝小说是来源于《史记》的这个问题可以从两方面看：

其一，魏晋南北朝小说是在《史记》、《汉书》的影响下发展起来的。在司马迁写《史记》以前，社会上从事历史写作的人很少，这一方面是人们的兴趣不在这里，另一方面也有官方的限制。早在先秦，是只有国家政府里才有史官；而史书写出之后，又是保存在国家政府里，所以秦始皇一烧战国时代的历史书，司马迁就没有多少这方面的材料可资借鉴了。先秦的这种常规，几乎一直延续到东汉，班固不就是因为有人告发他"私撰国史"，便一切不问地被抓起来下狱了么！尽管也不是对任何人都实行得很严格，但不可否认当时毕竟还是有这种"法"的。自从《史记》出现以后，情况就开始不同了。《史记》以它高度的思想性与其高度的艺术性影响世人，开始由于《史记》只是保存在国家政府，所以受影响，由欣赏爱慕而继续仿效写作的，只是褚少孙、班彪等一些接近朝廷的人。待至班固经过磨难，受过虚惊，后来又颇受宠地在《史记》的基础上，剪裁、改编、补充，写出了《汉书》，此书一时之间风行社会，它受到了上至皇帝、公卿，下至一般士人的普遍赞赏。以至于班固后来因受窦宪一党的牵连而被杀害，《汉书》的流行也未受到任何影响，而且其地位一直比《史记》高。

东汉后期，随着《史记》、《汉书》的大量流行，社会上爱好写史的人越来越多了。单是魏晋时期用"后汉书"标名以写东汉历史的著作就有谢承《后汉书》、薛莹《后汉书》、华峤《后汉书》、谢沈《后汉书》、袁山松《后汉书》、佚名氏《后汉书》，又有司马彪《续汉书》、张璠《汉纪》、袁宏《后汉纪》等。到了刘宋时期，范晔对于这些都不满意，于是他又写了一种，人们认为他这一部后来居上，其他书便渐渐被湮没了。说到三国时代的历史，今天流传最广的当然是晋朝陈寿的《三国志》，但是魏晋间人所写的有关三国时代历史的著作可就浩如烟海了。只据刘宋时期裴松之给陈寿《三国志》作注时所引过的著作就有一百四十多种。其中有的是断代史，有的是国别史，有的是区域史，有的是人物类传，有的是人物单传，形式极其繁多。仅此一端，也就可以明白当时人们对于写作"史书"的热情有多么高了。

魏晋时期之所以出现这种爱好写史的风气，其一是有《史记》、《汉书》这两部经典式的著作给人们当了样板，后人可以很自然地学习他们写人叙事的模式，水平高的，成就大些；水平低的，质量差些，总不会写不成的。其二是这个时期政治动乱不休，儒家思想的统治崩溃，老庄思想、佛教思想、道教思想以及其他五花八门的思想大肆流行，各阶级、阶层，各行各业的各色人等都要通过写书写史来表现自己。其三是名利思想的流行，如果说过去儒家也讲究"立德、立功、立言"，以奉行"忠"、"孝"、"仁义"、"道德"等老教条达到"不朽"的话，那么到魏晋时代则是不论何种面貌、何等品质的人，都想通过写书写史以达到"不朽"了。

也正是在这种社会风气、思想风气下，这个时期出现的"史"书具有两个新的倾向：其一是取材的重心向下移了。过去的史书，诸如《左传》、《史记》、《汉书》等，都主要是写帝王将相，写军国大事；而魏晋时期的"史"书，除了模仿《史记》、《汉书》照样写帝王将相（如《三国志》）外，其他还有许多史书已经写到各行各业（如嵇康《高士传》、葛洪《神仙传》）、各个角落（如《益部耆旧传》、《汝南先贤传》）去了。其二是向着怪异、向着奇闻逸事的方向滑动，这种情况的产生与当时佛教、道教的流行紧密相关。试想，当一种"史"书大事描写因果报应以及降妖捉鬼、长生不死的时候，这种"史"书与小说还有什么区别呢？伪托刘向，实际是魏晋人写的《列仙传》和葛洪的《神仙传》，虽然列在"史"部，其实都是小说。这个时期的人们喜欢清谈，在这种风气下，人们谈人物、谈故实、谈怪异，内容有真实的，但也有许多是怪异的、荒诞的，但人们却像谈真人真事一样地谈着写着。比如晋朝干宝《搜神记》的写作，据干宝自己说，他父亲的一个婢女死了好多年，在一个偶然机会下重开其墓时，这个女子又活了。他有感于此，遂把古往今来的各种"灵异神祇人物变化"搜集起来，写成此书。也就是说，这些奇奇怪怪的事情，干宝都认为是真的，实有的，他是在一本正经地像司马迁、班固写史一样地把它们写了下来，一个人物一篇，文章的格局上也大体与前人的传记一样。

比《搜神记》略晚，还有一本分类收录各类人物言行的著作叫《世说新语》，其资料大多数是来自作者所见到的旧有史书，其可信性是较强的。由于他当时见到的那些书后来失传了，所以后人再写当时的历史，反过来又只好依据它，唐人所修的《晋书》就是这样的。这种现象说明，魏晋时期有相当一部分"历史"与"小说"相互靠拢，界线不明，有些被列入"历史"的，只能当"小说"读；也有些被列为"小说"的，却又完全可以当做"历史"用。而魏晋时期所兴起的这种写"史"、写"小说"的潮流是在《史记》、《汉书》的带动下，随着当时的社会风气发展形成的。

其二，《史记》中存在着许多类似魏晋南北朝小说的成分。今天我们所说的魏晋南北朝小说大体分两类，一类是志怪，以《搜神记》为代表；一类是轶事，以《世说新语》为代表。现在我们就来看看《史记》中所具有的类似内容：

（1）《史记》中的志怪成分。《史记》中的志怪成分有三种情况：

第一种是取自远古传说，如《周本纪》说周朝祖先后稷的来历是："周后稷，名弃。其母有邰氏女，曰姜原。姜原为帝喾元妃。姜原出野，见巨人迹，心欣然悦，欲践之，践之而身动如孕者。居期而生子，以为不祥，弃之隘巷，马牛过者皆辟不践；徙置之林中，适会山林多人；迁之而弃渠中冰上，飞鸟以其翼覆荐之。姜原以为神，遂收养长之。弃为儿时，屹如巨人之志。其游戏，好种树麻菽，麻菽美。及为成人，遂好耕农，相地之宜，宜谷者稼穑焉，民皆法则之。帝尧闻之，举弃为农师，天下得其利，有功。"这个故事是根据《诗经·生民》写成的。又如《殷本纪》写商朝祖先契的来历说："殷契，母曰简狄，有娀氏之女，为帝喾次妃。三人行浴，见玄鸟堕其卵，简狄吞之，因孕生契。契长，而佐禹治水有功。"这是由《诗经·玄鸟》发展来的。

第二种是记变异，如《始皇本纪》载始皇死前的变异说："使者从关东夜过华阴平舒道，有人持璧遮使者曰：'为我遗滈池君。'因言曰：'今年祖龙死。'使者问其故，因忽不见，置其璧去。使者奉璧具以闻。使御府视璧，乃二十八年行渡江所沉璧也。"又如《秦本纪》云："文公十九年，得陈宝。二十七年，伐南山大梓，丰大特。"这段文字背后实际有两个故事。前者是说："陈仓人猎得兽，若彘，不知名，牵以献之。逢二童子，童子曰：'此名为媦，常在地中，食死人脑。'即欲杀之，拍捶其首。媦亦语曰：'二童子名陈宝，得雄者王，得雌者霸。'陈仓人乃逐二童子，化为雉，雌上陈仓北坂，为石，秦祠之。"后者是说："雍南山有大梓树，文公伐之，辄有大风雨，树生合不断。时有一人病，夜往山中，闻有鬼语树曰：'秦若使人披发，以朱丝绕树伐汝，汝得不困耶？'树神无言。明日病人语闻，公如其言伐树，断，中有一青牛出，走入丰水中。其后牛出丰水中，使骑击之，不胜。有骑堕地复上，发解，牛畏之，入不出。"又如《高祖本纪》写刘邦的出生说："高祖，沛丰邑中阳里人，姓刘氏，字季。父曰太公，母曰刘媪。其先刘媪尝息大泽之陂，梦与神遇。是时雷电晦冥，太公往视，则见蛟龙于其上。已而有身，遂生高祖。"又如《五宗世家》写临江王刘荣无辜被汉景帝杀掉后，"燕数万衔土置冢上。"如此等等。

第三种是记梦占卜，如《吕后本纪》写吕后自从杀了赵王如意与其母戚夫人后，心常不安，"三月中，吕后祓，还过轵道，见物如苍犬，据吕后掖，忽弗复见。卜之，云赵王如意为祟，高后遂病掖伤。"又如《绛侯世家》写周亚夫："条侯亚夫自未侯为河南守时，许负相之，曰：'君后三岁而侯；侯八岁为将相；持国柄，贵重矣，于人臣无两；其后九岁而君饿死。'"后来果如许负所说，周亚夫因平定吴楚之乱有功，位居丞相，后来又因不堪忍受汉景帝的凌辱，绝食呕血而死。又如《卫将军骠骑列传》写卫青："青为（平阳）侯家人，少时归其父，其父使牧羊。先母之子皆奴畜之，不以为兄弟数。青尝入至甘泉室，有一钳徒相青曰：'贵人也，官至封侯。'青笑曰：'人奴之生，得无笞骂即足矣，安得封侯事乎？'"结果后来卫青果然因伐匈奴有功封了侯。

类似以上几类，都属于志怪成分，而事实上有的故事也的确被后来的《搜神记》收入了。根据这种情况，如果我们说《史记》影响魏晋南北朝志怪小说，还有什么问题吗？

（2）《史记》中的轶事成分。司马迁好通过轶事以表现人物性格，也好通过轶事以表现他要突出的某种主题，现提出几个方面以见其要略：

第一种是通过轶事以预示该人物的日后不平凡。如《陈涉世家》说："陈涉少时，尝与人佣耕，辍耕之垄上，怅恨久之，曰：'苟富贵，无相忘。'庸者笑而应曰：'若为庸耕，何富贵也？'陈涉太息曰：'嗟乎，燕雀安知鸿鹄之志哉！'"又如《陈丞相世家》写陈平少时："里中社，平为宰，分肉食甚均，父老曰：'善，陈孺子之为宰！'平曰：'嗟乎，使平得宰天下，亦如是肉矣！'"其他如项羽、刘邦等也都有类似的故事。第二种是头脑机灵有口才，片言之间决大事。如《滑稽列传》写淳于髡："齐威王时喜隐，好为淫乐长夜之饮，沉湎不治，委政卿大夫。百官荒乱，诸侯并侵，国且危亡，在于旦暮，左右莫敢谏。淳于髡说之以隐曰：'国中有大鸟，止王之庭，三年不飞又不鸣，王知此鸟何也？'王曰：'此鸟不飞则已，一飞冲天；不鸣则已，一鸣惊人。'于是乃朝诸县令长七十二人，赏一人，诛一人，奋兵而出，诸侯震惊，皆还侵地，威行三十六年。"又如写优旃："始皇尝议欲大苑囿，东至函谷关，西至雍、陈仓。优旃曰：'善，多纵禽兽于其中，寇从东方来，令麋鹿触之足矣。'始皇以故辍止。二世立，又欲漆其城，优旃曰：'善，上虽无言，臣固将请之。漆城虽于百姓愁费，然佳哉！漆城荡荡，寇来不能上。即欲就之，易为漆耳，顾难为荫室。'于是二世笑之，以其故止。"

第三种是品评人物，如《高祖本纪》写刘邦，说他取得胜利的原因:"夫运筹策帷帐之中,决胜于千里之外,吾不如子房;镇国家,抚百姓,给馈饷,不绝粮道,吾不如萧何;连百万之军,战必胜,攻必取,吾不如韩信。此三者,皆人杰也,吾能用之,此吾之所以取天下也。项羽有一范增而不能用,此其所以为我擒也。"

第四种是预见成败,如《伍子胥列传》写伍子胥直谏,吴王不听,反将伍子胥赐死。伍子胥死前说:"必树吾墓以梓,令可以为器;而抉吾眼悬吴东门之上,以观越寇之入灭吴也。"后来吴果然被越所灭。又如《廉颇蔺相如列传》写赵王任命赵括代廉颇为将,赵括母上书以为不可,她说:"始妾事其父,时为将,身所奉饭饮而进食者以十数,所友者以百数,大王及宗室所赏赐者尽以予军吏士大夫。受命之日,不问家事。今括一旦为将,东向而朝,军吏无敢仰视之者,王所赐金帛,归藏于家,而日视便利田宅可买者买之。王以为何如其父?父子异心,愿王勿遣。"赵王不听,后来赵括果丧师四十多万,赵国从此一蹶不振。

第五种是写人的聪明,竟能以自己的尸体为自己报仇。如吴起在楚国变法,待至悼王一死,楚国贵族发起政变捕杀吴起时,"吴起走之王尸而伏之,击起之徒因射刺吴起并中悼王。悼王既葬,太子立,乃使令尹尽诛射吴起而并中王尸者,坐射起而夷宗死者七十余家"。又如《苏秦列传》写苏秦被刺客所杀,苏秦临死前对齐王说:"臣即死,车裂臣以徇于市,曰'苏秦为燕作乱于齐',如此刺臣之贼必得矣。"齐王依其言,刺客果然自己走了出来。

类似的轶事还可以列出好多,这些故事就其生动精彩的程度而言,都可以分门别类地编为"世说新语"。依据这些情况,我们说《史记》影响魏晋南北朝的轶事小说还有什么问题吗?

由此可见,讲中国古代小说的起源不上推到《史记》和《史记》以前,而只说南北朝小说,恐怕是无论如何也不行的。

2.《史记》与唐代传奇

按我们今天的观点追溯古代,我国最早、最有成就的小说,无疑是唐代传奇。鲁迅曾在《中国小说史略》中说:"小说亦如诗,至唐代而一变,虽尚不离于搜奇记逸,然叙述婉转,文辞华艳,与六朝之粗陈梗概者演进之迹甚明,而尤显者乃在是时则始有意为小说。"这话不错，唐传奇是中国小说发展史上的第一个里程碑，现代意义上的"小说"就是从唐代传奇正式开始。在此以前的"小说"，其概念与此完全不同，它是指不同于经、史、子、集，不同于庄严、冠冕大文章的那种丛残小语，那种东西只能供人们作为茶余饭后的谈资。唐代以后，"小说"一词的这两种不同概念，在中国文化史上仍被并行使用，互不相混。《史记》对唐代传奇有哪些直接影响呢？我们可以从以下几方面看：

其一，司马迁的尚奇精神直接影响唐传奇。唐代的小说被人称为"传奇"，顾名思义，所谓"传奇"，就是记述奇特的人物与事件，并从中寄托作家的某种思想。而这一点恰恰是司马迁为历史人物写"列传"的重要选择标准之一。他在《太史公自序》中说："扶义俶傥，不令己失时，立功名于天下，作七十列传。"所谓"俶傥"，就是才能出众，办事不凡，而又不受传统礼教所拘的意思。用今天的话说，就是一辈子活得有价值，活得潇洒。有许多身处一人之下、万人之上的宰相、大将，司马迁认为他们无奇事伟言可传，不给他们立传；而有些人社会地位很低，而且稍见即逝，但他们却被司马迁抓住，写入《史记》了。陈涉、项羽是有奇言、有伟行的奇男子，最符合司马迁的标准，但由于后来他们都称了王，所以司马迁写他们还不能更好地说明问题，关键是写另一些人：蔺相如、毛遂，都是不见于先秦古籍的，但"完璧归赵"与"毛遂自荐"两个故事就把这两个人物写得光耀千古了。鲁仲连"义不帝秦"的一段说辞，侯赢佐助魏公子"窃符救赵"的一场活动，就凭着这两段文字，司马迁就已经让他们的风骨气节永远地流传于人们的口碑之中。朱家、郭解，是两个破坏汉朝王法的人，司马迁赞颂他们不遗余力；太史嫩女、卓文君，是两个违背礼教、自订终身的女子，司马迁却赞赏她们的胆识，并写出了她们在协助法章治理齐国、在帮着司马相如发迹中做出的贡献。又如吕不韦经商邯郸，发现公孙异人为"奇货"；田单用火牛阵，出奇制胜，大破燕兵。几此种种，任何一个故事放入唐代传奇中，其精彩程度都不会比唐传奇的故事逊色。司马迁的这种好奇色彩，早在汉朝扬雄就曾说过："文丽用寡，长卿也；

多爱不忍，子长也。仲尼多爱，爱义也；子长多爱，爱奇也。"①唐代传奇的不少作家都与古文运动有关联，本身就是写古文的好手，他们熟读先秦西汉之书，受《史记》"好奇"倾向的影响是很自然的。

其二，唐传奇的格局模仿《史记》。其主要表现是：

（1）以主人公的名字为题，而故事也就围绕着这个人物的生平经历展开。如《霍小玉传》写了妓女霍小玉从与李益交好，到被李益抛弃的悲剧经历；《柳毅传》写了柳毅从认识龙女，到为龙女去洞庭湖龙宫送信，到最后与龙女结为夫妻等等就是如此。一篇作品主要的就是写该篇主人公的事情，这就是《史记》所开创的"列传"的写法。

（2）写故事先从主人公的家世、来历写起，写他的从小到大，写他的起落兴衰，一直写到他的死，写到他的后世子孙。如《谢小娥传》开头说："小娥，姓谢氏，豫章人，估客女也。生八岁，丧母"云云，尔后才写到她长大后的出嫁，她丈夫的遇害，以及她的报仇等等。《李娃传》在写了李娃一生曲折的、惊心动魄的经历，成了国夫人后，作品最后说："有四子，皆为大官，其卑者犹为太原尹。弟兄姻媾皆甲门，内外隆盛，莫之与京。"写故事依照着人物生平经历的先后次序，而且上及父祖，下及子孙，这就更是《史记》列传的写法了。

（3）作品中往往带有作者的议论，这些议论，有的在作品中间，有的在作品末尾。如《李娃传》的最后写道："嗟乎，倡荡之姬，节行如是，虽古先烈女不能逾也，焉得不为之叹息哉！"《杨倡传》的最后说："夫倡，以色事人者也，非其利则不合矣。而杨能报帅为死，义也；却帅之赂，廉也。虽为倡，差足多乎！"

（4）故事虽出于虚构，而人名、地名、年号都是真的，作者又特别爱以"史官"自居，极力让作品向"正史"的"列传"靠拢，尽量给人以"真实"的感觉。如《霍小玉传》里的男主角是"李益"，李益是中唐时期的著名诗人，《新唐书》里有传，其中

---

① 〔汉〕扬雄：《法言·君子》。

没有《霍小玉传》里所说的事情，只说李益"少痴而忌克，防闲妻妾苛严，世谓妒为'李益疾'。"不知为什么《霍小玉传》的作者竟把他所编的故事栽到了李益头上。《谢小娥传》的作者是李公佐，李公佐为了突出他这篇故事的可信性，竟将他自己也写了进去，谢小娥的父亲与丈夫被强盗杀死后，谢小娥梦见她的父亲告诉她：杀人者的名字是"车中猴，门东草"与"禾中走，一日夫"。谢小娥不理解，后来李公佐在官场调动的过程中，路经谢小娥的家乡，李公佐识破谜语，告诉她这两个隐语所指的人名是"申兰"与"申春"，谢小娥就是按照这个提示找到并设计杀死了她的仇人。《任氏传》的女主角任氏是一个狐仙，与这个狐仙发生恋情和友情的是郑六和韦崟。韦崟是信安王韦诒的外孙，是该文作者沈既济的朋友。这个故事就是在大历年间沈既济在钟陵时，韦崟亲自告诉沈既济，由沈既济写下来的。这样就显得事实确凿，增强了可信的程度。

（5）唐传奇的语言生动优美，具有很强的可读性，而这点正是《史记》以来的传记文学的传统。我们且看沈既济的《枕中记》：

> 开元七年，道士有吕翁者，得神仙术，行邯郸道中，息邸舍，摄帽弛带，隐囊而坐。俄见旅中少年，乃卢生也。衣短褐，乘青驹，将适于田，亦止于邸中，与翁共席而坐，言笑殊畅。久之，卢生顾其衣装敝亵，乃长太息曰："大丈夫生世不谐，困如是也。"翁曰："观子之体，无苦无恙，谈谐方适，而叹其困者，何也？"生曰："吾此苟生耳，何适之谓？"翁曰："此不谓适，而何谓适？"答曰："士之生也，当建功树名，出将入相，列鼎而食，选声而听，使族益昌而家益肥，然后可以言适乎。吾尝志于学，富于游艺，自惟当年，青紫可拾，今已适壮，犹勤畎亩，非困而何？"

这种口吻神情的描绘，这种单行而又整饬的语言，都是我们读史传文学所习见的。唐代还有一些作品，名字不叫"传奇"，实际上也是非常典型、非常精彩的小说，如韩愈的《毛颖传》、柳宗元的《种树郭橐驼传》等就是如此。我们看《毛颖传》的最后一段：

> 太史公曰：毛氏有两族，其一姬姓，文王之子，封于毛，所谓鲁、卫、毛、聃者也。战国时有毛公，毛遂。独中山之族，不识其本所出，子孙最为繁昌。《春秋》之成，见绝于孔子，而非其罪。及蒙将军拔中山之豪，始皇封诸管城，世遂有名，而姬姓之毛无闻。颖始以俘见，卒见任使，秦之灭诸侯，颖与有功，赏不酬劳，以老见疏，秦真少恩哉！

这段文字，不论形式还是精神，都和司马迁的文章一模一样。唐代李肇曾说："沈既济撰《枕中记》，庄生寓言之类；韩愈撰《毛颖传》，其文尤高，不下史迁，二篇真良史才也。"① 宋代楼昉曾说："太史公笔力豪放，而语激壮顿挫，韩退之《毛颖传》可继其后。"② 宋人编《文苑英华》，收入了《枕中记》和《长恨传》，这当然与他们认为这两篇作品"意主箴规"，"足为世戒"有关，但不可否认，他们同时也是看中了这两篇作品的文章。这些作品都与《史记》开创的传记文学一脉相承，而与六朝小说的那种粗陈梗概无甚关涉。

关于唐传奇与《史记》的关系，我曾经打过一个比方：《史记》有如一株根深叶茂的优良果树，它的种子播向四方，但由于各地的水土不同，新长出的许多小果树，都只能结些歪梨劣枣。后来一批高水平的园艺家们又从《史记》那棵优良果树上剪来枝芽与这些劣质果树嫁接，从而品种质变，这才产生了唐代传奇这种异常优秀的丰收硕果。

唐传奇后还有宋传奇，还有许多单篇的文言小说创作，一直到它的伟大殿军《聊斋志异》的出现，它们都与《史记》一脉相传。由于情况基本相同，这里就不再说了。

3.《史记》与我国长篇小说

美国的汉学家蒲安迪曾说过这样一段话，大意是：研究欧洲

---

① 〔唐〕李肇：《国史补》。
② 〔宋〕范公偶等：《过庭录》。

小说、戏剧的人，总是要把它们的源头上推到古希腊史诗。而研究中国文学的人，则往往说中国古代没有史诗，他们说中国的长篇小说如《水浒传》、《三国演义》、《西游记》、《红楼梦》等是来自民间说唱。其实中国古代是有史诗的，可惜他们都没有把它当作史诗读，这就是《史记》。我觉得蒲安迪这话是很有见地的，现根据我的认识，将《史记》对后世长篇小说的影响归纳为以下几个方面：

其一，写小说的人以写"史"自命，评小说的人，以《史记》与之相比。《史记》、《汉书》在过去是被列为"正史"的，于是小说家们便称小说为"稗史"或"野史"。文言短篇小说《聊斋志异》的作者蒲松龄称自己为"异史氏"，长篇白话小说《西游记》的作者吴承恩则称自己为"野史氏"。清代徐震曾在评论小说《珍珠舶》时说："殊不知天下有正史，亦必有野史。正史者纪千古政治之得失，野史者述一时民风之盛衰。譬于《诗》，正史为雅颂，而野生则为国风矣。"明代的林翰在评论《隋唐志传通俗演义》时甚至说："后之君子体余此意，以是编为'正史'之补，勿第以稗官野史目之。"既然不以"野史""稗官"称之为满足，于是便有许多人直接称他所喜欢的小说为《史记》。如清代范淑评《红楼梦》说："说部可怜谁堪伍，庄骚太史同千古。"① 张竹坡评《金瓶梅》说："《金瓶》到底有一种愤懑气象，然则《金瓶梅》断断是龙门再世。"② 刘鹗称自己的《老残游记》说："《离骚》为屈大夫之哭泣，《庄子》为蒙叟之哭泣，《史记》为太史公之哭泣。其感情愈深者，其哭泣愈痛，此鸿都百炼生所以有《老残游记》之作也。"③ 黄世仲称《洪秀全演义》说："凡读书者须明作此书者之用意，故太史公愤世疾俗，于游侠诸传特地着神。顾三代后作者之眼光孰如史迁？陈胜列为世家，项羽编为本纪，真能扫'成王败寇'之腐说，为英雄生色者。是书即本

---

① 〔清〕范淑：《题直侯所评〈红楼梦〉传奇》。
② 〔清〕张竹坡：《〈金瓶梅〉读法》。
③ 〔清〕刘鹗：《〈老残游记〉自序》。

此意。"① 而明代唐顺之、王慎中更毫无保留地说《水浒传》"委曲详尽，血脉贯通，《史记》而下，便是此书"②。

《史记》是一部历史书，但却被写小说与评小说的人们时时刻刻地挂在嘴头上，你说它的影响还不大吗？

其二，中国后世许多长篇小说的主题，往往在《史记》中已见端倪。这里举例性的提出几点：

（1）忠奸之争。奸臣与昏君互相勾结，迫害忠臣，从而构成惨烈的政治悲剧，这是后世小说喜欢表现的主题之一，其代表性作品有《说岳全传》、《杨家将》、《呼家将》、《大红袍》等，而这个主题是从《史记》的《伍子胥列传》开始的。伍子胥的父亲伍奢忠于楚国，而被奸臣费无极所谮害，结果与其长子伍尚一同被楚平王所杀。伍子胥逃到吴国，帮助吴国强大起来，前后辅佐二主，成为吴国的盖世元勋。但遭到了奸臣伯嚭的谮害，最后竟被吴王夫差赐剑自杀。子胥临死前痛愤地说："必树吾墓上以梓，令可以为器；而抉吾目悬吴东门之上，以观越寇之入灭吴也。"忠臣忠心耿耿，为国家、为黎民出生入死，不得一日消闲，而到头来却是受打击、受迫害，甚至被杀戮、被灭族，真令人兴千古浩叹。

（2）歌颂侠义。社会黑暗，官场腐败，坏人横行，良善遭殃。人们对官府、对法律绝望，于是转寄希望于除暴安良的游侠，这类代表性的作品有《水浒传》、《水浒后传》、《后水浒传》、《绿牡丹》等，而这个主题是从《史记》的《游侠列传》开始的。司马迁歌颂朱家、郭解等人的"其言必信，其行必果，已诺必诚，不爱其躯，赴士之厄困，既已存亡死生矣，不矜其能，羞伐其德"；歌颂他们的敢于"捍文网"，敢于和当时的官府对着干。《史记》里除《游侠列传》外，具有侠客色彩的人物还有荆轲、鲁仲连、侯嬴、毛遂、李同等。孟尝君、平原君、信陵君等也有类似性质，司马迁称他们为"贵族之侠"。

---

① 〔清〕黄世仲：《〈洪秀全演义〉例言》。
② 〔明〕李开先：《词谑》。

（3）宫闱秘事。宫廷是全国的权力中心，是一个最富贵、最享乐，但同时也是最残酷、最阴暗、最充满杀机的，使普通人最感到神秘的地方。因此，自古以来人们总是最喜欢探究、最喜欢传说这个角落的事情。涉及这类题材的长篇小说有《隋唐演义》、《薛刚反唐》、《昭阳趣史》、《武则天外史》等，而第一次比较集中地反映这方面生活的则是《史记》中的《吕后本纪》与《外戚世家》。《吕后本纪》写了吕后与戚夫人之间的后妃之争，太子刘盈与赵王如意之间的嫡庶之争，以及由此而导致的残酷杀戮，日后更大规模的宫廷政变。《外戚世家》描写了王夫人与大长公主互相勾结，颠覆了栗皇后与栗太子的过程；描写了卫子夫以歌舞进幸，专宠后宫，一门受宠的情景；还描绘了许多后妃的日常生活，有的地方甚至被后人称为"甚过软俊，直是艳史之祖"①。

（4）才子佳人。表现才子佳人故事的长篇小说，明末以来可以说是浩如烟海，比较重要的作品有《玉娇梨》、《平山冷燕》、《好逑传》、《春柳莺》等。其故事情节大都分为一见钟情、婚事受阻、欢喜团圆三阶段，而这类作品的源头则是《史记》的《司马相如列传》。司马相如在卓王孙家的宴会上，用琴声挑动卓文君，又通过卓文君的使女传信，二人连夜私奔。卓王孙生气，从此不认其女。文君、相如无法生活，只好卖酒为业。后来司马相如入朝当了中郎将，衣锦还乡，卓王孙态度改变，欢喜团圆。后代才子佳人小说的基本线索，在这里已经大体具备了。这类小说由于后起者竞相模仿，新意不多，因而千口一腔，千人一面，在文学史上地位不高。但是我们不能否认，这类作品确曾风靡一时，甚至直到今天还在某种文艺领域里有着相当的影响。

《田单列传》所写的太史嫩之女，同情、搭救国破家亡隐姓埋名为她家灌园的齐王之子法章，私下以身相许；后来法章复国做了齐王，太史嫩的女儿遂成了君王后。这种慧眼识英雄，同情搭救"落难公子"的故事，也是后世才子佳人小说的重要情节之一。

---

① 〔清〕吴见思：《史记论文》。

至于那些歌颂开国的圣主贤臣，歌颂开边靖国的英雄将领，谴责荒淫无道的君主与贪官污吏等为主题的历史演义，以及那些从《史记》中取出某一篇章、某些事件，详加敷衍的历史小说，如《孙庞演义》（孙膑、庞涓）、《乐田演义》（乐毅、田单）等，因为它们与《史记》的关系一目了然，我们就用不着讲了。

　　其三，中国长篇小说的结构深受《史记》的影响，往往成为一种可拼可合的组合形式。《史记》是由一百三十篇组成的一部完整著作，是司马迁体大思精的一家之言。但是它的各篇之间又有各自的独立性，单独拿出某一篇来读，也是完全可以的。在它影响所及的中国古代长篇小说有相当一部分是名为长篇，实同短制，其最著名、最突出的是《水浒传》、《西游记》和《儒林外史》。《水浒传》从第三回到第七回是写鲁智深，从第七回到第十二回是写林冲，从第十四回到第十六回是写智取生辰纲，从第二十回到第二十三回是写宋江，从第二十三回到第三十二回是写武松，如此等等。早在明代袁无涯就说："纪事者提要，纂言者钩玄，传中李逵已有题为'寿张传'矣，如鲁达、林冲、武松、石秀、张顺、李俊、燕青等，俱可别作一传，以见始末。"① 明代金圣叹说："《水浒传》一个人出来，分明便是一篇列传，有两三卷为一篇者，亦有五六卷为一篇者。"② 茅盾也说："《水浒传》的结构不是有机的结构，我们可以把若干主要人物的故事分别编为各自独立的短篇或中篇而无割裂之感。"③

　　至于《西游记》，从孙悟空的角度说，这是一本由一个人物串起的互不相关的故事集；从被降伏的妖怪说，这是八十多篇并列的各色妖怪的列传。说到《儒林外史》，鲁迅先生曾说它："驱使各种人物，行列而来，事与其来俱起，亦与其去俱迄，虽云长篇，颇同短制。"④ 其他如《水浒后传》，徐槜说："有一人一传者，有一人附见数传者，有数人并见一传者，映带有情，转折不

---

① 〔明〕袁无涯：《忠义水浒全书发凡》。
② 〔明〕金圣叹：《读第五才子书法》。
③ 茅盾：《谈〈水浒传〉的人物和结构》。
④ 鲁迅：《中国小说史略》。

测,深得太史公笔法。"① 又如《说唐全传》,它一至十三回写秦琼,十八至二十回写伍云召,二十八至四十回写程咬金,四十五至五十三回写尉迟恭,五十四至六十二回写罗成,情况也和《水浒》差不多。我国古代小说的结构能以穿插严密、浑然一体著称的莫过于《红楼梦》,但其六十四至六十九回,也是一段完全可以独立的"二尤列传"。

其四,人物形象、故事情节的模仿、借鉴。美国汉学家浦安迪说:"正如植根于西方人灵魂深处的'普罗米修斯精神'、'阿波罗精神'、'缪斯精神'等无不源出于古希腊的神话与史诗,中国古典长篇小说中的典型人物的内心世界也处处与《史记》中突现的'荆轲精神'、'伍子胥精神'、'孟尝君精神'等遥相暗合。"究竟是《史记》在形成中华民族的心理与中华民族的性格上起了作用,因而使得后代作家在塑造人物时不谋而合呢,还是出于作家们直接对《史记》的模仿与借鉴呢?看来是二者都有,但如果表现得太明显,那就只能说是后代作家的模仿与借鉴了。例如《史记》里第一次出现了作为"王者师"的"运筹策帷帐之中,决胜于千里之外"的张良,于是后代凡是描写历史题材的小说,其中大部分都有这么一个类似的形象,如《三国演义》里有诸葛亮,《水浒传》里有吴用,《英烈传》里有刘伯温,《说唐全传》里有徐茂公,《粉妆楼》里有谢元。这些人不仅在作品中起的作用差不多,而且他们的形象、气质以至于心理定式也相差无几。

《三国演义》的作者在塑造曹操这个人物时,显然是融进了《史记》里的刘邦形象。刘邦与曹操在未得势时,都是流氓无赖;举事后,都以善于识拔人才著称;他们都内心忌刻,但大面上又都表现为一种豁达大度。《三国演义》第十回写到荀彧、荀攸往投曹操时,"操与语大悦,曰:'此吾之子房也'"。毛宗岗在这里加批说:"隐然以高祖自待。"在第十四回许褚连斩李的两员部将时,"曹操抚许褚之背曰:'子真吾之樊哙也。'"毛宗岗在这里又加评语说:"又隐然以高祖自待。"在第三十回官渡之战中,许攸

---

① 转引自〔清〕陈忱:《水浒后传论略》。

叛变袁绍往投曹操，受到曹操的极度热情接待时，毛宗岗在该回总评里写道："高祖踞床洗足而见英布，是过为傲慢以挫其气；曹操披衣跣足而迎许攸，是过为殷勤以悦其心。一则善驾驭，一则善结纳，其术不同，而其能用人则相同也。"

后世的小说作者还常把《史记》中的人物用作他自己小说中人物的绰号，如"小李广花荣"、"小霸王周通"[①]、"小韩信张大连"[②]；也有些评论家喜欢以后代小说中的人物与《史记》中的人物相比拟，如说《红楼梦》里的凤姐相当于曹操，说刘姥姥相当于冯谖等，这些现象也总是程度不同地在表明着后代小说人物与《史记》人物的一脉相承。

《史记》的故事情节常被后世小说或明或暗地袭用，如《三国演义》第六十一回写刘备一方想在宴会上杀刘璋的情景说：

> 次日，复与刘璋宴于城中，彼此细叙衷曲，情好甚密。酒至半酣，庞统与法正商议曰："事已至此，由不得主公了。"便教魏延登堂舞剑，乘势杀刘璋。延遂拔剑进曰："筵间无以为乐，愿舞剑为戏。"庞统便唤众武士入，列于堂下，只待魏延下手。刘璋手下诸将见魏延舞剑筵前，又见阶下武士手按刀把，直视堂上。从事张任亦掣剑舞曰："舞剑必须有对，某愿与魏将军同舞。"二人对舞于筵前。魏延目视刘封，封亦拔剑助舞。于是刘璝、泠苞、邓贤各掣剑出曰："我等当群舞，以助一笑。"

这里从场面到语言，都与《项羽本纪》里的"鸿门宴"完全相似。其他如《杨家将》里王钦、潘仁美逼死杨继业的手段，与《李将军列传》里李广被逼死的情节相同；《说岳全传》里伍尚志大摆火牛阵，则显然是从《史记田单列传》学来的，如此等等，我们就不多说了。

其五，后世小说从《史记》中学习叙事、写人的方法。《史记》是我国第一部以人物为中心的文学作品，它本身具有很强的

[①] 〔明〕施耐庵等：《水浒传》。
[②] 〔清〕石玉昆：《小五义》。

小说因素，而它在描写人物方面的超前成熟，尤其令人惊讶，以至于直到唐传奇出现前的九百多年间，竟没有任何一部写人作品的艺术性可以与之相媲美。也正因此，《史记》不仅在主题、题材、人物设计、情节安排等方面给后世作家提供了学习榜样，而且在具体的描写方法上，也大量或明或暗地被后代小说所仿效。如《三国演义》第四十一回"刘玄德携民渡江，赵子龙单骑救主"一节，毛宗岗在这一回的总评里说："凡叙事之难，不难在聚处，而难在散处。如当阳长坂一篇，玄德与众将及二夫人并阿斗，东三南四，七断八续，详则不能加详，略则不能偏略，庸笔至此，几于束手。今作者将糜芳中箭在玄德眼中叙出，简雍著枪、糜竺被缚在赵云眼中叙出，甘夫人下落则借军士口中详之，历落参差，一笔不忙，一笔不漏。又有旁笔，写秋风，写秋夜，写旷野哭声，将数千兵及数万百姓无不点缀描画。予尝读《史记》，至项羽垓下一战，写项羽，写虞姬，写楚歌，写九里山，写八千子弟，写韩信调兵，写众将十面埋伏，写乌江自刎，以为文章纪事之妙莫有奇于此者。及见《三国》当阳长坂之文，不觉叹龙门之复生也。"我们再看四十二回的"张翼德大闹长坂桥"，作品先说"飞乃厉声大喝曰：'我乃燕人张翼德也！谁敢与我决一死战？'声如巨雷，曹军闻之，尽皆股栗。"又说："飞望见曹操后军阵脚移动，乃挺矛又喝曰：'战又不战，退又不退，却是何故？'喊声未绝，曹操身边夏侯杰惊得肝胆碎裂，倒撞于马下。"这不就是袭用了项《羽本纪》里"赤泉侯为骑将，追项王，项王瞋目叱之，赤泉侯人马俱惊，辟易数里"的精神吗？

再如《儒林外史》的第二回是"王孝廉村学识同科，周蒙师暮年登上第"，卧闲草堂本在这一回的后面有无名氏的总评说："非深于《史记》笔法者，未易办此。"《儒林外史》的第三十三回写"杜少卿夫妇游山"，在这一回的总评里无名氏又说："识舟亭遇见来霞士，又遇见韦思元，令观者耳目为之一快。子美云：'途穷仗友生。'人不亲历此等境界，不知此中之苦，亦不知此中之趣。想作者学太史公读书，遍历天下名山大川，然后具此胸襟，能写出此种境况也。"无名氏又说："作者以龙门妙笔，旁见侧出以写之。"

　　《女仙外史》的第二十二回是"铁兵部焦魂能诛卫士,景文曲朽皮犹搏燕王",李澄中评论这一回的写法说:"余观《外史》,以如许之人,如许之事,条分缕析,合成一局,若梭之穿丝,有经有纬;舆之辐辏,有枘有凿,此能蜕化于《史记》之外,而陶熔于《史记》之内者。"《水石缘》的第二回是"逢密友慷慨谈心,论人情诙谐嘲世",何昌森评论这一回的写法说:"此回叙何生夫妇絮聒一段,叙黄氏改嫁一段,叙何成吞并一段,简切中又带细致,腐儒如何写得出!叙事之妙,逼真龙门。"

　　综观中国小说史的各个阶段与各个方面,综观后世小说所接受的《史记》影响,我们也就可以明白《史记》对中国小说发展所起的作用有多么重大了。吴曰法曾概括性地对此总结说:"小说家之神品,大都得力于读《史记》者为多。"① 邱炜萲在《客云庐小说话》中更明确地说:"千古小说祖庭,应归司马。"看来这话也不能算是太夸大。

　　司马迁是我国古代最杰出的历史家,《史记》是我国古代最杰出的历史名著,司马迁的求实精神与《史记》的真实性早已彪炳青史,几乎为两千年来的所有学者所公认,这是没有问题的。关键是在先秦与西汉时代人们对于什么叫"史",一部好的"史"书应该写成什么样,司马迁对于他所写的这部"史"的追求是怎样的,这些都与我们今天对于"史"的认识有相当大的距离。只有明白这一点,我们才有可能客观地既看到《史记》在历史学方面的高标独树,又看到它在文学方面的巨大贡献,而不宜好丹揿素,嗜甘忌辛。其实,大历史家郭沫若早就说《史记》是"历史小说集"了,但我相信,他丝毫也没有想贬低《史记》的"真实性"的意思。

---

① 吴曰法:《小说家言》。

第九章　史记学的形成与发展

一、历代的《史记》研究与"史记学"的发展

《史记》问世两千多年来，阅读和研究它的人不可胜数，并传播海外。各种校勘、注释、考证、评论等专著大量涌现，成了一项专门学问，即"史记学"。"史记学"之名由宋人王应麟提出。他说："司马氏《史记》有裴骃、徐广、邹诞生、许子儒、刘伯庄之音解。……《史记》之学，则有王元感、徐坚、李镇、陈伯宣、韩琬、司马贞、刘伯庄、张守节、窦群、裴安时。"① 王应麟称"史记学"为《史记》之学，形成于唐代，这与实际的发展是吻合的。大体说来，汉唐是史记学的形成时期，宋元明清及近代是史记学的发展时期，新中国成立以来的现当代是史记学的深入和丰收时期。

1.《史记》流传，为杨恽所布

司马迁《史记》完成之日，正是汉武帝"罢黜百家，独尊儒术"的思想确立之时，战国时代"百家争鸣"的局面荡然无存，

---

① 〔宋〕王应麟：《玉海》卷四十六《唐十七家正史》。

人们的思想受到禁锢。在正统思想家眼里，《史记》是离经叛道之作，被目为"谤书"。因此，《史记》在两汉时上层统治集团中的传布，受到政府严格的控制。《汉书·宣元六王传》载，成帝时，东平王刘宇来朝，上书求《太史公书》，成帝以问大将军王凤。王凤以为《太史公书》有"战国从横权谲之谋，汉兴之初，谋臣奇策，天官灾异，地形厄塞，皆不宜在诸侯王，不可予"。成帝竟纳其言，遂不与东平王书。东汉卫宏《汉仪注》载，汉武帝削除《景纪》、《武纪》。其中一部分易触犯时忌的内容，在流传本中被摘除，所以使得班固所见官本"十篇缺，有录无书"。《史记》大行以后，有些篇传虽亡而复得，但《今上本纪》等篇仍然缺损。

　　《史记》流布民间，是宣帝时司马迁外孙杨恽向外传播的。《汉书·司马迁传》载其事云："迁既死后，其书稍出。宣帝时，迁外孙平通侯杨恽，祖述其书，遂宣布焉。"从此开始了《史记》的研究，如同西汉古文经学一样，在民间士大夫中流传，到了东汉逐渐扩大。由于《史记》本身的巨大成就，杨恽宣布后，受到众多学者的效仿。西汉一代续补《史记》者有十七人。《史通·古今正史》载十五人，其言曰："《史记》所书，年止汉武，太初已后，阙而不录。其后刘向、向子歆及诸好事者，若冯商、卫衡、扬雄、史岑、梁审、肆仁、晋冯、段肃（又作殷肃）、金丹、冯衍、韦融、萧奋、刘恂等，相次撰续，迄于哀、平间，犹名《史记》。"此外，有褚少孙补《史记》十篇，直接附骥《史记》流传。《后汉书·班彪传》李贤注，又有阳城衡续《史记》。东汉班彪集大成，作《史记后传》六十五篇，其子班固扩充独立为《汉书》。《汉书》由于受到统治者的宣扬，加之是一部汉代近代史，首尾完具载述西汉一朝，所以成书不久就大行于世，被目为五经之亚。《汉书》却是仿《史记》的体例。反过来，它推动了《史记》的流传。东汉后期，《史记》流布渐广。桓帝时，《史记》已成为司马迁书之专名。这时已有两部《史记》音注书问世。有延笃《音义》一卷，无名氏《音隐》五卷①。延笃，东汉顺桓时

---

① 见〔唐〕司马贞：《史记索隐后序》。

人，传见《后汉书》卷五十四，卒于桓帝永康元年，即公元167年。

2. 汉代学者对《史记》的批评

两汉是史记学的困厄时期。由于汉家定儒学于一尊，而司马迁的异端思想具有反传统和对现实强烈的批判精神，所以它的传播与研究受到官方的严格控制。西汉时代续补《史记》者十余家，除褚少孙外，均是接续《史记》叙载汉家之事，集大成者就是班固的《汉书》。尽管续补者众，但对史记学的发展没有直接影响。汉儒对《史记》多持批评态度。最早批评《史记》的学者是西汉末年的哲学家和文学家扬雄。《汉书·扬雄传》班固转述雄言曰："太史公记六国，历楚汉，迄麟止，不与圣人同，是非颇谬于经。"扬雄又在《法言·重黎篇》中对照司马迁与孔子思想的不同点，指出："仲尼多爱，爱义也；子长多爱，爱奇也。"这里将司马迁传人之"奇"是作为儒家"义"的对立面而提出的，表现了扬雄的卫道立场。他的"是非颇谬于经"的指责，实开班彪、班固父子批评《史记》的先河。《汉书·司马迁传·赞》载其言曰：

> 论大道则先黄老而后六经，序游侠则退处士而进奸雄，述货殖则崇势利而羞贱贫。

这就是所谓的不合于"义"的"史公三失"。在东汉随着儒学的神秘化，在统治集团，《史记》受到严厉的非难。光武建武四年（公元28年），博士范升反对为《左传》立博士，涉及《史记》，认为太史公多引《左氏》，抨击《史记》"违戾五经，谬孔子言"①。东汉末王允竟直斥《史记》为"谤书"②。

班氏父子又批评《史记》不尊汉，将汉代帝王"编于百王之末，厕于秦、项之列"。在这种气氛中，《史记》在汉代流布不广，研究不受重视，治史者多效法《汉书》，以至班书取得独尊

---

① 〔宋〕范晔等：《后汉书》卷三十六《范升传》。
② 《三国志·董卓传》裴松之注引谢承《后汉书》载王允之言曰："昔武帝不杀司马迁，使作谤书，流于后世。"王允之言又载于范晔《后汉书·蔡邕传》。

地位。颜师古《汉书叙例》所列的《汉书》注，汉代就有荀悦、服虔、应劭、伏严、刘德、郑氏、李斐、李奇八家；三国时有邓展、文颖、张揖、苏林、张晏、如淳、孟康、项昭、韦昭九家，晋代有晋灼、刘宝、臣瓒、郭璞、蔡谟五家，行世二百余年注家达二十二家之多。《史记》至东汉末仅有延笃《音义》和无名氏《音隐》两家，显得十分冷落。

由于《史记》的博大精深，汉代正统儒家学者并没有对《史记》全盘否定，有褚少孙的倾心研读续作，有刘向的高度赞扬①。刘向极为推崇《史记》，他的《别录》，常以《史记》为评断标准，例如《管子书录》就袭用《史记·管子传》。王充对《史记》有褒有贬，《论衡·书解篇》称赞西汉诸儒陆贾、司马迁、刘向、扬雄等人上继周公、孔子，"文儒之业，卓绝不循"。班氏父子虽有"史公三失"之批评，而对《史记》仍然是一分为二的，《汉书》效法《史记》的成功，应该说班氏父子是《史记》传播、研究的一大功臣。但大气候却是对《史记》不利，所以两汉是《史记》的困厄时期，流布不广。

3. 史记学的奠基与形成

魏晋南北朝是史记学的奠基时期，人们对《史记》与《汉书》的注释与研究，并行发展，至隋唐而集中古研究之大成，形成了专门的"史记学"与"汉书学"。这是因为随着汉王朝的瓦解，《汉书》独尊地位受到冲击，《史记》谤书之说得到辩诬。客观环境的变化，扫除了《史记》流传的障碍。而这一时期纪传体史学的大发展，又推动了《史记》的研究。

第一个为《史记》"谤书"辩诬的是魏王肃。《三国志·王肃传》载，魏明帝曹叡问王肃曰："司马迁以受刑之故，内怀隐切，著《史记》非贬孝武，令人切齿。"肃对曰："司马迁记事，不虚美，不隐恶。刘向、扬雄服其善叙事，有良史之才，谓之实录。汉武帝闻其述《史记》，取孝景及己本纪览之，于是大怒，削而投之。于今两纪有录无书。后遭李陵事，遂下迁蚕室。此为隐切

---

① 刘向及扬雄、班氏父子对《史记》的评价见《汉书·司马迁传》赞语。

在孝武，而不在于史迁也。"其后，裴松之作《三国志注》，也委婉地驳斥了王允的"谤书"说。裴松之云："史迁纪传，博有奇功于世，而云王允谓孝武应早杀迁，此非识者之言。但迁为不隐孝武之失，直书其事耳，何谤之有乎？"裴松之为尊者讳，不相信"谤书"说出自王允之口，但他驳斥"谤书"说却是旗帜鲜明的。

晋人傅玄、张辅论马班优劣，竟直斥班书不如迁书[①]。《汉书》的独尊地位受到冲击，《史记》日渐受到重视。从魏晋至隋唐，以三家注为标志，形成"史记学"发展的一个高峰。这一时期的注家，见于《隋书》及两《唐书》等三书史志记载的有十五家。列目如下：

《史记音义》12卷，宋徐广撰

《史记集解》80卷，宋裴骃撰

《史记音义》3卷，梁邹诞生撰

《史记注》130卷，唐许子儒撰

《史记音》3卷，唐许子儒撰

《史记音义》20卷，唐刘伯庄撰

《史记注》130卷，唐李镇撰

《史记义林》20卷，唐李镇撰

《史记地名》20卷，唐刘伯庄撰

《史记注》130卷，唐王元感撰

《史记注》130卷，唐陈伯宣撰

《史记注》130卷，唐徐坚撰

《史记纂训》20卷，唐裴安时撰

《史记索隐》30卷，唐司马贞撰

《史记正义》30卷，唐张守节撰

上列诸家注疏，流传下来的只有三家，即刘宋裴骃《史记集解》、唐司马贞《史记索隐》、张守节《史记正义》，世称三家注。

[①] 傅玄、张辅两人的评论，详本书《略论马班异同的内容与历史发展》一文，兹从略。

三家注是汉唐时代"史记学"集大成之作，至今仍有重要的学术地位，是研究《史记》的必读参考书。

4. 唐代奠定了《史记》在史学史和文学史上的地位

《史记》问世，"自成一家之言"，于是开了私人修史之风，《汉书》断代运用纪传体的成功，激发了后代史家的效仿。魏晋南北朝时期的分裂，以史为鉴又具有现实意义。因此这一时期史学发达，有一百余家，其中纪传史居于首位。如晋司马彪《续汉书》、陈寿《三国志》、刘宋范晔《后汉书》、齐臧荣绪《晋书》、沈约《宋书》、梁萧子显《南齐书》、北齐魏收《魏书》，都是纪传史名著。有唐建立，最高统治者极为重视修纪传史，颁令为正史，并开设史馆大修前代国史。唐代官修《晋书》、《梁书》、《陈书》、《北齐书》、《周书》、《隋书》、《南史》、《北史》，均一律用纪传史。唐修《隋书》在《经籍志》中列四部书目为经、史、子、集，而史部又以纪传史为第一，自此纪传史成为修史正宗，具有至高无上的地位。以后历代建国，都开局修前朝历史，中国从此有了一部洋洋大观，贯通五千年文明的"二十六史"，《史记》居首，也取得了独尊的地位。《史记》的正史地位是在唐代得以确立的。

唐代科举有"三史"之目，即《史记》、《汉书》、《后汉书》列为科举考试科目，鼓励士人研习"三史"，通过科举选拔治史人才。这对于学习《史记》起了很大的推动作用。由于统治阶级的提倡，唐代精研"三史"成为时尚，因此唐人的"三史"注解都获得了很高的成就，这绝不是偶然的。

伴随史学的发展，唐代研究历史编纂方法的专门理论著作也应运而生，那就是刘知幾的《史通》。刘氏定书名为《史通》，就是受司马迁"通古今"的影响。该书的研究对象把《史记》开创的纪传体作为重点内容。《史通》标目有《六家》、《二体》、《本纪》、《世家》、《列传》、《表历》、《书志》、《论赞》、《序例》、《题目》、《断限》、《编次》等专篇，就是从理论上总结纪传体编纂的得失的。《史通》是我国史学史上第一部历史方法论的理论巨著。尽管刘知幾在《史》、《汉》对照时扬班抑马，但对司马迁和《史记》在史学史上的地位及其价值,在总体上仍是充分肯定的。实际上,刘氏的批评,是从史学批评史的角度对《史记》的地位和贡献做出了理论的总结,这也是唐代奠定《史记》在史学史上地位的标志之一。

唐代散文大家韩愈、柳宗元倡导古文运动,反对六朝骈俪遗风,以《史记》为旗帜,从而奠定了《史记》在文学史上的地位。《史记》在唐代的影响是空前的。

自唐以后,扬班抑马倒向,转而扬马抑班,人们对《史记》的评价越来越高,研究和学习《史记》的人也越来越多。集成前代《史记》研究成果的三家注在唐代完成,《史记》在史学史和文学史上的地位在唐代得以确立,从而成了一门学问,与时推移,得到了健康的发展,取得了丰硕的成果,唐人的贡献具有划时代的意义。

5. 宋人的《史记》评点

宋代以前对《史记》的评论只有零星的议论,没有形成风气。宋代统治者重视史学的修撰,《新唐书》,新、旧《五代史》,以及《资治通鉴》都在北宋完成。科举考试改诗赋为策论。政治形势影响文化风尚,所以宋代士人钻研史书十分努力,并形成好发议论的风习,从而开了评论《史记》的风气。宋人刻《史记》和评《史记》成为一代士风。欧阳修、曾巩、王安石、三苏、二程、罗大经、刘辰翁、黄震、洪迈、郑樵、吕祖谦、晁公武、王应麟、叶适、王若虚,以及秦观、黄庭坚、黄履翁、陈振孙、朱熹、辛弃疾、马存等数十人,都对《史记》做过认真的分析评论,尽管专门著作不多,而散论文章可以说是洋洋大观,数量、质量都可称雄一代。

宋人对《史记》总体的评论,识见高于唐人一筹。首先对司马迁开创纪传体的认识,以郑樵为代表做了很高的评价。他称《史记》五体,"本纪纪年,世家传代,表以正历,书以类事,传以著人,使百代而下,史官不能易其法,学者不能舍其书。六经之后,惟有此作"①。其次对于《史记》各体的评论,也都提出

---

① 〔宋〕郑樵:《通志总序》。

了创新的见解。如林駉论"本纪",认为司马迁是"以事之系于天下则谓之纪"①,超出了刘知幾"以天子为本纪"的认识。唐人评史,以刘知幾《史通》为最高水平,而刘知幾对史表认识不深,甚至有废表之论②。郑樵的《通志总序》则说,"《史记》一书,功在十表。"吕祖谦的《大事记解题》卷一详为申说,认为"《史记》十表,意义宏深",故"学者多不能达"。他阐述十表"宏义"说:"《三代世表》以世系为主,所以观百世之本支也。《十二诸侯年表》以下以地为主,故年经而国纬,所以观天下之大势也。《高祖功臣年表》以下以时为主,故国经而年纬,所以观一时之得失也。《汉兴以来将相名臣年表》以大事为主,所以观君臣之职分也。"吕氏的评论第一次揭示了《史记》十表的编制方法和功用,开阔了人们的眼界,在当时和后世都有很大的影响。五体结构的互见法,也为宋人苏洵所首发。

《史记》博大精深,宋人的评论也涉猎广泛。评论最突出的问题,有"史公三失"、"马班异同"、《史记》文章风格、《史记》人物等。对"史公三失",宋人分为两派,苏轼、叶适、王若虚等人赞成班固的观点,秦观、沈括、晁公武、陈仁子、黄震等多数为司马迁辩护,认为司马迁先黄老,崇游侠,颂货殖是有为而发,班固的批评不足为司马迁之病。两派意见,森严壁垒,势均力敌。尽管辩难纷纭,却只停留在表象的就事论事,很少有人从司马迁"成一家之言"的高度揭示"史公三失"之说为非,所以这个传统课题,宋人并没有取得突破性的成绩。对《史记》文章风格,唐韩愈、柳宗元评价为"雄深雅健",宋人的评论在此基础上有了进一步的深入和发展。例如散文家马存,他在《赠盖邦式序》中,做了具体的发挥。他认为《史记》的风格特点是:或"奔放而浩漫",或"停蓄而渊深",或"妍媚而蔚纡",或"雄勇猛健",或"斩绝峻拔",或"典重温雅"③。苏辙说太史公行文

---

① 〔宋〕林駉:《古今源流至论》后集卷九《史学》。
② 刘知幾论史体,见《史通》卷二《本纪》,废表之论见《史通》卷三《表历》。
③ 见〔明〕凌稚隆:《史记评林》卷首引。

"疏荡有奇气"①。马存、苏辙还探讨了《史记》文章风格形成的原因,是来自于壮游所感受的深广的生活实践。以上论述,超越前人。

6. 明人评点《史记》的杰出成就

元代由于政治的原因,整体社会学术空气不浓,《史记》研究成绩不大。但元代用戏曲形式宣传《史记》,在普及方面取得了空前的成就。据今人傅惜华《元代杂剧全目》所载,元代取材于《史记》的杂剧有一百八十余种,而且大多为演出本。这么多的《史记》戏在全国大小剧场上演,《史记》的人物故事广为人知。这无疑为明清以来的"史记学"发展,奠定了深厚的群众基础,因此元代的《史记》戏亦应值得大书一笔。

明人研究《史记》,承袭宋人的评论余风,发展壮大成为一代主流。明人评点改变了宋人因人因事立题的单篇论文和读书笔记的形式,而以恢弘气度对《史记》全书作评点,出现了形式多样的评点专著。最基本的形式是在《史记》原文上用五彩笔作圈点、夹批、眉批、总批。著名的评点专著有杨慎的《史记题评》、唐顺之的《荆川先生精选批点史记》,茅坤的《史记钞》,归有光的《归震川评点史记》,钟惺的《钟伯敬评史记》等。另一种形式是搜集荟萃历代学者以及时贤的评论精语,一一标注在《史记》有关正文之上,号称"史记评林"。此由凌稚隆的《史记评林》发其端,后继者纷起,有李光缙等人的《史记萃宝评林》,陈仁锡的《史记评林》,葛鼎、金蟠的《史记汇评》、邓以瓒的《史记辑评》,朱子蕃的《百大家评注史记》、陈子龙、徐孚远的《史记测义》等多种辑评专著。辑评形式灵活自由,文字可长可短,内容丰富多彩,有总体分析,有细事发微,有人物评论,有史实考证,有感则发,无话则省。辑评精语,夹注在作品中,或书写在眉端,时时提起读者的注意,帮助读者思索品味,把自己的欣赏和感受上升到理论的高度。因此辑评很受读者欢迎,流风所及,也成了清代和近代的一种最基本、最普遍的研究方法。晚

---

① 〔宋〕苏辙:《栾城集》卷二十三《上枢密韩太尉书》。

清以后，形式又有所发展。如清末郭嵩焘的《史记札记》，已不录《史记》全文，而是摘引有关原文，然后发议论。近代李景星的《史记评议》，则完全抛开原文，没有夹批，只有一百三十篇的评。今人杨燕起、陈可青、赖长扬又在前人辑评的基础上，荟萃从古至今四百余种著作中的精语，编纂《历代名家评史记》一书，给《史记》研究者提供了历代有关《史记》评论的主要资料。该书分上下两编，上编为全书和《史记》五体的总评，下编为一百三十篇的分论，采录标准以其学术价值为准。可以说，这是辑评形式的新发展。附论于此，以资参阅。

　　明人评点《史记》的内容非常丰富，史事、人物、编纂体例、文章风格、艺术手法，无所不及。行文内容不似宋人以议论为主，而是紧贴《史记》原文以分析为主，语言明快，通俗易懂，不发空论，能够引导读者进入欣赏的境界。所以，像茅坤、杨慎、唐顺之、归有光、余有丁等人的见解，就成为品题《史记》的圭臬，深受读者喜爱。明人抉发司马迁的写人艺术，以及《史记》与小说的关系，更有精绝的分析评点，发前人所未发，特别是金圣叹对《史记》文学技法的评论，就独树一帜，做出了杰出的贡献。

7. 清人的《史记》考证与研究

　　清代是旧时代"史记学"发展的高峰，研究者之多与成绩之丰，都是前所未有的。清人研读《史记》，留下文章著述的有三百余人，著名的专著有几十部。如王鸣盛《史记商榷》、钱大昕《史记考异》、赵翼《史记札记》、杭世骏《史记考证》、王元启《史记三书正讹》、邵泰衢《史记疑问》、邱逢年《史记阐要》、梁玉绳《史记志疑》、林伯桐《史记蠡测》、王筠《史记校》、程余庆《史记集说》、张文虎《校勘史记札记》、尚镕《史记辨证》、郭嵩焘《史记札记》、潘永季《读史记札记》、李慈铭《史记札记》、方苞《史记注补正》、牛运震《史记评注》、杨于果《史汉笺论》、杨琪光《史汉求是》和《读史记臆说》、鹿兴世《史记私笺》、储欣《史记选》、王又朴《史记七篇读法》、汪越《读史记十表》、汤谐《史记半解》、邵晋涵《史记辑评》、高塘《史抄》、吴敏树《史记别钞》、沈家本《史记琐言》、王治皞《史记榷参》、吴见思《史记论文》、吴汝纶《桐城吴先生点勘史记》等等，都是研精覃思的力作。此外，像顾炎武《日知录》、李晚芳《读史管见》、刘熙载《艺概》、曾国藩《求阙斋读书录》、刘大櫆《论文偶记》、林纾《春觉斋论文》等著作中，也对《史记》发表了许多精到的评论。

史记学发展到清代，已经展开了广阔的领域，积累了非常丰富的资料、研究方法和经验教训。又由于政治高压的原因，士人欲避文字狱，治学问者大多埋头于古籍考证。所以清人对《史记》研究的贡献，主要不在于开拓新的领域，而是全面继承、深入和总结前代的研究成果，因而呈现了硕果累累而以考证为主流的新局面。清人评点《史记》亦有突出的成绩。吴见思的《史记论文》、吴汝纶的《点勘史记》都是流传极广的名作。桐城派古文大家，如方苞、刘大櫆、姚鼐、林纾等人对《史记》艺术美的研究与抉发，理论的深入超过了明人的评点，清人的考证亦不废评论。考中有评，评中兼考，这是清人研究《史记》的一大特点。如汪越的《读史记十表》和徐克范补，就是一部阐发十表义理兼考据的名作，评议与存疑都十分精严。不过，清人《史记》研究的主流是考证，这是本节评述的重点。

《史记》载三千年历史，时间长，人事多，地域阔，司马迁的记述难免有疏漏。《史记》流传，必然发生文字歧异。后人的研究也有得有失。对这些问题进行一番疏理，考辨是非，是非常必要的。清代乾隆、嘉庆年间，学术界考据成为一代风气，学者用考据方法对古代文献进行通盘分析整理，成就斐然，学术史上称为乾嘉考据学。《史记》考证就是在这一风气下发展起来的。

追溯《史记》考证，第一人是三国时的谯周。据《晋书·司马彪传》载："谯周以司马迁《史记》书周秦以上，或采俗语百家之言，不专据正经，周于是作《古史考》二十五篇，皆凭旧典，以纠迁之谬误。"《古史考》今已不存，遗说见于《史记》三家注引录。《史通·正史篇》称该书"今则与《史记》并行于代焉"，说明《古史考》是唐以后失传的。宋人以疑古精神读《史记》，因疑而辨，也做了一些考辨工作，最有代表性的是金人王若虚的《史记辨惑》。作者以疑古精神，对《史记》在采摭、立论、体例、文字、文章、评论诸方面的问题，广为疑惑，发难辩驳。但由于王若虚疑古过勇，放言高论，刻意苛求，言之成理者十之三四，失误偏激者十之六七，失多于得，影响不大。从总体上说，宋人的考辨还停留在置疑发难，提出问题的阶段。到了明代，《史记》考证才有所发展，出现了柯维骐《史记考要》、郝敬《史记愚按》等考证专著，为清人的考证起了铺路奠基的作用。

清人的《史记》考证，通过训诂、笺释、校勘、辨伪等方法和手段，对《史记》做了全面系统的整理研究。清代著名的考据学家，如王鸣盛、钱大昕、赵翼、何焯、王念孙、梁玉绳等人，都在《史记》考证上下过一番功夫。其中以梁玉绳的成绩为最大，他的《史记志疑》可代表清人《史记》研究的水平。这些学者重视实证，力戒空谈，穷年累月搜集资料，进行归纳、排比，"究其异同，核其始末"，言必有据，据必可信，孤证不立，必以多项证据定是非，因此他们的考据有较高的学术价值，受到世人的推重。

清人考证《史记》的方面很广，大至重大的历史事件，小至一地一名、一字一音都不放过。主要的成绩有以下几个方面。

其一，考订文字。厘正文字，是清人《史记》考证的重心，钱大昕、王念孙、梁玉绳、李慈铭、张文虎等人都做出了重要的贡献。《史记》在流传中，文字有衍、倒、讹、脱、增、改、缺、异，以及错简等。如《廉颇蔺相如列传》："秦破赵，杀将扈辄于武遂。"钱大昕云："《赵世家》作'武城'，武遂在燕赵之交，秦兵未得至其地，恐因上文有武遂、方城之文，误衍'遂'字耳。"① 武城在赵之南境，在今河北磁县西南，武遂在赵之东北邻近燕，在今河北徐水县西。秦兵未过赵都邯郸，不可能到达武遂，故钱氏据《赵世家》校正，"遂"字涉上文而衍致误。这一字之差，史实就有很大的出入。《史记》文字，在刘宋时裴骃厘

---

① 〔清〕钱大昕：《二十二史考异》卷五。

正过一次①,成为古代定本。历经一千余年,清人再次做了全面的疏理,为今通行本中华书局点校本奠定了基础,这一贡献无论怎么评价都不过分。

其二,考订史实。三国时谯周《古史考》已发其端,但以后一千余年没有得到很好的继承。清人的考证,成绩巨大,有系列的专著,如王鸣盛《史记商榷》、赵翼《史记札记》、王元启《史记月表正伪》、《史记三书正伪》、梁玉绳《史记志疑》等。此外,散见于一些读史札记、笔记及文集散篇的考辨成果亦不少。

其三,考订地名、人名、年月。

其四,考证《史记》疑案,如作者生平、书名、断限、缺补等。

以上两项考证,内容丰富,例证不能一一胪列遍举,兹从略。

以上评价,只是一个概略的轮廓,不免挂一漏万。清人乾嘉学派以考证方法治史是考据学的一个主要方面,《史记》又是一部博大的典籍,所以清人对《史记》考证用力之勤、贡献之大,任何一个时期无可比拟。另一方面,我们也应看到,清人的考证也有很大的局限。从方法上主要是以文献证文献,比起近代王国维的二重证据法,就逊色一筹,这是时代的局限。其次,微观的研究用力甚勤,而宏观的把握则不足,导致有的考证似是而实非。例如梁玉绳《史记志疑》考列《伯夷列传》十大矛盾,认为"史所载,俱非也"。殊不知司马迁本来就视伯夷、叔齐同许由、卞随、务光一样,其事迹都在疑似之间,只不过是借题发挥罢了。司马迁不仅是史学家,他还是文学家和思想家,不把握这个宏观,考证难免迂阔之见和皮毛之论。有时钻牛角尖,为考证而考证。不过,瑕不掩瑜,清人《史记》考证的总体成就,在史记学发展史上是值得大书特书的。

8. 近代研究《史记》的特点

这里所说的近代,是指1905—1949年,四十五年,正当二十世纪的上半叶。这一时期中国社会发生了翻天覆地的变化,政

---

① 《史记集解·序》云:"考较此书,文句不同,有多有少,莫辨其实,而世之惑者,定彼从此,是非相贸,真伪舛杂。"说明《史记》抄本在南北朝时文字舛杂,裴骃在徐广《史记音义》基础上做了厘正,写成定本。

治的动荡带来思想的活跃。资产阶级和马克思主义两种思想体系、两种研究方法从西方传入中国，在古老神州大地上激发了"五四"新文化运动。在这一大背景下的《史记》研究，具有继往开来的重要作用，呈现出与以往不同的一些新特点。从总体上说，这一时期的研究，一方面是对封建时代的《史记》研究成果开始了批判总结，另一方面是在继承前人研究成果的基础上有所创新。具体说，是全面继承清人的研究余绪，仍以考证与评议为两大主流，但更具有理论色彩，识见上了一个新台阶。这时期的注家仍然寥落，这方面与日本学术界相比尚有差距。三十年代日本学术界出版了泷川资言的《史记会注考证》，尽管有许多不足，它毕竟是继《史记》三家注之后近代的一部集成著作，其价值不能低估。这说明近代的《史记》研究是一个过渡时代，它为新中国成立以后"史记学"的深入发展打下了坚实的基础。

　　近代半个世纪《史记》研究的总成果相当可观，重要的学术论文有一百余篇，专著几十部。考证方面，崔适的《史记探源》、鲁实先的《史记会注考证驳议》、朱东润的《史记考索》、李奎耀的《史记丛考》、余嘉锡的《太史公书亡篇考》；评议方面，魏元旷的《史记达旨》、杨启高的《史记通论》、刘咸炘的《太史公书知意》、齐树楷的《史记意》、李景星的《史记评议》、施章的《史记新论》、李长之的《司马迁之人格与风格》；《史记》注疏方面，李笠的《史记订补》、吴国泰的《史记解诂》；《史记》书法方面，靳德峻的《史记释例》；太史公行年方面，张鹏一的《太史公年谱》、郑鹤声的《司马迁年谱》等，都是各具特色的专著。一大批著名学者如章炳麟、梁启超、罗振玉、王国维、鲁迅、茅盾、刘师培、钱玄同、钱锺书、顾颉刚、罗根泽、闻一多、朱自清、范文澜、吕思勉、翦伯赞、郑振铎等，也在他们的专著或论文中程度不等地评述了《史记》。这一时期创立的史学史、文学史教科书大都给予《史记》以专章、专节的论述，使《史记》在我国史学史和文学史上的崇高地位得到了更牢固的确立。

　　这一时期《史记》研究的特点，概略地说有以下几个主要方面：

其一，高度评价司马迁和《史记》，认为司马迁为中国史学立界碑取得了共识。梁启超评价司马迁为"史界太祖"①，罗元鲲则誉《史记》为"我国二千年来第一绝作"②。翦伯赞、顾颉刚做了进一步的论证。翦伯赞说："中国的历史学之成为一种独立的学问，是从西汉时起，这种学问之开山祖师，是大史学家司马迁。"③ 顾颉刚说："窃谓《史记》一书，'厥协六经异传，整齐百家杂语'，实为吾国史事第一次有系统之整理，司马氏既自道之矣。……是书独其创立义例，兼包巨细，会合天人，贯穿今古，奠史学万祀之基，炜然有其永存之辉光，自古迄今，未有能与之抗颜而行者矣。"④ 鲁迅凝练为两句定评语："史家之绝唱，无韵之《离骚》。"⑤ 史学、文学都说到了，至今常为人们引用。

近人将《史记》评价到前所未有的高度，并不是空言论说，而是从具体分析中得出，比前人更细、更富理论色彩。仅举一例以明之。联络《史记》结构的互见法，宋人苏洵即已发现，但只说到"本传晦之，他传发之"这一特点，而内涵和价值尚未充分论说。近人李笠和靳德峻就做了比较明确的定义。李笠《史记订补》说："阙于本传而详于他传者，是曰互见。"靳德峻《史记释例》说："一事所系数人，一人有关数事，若为详载，则繁复不堪，详此略彼，详彼略此，则互文相足尚焉。"并具体分析有"书明互见者"的互见，有"不书明互见而实互见者"的互见，有详于此而略于彼的互见，有两者微殊而互为补足发明的互见。朱自清在《史记菁华录指导大概》一文中做了更进一步的阐释。他认为互见法在纪传史中的运用，第一避重复，第二寓褒贬，第三免触忌讳。每一论点都有生动的例证分析，使读者过目而留下深刻印象，对于辅导阅读《史记》有很大的意义。

其二，加强了对《史记》宏观的综合评议。李景星《史记评

---

① 梁启超：《中国历史研究法》。
② 罗元鲲：《史学概要·西汉之史学》。
③ 翦伯赞：《中国史纲》。
④ 《史记》校点本序。
⑤ 《鲁迅全集》第8卷《汉文学史纲要》。

议》、李长之《司马迁之人格与风格》是两部代表作。前者是对《史记》分篇的综合评议,后者是对《史记》全书的综合评议。立足点不同,表述方法也有创新。李景星的《史记评议》,虽然是对《史记》逐篇评说,但立意在综合,所以不在原文上做眉批、夹评、圈点,而是离开原文,驰骋笔力进行分析论断。内容丰富多彩,大至篇章命题、作文中心、作者用意,小至一词一语、一时一地的校核推敲,以及人物品评、材料运用、马班异同等都带总结的意味。李景星的评议,比起明清人的《史记》篇末总评,在深度和广度上都大大前进了一步。李长之的《司马迁之人格与风格》是史记学发展史上第一部以章节体全面评介司马迁及《史记》的专著。对司马迁的评述,讨论了他处的时代,追溯了他的家学渊源,勾勒了他的生平、思想;对《史记》的评述,推测了各篇的创作顺序及缺补,从哲学、史学、美学、文学各个角度全面分析其内涵和价值。李氏对《史记》艺术的分析独树一帜,获得了许多创见。他运用统一律、内外谐和律、对照律、对称律、上升律、奇兵律、减轻律、建筑结构与韵律等美学律则分析《史记》的艺术成就,给人以耳目一新之感。李氏尤其强调《史记》的抒情性,称司马迁是一个不朽的抒情诗人,称《史记》既是史学,又是一部绝好的史诗和个人传记。这些说法,毫无疑问可以讨论,但它鲜明地表现了评论者的个性的一家之言,对读者深入体会司马迁的思想、风格是有启发的。

其三,系统地介绍《史记》的读法和学法,开始了《史记》的普及。近代学者给予《史记》以崇高的评价,认为它是一部开卷有益的国学精粹,所以从清末至新中国成立前这个时期,《史记》已有相当程度的普及,研习的人越来越多。首先,在20世纪20年代不断有各种普及的《史记》版本和通俗读本问世。如商务印书馆影印了殿本和百衲本《史记》,又有国学基本丛书本、万有文库本、中华书局四部备要本、开明书店缩印二十五史本、世界书局影印殿本、上海大光书局铅印本。最值一提的是1936年北平研究院出版了顾颉刚、徐文珊点校的白文本《史记》,第一次对《史记》做标点分段,为新中国中华书局点校本奠定了新式点校基础。通俗读本有胡怀琛的《史记选注》、庄适的《史记选》、高步瀛的《史记举要》、中华书局排印本《史记精华》等。其次,从20世纪20年代起,许多知名学者如梁启越、朱自清、钱基博等把《史记》搬上了大学讲坛,培养了一批《史记》爱好者。在普及宣传与培养人才方面,用力最勤、贡献最大者,正是新史学理论的奠基人梁启超。

梁启超在他的许多演讲和论著中,大力提倡人们阅读和学习《史记》,推崇司马迁的文章是作文范本。他在南开大学和清华大学借大学讲坛开设《中国历史研究法》及《补编》、《要籍解题及其读法》、《中学作文教学法》等课程,都用了很大的篇幅来评介《史记》。对《史记》的读法,明清时代的学者已渗透在评点之中,但他们的议论都比较细碎,不成系统。梁启超的《史记》读法则是一种系统的指导,对一般读者和专门研究者都有指导意义。他在《史记解题及其读法》中,分别讨论常识的读法和专究的读法,以及如何做准备工作,熔铸了作者的治学经验,使读者备感亲切。梁氏在专究的读法中提出了几项具体工作,如辨识后人窜乱,考证先秦史实,为《史记》做新注,编制《史记》古今地名对照手册,补大事年表等,这些恰是尔后《史记》深入研究的紧要课题。梁氏在《中国历史研究法补编》中,对于如何学习司马迁的写人艺术作了具体分析,并认为可为新史学撰写人物提供借鉴。由此可见,梁启超评介《史记》,具有鲜明的现实意义,因此是很有价值的。

9. 现当代的《史记》研究

1949年中华人民共和国的成立,标志着中国社会跨入了新的时代,这给学术研究带来了全新的思想观念。《史记》研究发生了质的变化,走上了新的发展道路,这就是现当代的史记研究,已历六十余年。如果按《史记》研究成果内容所体现的时代性与研究方法的更新为依准,新时期《史记》研究的六十余年可分为前后两个发展阶段。前段指1950至1979年的三十年为现代的《史记》研究,是学术界运用马克思唯物主义研究《史记》初见成效和逐步深入的时期,成果不十分显著而开拓却较为宽广。

其间经历"文化大革命"而有十五年的中断,所谓三十年,实际只有十五年。后段指1980年以来至今的三十年,是《史记》研究获得全面丰收而步入的黄金时代,研究成果与研究方法都不同于前代,展现出许多新特点。本书第十章《〈史记〉的民族凝聚力与研究现状》,对当代《史记》研究的成果、方法和发展趋势,列专章评析,兹从略。

二、台湾地区的《史记》研究

台湾地区的《史记》研究,自1950年以来经历了半个世纪持续不断的发展,每年都有新出的论文和专著。据不完全统计,大约发表论文400多篇,出版专著40余部,这一成绩是很可观的,它说明了台湾学者的辛勤耕耘。台湾地区的《史记》研究队伍,也具有老中青齐头并进的特色。老一辈专家如徐文珊、王叔岷、钱穆、施之勉、劳干等人是一批知名专家。中青年学者大都是20世纪70年代以后崛起的新秀,如《史记导论》的作者田博元、《史记解题》和《史汉关系》的作者吴福助、《司马迁学术思想》的作者赖明德、《史记论赞研究》的作者施人豪、《司马迁的世界》的作者郑樑生、近十年来活跃于台湾学术界的阮芝生等,他们已成为台湾《史记》研究的骨干力量。老一辈学者长于考证、校勘,中青年新秀注意引进西方的一些理论,从新的视角重新评价《史记》,涉及了一些前人和大陆学者研究较少的问题,提出了一些新颖独到的见解。台湾的老中青《史记》研究学者都十分活跃,水平也较高,普及的工作很出色,专题的工作很深入,这是值得重视的。

对《史记》开展白话今注今译、导读评介、选读精粹、新编故事、在大学开设专题课等,都属于不同层次的普及工作,台湾的老中青学者都投入了很大的力量,取得的成绩十分显著,出版了不少有分量的专著。《史记今注》有马持盈与劳干、屈万里两家,《白话史记》有六十教授合译本。此外,杨家骆的《史记今释》、徐文珊的《史记评介》、李永炽的《历史的长城——史记》、郑樑生的《史记的故事》、周虎林的《司马迁与其史学》以及国学丛书本《史记精华》等，都是在台影响较大的读物。六十教授合译的《白话史记》和马持盈的《史记今注》流传内地，颇受学人注目。尤其是《白话史记》成为古典今译畅销书。台湾学者的普及工作带有自觉性和计划性，他们的目的就是要在台湾地区兴起文化复兴运动，让《史记》这样的优秀名著深入人心，家喻户晓，人人能读，个个能讲。如马持盈在《史记今注》的说明中，开宗明义地提出，他今注的目的就是"辅导读者能够轻松愉快地阅读《史记》，并进而引起其研究中国文化的兴趣，加强其宣扬中华文化的能力"。《白话史记》的凡例也说："本书编译的目的在于求《史记》的普及化，适用于一般有基本文史知识的大众。"又说："希望透过本书，有更多人有兴趣及能力研究《史记》原文，进而研究其他中国古籍。"这些都鲜明地揭示了作者普及祖国文化精品的自觉性。1967年7月28日，台湾地区成立了中华文化复兴运动推行委员会，在该委员会的倡导和组织下，大量的古籍被重新注释或翻译。台湾地区的《史记》研究成果，也正是在这种弘扬中国文化的浓厚氛围中出现的。

台湾学者在大力普及《史记》的同时，在专题研究方面下的功夫很深，高水平的学术论文及学术论著不断涌现。综括言之，有以下几个特点，值得借鉴和注目。

其一，注重考证，功力厚实。台湾学者在考订《史记》方面的成果较多，如赵澄的《史记版本》，钱穆的《史记地名考》，张森楷的《史记新校注》，海屏的《史记的补续与改窜问题》，曲颖生的《史记八书存亡真伪疏辨》，高葆光的《史记终止时期及伪篇考》，李崇远的《史记篇例考述》，陈槃的《史记世家缀录》，阮芝生的《太史公怎样搜集和处理资料》，庞德新的《从考古资料看史记的几个问题》，吴福助的《汉书袭录史记考》，胡韫玉的《史记汉书用字考证》，等等，都是各自在某一专题上用功取得建树的论著。对《史记》全书的文字、史实做校勘、考订取得突出贡献的应推王叔岷的《史记斠证》，它对《史记》全书逐篇做斠证，主要内容有五个方面。①字句整理。下分证成旧说、补充旧说、修正旧说、审定旧说、新出己见五目。②史实探源。下分史实来源、史实补充、史实参证三目。③陈言佐证。主要是考证《史记》中的引文出处。④佚文辑录。下分可补入正文者、可补入注文者、无从附丽者三目。⑤旧注斠补。下分字句整理、位置审定、立说所本、佚注拾补四目。从斠证的立目内容来看，体系博大。全书以作者创见为主，前人时贤之说与斠证无关系者，概不录引，重点突出。本书在台湾学术界享誉很高。刘本栋在《六十年来之史记研究》一文中评论说："是书引证博赡，考辨精审。每一疑义，必求其至当而后已，使史公二千年来不白之旨，昭然涣然。可谓不仅有功史学，抑且嘉惠士林矣！"

《史记会注考证订补》，是施之勉订正日本泷川资言《史记会注考证》的一部力作。泷川氏之书是《史记》三家注问世一千余年后又一次集大成的集注专书，功绩不可泯没。但以一人之力搜采千余年来中日两国的学术成果，不是一件容易的事。所以错误和缺漏不可避免。该书问世后，受到我国多位学者的驳正。计有：鲁实先《史记会注考证驳议》，程金造《论泷川资言的会注考证》，钱锺书《管锥编》中有读《史记会注考证》五十八则，钱穆有《评日人泷川龟太郎史记会注考证》，张以仁有《读史记会注考证札记》等。施之勉的《订补》对泷川氏之书做了全面系统的补苴匡正，用力之勤非他书可比，因此在台湾学术界也博得很高的声誉。

其二，对司马迁的学术思想做了广泛的探讨，挖掘较深。台湾学者不仅在《史记》的微观研究考证方面的功力厚实，而且在宏观思想方面的研究也卓有成就，涉及的范围也很广泛。如黄俊郎的《司马迁撰写史记的动机》、林宗霖的《司马迁创作史记的历程及其评价》，以及阮芝生的《试论司马迁所说的"究天人之际"》和《试论司马迁所说的"通古今之变"》，着重探讨了司马迁的作史动机和目的；阮芝生的《司马迁的史学方法与历史思想》、施人豪的《史记论赞研究》，分别从历史编纂学和论赞角度分析了司马迁的史学思想；邓璞磊的《司马迁政治思想之研究》

评述了司马迁的政治思想；孔庆宗的《史记货殖列传在我国古代经济思想上的价值》，评价了司马迁进步的经济思想；周虎林的《司马迁的儒家思想》、洪安全的《孔子之春秋与司马迁之史记》、王基伦的《孟子与史记之关系》，比较深入地探讨了孔孟对司马迁的思想影响；惠敏的《司马迁对儒道二家思想之融合》，指出司马迁受儒、道两家思想影响很深；陈乃鼐的《史记历书历术甲子篇理论之研究》肯定了司马迁在历法学上的贡献。如此等等，不胜枚举。有关司马迁和《史记》中的所有问题，都有论文探讨，说明了台湾学者的思路是开阔的。同时还出版了对司马迁思想研究挖掘较深的学术专著。赖明德的《司马迁之学术思想》就是一部代表作。

《司马迁之学术思想》全书十章，四十余万言，是一部恢宏大论。该书对司马迁生长的时代和社会，司马迁的读书游历和师友，司马迁撰写《史记》的心理背景，司马迁的经学，司马迁的史学，司马迁的诸子之学，司马迁的文学，司马迁的历学，司马迁的政治、经济、社会思想等，都做了深入的评述。特别值得称赞的是，作者把司马迁置于广阔的大一统西汉社会和学术发展的背景之中，评论司马迁的学术思想，做到言之有理，持之有故，很有说服力。全书议论风发，新见迭出，语言流畅，文笔生动，有很强的可读性，在台湾地区成为畅销书。

其三，比较研究，细致深入。台湾学者好做比较研究，对照互证，议论纵横。例如马班比较，就是一个台湾学者颇感兴趣的课题。吴福助的《史汉关系》和《史汉体例比较》、刘安立的《从史记汉书儒林传比较司马迁及班固的思想》、徐复观的《史汉比较研究之一例》等论文，从不同角度比较马班异同，提出了新看法，分析十分细腻。例如《史汉比较研究之一例》长达六万言，分九个专题论证，对史、汉两书的体例和文字一一列目比较，使人们在全面比较中清晰地看出马、班不同的旨趣和不同的风格。例如作者对史汉文字之比较，结论是：史公的文字疏朗跌宕，富于变化，文句的组成较为圆满，篇章的结构线索分明，照应周密。而班氏的文体较为质重简朴，缺少变化，结构的线索不甚分明，文字较《史记》为古奥。在叙事上，史公较精确而能尽量保存历史形象生动的原貌；而班氏渐流于空洞，对人物渐流于抽象化。但《汉书》中有的传也写得很绵密。由于作者的分析是建立在详实的比较基础上，故较为平实、中肯。

台湾学者的《史记》研究，硕果累累，非常丰富。由于历史原因，海峡两岸长期隔绝，介绍到内地来的《史记》研究成果十分有限，上述介绍不免挂一漏万，不足以反映台湾《史记》研究的全貌。可喜的是随着改革开放的深入，海峡两岸的学术交流也已逐渐展开。我们深信，在不远的将来，这种交流将会进一步加强。海峡两岸学者携手齐进，一定会把《史记》的研究推向一个新阶段。

三、《史记》在海外的流传

司马迁的《史记》，不但是中华民族的宝贵文化遗产，而且是具有世界意义的历史学上的伟大成就。司马迁不仅是中国史学之父，也是世界古代最伟大的历史学家之一。司马迁的成就可以与世界上任何一个史学家相比而毫无愧色。所以，《史记》流传到国外以后，就引起了国际汉学家们的广泛兴趣，研究者日益增多，还出现了一批《史记》研究的专家，像日本、朝鲜、前苏联、法国、德国、美国等国家的《史记》研究，都取得了一定成就，其中尤以日本为最。可是由于种种原因，我们对国外《史记》研究的成果了解甚少，这里所介绍的，只是我们所知所见的一部分，疏漏之处在所难免，只图起到由此可见一斑的作用。

《史记》是什么时候流传到国外的？具体时间已难以稽考。据史书记载，大约在魏晋南北朝时就已传播到海外了。据唐初李延寿所撰《北史》卷九十四《高丽传》记载，唐以前"三史"已传到高丽。又《旧唐书·高丽传》说，高丽"欲爱书籍"，"其书有《五经》，及《史记》、《汉书》、范晔《后汉书》、《三国志》、孙盛《晋阳秋》、《玉篇》、《字统》、《字林》，又有《文选》，尤爱重之。"这就具体地说明了《史记》、《汉书》等史籍传到高丽，并受到爱重的情况。所谓高丽，即是今天的朝鲜和韩国。朝鲜半岛人民至今仍然保留着雅爱《史记》的热情。据韩国《出版杂志》1988年2月5日号介绍，韩国汉城大学人文科学研究所出版了《史记》的抄译本，作为《大学古典丛书》中的一卷。把《史记》作为大学生的基本阅读书，这在国外还是不多见。这个抄译本为了最大限度地反映原作的意图和便于本国读者的阅读理解，编译者李成珪对《史记》的结构和叙述方式做了阐释，又对《史记》的序例做了新的编排。如译本第一编的"序部"，由反映司马迁著述动机和基本立场的《太史公自序》，以及相当于列传序的《伯夷列传》组成。第二编"秦朝兴亡"，重点叙述战国时代以后从秦朝建立到灭亡的政治过程。为了超越政治兴衰过程和王朝的秩序，重视社会和文化的发展等问题，该书的第三编设立了"古代的社会和文化"一目。这部分编排比较合理，既基本体现了《史记》的特色，又适合韩国读者的阅读习惯，对帮助韩国人民了解《史记》这部历史巨著，无疑起了积极作用。另据资料，自20世纪60年代中期至1994年，韩国出版韩文《史记》翻译本十余种；从1971年至1994年，韩国发表研究《史记》论文二十六篇、专著四部、硕士学位论文五篇，涉及司马迁思想、《史记》文学成就、《史记》与《汉书》比较研究等领域的问题。①李成珪、朴宰雨、洪淳昶、李寅浩等先生都在《史记》研究方面取得了丰硕成果。

关于《史记》传入日本的时间，日本史学界有两种说法：其一，池田四郎次郎先生在《史记研究书目解题·关于史记在我邦的价值》中谈道："司马迁之《史记》传至我邦是何朝之事，尚不明白。"其二，野口定男先生在《读史记》中指出："《史记》传至我国，据说为派遣隋使和遣唐使所致。"据我国覃启勋同志考证，"《史记》是在公元600年至604年之间由第一批遣隋使始

---

① 〔韩〕诸海星：《史记在韩国的译介与研究》，载袁仲一等主编《司马迁与史记论集》，陕西人民出版社1996年版。

传日本的",明清之际"是《史记》东传日本的黄金时代"①。《史记》传入日本后,很受重视,阅读者很多。据《正斋书籍考》、《三代实录》、《日本纪略》以及《扶桑略记》日本史书记载,推古以降,历代天皇都有攻读《史记》的风气,以明治天皇为例,就特别爱读《史记》。比如明治十年,他在东京的住所中,凡逢二、七的日子,专学《史记》,所用课本为鹤牧版之《史记评林》。此外,为了培养大批了解外国的政治人才,日本朝廷曾将数百"传生"组织起来专攻《史记》等"三史",与此同时,日本皇室还经常将《史记》作为赐品赐给府库,以供政府文武官员学习研究,到了奈良、平安时代,《史记》还被正式列为宫廷教科书,甚至僧侣也读《史记》,这都具体说明,日本朝野对《史记》这部著作都是非常欣赏爱好的。

在日本,读《史记》者众,研究《史记》的人也不少,已经形成一支实力强大的《史记》专门研究队伍。据初步统计,仅现代而言,日本颇有影响的《史记》研究专家就有泷川资言、水泽利忠、宫崎市定、野口定男、加地伸行、池田四郎次郎、池田英雄、伊藤德男、藤田胜久等一百二十多人。仅研究专著和译著就多达六百八十多种,至于单篇论文就更多了。

日本学者对司马迁的文史成就的评价也很高。如冈本监辅说:"《史记》上补《六经》之遗,下开百史之法,具体莫不兼该,其文章变幻飘逸,独步千古。"② 对《史记》的史学成就和文学成就做了总的肯定。日本另一位学者斋藤正谦则把《史记》比为"群玉圃"、"连城之宝"、"绝佳"之作,极力推崇司马迁写人能写谁像谁、风姿如生的表现艺术,说:"子长同叙智者,子房有子房风姿,陈平有陈平风姿;同叙勇者,廉颇有廉颇面目,樊哙有樊哙面目;同叙刺客,豫让之与专诸,聂政之与荆轲,才出一语,乃觉口气各不同。《高祖本纪》见宽仁之气,跃于纸上,《项羽本纪》觉喑叱咤来薄人。读一部《史记》,如直接当时人,

---

① 《史记在日本》,《文史知识》1988年第12期。
② 〔日〕冈本监辅:《补标史记评林·序》。

亲睹其事，亲闻其语，使人乍喜乍愕，乍惧乍泣，不能自止。是子长叙事入神处。"① 司马迁在《史记》中写了数百个人物，主要人物几乎个个生辉，人人出色，具有非常强烈的艺术感染力，所以他的人物传记不仅受到古往今来的中国学者的交口称赞，而且赢得了国际声誉。斋藤正廉这段精湛的评论，说明日本学者也从《史记》的人物描写中获得了无限美妙感人的艺术享受。

司马迁作为我国古代一位良史，他的史才和史识都是十分卓杰的，对此，日本学者也有清楚的认识和很高的评价。如长野确说："修史者，知记历代事实及文物制度，固不足以为史矣。故修史之难，在不失其时世之本色，使千载之下读者如身在其时，亲见其事也。司马子长作《史记》，自黄帝迄汉武，上下三千余年，论著才五十余万言，而三代之时，自是三代之时；春秋战国之时，自是春秋战国之时；下至秦汉之际，又是别样。时人之气象好尚，各时不同。使读者想见其时代人品，是所以为良史也。"② 从这些评论可以知道，司马迁作为千古良史，受到了古今中外学者的一致好评，司马迁在世界历史上的崇高地位，已经得到公认。

日本学者对《史记》研究的最大贡献，是资料整理。日本对《史记》资料的整理，可分为两类：一类是书目解题性的；一类是汇注汇评性的。前者的代表作是池田四郎次郎的《史记研究书目解题》，后者的代表作是泷川资言的《史记会注考证》和有井范平的《补标史记评林》。

池田四郎次郎的《史记研究书目解题》，1978年10月由日本明德出版社出版发行。该书分版本、总说、校订注释、校勘、文字、音韵、文评、佳句、名言、史汉异同、太史公年谱、地理、国字解、稗史、史记研究关联图书等十几类，对六百多种《史记》研究的有关著作作了提要介绍，其中有《史记》三家注、王若虚的《史记辨惑》、凌稚隆的《史记评林》、钱大昕的《史记

---

① 〔日〕泷川资言：《史记会注考证·史记文章》。
② 〔日〕泷川资言：《史记会注考证·史记文章》。

考异》、赵翼的《史记札记》、牛运震的《史记评注》、吴见思的《史记论文》、梁玉绳的《史记志疑》等《史记》研究名著；也有中国科学院历史研究所编的《史记研究的资料和论文索引》、哈佛燕京学社编的《史记及注释综合引得》、钟华编的《史记人名索引》、贺次君编的《史记书录》等《史记》研究工具书；还有像刘知幾的《史通》、黄震的《黄氏日钞》、顾炎武的《日知录》、章学诚的《文史通义》、梁启超的《中国历史研究法》及《要籍题及其读法》等和《史记》研究有关的专著，都包罗已尽，其规模之宏大，体例之专精，涉猎之广博，收罗之殷富，远远超过了我国同类著作，价值极高。这对日本学者了解我国一千多年来的《史记》研究的基本成就和发展变化，是一部极为有用的工具书。

通过这部解题书，对于我们了解日本学者的《史记》研究成果也有很大的帮助。该书著录日本学者的《史记》研究著作共一百九十多部，这个数字是非常可观的，说明了日本学术界对《史记》研究的极大重视。从其内容和形式看，也很丰富多彩，有以选读为主的，如安滕定格的《史记读本》、田中庆太郎的《史记读书》及《幻云史记钞》等；有以辨误为主的，如恩田维周的《史记辨疑》、古贺煜的《史记匡谬》等；有以辑遗为主的，如水泽利忠的《邹诞生史记注佚文拾遗》、《刘伯庄史记单义佚文拾遗》、《陆善经史记注佚文拾遗》等；有以考证为主的，如龟井昱的《史记考》、大岛赞川的《史记考异》、冈本保孝的《史记考文》、泷川资言的《史记会注考证》、水泽利忠的《史记会注考证校补》等；有以评论为主的，如三岛毅的《史记论赞段解》、森田益的《太史公叙赞蠡测》、小仓芳彦的《史记私议》、竹内照夫的《司马迁史记入门》等；还有以翻译为主的，如塚本哲三的《对译史记》、加滕与公田合著的《译注史记列传》、小竹文夫的《现代语译史记》等；此外还有以研究版本为主的，如冈本保孝的《史记传本考》、池田四郎次郎的《史记的版本和参考书》、水泽利忠的《史记古本考》等，琳琅满目，涉及的方面既多且广，可惜这些著作绝大部分都没有被介绍到国内来，我们无法评价这些著作，这是很遗憾的。

日本对《史记》研究资料的整理，成就最著、影响最大的是泷川资言编撰的《史记会注考证》。此书从大正二年开始编纂，到昭和九年完成出版，前后经历了二十二年时间。作者广采博搜，用力至勤，汇集了日人及我国学者对《史记》的各家注释计一百多种，并加以考释，成此巨著。除正文注释以外，该书还在书前书后附列了一系列重要材料。如书前附有司马贞《史记索隐序》、《史记索隐后序》和《三皇本纪》，以及张守节的《史记正义序》、《史记正义论例》，裴骃的《史记集解序》，书后附有《史记总论》，包括太史公事历、太史公年谱、《史记》资料、《史记》名称、《史记》记事、《史记》体制、《史记》钞本刊本、《史记》文章、《史记》残缺、《史记》附益、《史记》流传、《史记》集解索隐正义、《史记》正义佚存、司马贞、张守节事历、《史记》考证引用书目举要等十五个方面的内容，差不多涉及了《史记》研究的所有重要方面，这是一部集前人时贤《史记》注释考证之大成的书，该书出版后，被日本学术界誉为空前之作，在我国也有很大影响，直到今天，在新的《史记》会注会评本出现以前，泷川之书仍然是《史记》研究者案头必备的有用之书。

日本还有一部重要的资料书，是有井范平的《补标史记评林》。泷川之书以会注考证为主，有井范平之书以汇集前人评论为主。两书各有所长，可以互相补充，相得益彰。通过这两部书，日本人民对我国历代《史记》的研究的基本成就，可以有一个概括的理解，所以泷川资言和有井范平的介绍之功，首先应该肯定。

《补标史记评林》的底本，是我国明代学者凌稚隆的《史记评林》。该书汇集了从晋代至明代的近一百五十人的《史记》评论，引用书目达一百四十余种，几乎将明以前评论《史记》的零散文章都搜集在一起了，为读者的阅读和研究提供了大量的有用的资料。所以该书在明清以来备受《史记》爱好者的欢迎。《史记评林》刊刻后，对其未备之处，李光缙又做了增补，使原书的内容更加丰富。但是历代评论《史记》的文章实在太多了，凌稚隆、李光缙的搜集还是不够完备。《史记评林》传到日本后，有井范平就在凌、李的基础上,"订正谬误,其评论未备者,折衷于古今诸家,间以己见补之,命曰《补标史记评林》"。①《补标》成书于1884年6月,时值清光绪十年,因其书成于清代,所以有井范平除了补充了凌氏未收的明人的《史记》评论文章远远多于明代,但有井范平所补充的内容,侧重于评论《史记》文章的艺术性方面,所以他对清初吴见思的以论《史记》艺术美为主的《史记论文》特别推崇,将其评论大量收录在《补标》一书中。他自己所作的许多按语,也主要是论《史记》文章的艺术成就的。如评论司马迁写项羽、高祖这两个人物说:"《项羽纪》奔腾澎湃,《高祖纪》汪洋广阔,笔仗不同,各肖其人,可谓文章有神矣。"又说:"史公作传,每一人用一种笔仗,至苏(秦)、张(仪)二传,笔仗相配,基调又相合。苏传有苏代附传,张传有陈轸等附传,是笔仗相配也。二传纵横变化,极写精神态度者,亦相似,是机调相合也。盖史公胸中早知以苏、张为反复一流之人也。"这些评论都指出司马迁写人笔法的灵活多变,是很恰当的②。

这里还值得一提的是,日本学者池田英雄著《史记学五十年》一书,明德出版社1995年出版,详细介绍1945—1995年日本《史记》研究情况,并与中国的《史记》研究进行对比分析,是了解日、中两国《史记》研究史的重要著作。

在国外《史记》研究中,前苏联人民也很重视司马迁和《史记》。1955年12月22日,苏联的东方学家、高等学校的教师和研究中国历史、语言、文学的青年学生等,在莫斯科举行晚会,纪念伟大的文学和史学家司马迁诞辰2100周年。会后,雅·沃斯科波依尼科夫写了一则消息,发表在1955年12月27日的《光明日报》上。从这篇报导,我们可以了解苏联学者对司马迁和《史记》的重视与评价。文章说:"主持晚会的是苏联科学院通讯院士古别尔,他在简短的开幕词中称司马迁是中国的第一个

---

① 《补标史记评林·序》。
② 关于日本《史记》研究情况,可参阅张新科、俞樟华《日本史记研究概述》一文,载《中国史研究动态》1990年第1期。

历史学家、最伟大的文学艺术家和古代中国的一位卓越学者和《史记》的编辑者"。"历史学硕士图曼在会上对司马迁的生活和活动作了一篇很长的和富有内容的报告。他指出了司马迁对中国文化宝库的伟大贡献,他又着重指出了中国人民的这个伟大儿子的著作为中国人民带来了光荣,并且使他的祖国永远地扬名于国外。图曼说,司马迁真正应当在大家公认的世界科学和文化泰斗中占有重要的地位"。除日本、朝鲜、苏联以外,世界其他各国对司马迁的《史记》也有程度不同的重视。在法国,汉学家沙畹曾把《史记》从《五帝本纪》到《孔子世家》这些篇单译成法文,并加以注释,这在法国是个有一定影响的《史记》读本。前几年,法国巴黎还成立了《史记》研究中心,这是国际上第一个专门的《史记》研究机构,它对法国汉学家们研究《史记》,起了很好的组织推动作用。在美国,汉学家瓦特逊著有《司马迁传》,罗切斯特大学魏汉明教授正在选译《史记》,并已完成了《史记·五帝本纪》,他准备通过他的教学和翻译,向青年学生介绍司马迁,介绍《史记》。还有威斯康星大学教授郑再发、倪豪士等人也正在进行《史记》翻译工作。还有像英、德汉学家也翻译过《史记》中的一些名篇,1979年,我国外文出版社出版的英文版《史记选》,也为外国朋友阅读《史记》提供了方便。从1956年司马迁被列为世界文化名人以后,尊敬司马迁的人就更多,研究司马迁和《史记》的人也更多了。

四、《史记》版本

《史记》流传两千多年以来,影响很大,历代抄本、刻本以及近代活字本,十分繁多。但是流传下来的古代善本并不多,唐以前抄本仅有少许残卷。《史记》刻本始于北宋,有三家注单刻本,南宋始有合刻本,嗣后又有新刻本。有的侧重文字训释,有的侧重文章评论。贺次君撰《史记书录》,著录《史记》版本六十四种,这是我们今天所能见到的宋代以来的各种版本，其中明刻本最多，约占二分之一，达二十九种，宋刻本次之有十六种，再次为清刻本，辽金元最少。《史记书录》所著版本，皆作者亲自翻阅、比勘，按时代先后排列，逐本分析，是集《史记》版本研究大成的一部著作，1958年商务印书馆出版。但贺氏《书录》，冗赘烦琐，缺乏条理，不便披阅。兹以贺氏书为主，参考它书，择其重要版本，分为五目，作一简明介绍如下。

（一）宋代以前的古抄本

现存《史记》抄本都是残本，计有十七种，可分为四类。

1. 六朝抄本，有两件

第一件是《史记集解·张丞相列传》的残卷，第二件是《史记集解·郦生陆贾列传》一卷。原件均藏于日本京都之高山寺，1918年罗振玉曾影印，以《古写本史记残卷》刊出，北京大学图书馆有收藏。

2. 敦煌唐抄卷子本，有三件

第一件是《史记集解·燕召公世家》残卷，第二件是《史记集解·管蔡世家》残卷，第三件是《史记集解·伯夷列传》残卷。这三件都出于敦煌石窟，被法人伯希和盗去，现存巴黎国家图书馆，中国国家图书馆有原卷照相。

3. 唐抄本，有六件，其中五件是卷子本

第一件是《史记集解·夏本纪》一卷，藏于日本京都高山寺。第二件是《史记集解·殷本纪》一卷，原藏日本高山寺，后归内藤文库。第三件是《史记集解·周本纪》一卷，藏于日本高山寺。第四件是《史记集解·秦本纪》一卷，原藏日本高山寺，后归岩崎文库。第五件是《史记集解·高祖本纪》一卷，藏于日本宫内省。第六件是《史记集解·河渠书》残卷，藏于日本神田文库。以上六件抄本，第一件未见影印。第二件，1917年罗振玉影印，第六件，1918年罗振玉影印。第三、四、五三件，中国国家图书馆藏有原卷照相。

日本京都高山寺旧藏古抄本《史记集解夏本纪》书影

4. 藏于日本而国内未见的抄本，计有六件

第一件，《五帝本纪》残卷，宫内省藏。第二件，《吕后本纪》残卷，毛利文库藏。第三件，《文帝本纪》残卷，东北帝国大学文库藏。第四件，《景帝本纪》残卷，野村氏旧藏，后归久原文库。第五件，《孝武本纪》残卷，在日本有关记载中说"崇兰馆藏"，但未见其书。第六件，《范雎蔡泽列传》残卷，宫内省藏。

（二）三家注刻本

1.《集解》单刻本

自从南朝刘宋时裴骃撰《史记集解》后，《史记》全文即随《集解》以行，不再有白文无注本。宋人刊刻《史记》最初均为《集解》本。裴骃最大的贡献，不仅"集解"，而且纠正错讹，料理文字，对《史记》做了一次全面的文字校定整理工作，唐代的《索隐》、《正义》对《史记》原文均是据《集解》本文字。因此，《集解》本是《史记》版本的源头。今存《集

解》本有十行本、十二行本、十四行本、九行本，分述于次。

（1）十行本

①《史记集解》景祐本残卷

——北宋景祐间刊本。

——中国国家图书馆藏。

——《史记书录》云：存《项羽》、《高祖》、《吕后》、《孝文》、《孝景》、《孝武本纪》六卷，《三代世表》、《十二诸侯年表》、《六国年表》、《秦楚之际月表》、《汉兴以来诸侯年表》五卷，《吴太伯》、《齐太公》、《鲁周公》、《燕召公》、《管蔡》、《陈杞》、《卫康叔》、《宋微子世家》八卷，《信陵君》、《春申君》、《范雎蔡泽》、《乐毅》、《廉颇蔺相如》、《田单》、《鲁仲连邹阳》、《屈原贾生》、《吕不韦》、《刺客》、《李斯》、《蒙恬》、《张耳陈馀》、《大宛》、《游侠》、《佞幸》、《滑稽》、《日者》、《货殖列传》、《太史公自序》二十卷，共三十九卷。每半叶十行，行十九字；注双行，行二十五、二十六字不等。白口。左右双边。版心上记本叶大小字数，鱼尾下题"史本纪七"四字，中记本卷叶数，下记刻工郭书、魏正、郭敦、吴永年、伍祥、曹允、陈彦、范倾敏、余翌、詹允、刘山、赵宗义等姓名。《史》文第一行题"项羽本纪第七"六字，空三字题"史记七"三字，每卷均小题在上，大题在下，卷末空一行标小题。

②《史记集解》明弘治补刊本一百三十卷

——北宋景祐间刊，明弘治三年（1957）补刊本。

——中国国家图书馆藏。

【按】 北宋太宗淳化五年（994年），合刻《史记》、两《汉书》等三史为最早之《史记》刻本。但此本不传，优劣无从妄议。景祐本为今存最早之北宋刊本。此本南宋绍兴年间重刻，称南宗绍兴本。到了明孝宗弘治三年（1490年），又在此本残本基础上补刊成一百三十卷补刊本。旧版版式一同景祐本。补刊部分，仿景祐本，唯是细黑口，四周双边，版心上题"弘治三年刊"。字体、刻工均不及宋本。以上北宋景祐本、南宋绍兴本、明弘治本三种，均为《史记集解》单刻本，由宋至明有承传关系，每半叶十行，故又称十行本。

（2）十二行本

此本为南宋刻《史记集解》之有年月可稽者，是绍兴十年（1140年）邵武朱中奉刊本一百三十卷。缪荃孙《艺风堂文漫存·癸甲稿》卷三有此书题跋，说："《史记集解》一百三十卷，宋刻本，每半叶十二行，行二十二字，大小字同，高四寸六分，白口，单边。口上一鱼尾下署'史记几'，下号数。目录作'大字史记'，目录后牌子三行'邵武东乡朱中奉宅刊行校勘即无讹舛绍兴庚申八月朔日'字瘦劲。"张元济、傅增湘、贺次君诸家对此本均有记述。此本史文与注文多与北宋监本相同而与他本不同，可与他本互勘。

（3）十四行本

现藏中国国家图书馆，1955年文学古籍刊行社影印。傅增湘认为是北宋刊本，文学古籍社影印，据此本避讳与版式认为是南宋初复刻北宋本。此本无目录，可能是缺失。在一百三十卷中，有明、清人抄配补缺，因此是今天所能见到的较古而又较为完整的《史记集解》单刻本。此本每半叶十四行，故称十四行本。行二十四至二十七字不等，注双行小字，行三十四至三十九字不等。白口，左右双边，版心上记第几册、本纪几。卷首有《史记集解序》，序题下至今有"乾学"、"徐健庵"印记，又钤有"瞿镛"、"瞿启甲印"、"铁琴铜剑楼"等印记，盖先后为清昆山徐乾学与常熟瞿氏所藏故也。

（4）九行本

"集解"单刻本中有一种是南宋绍兴间（1131—1163年）淮南东路转运司刊本，是半叶九行本，行大字十六字，注双行，二十至二十三四字不等。左右双边，版心上记本页字数，鱼尾下题"史记一"三字，下记刻工姓名。此本传世不多，有残本四部，其中两部为宋元明初递修本，未递修者一为存三十卷的残本，一为仅存一卷的残本。在宋元明初递修本中，一为国家图书馆所藏，淮南路转运司原刻存完整者七十八卷，又残卷二卷清抄补全；另外五十卷中用北宋蜀大字本配补九卷、明抄补三十卷、清抄配补十一卷。此本宋洪迈在《容斋随笔》中有记述，文字在不少地方较他本为精，限于篇幅，例证略。

"集解"单刻九行本中，另有一宋刻蜀大字本，行十六字，白口，左右双边，版心记大小字数，鱼尾下题"本纪十一"，下版心记刻工姓名。此本仅存九卷，用来配补上述淮南路转运司刻本。

2. 《索隐》单刻本

史记索隐汲古阁本三十卷

——明崇祯十四年（1641年）毛氏汲古阁北宋大字本。

——《史记书录》曰：首裴骃《集解序》，载其全文，司马贞为之注；《史记》本文惟标注之字句，不录全文，盖亦陆德明《经典释文》之例，乃《经》、《传》剔行之古法，故其卷数与传世《史记》以一百三十篇为一百三十卷不同。首行题"史记索隐卷第一"，下题"小司马氏撰"五字。次行出"五帝本纪第一"六字，下为注，注双行，行二十五字，注下接"黄帝"二字，下为注，又下接"少典之子"四字，下为注。每卷所出《史》文及注均连书，不提行；一卷完则另起标题。全书三十卷。第一卷为《五帝本纪》至《周本纪》……第二十八卷为《日者列传》至《太史公自序》，第二十九卷为《五帝本纪述赞》至《三王世家述赞》，第三十卷为七十列传述赞。又有《补史记序》，记其补《三皇本纪》之由。后附条例，论《史记》体制……末即所撰《三皇本纪》，并有自注。此本无目录，盖古书目录多置于末，《太史公自序》即《史记》之目录也。毛氏此刻，谓是"北宋秘省大字刊本"，四库即据此著录，故其注文多胜于南宋诸刻。毛晋谓刊刻此本，"亟正其伪谬重脱"，是北宋秘省原本，错脱已多，毛晋特为之校勘改正。此本于考校今本《史》文及注，至为重要。

3. 二家注合刻本（《集解》《索隐》合刻本）

①《史记集解索隐》南宋蔡梦弼刊本残卷。

——南宋乾道七年（1171年）建溪蔡梦弼刊本。

——中国国家图书馆藏。

——《史记书录》曰：此本残缺，今见者存九十一卷。刘燕庭百衲本《史记》中有十五卷，亦是此本。合此二者，并去其重复及屠入，蔡刊之幸存于今世者止九十五卷耳。首有司马贞《补史记序》，次《索隐序》，次《目录》，次《三皇本纪》。《三皇本纪》后有"建溪蔡梦弼傅卿亲校刊于东塾，时岁乾道七月（按："七月"乃"七年"之伪）春王正月上日书"题记二十六字，凡两行。《五帝本纪》大题在下，小题在上，各卷均同。每半页十二行，行二十一字，注双行，行二十八字，白口。四周双边。版心鱼尾上记本叶大小字数，但亦有不记者。鱼尾下题"纪一""表一""书一""世家二十五""列传一"等式，无刻工姓名。其他款式多与黄善夫本同。《史记集解》、《索隐》合刻，今传以此本为最早。

②张杅桐川郡斋二家注合刻本残卷

——南宋孝宗淳熙三年（1176年）刊于常州

——中国国家图书馆藏。

此本国内现存仅一部，残本，存六十卷，现藏于中国国家图书馆。此本半叶十二行，行二十五字，注双行，行二十五字。白口，左右双边。版心鱼尾下题"史记×"三字，其下记刻工姓名。此书首目录，次裴骃《集解序》，次司马贞《索隐序》。前为小题，题"五帝本纪第一"，下有司马贞"索隐"注；次行为大题，题"史记一"，下为裴骃"集解"注。书首目录之后，有淳熙三年广汉张杅跋，说此本乃据蜀刊小字本而用"中字书刊之"。张氏认为《孝景本纪》、《孝武本纪》、《汉兴以来将相名臣年表》、《礼书》、《乐书》、《律书》、《三王世家》、《傅靳蒯成列传》、《日者列传》、《龟策列传》等十篇，认为是班固在《汉书·司马迁传》中所说的"而十篇缺，有录无书"者，均系后人补作，因而将其中的九篇删去，唯《日者列传》一篇，张杅认为"大类庄周书意"而予以保存，用双行小字在后面附刊出来。此外，部分篇（卷）中的补作文字亦行删除。

③澄江耿秉重修桐川郡斋本

——南宋孝宗淳熙八年（1181年）刊

——中国国家图书馆藏。

耿秉本为重修桐川郡斋本，晚于张杅本五年，纠正了张杅本的一些讹误。耿秉本卷首有澄江耿秉序。此本的特点有二，其一是所收"索隐"较南宋蔡梦弼本、黄善夫本多出四十余条。蔡本、黄本均为二家注合刻。这两本在合刻时，凡"索隐"与"集解"重复者，均将"索隐"删去。耿秉本在二注重复时也以"集解"为主，但或不删"索隐"，或虽删而注出为"索隐注同"。其二是耿秉本比明毛氏汲古阁"索隐"单刻本的脱误要少。耿秉本流传至今，国内仅见一部，卷数齐全，现存中国国家图书馆。

【按】 现在所知最早的二家注合刻本是南宋高宗绍兴间（1131—1163年）的杭州刊本。此本现已无存，只是在清人刘燕庭所集宋百衲本中还留存有残卷十卷，其中本纪三卷（《项羽本纪》、《高祖本纪》、《吕太后本纪》），列传七卷（《游侠列传》、《佞幸列传》、《滑稽列传》、《日者例传》、《龟策列传》、《货殖列传》、《太史公自序》）。每卷小题在上，大题在下，每半叶十二行，行二十四五字不等。注双行，行二十四五字不等。白口，左右双边。版心上记本叶字数，隔水下有"史记×"字样，下记本卷叶数及刻工姓名。从讳字看，当为南宋孝宗时重刻。此外，二家注合刻本，元刻蒙古中统二年（1261年）平阳道段子成刊本《史记集解索隐》一百三十卷，明刻天顺七年（1463年）丰城游明刊本《史记集解索隐》一百三十卷，是元明时代的善本。

4. 三家注合刻本

所谓三家注，是在裴骃的"集解"、司马贞的"索隐"之外，加上了张守节的"正义"。张守节与司马贞同为唐玄宗时人。他为《史记》作的注称为《史记正义》，成书于唐开元二十四年，原为三十卷。到宋代，将"正义"与"集解"、"索隐"一起同《史记》正文合刻，产生了《史记》的三家注本，而《正义》单行之本遂失传。

三家注合刻本较多，这里只介绍最为世所称的两个刊本，一是南宋黄善夫本，二是元彭寅翁本。

① 《史记集解索隐正义》南宋黄善夫本一百三十卷

——南宋庆元二年（1196年），建安黄善夫刊本。

——中国国家图书馆藏黄本残卷六十九卷。日本有数种藏本，上海涵芬楼据日藏本影印发行，流传广泛。

——张元济曰：其三家注俱全者，宋刻有黄善夫本。首《集解序》，次《补史记序》，次《索隐序》，次《索隐后序》，次《正义序》，次《正义论例谥法解》，次目录。《集解序》后有"建安黄善夫刊于家塾之敬室"木记二行，目录后有"建安黄氏刻梓"木记一方。半叶十行，每行二十字，小注二十三字。前有《三皇本纪》，《老》、《庄》二传，已升在《伯夷传》前，注云依《正义》本，然目录却未改。无刊刻年月，宋讳避至光宗，当刊于绍熙之世。此本未见我国著录，唯日本涩江全善森立之《经籍访古志》载之，余为涵芬楼在京师收得半部，亦由日本来者。尚有安成郡彭寅翁刊本，亦三注俱全，半叶十行二十一字，小注同，不著年月，验有板式，为之刊本。①

——《史记书录》曰：按日本《经籍访古志》谓黄氏与《史记》同时刊有《汉书》，其《汉书目录》后有"集诸儒校本三十余家，又五六友澄思静虑，雠对异同，是正舛伪。始甲寅之春，毕丙辰之夏。建安黄善夫谨启"识语。甲寅即宋光宗绍熙五年（1194年），丙辰即宋宁宗庆元二年（1196年），故知《史记》刻成亦在庆元二年。日本藏书家称为"庆元本《史记》"，上海涵芬楼影印本亦题为"南宋庆元黄善夫《史记》"也。

【按】南宋黄善夫本，是最早的三家注合刻本。黄本校刻精善，正注文讹误少，若与他本对校，不仅远优于明代的两个著名版本——柯维熊本和王延喆本，而且胜过南宋二家注本之蔡梦弼本、张杅本。

黄善夫本国内未见全帙，现存皆为残本。涵芬楼曾收有黄本六十九卷，是张元济先生在北京正文斋收得，来自日本。现今国家图书馆所藏六十九卷黄本即此书。日本米泽上杉隆宪家藏黄本《史记》一部，一百三十卷，是目前所知存世的唯一全本。但此本内亦有补写十余页。1936年上海商务印书馆曾影印黄善夫本

---

① 张元济：《校史随笔》。

《史记》一百三十卷，是用涵芬楼所藏之六十九卷，以日本上杉侯爵所藏之黄本补配齐全（见《张元济傅增湘论书尺牍》第256页、第273页）。《百衲本二十四史》中《史记》一书，亦用此本缩小影印。故黄善夫本虽原刻鲜见，但有影印本行世，反而较易见到。

②《史记集解索隐正义》一百三十卷，元彭寅翁崇道精舍本
——元世祖至元十五年（1288年）安福彭寅翁刊
——中国国家图书馆藏，残存七十七卷

中国国家图书馆藏本中有十卷为抄本，实乃六十六卷。据贺次君先生说，"日本宫内厅、庆应大学、大谷大学、天理大学皆藏有此本全帙"①。彭本每半叶十行，行二十一字；注双行，行二十一字。细黑口，左右双边。此本正义与黄善夫本大致相同，讹误处较黄本多，但也有可正黄本错误之处。彭本的特点在于对三家注作了大幅度删削，以《周本纪》为例，较大幅度删削即有七八十处之多，其中最少删去四字，最多删去七十八字（一二字者不计在内）。对三家注在删削之处，还有增改，如：《周本纪》中"武王为殷初定未集，乃使其弟管叔鲜、蔡叔度相禄父治殷"句下"正义"有"按：二说各异，未详也"（中华点校本第一册第127页），而彭本改"未详也"为"未详孰是"。

【按】明刻三家注本常见的是"嘉靖三刻"和"南北监本"。"嘉靖三刻"的第一刻是嘉靖四年至六年（1525—1527年）金台汪谅刊刻的《史记集解索隐正义》一百三十卷。此本因由莆田柯维熊校正，故世多称为柯本。第二刻是嘉靖四年至六年（1525—1527年）震泽王延喆刊刻的《史记集解索隐正义》一百三十卷，世称王延喆本。第三刻是嘉靖十三年（1534年）秦藩朱惟焯刊刻的《史记集解索隐正义》一百三十卷。嘉靖二十九年（1550年）朱怀埢重修。中国国家图书馆藏有嘉靖十三年原刻本，北京大学图书馆、四川大学图书馆藏有嘉靖十三年刊、二十九年重修本各一部。以上三种，因皆刻于嘉靖年间，故称作"嘉靖三刻"。

---

① 〔日〕贺次君：《史记书录》，商务印书馆1958年版，第114页。

明刊本中较常见的还有"南北监本"。南监本有三种，北监本有一种，即：①明嘉靖九年（1530年）刊刻的，南京国子监祭酒张邦奇、司业江汝璧校勘的《史记集解索隐正义》一百三十卷。半页十行，行二十一字；②明万历二年至三年（1574—1575年）刊刻的，南京国子监祭酒余有丁、司业周子义校正的《史记集解索隐正义》一百三十卷。半页十行，行二十一字；③明万历二十四年（1596年）刊刻的，南京国子监祭酒冯萝祯、司业黄汝良校正的《史记集解索隐正义》一百三十卷。半页十行，行二十一字；④明万历二十六年（1598年）刊刻的，北京国子监祭酒刘应秋、司业杨道宝校正的《史记集解索隐正义》一百三十卷。半叶十行，行二十一字。明嘉靖三刻优于南北监本，三刻中柯本最善。南北监本校勘不精，讹误较多，对《索隐》、《正义》又多删削，故不为藏家所重。

（三）《史记》评林本

评林本始自明代，这是有别于三家注及其他注本而言。明人崇尚评论，是当时风气。史书评论，分一句一段的小评和全篇总评两种形式。评论附史文合刻。小评刻于书眉，总评刻于篇末。或称"评林"，或称"题评"，或称"辑评"，或称"集评"，或称"汇评"等等，名虽各异，质实同，总称评林本。又有一种"评点本"，略有不同，亦属此类。

1.《史记题评》一百三十卷

——明杨慎、李元阳辑，高士魁校。嘉靖十六年（1537年）胡有恒、胡瑞敦刊本。

此本为杨慎讲学，其弟子李元阳辑、高士魁校，此书有三家注。杨氏辑前代评论和自己对疑难句、段的疏解均刻于书眉之上，不署明某某曰的评论是李元阳的话。

2. 凌稚隆《史记评林》一百三十卷

——明吴兴凌稚隆辑校。万历四年（1576年）刊。

此本版分上下两栏，下栏为《史记》正文和三家注，上栏

凌稚隆《史记评林》，1998年天津古籍出版社影印明万历年间李光缙增补本书影

是评论。凌氏辑录的历代的《史记》评论，收罗广博，内容丰富，故称"评林"。对正文校勘，凡两可不决者都用小字旁注。个别评论不入上栏者亦用小字旁注。篇后有总评。凌本辑录的历代名家有：三国魏陆机，梁沈约、刘勰、李萧达，唐刘知幾、韩愈、白居易、柳宗元，宋欧阳修、司马光、苏洵、苏辙、郑樵、倪思、吕祖谦，元吴澄、金履祥，明唐顺之、吴宽、丘濬、杨士奇、方孝儒、杨慎、田汝成、李梦阳、许应元、柯维骐、余有丁、茅瓒、茅坤等。对苏辙的《古史》和吕祖谦的《读书杂记》全部录载。对《史记》正文取材于古书如《诗》、《尚书》、《左传》、《国语》、《世本》、《战国策》、《吕氏春秋》、《楚汉春秋》等，凡引用不详或不全的，凌氏均抄录全文于上栏作参考。凌氏认为古书中可与史文互相印证、互相发明的地方，也都摘录在上栏里。这些典籍包括先秦诸子，《风俗通》、《白虎通》、《越绝书》、《说苑》、《新序》、《论衡》、《韩诗外传》等。这对于研究《史记》与原始材料和相互关系的人来说省去了查找资料的繁琐劳动，至为方便。凌氏还对史注均作校勘，许多考订有独到见解，不仅胜过明柯维熊本，而且许多地方不比南宋本差。明陈仁

锡的《史记评林》，清梁玉绳的《史记志疑》都是依据凌本。由于有上述特点，凌本是评林本中的佳乘，影响很大。光绪十年（1884）湖南刘鸿年翻刻本，对史文和注均作有补证。

3. 增补《史记评林》一百三十卷

——明李光缙增补。

增补本流传海外，日本曾五次刊刻：（一）永宽十三年（1638年），（二）延宝二年（1674年），（三）宽文十三年（1673年），（四）明和七年（1770年），（五）明治二年（1869年）。朝鲜也有翻刻。泷川氏的《史记会注考证》大多取材于此。

4. 陈仁锡《史记评林》一百三十卷

——明陈仁锡评，崇祯元年（1628年）刊。

此本特点有二：一是陈氏评论辞由己出，不录前人评论。陈氏评论对史文精神、司马迁旨意了解很深。对史实的评论有许多创见，对每篇的评论精当，甚为晚明学者所推重。嗣后葛鼎、金蟠刻《史记汇评》基本取陈说。二是陈本注重断句和校勘，较为实用。

5. 归震川评点《史记》一百三十卷

归氏为桐城派文宗，他的评点为明清两代文章家所重视。"好古者照临一本，珍若拱璧"[①]。归氏评点本与评林本有区别。不取三家注，评语用双行小字夹于史文中如注然。正文加圈点，钩玄文章意境。清方苞撰《史记评点》四卷，是归氏本的延续。

其他评林本：

1.《史记辑评》二十四卷

——明邓以赞辑。

此本无三家注，评语浮泛。但刊刻较精，字画整齐。

2.《史记集解索隐正义》一百三十卷

——明钟伯敬辑评。

此本任意删节三家注，评语无足采。

3. 钱塘钟人杰刊本《史记》一百三十卷

此本专注文章评语。

---

① 刘声木：《桐城文学撰述考》卷一归朝煦《跋评点史记》。

4.《史记测义》一百三十卷

——明陈子龙、徐孚远撰。

此本对史实、注文有不少订正发明之处,为清武英殿本考证所采择。

5.《史记汇评》一百三十卷

——明葛鼎、金蟠评。

6.《史记集评善本》一百三十卷

——明崇祯间朱东观辑,朱氏家刻本。

此本名为善本,其实未善。

7. 桐城吴先生点勘《史记读本》一百三十卷

——清吴汝纶点勘。

此本承归、方二氏之衣钵,圈点并加句读。

评林本创始于杨慎,推波于凌氏。然杨、凌二本有其可取者的精华不少,嗣后评林峰起,大多空泛虚浮,很少有创新的观点和真实的学问。但评林对史文精意、司马迁思想的研究颇为重视,开辟了新途径,是值得注意的。

(四)《史记》百衲本

《史记》的百衲本是清人辑宋本之残卷补以成完帙之本。百衲之义谓残卷补缀有如僧衣,故名之。因为宋刻《史记》即使是断简残篇也很珍贵,把各个残本汇集起来,凑成一部完书,称为百衲本《史记》。

最早的一部百衲本《史记》是清代钱曾(遵王)汇集而成的。他在《读书敏求记》中说:"余藏《史记》有四,而开元本亦其一焉。今此本乃集诸宋版共成一书,小大长短,各种咸备。李沂公取丝铜之精者杂掇为一琴,谓之百衲,予亦戏名此为《百衲本史记》以发同人一笑焉。"但此本未流传下来。

傅增湘《藏园群书题记》说:"大兴朱筠河有百衲本《史记》,刘燕庭家亦有之。"朱本不传。刘氏原刻亦不存,有宣统三年(1911年)贵池刘世珩玉海堂影印刻本,上海涵芬楼影印本

上海涵芬楼影印百衲本《史记》书影

二种。涵芬楼本较玉海堂本为佳。

目前留存下来而能见到的是宣统三年（1911年）贵池刘世珩玉海堂刻本和上海涵芬楼影印本。刘氏百衲本包括宋刻四种：①南宋绍兴初年杭州翻刻的北宋《史记集解》残本，即与1955年文学古籍刊行社影印的十四行本同，在百衲本中有七十五卷；②北宋景祐年间刻本《史记集解》残本，为十行本，计存十九卷；③南宋《史记集解索隐》合刻本残本，计存十卷，此本未见单行，亦未见藏书家著录；④南宋乾道七年蔡梦弼《史记集解索隐》合刻本，计存二十六卷。四种合计为一百三十卷。

刘氏百衲本影印本各大图书馆均有藏。

（五）《史记》的通行版本

这里所说的通行本是指正史系统的官私刻本。宋元刊本多已不传。保存下来的正史系统原刻本有：

①明汲古阁本十七史。
②明南北监本二十一史。
③清武英殿本二十四史。广东新会陈氏翻武英本殿本。湖南宝庆三味堂翻殿本。四川成都局翻殿本。
④五局合刻二十四史本。
⑤清末石印二十四史本。同文书局本。竹简斋本。涵芬楼本。
⑥晚清活字二十四史本。图书集成本。

⑦民国商务印书馆影印百衲本二十四史。
⑧商务四部丛刊本二十四史。丛书集成本二十四史。
⑨中华书局四部备要本二十四史。
⑩开明书店缩印本二十五史。

这些通行本中汲古阁本《史记》、武英殿刻本《史记》、五局合刻金陵本《史记》是三大善本，其中武英殿本最流行。殿本以明监本为底本，校以当时所得善本，附以考证，参与工作者有张照、杭世骏、齐召南等。金陵本为金陵局所翻汲古阁本为底本，又经张文虎参酌多本精校，号晚清善本。

⑪中华书局标点本《史记》一百三十卷。

此本是新式点校的唐代三家注合排本，1959年初版，直行繁体字排印，分装十册，二百三十五万字。《史记》版本定型于唐代三家注，而奠基于南朝宋裴骃《史记集解》（参阅裴氏《史记集解序》与《四库全书提要》）。点校本《史记》的出版，是学术界继唐代三家注定本以来最精善的一次整理，集千余年来学术研究之大成的善本，在《史记》版本校勘学研究发展史上是一个重要的里程碑。

点校本《史记》，以清同治年间金陵书局刊行的"史记集解索隐正义合刻本"为底本，这就保证了迄今为止《史记》校勘的最佳质量。因为金陵书局本经晚清著名校勘学家张文虎与唐仁寿校订，张、唐二人根据钱泰吉的校本，又博采宋元明清诸善本汇校汇考，又采择梁玉绳《史记志疑》、王念孙《读书杂志》、钱大昕《史记考异》等书成果，详为校刊，考其异同，精审采择，世称善本。点校本在此基础上参考凌稚隆的《史记评林》、吴见思的《史记论文》、张裕钊校刊的归方评点本和吴汝纶点勘本等的句读，对《史记》原文和"三家注"做了全新的断句、标点和分段整理，是最便于阅读的读本。此本有两大特点。第一，分段精善。一般是每事一段。但为了避免琐碎，凡事情简易、文字短小者，数事合为一段。反之，一个大事件，文字很长，则按事件发展的波澜分成若干段。如《项羽本纪》的"鸿门宴"一节就分为四段。分段精善，使史实内容条理清晰，线索分明。第二，技术处理合理。为了段落之间眉目清楚，根据段与段之间的不同联系做了不同的技术处理。凡大段之间空一行。二人以上合传，关系密切的，叙完一人事迹接续一人事迹时空一行；关系不密切的，人物之间空二行；附传人物为一组，之间不空行。正文中的大段引文如《秦始皇本纪》和《陈涉世家》所引《过秦论》，以及后人增补的文字如《张丞相列传》、《郦生陆贾列传》所附增窜文字均另起一行，低二格以示标志。年表部分，在书眉上标注了公元纪年，又在《十二诸侯年表》、《六国年表》、《汉兴以来诸侯王年表》的双页码的左边加上国名标尺，阅读和考证都十分方便。在《史记》正文中，将张文虎特别喜欢保存的古字都改成今体字，改回避讳的缺笔字，版刻异体字改作现在的通行字。对"三家注"，则用小号字分条排列于各段正文之后，标注号码对应。《史记》经过这样整理以后，具有很高的学术价值，具备了新的时代风貌，有利于统一《史记》学习和研究者的"语言"，不仅给广大读者提供了精善的读本，也给专门研究者提供了完善的引证本。这一成果，也为我国古籍整理做出了有典范意义的重要贡献。

2013年，中华书局又出版了点校本的升级版《史记》修订本，并于2013年10月19日在全球同步首发，从此海内外广大读者有了一部更好的《史记》标准本。修订本在继承点校本《史记》全部学术成果的基础上做了两大修订工作。一是对底本讹、脱、衍、倒所做的校改，撰写校勘记达3400余条，二是订正了原点校本标点讹误，使《史记》文本更加精善。

第十章 《史记》的民族凝聚力与研究现状

司马迁是我国古代最有创造天才的历史学家和文学家。他有着崇高的人格、顽强的毅力和卓越的史才，所以在两千多年前就写出了一部具有世界史性质的中国古代通史，即纪传体《史记》。这是一部体系完整、规模宏大、气势磅礴、见识超群的历史巨著，并且是传记文学的典范。两千多年来有不可胜计的中外学者阅读和研究它，并给予了崇高的评价，从而形成了一个专门的学术体系，即"史记学"。司马迁给中华民族带来了光荣，给华夏子孙留下了一份最珍贵的文化遗产。

中国近代思想家梁启超，在20世纪初倡导新史学之际，十分推崇《史记》，提出把《史记》引入高校课堂的想法并付诸实践，颇具远见。1949年，新中国成立后，中国的"史记学"研究分为大陆与台湾地区两支发展，各自都取得了优异的成绩。尔后，中国大陆、中国台湾地区与日本的"史记学"形成鼎立格局。20世纪80年代以来，大陆的"史记学"研究迅猛发展，已持续十余年，成为学术界的一个热门课题，研究队伍迅速壮大，研究成果以加速度的趋势递增，许多高等院校开设了专门的《史记》课，有的高校还成立了《史记》研究室。这些都标志着当代《史记》研究步入了一个黄金时代。适逢其会,这是我们这一代人的骄傲。

一、《史记》的民族凝聚力

在中国传统文化国学精品中,《史记》是无与伦比的"百科全书",它有取之不尽的思想源泉,哺育着一代又一代人的成长,具有非凡的凝聚作用。这一特殊的历史价值与地位,使《史记》成为中国人的根柢书。司马迁的思想、精神、人格对中国知识阶层、对中华民族产生了不可估量的影响,以至于有人说,文史工作者不研究司马迁和《史记》,就不知文化研究从何谈起。随着时间的推移,《史记》日益走向普及,研究队伍不断扩大,由古及今,每一个时代都有一长串的名流学者涉足这一领域。汉代学者班彪、班固父子,文献学家刘向、褚少孙,哲学家扬雄、王充;唐宋文学八大家,史学家刘知幾、郑樵,哲学家程颢、程颐、朱熹等数十人;清代的考据大家与文史哲各界学术泰斗如顾炎武、王鸣盛、钱大昕、赵翼、万斯同、王念孙、阎若璩、章学诚等,不胜枚举;近代的梁启超、刘师培、王国维、胡适、鲁迅、郭沫若、侯外庐、范文澜、钱穆、施之勉、朱东润、程金造、陈直;今人杨向奎、钱锺书、蔡尚思等广为人们所熟知。据统计,历代以来,研究《史记》的作者2028人,留下的论文有3704篇,著作293部,总字数1.1亿多字,这是其他古籍研究不可比拟的。《史记》日益走向普及,生命之树常青。20世纪80年代以来的当代《史记》研究更是一个热门课题,每年发表的学术论文持续在百篇以上。对1980年到1998年19年的数据统计,论文论著作者达1161人,发表论文1835篇,出版论著131部,总字数6000余万字。当代19年与历代2000余年总量相比,论文占52.5%,论著占46%,总字数占52%,作者人数占57%。综合评估占总量之半。当代文学、史学、哲学以及自然科学各界无不涉及《史记》研究,阅读欣赏的人也日益增多。《史记》为何有如此大的魅力?它的生命之树为何长盛不衰?除"百科全书"是根本原因外，它还有四大特点，分述于次。

1. 民族文化的浓缩

第一，《史记》是我国第一部通史，在《史记》之前已有《尚书》、《春秋》、《左传》、《国语》、《战国策》、《世本》、《竹书纪年》、《楚汉春秋》等史书，但所记载的历史史事范围狭窄，内容简单，历史被看成统治者个人的活动，因而缺乏广泛的社会意义，且诸史均只记叙相应时代的史事，没有一部是贯通古今的历史内容。随着社会的发展，时代的需要，司马迁以"究天人之际，通古今之变，成一家之言"为宗旨，创作了上起黄帝、下迄汉武帝三千年的通史，把历史撰述从一个狭小的天地引向了广阔无垠的大千世界；而且以人为主体，建立了崭新的历史观认知体系，这是前无古人的。

第二，《史记》是我国历史上第一次系统的大规模文献整理。《史记》取材广泛，"厥协六经异传，整齐百家杂语"，融会百家学说、各种知识于一编，这正是奠定了《史记》作为"百科全书"的基础。从文献整理角度，将各种文化典籍整理编撰为一部历史著作，是文献运用的最高形式，也必然是发挥历史文献功能的最好手段，非通才大家不能为。司马迁很好地做到了这一点，成为后代史家的典范，所以《史记》成为各科学习的根柢书。

第三，司马迁第一次叙述了全社会全方位的历史，不仅将社会各色人物及人民群众叙入历史，而且创立了民族一统思想，第一次记载了各民族的历史。自古以来，中国就是一个由多民族组成的国家，中华民族的历史是汉族和各少数民族共同创造的历史。但是儒家的正统思想却一再宣扬"夷夏之辨"，以中原华夏民族为冠带之国，贬称周边各民族为夷狄之邦，以区分民族贵贱。与司马迁同时代的西汉大儒董仲舒提出的纲常伦理学说，也被推广到民族关系上来。董仲舒认为，诸侯不能与天子平等，大夷小夷不能与华夏族平等，甚至各民族之间小夷也不能与大夷平等，说什么"大小不逾等，贵贱如其伦，义之正也"①。而司马

---

① 〔汉〕董仲舒：《春秋繁露·精华》。

迁却在这"罢黜百家，独尊儒术"的汉武帝时代，不仅在《史记》中为百家学说留一地位，而且首创各民族史传，计有《匈奴列传》、《南越列传》、《东越列传》、《朝鲜列传》、《西南夷列传》等五篇。司马迁将东西南北各民族均视为天子臣民，说中国境内的各民族都是黄帝子孙，把记述各民族的列传与各人物列传等列编撰，表现了他的民族平等思想，表达了各民族的历史发展走向统一的主题。东越反秦佐汉，参与中原改朝换代的政治斗争，司马迁特别加以记载，表现了他承认周边各民族有同等"革命"的权利。这一思想在当时是独步史坛的。

此外，《史记》还写了《大宛列传》，记述中亚各国的历史，留下了中西文化交流的内容，从而赋予《史记》以世界史的内容。由此可见，《史记》走向世界不是偶然的。

2. 民族共同心理的历史哲学

司马迁熔铸于《史记》叙事中丰富的历史哲学思想内涵，是一种民族特征在文化上的表现，它表现了共同的社会心理追求，如主张国家、民族统一的历史观；主张贤人治国，反对暴政的政治观；主张农工商虞并行发展，人人致富的经济观；主张礼生于有而废于无，承认人欲并重义的义利观；主张德才兼备、自奋成才的人才观等，这都是中华文化民族传统的精品。这里单说大一统思想的民族凝聚作用，足见《史记》的进步历史意义。

中华民族认同大一统。中华民族历经夏商周，到秦汉已基本形成，并突破中原的界限而实现了大一统局面。这一历史过程为古代思想家所捕捉，经过孔子、董仲舒，到司马迁首次做了完整的构建。司马迁所写的《史记》，上起黄帝，下迄汉武帝，象征历史从统一到统一的发展，就是突出大一统的历史观。在司马迁笔下，从黄帝到秦皇、汉武的大一统，象征着历史发展的方向，象征着帝王德业的日益兴盛。中华民族不断壮大，各民族互相融合，远方殊俗日益统一，这就是司马迁大一统历史观的内容。《史记》开卷为《五帝本纪》，塑造了人文始祖黄帝统一部落、草创国家的生动形象，成为中华民族的共同祖先。三皇五帝的传说是华夏文化多元民族融合的反映。三皇五帝以伏羲、炎帝、黄帝为代表，最尊为黄帝，归功于司马迁的塑造。中华民族自称龙的传人、黄帝子孙或炎黄子孙，其中黄帝子孙这一口号最响亮。中华民族共认一个祖先，最能唤起同血缘、同地域、同文化的民族亲情，中华民族都是龙的传人、黄帝子孙，这一民族大一统观念，数千年来激励了无数的仁人志士为中华民族的生存、繁荣和进步而斗争。"黄帝子孙"至今仍是一个神圣的名词，具有无限的号召力。只要提起伏羲、炎帝、黄帝，就能唤起全体中华儿女的激情，追念先祖，认同文化，产生民族自豪感和爱国心，奋而思进，不畏艰难险阻，贡献一份儿女情，做出个人的贡献。

3. 历史与文学的成就遗泽后世

《史记》作为历史书，是一部体大思精的著作。体大，是指《史记》的五体形式，囊括中外，贯通古今，内容丰富，无与伦比；思精，是指《史记》内容的全面性、系统性和进步性。《史记》所述历史内容表现的社会结构，以人为主体，在中国乃至整个人类文化史上，是首次体现历史是"人"的社会活动的发展史。《史记》全书记载了四千多个人物，立传人物一百多，五体中记载人物的篇目达一百一十二篇。以人为中心，就要写出活生生的人的活动，从而锤炼写人艺术，创造了历史与文学统一的范例。所以，《史记》的纪传在中国文学史上又是传记文学的典范。司马迁写历史人物，不是记流水账，而是选取生活中典型的事迹突出人物的特点。在司马迁笔下，人物个性鲜明，一个个呼之欲出。司马迁之所以能成功地完成历史人物的典型塑造，这是从属于他的理想的。司马迁以人物为中心写历史，其目的就是要用活生生的历史人物来警醒世人，寓褒贬，别嫌疑，明是非，使社会各色人物都能在《史记》中找到自己的影子，以史为鉴，追求自己的人生。所以《史记》行世，长盛不衰，成为人们提高素质、锤炼修养的必读教科书。《史记》创造历史与文学统一的艺术价值可供人们欣赏，也是它生命之树常青的原因之一。鲁迅评价《史记》为"史家之绝唱，无韵之离骚"，揭示了个中道理。

4. 崇高的人格，创新的精神，激励人生奋发有为

司马迁说："君子所贵乎道者三：太上立德，其次立功，其

次立言"①。三立精神就是司马迁的人生观。他由于受李陵之祸而痛不欲生,但想到《史记》未完成,又坚强地活下来,将全部愤怒倾注于《史记》中。司马迁在《报任安书》中有一段名言:"人固有一死,或重于泰山,或轻于鸿毛,用之所趣异也。"如果人的一生,不能对社会做出贡献,待后人评说,而仅仅以一死来与黑暗进行抗争,就如同"九牛亡一毛,与蝼蚁何异!"司马迁在《孔子世家》和《伯夷列传》中,引圣人孔子之言:"君子疾没世而名不称焉。"他在《太史公自序》中记载了父亲司马谈的临终遗言:"且夫孝,始于事亲,中于事君,终于立身,扬名于后世,以显父母,此孝之大者也。"立身扬名为孝道的最高准则,这是司马迁借父亲之口提出的新颖见解。这种见解标志着司马迁在生与死的抉择中形成了以立名为核心的荣辱观,司马迁又将其上升成为发愤著书说。其言曰:

> 古者富贵而名磨灭,不可胜记,唯倜傥非常之人称焉。盖西伯拘而演《周易》;仲尼厄而作《春秋》;屈原放逐,乃赋《离骚》;左丘失明,厥有《国语》;孙子膑脚,《兵法》修列;不韦迁蜀,世传《吕览》;韩非囚秦,《说难》、《孤愤》;《诗》三百篇,大底贤圣发愤之所为作也。此皆意有所郁结,不得通其道,故述往事,思来者。②

司马迁感情激荡,如波涛滚滚,一泻而下,说明他要发愤著书,效法古人,把自己的全部精力和热血倾注在《史记》之中,成为"一家之言"。司马迁于是从个人的悲怨中解脱出来,忍辱著书,留下了宝贵的实录作品。

司马迁的人格是崇高的,他认为只有那些能够经受得起艰难环境磨炼的人,才能做出一番大事业来。这一认识不但激励了自己,而且也启迪着后人深思。他的"发愤著书"说,在文学史上产生了深远的影响。唐宋八大家中的韩愈提出"不平则鸣"的文学主张,欧阳修提出"诗穷而后工"的观点,就是对"发愤著

---

① 《与挚伯峻书》。
② 《报任安书》,载《汉书》卷六十二《司马迁传》。

书"说的继承和发展。司马迁自己成功的伟大创作，更成为人们学习的样板，因而《史记》的生命之树常青。

二、《史记》研究成果回顾

本节重点介绍中国当前的《史记》研究与走向，而以两千多年来的《史记》研究总成果做背景对照，以见发展趋势。下列三表统计两千多年来的"史记学"发展的总成果，分为四个发展阶段，在比较中评估当代的《史记》研究，探索它的发展趋势。时间断限：古代，数据统计从汉至清末，时间跨度 2000 年；近代，数据统计从 1905 年到 1949 年，时间跨度 45 年；现代，数据统计从 1950 年到 1979 年，即建国后的前 30 年；当代，数据统计从 1980 年截至 1998 年。阶段的划分是按《史记》研究成果的内容所含时代性与研究方法的更新为依准，只代表一家之言。当代《史记》研究还未到达顶点，其发展势头将在公元 2000 年世纪之交时告一段落。其标志是多项总结性的界碑工程将在此时告竣或大体结束。数据统计的资料来源有四项：一是 1957 年中科院历史所编印的《史记研究资料和论文索引》，二是 1989 年兰州大学出版社出版的杨燕起、俞樟华合编的《史记研究资料索引和论文专著提要》，三是 1995 年陕西人民教育出版社出版的徐兴海主编的《司马迁与史记研究论著专题索引》，四是张大可、俞樟华等人正在主持编撰的《史记研究集成·索引》。论文与论著的篇、部以及作者人数，均按上述四种资料条目记数。古代论著 101 部，表中所列 96 部指存世作品。现代、当代的数据统计只限于大陆，因资料不全，未包括台湾地区。（表见后）。

《史记》研究的四个发展阶段，古代与近代为传统《史记》研究，偏重微观，在名物典章、地理沿革、文字校勘、音韵训诂、版本源流，以及疏解、读法、评注等方面下功夫，方法是抄撮材料，排比引证，集甲说乙云，这就是传统注疏与乾嘉考据的治学方法，唐代形成的《史记》三家注是传统方法的一个界碑。传统方法历经两千多年没有多大改变。古代存世的 96 部论著，均属微观"文献研究"。近代研究是一个过渡时期，仍侧重"文献研究"。对《史记》的宏观研究已引起了重视。

表一　论文统计

时　　代	篇数（篇） / %	字数（万） / %	作者人数（人） / %	人均篇数
古　　代：2000 年（汉—清）	1435 / 38.7%	100 / 6.5%	385 / 21.0%	3.7
近　　代：45 年（1905—1949）	228 / 6.2%	200 / 12.9%	164 / 9.1%	1.4
现　　代：30 年（1950—1979）	206 / 5.6%	150 / 9.7%	169 / 9.4%	1.2
当　　代：19 年（1980—1998）	1835 / 49.5%	1100 / 71.0%	1079 / 60.0%	1.7
合　　计	3704	1550	1797	2.1

注：数据四舍五入，保留小数点后 1 位，故存在不等于 100% 的情况。

表二　论著统计

时　　代	部数（部） / %	字数（万） / %	作者人数（人） / %	人均部数
古　　代	96 / 33.3%	3000 / 31.3%	98 / 42.4%	0.98
近　　代	31 / 10.7%	800 / 8.3%	30 / 13.0%	1.0
现　　代	30 / 10.4%	800 / 8.3%	21 / 9.1%	1.43
当　　代	131 / 45.5%	5000 / 52.1%	82 / 35.5%	1.6
合　　计	288	9600	231	1.25

注：数据四舍五入，保留小数点后 1 位，故存在不等于 100% 的情况。

表三　论著分类统计

时代\部数	文献研究 部数	%	考证	全本注疏	辑佚	资料	思想研究 部数	%	论著	论文集	评传	工具书	白话史记	选本	通俗读物	其他
古代 101	101	100%														
近代 31	13	41.9%	12	1			14	45.1%	14			1		3		
现代 28	5	17.9%	4	1			2	7.1%	1	1		2		13	5	3
当代 116	8	6.9%	1	4	1	2	54	46.6%	39	12	3	9	6	20	29	5

注：数据四舍五入，保留小数点后1位。

建国以来49年（1950—1998年），是文史工作者运用唯物主义方法研究《史记》的新时期。由于政治起伏，形成了前30年与后19年《史记》研究的不同局面，因而分为两个时期来谈，即表列的"现代"与"当代"。前30年因"文革"运动的中断，实际只有1951年到1965年共15年。时间短，一代新人未成长，又是新方法运用的发轫期，大家还很不熟练，论著以普及读物为主导，多为小册子。具有时代界碑价值的论著有五种，均属"文献研究"，即中华书局点校本《史记》（1959）、贺次君《史记书录》（1958）、金德建《司马迁所见书考》（1963）、陈直《史记新证》（1979）、钱锺书《管锥编·史记会注考证》（1979）。这五种论著均出自前辈专家之手，实质是近代《史记》研究的延伸。这一时期有特色的《史记》研究是数十位史学界前辈学者发表的学术论文，他们精辟的论述和号召力，奠定了新时期《史记》研究的基础，起了承先启后的作用。其中翦伯赞是运用新思维在学术界第一个发表《史记》论文的学者，启动了现代《史记》研究。他的论文《中国历史学的开创者司马迁》，发表在1951年《中国青年》总第57期上。这虽然只是一篇知识性的评介文章，但颇有理论深度，文风一反旧时代研究者的那种堆积史料和文字艰涩的毛病，议论简洁明快，文字流畅，且发表在通俗刊物上，有意识地向青少年介绍这部古代名著，为《史记》的普及和研究开了一个好头，是颇有影响的。嗣后，金兆梓、季镇淮、荣孟源、汪篯、侯外庐、高亨、尚钺、李长之、吴晗等先后写了通俗性的《史记》评介论文，对推进《史记》的研究起了宣传和号召的作用。1955年郭沫若在《历史研究》第6期上发表《太史公行年考有问题》一文，发起了一场围绕司马迁生卒年问题的学术讨论。尽管这场讨论在解决司马迁生卒年上没有形成定论，但以此为契机推动了《史记》研究的开展，形成了建国以来《史记》研究的第一个高峰。郑鹤声、季镇淮对司马迁行年和传记的研究，陈直对《史记》名称及早期传播的研究，卢南乔对《史记》体例的研究，侯外庐、任继愈对司马迁哲学思想的研究，齐思和对《史记》产生历史条件的研究，程金造对《史记》三家注的研究，都独具新见。

  在20世纪60年代运用唯物史观与丰富史料相结合的方法，平允、准确地全面评价司马迁的思想，并取得显著成绩的，是白寿彝。他的《司马迁与班固》和《史记新论》，是这一时期的代表作。传统的观点是马班并提。1963年，白先生在《北京师范大学学报》发表《司马迁与班固》一文，洋洋三万言，分了十个专题，从两汉广阔的时代背景上用纵横的比较方法评介马班史学，提出了新观点。众所周知，唐人刘知幾的《史通》是扬班抑马，而宋人郑樵的翻案又太偏颇，明清学人的传统观点是马班相提并论。白先生研究了两汉历史及史学的发展，正确地指出了司马迁的《史记》是"答复历史怎样变化发展"的，拿出的是"自己独到的见解"，具有进步的异端思想，即人民性的成分；而班固的《汉书》却是"答复如何维持目前局面"的，只是把两汉的历史写出来，"用五经的道理将上下二百年的历史妥帖讲通"，维护汉室的正宗思想。所以无论在体裁的创造上，还是历史的识见上，班固都不能与司马迁并提。《史记新论》是与《司马迁与班固》蝉联完成的姊妹篇，写成于1963年，1981年由求实出版社出版。这两篇论文上溯西周共和以来七百余年的历史发展，探索《史记》的写作背景，第一次对司马迁自己揭示的《史记》要旨三题，即"究天人之际，通古今之变，成一家之言"做了贯通的评述。这一时期还对《史记》的阶级属性、司马迁的道德思想、游侠问题等展开了讨论。

20世纪80年代以来的《史记》研究，出现了前所未有的生动局面，是两千多年来"史记学"的发展高峰。下面从研究特点与发展趋势两个方面来谈。

三、当代《史记》研究的特点

1. 唯物史观的方法

古代传统研究对司马迁"一家之言"的思想只有零星的探索，而且立论肤浅，例如"史公三失"，争论两千年也没把它说明白。明清评点家对司马迁思想不乏精到见解。但总体上却是偏重辞章技巧，因而陷入寻章摘句中，同时，又刻意追求史公微文，往往断章取义，任情附会，脱离历史实际。这是缺乏唯物史观就事论事的必然结果。当代学术界在唯物史观指导下，把司马迁的写作活动与当时社会政治、经济状况紧密地联系起来，不仅揭示了司马迁历史研究活动的动机，而且能够从社会关系的总体中分析这种发展的客观规律性，看出物质生产发展是这种关系的根源。这种从广阔的历史背景上去考察司马迁思想的方法，在20世纪50~60年代，人们还很陌生，对司马迁思想的考察忽左忽右。20世纪50年代有拔高的倾向，如说司马迁是"人民歌手"、"人民历史的开创者"，"处处从人民立场上来评价历史人物和历史事件"，等等。到了20世纪60年代，则出现了贬低的倾向，如有人认为，司马迁的历史观只不过是由"英雄史观、历史循环论、神学史观等糅合于一体"的"唯心主义历史观体系"，他"是地主阶级的思想家"，"他所宣扬的是为统治阶级服务的封建伦理道德"，等等。唯物史观方法，在20世纪80年代以来宽松的学术氛围中为新一代论者所普遍掌握，推动了"史记学"的迅猛发展，论说理由充实，平允中肯，标志着研究者思想理论的成熟。

2. 纵横比较的方法

古代的《史记》研究，比较方法局限于马班异同。当代的《史记》研究大大拓展了比较的范围，概括地说有三个方面。其一是《史记》篇目自身的比较，提示司马迁运用互见法的成绩。其二是将《史记》与前代、后代的史学和文学做比较。《史记》与前代的比较，如《史记》与《春秋》、《左传》、《战国策》、诸子的比较，与《离骚》、《楚汉春秋》等的比较，探寻司马迁对前代思想及资料的继承；《史记》与后代的比较，除与《汉书》外，还与《资治通鉴》以及政书、戏曲、小说做比较，探索司马迁对后世文化的影响。明清评点家已将《史记》与小说比较，不过大都是札记性质。当代全面、系统地探索《史记》对后世传记及小说的影响，成为文学界研究《史记》的一大主流，论文、论著都不少，占当代《史记》研究总量的三分之一还多。其三是将《史记》与国外的史学著作比较。齐思和在1956年1月17日《光明日报》上发表的《史记产生的历史条件和它在世界史学上的地位》一文，是第一篇运用历史比较法将《史记》与希腊史学名著对比，分析了"《史记》的特点在于它的全面性，尤其是对于生产活动、学术思想和普通人在历史上的地位的重视"，简明地表述了《史记》在世界文化史上的地位。20世纪80年代，这种比较研究日渐成熟，如李少雍的《司马迁与普鲁塔克》①、黄新亚的《论司马迁在中国文化史上的地位》②、刘清河的《从〈旧约〉与史记的比较试探东方文学的一点规律》③、夏祖恩的《试比较司马迁与修昔底德的经济史观》④等文，颇有创见。诸文比较的结果表明，司马迁在知识的积累、认识的深度、

---

① 《文学评论》1986年第5期。
② 《陕西师范大学学报》1986年第3期。
③ 《汉中师范学院学报》1988年第3期。
④ 《福建论坛》1987年第6期。

表现力的强度方面，都是同时代东西方最杰出的代表人物，因此，司马迁不仅是汉代的文化巨人，而且可以说是整个古代世界的文化巨人。

3. 各种新方法的借鉴与运用

随着现代化的进程，中国与世界文化的交流更加广泛和深入，国外的文化传入中国，有新学科的传入，有新方法的尝试。如系统论、价值论、艺术辩证法等都运用在《史记》研究上。徐兴海《史记所体现的系统观》[①]、党丕经的《论史记的史学框架》[②]，就是运用系统论分析《史记》整体结构和史学框架的尝试。艺术辩证法运用广泛，除了分析《史记》实录与人物塑造的关系的许多论文外，还有宋嗣廉的《史记艺术美研究》、郭双成的《史记人物传记论稿》等论著也做了成功的尝试。技术性的现代化手段，如李波等编制的《史记索引》就是利用微机处理《史记》原文取得的成果。运用计算机检索较之传统手工检索不仅速度高出几百倍，而且准确无遗漏。

4. 文献与考古相结合

将近代考古学的发展运用于《史记》研究，首推王国维用甲骨文、金文证明《史记》记载的三代历史为可信。王国维和郭沫若都运用汉简考证司马迁生卒年。利用考古材料全面论证《史记》的史料价值，陈直的《史记新证》做出了新贡献。吴树平等人的《全注全译史记》也大量吸收考古成果，成为一大特色。

近代、现代的 80 年是新旧交替的时期，当代是研究方法全面更新的收获时期。当代的《史记》研究更偏重宏观，以历史的研究为主导，把《史记》从"史料学"的研究水平提高到"史记学"的研究高度上来，把司马迁和《史记》放到中国文化、中国思想文化史的大背景进行评述，走上了科学化的轨道，从而把司马迁的思想研究作为主轴提到议事日程，开拓了"史记学"的新格局。应该肯定，传统的考证研究是有贡献的。在史实考辨、鉴

---

① 《人文杂志》1987 年第 3 期。
② 《陕西师范大学学报》1988 年增刊。

别真伪等方面是不能离开考据方法的。但是如果仅仅拘泥于一些事实的搜集和考据，而离开对事物发展的过程的考察研究，往往会偏离正确的轨道，即使是博学宏通的学者有时也会迷失方向。例如近代文献学家余嘉锡考证《史记》缺佚，著《太史公书亡篇考》，洋洋十万余言，引证材料几百条，用此证明《史记》有十篇亡逸，认为张晏之说不虚。尽管余先生引证宏博，究源竟委，但他离开了《史记》本证，囿于班固、张晏之成说，考证的起点就偏离了方向，所以他的详细考证不能成为定案。20世纪80年代对此重新做了审定。近人和今人运用考据，一般均能将考据与唯物史观的分析方法结合，宏观与微观互相补充，考论结合，提高了研究水平。在这方面，前辈学者王国维、郑鹤声、白寿彝、陈直、程金造等在他们的论著中做出了表率。当代中青年学者施丁的《马班异同三论》，陈可青的《太史公书凡例考说》，吴汝煜的《史记与公羊学》，张大可的《太史公释名考辨》、《史记断限考略》、《史记残缺与补窜考辨》，刘家和的《史记与汉代经学》，赵生群的《史记〈战国纵横家书〉史料价值考论》、《司马迁所见〈晏子春秋〉〈管子〉考》等，都是考论结合的佳作。

四、当代《史记》研究的发展趋势

当代《史记》研究的发展趋势是提高与普及双向发展，前者总结，后者开拓，盛况空前。主要标志有以下四个方面。

1. 队伍宏大，成绩显著

据前文表一、表二的数据统计，《史记》问世2000多年来有论文总量3704篇，论著总量293部，总字数1.1亿字，作者2028人，当代20世纪80年代以来的19年间的研究成果占两千多年来总量之半，这足以说明，当代是"史记学"研究的一个黄金时代。

2. 方法更新，中青年学者大放异彩

20世纪80年代是老中青学者共展宏图的时代。例如20世纪80年代初展开的司马迁与公羊学的讨论，杨向奎首发其端，张维华继之于后，他们两位是老一辈专家。陆永品、施丁、吴汝煜是中年学者，赖长杨是崭露头角的青年学者。司马迁与公羊学这一课题，正是在老中青学者共同参与的热烈争鸣中取得突破的。中青年学者视野开阔，锐气旺盛，引进了系统论、比较研究等新方法，许多重大课题的攻关在他们手中完成，已出版的有分量的著作十之八九也出自他们之手。白寿彝《史记新论》（1981）、程金造的《史记管窥》（1985）、吴中匡的《太史公自序注说会纂》（1984）等是前辈学者的成果，施丁、陈可青的《司马迁研究新论》（1982）、陆永品的《司马迁研究》（1983）、聂石樵的《司马迁论稿》（1985）、张衍田的《史记正义佚文辑校》（1985）、吴汝煜的《史记论稿》（1986）、宋嗣廉的《史记艺术美研究》（1985）、何世华的《史记美学论》（1989）、郭双成的《史记人物传记论稿》（1985）、可永雪的《史记文学成就论稿》（1991）、李少雍的《司马迁传记文学论稿》（1987）、韩兆琦的《史记通论》（1996）、杨燕起的《史记的学术成就》（1996）及与他人合作的《历代名家评史记》（1986）、仓修良的《史记词典》（1991）等是中年学者研究成果的代表。张大可出版了《史记研究》论集（1985）、《史记论赞辑释》（1986）、《史记全本新注》（1990）、《司马迁评传》（1991）、《史记精妙语词典》（1998）、《史记文献研究》（1999），以及与他人合作的《司马迁一家言》（1995），总字数近四百万字，在学术界别树一帜。老中青结合的《史记》全本注译有三种：王利器主编的《史记注译》（1988）、吴树平等人的《全注全译史记》（1995）、杨钟贤与郝志达主编的《文白对照全译史记》（1993），此外还有全本《白话史记》六种。

长江后浪推前浪，20世纪90年代涌现出了一批青年学者。覃启勋的《史记与日本文化》（1989），俞樟华的《史记新探》（1994），赵生群的《太史公书研究》（1994）、《史记文献学丛稿》（2000）。张新科和俞樟华的《史记研究史略》（1990），韦苇的《司马迁经济思想研究》（1995），陈桐生的《史记与古文经学》

(1995)，程世和的《史记——伟大人格的凝聚》(1995)，表现了青年学者的不凡实力。从总体上看，中青年学者数量大，目前正处于巅峰状态，自觉地肩负起重任而大放异彩，这是20世纪80年代以来"史记热"持续不衰的根本保证。

3. 研究领域不断扩展，研究课题不断深入

20世纪80年代以来的《史记》研究者，对司马迁思想和《史记》文、史、哲、经的内涵展开了全面的研究，《史记》百科全书的价值正在日益不断深化阐释和显露。对司马迁的历史观、政治观、经济观、社会伦理观、学术观、历史编纂学、历史文学、艺术表现手法、马班异同、《史记》与《春秋》比较等各个方面都做了比较深入的研究，提出了不少引人注目的新观点。此外，司马迁的战争观、美学思想、法律思想、民族思想、人才学思想、天文学和医学成就、《史记》与档案资料、《史记》与地方志等等课题，不断被开发，而且都有系列论文发表或专题论著出版，取得了丰硕的成果。研究的水平和质量大大提高，80年代取得了许多重大课题的突破。例如司马迁与公羊学、《史记》的疑案研究，包括司马迁行年、《史记》断限、《史记》残缺与补窜、"太史公"释名、司马谈作史等，都有新的探索。

4. 协作攻关，总结性的界碑工程提上议事日程

唐代完成的《史记》三家注，是"史记学"的奠基工程，从那时以来已历经一千四五百年，由于20世纪80年代以来的"史记热"和新方法的运用，总结性的界碑工程历史性地落到了当代《史记》研究者的肩上。20世纪80年代中期开始，出现了更为可喜的形势，学术交流扩大，横向联系加强，全国性的《史记》学术研讨会从1987年以来已举办了五次。1993年陕西省成立了司马迁研究会，促进了总结性工程的开展。2001年中国史记研究会成立，这是当代《史记》研究步入黄金时代的一个标志，必将极大地促进全国各地学者之间的交流与合作，推动《史记》研究向纵深发展。目前正在进行的协作工程，有《史记会校会注会评》、《史记研究集成》、《司马迁与华夏丛书》、《史记系列大词典》等。这几项大工程均采取协作攻关的形式，汇聚了当代的

《史记》研究精英，并都计划在21世纪之初大体完成，总字数近4000万字。这一系列学术工程毫无疑义是世纪之交"史记学"的一项大总结，具有划时代的界碑价值。

5.《史记》的普及工作做得有声有色

前文表三所列当代工具书9种，《白话史记》6种，选本20种，通俗读物29种，其他读物5种，合计69种，2500余万字，可以说是不同层次上的《史记》普及工作。在20世纪50~60年代，瞿悦园的《史记故事选》(1956)、张友鸾等的《史记选》(1956)、郑权中的《史记选讲》(1959)、中华书局活页文选合订本第四辑（1962）等，很受读者欢迎，打下了普及的基础。80年代后，《史记》的普及工作上了一个新台阶。50年代只有王伯祥一家《史记选》(1957)，还是学术性选本，80年代后多数选本都是普及与提高相结合。韩兆琦的《史记选注集说》(1982)与《史记选汇评》(1990)、张大可的《史记选注讲》(1989)、上海古籍出版社出版的《史记纪传选译》(1987)、杨燕起的《史记精华导读》(1993) 等，都是学术性普及选本。韩兆琦别开生面，在选注文章后集说名家评议并加按语，有助于读者领略太史公的创作义理与笔法。韩兆琦还有《史记评议赏析》两种（1985年内蒙古人民出版社、1988年四川巴蜀书社），精选《史记》名篇赏析，普及《史记》的艺术美。提供治学门径和信息的工具书编制，80年代后有突飞猛进的发展，出版9种，1200余万字，成为系列。《史记资料索引和论文专著提要》(1985)、《史记索引》(1990)、《史记词典》(1991)、《司马迁与史记研究论著专题索引》(1995) 四种，都是近年出版的大型工具书，很有实用价值。

文学界对《史记》文学性与艺术美的研究，达到了一个全新的境界，大大提高了《史记》的知名度，在当代《史记》研究中扮演了生力军的角色。《白话史记》、《漫画史记》、《绘画史记》、《史记精言妙语》、《史记故事》等普及读物，百花齐放，光彩夺目。普及工作将是今后一个时期的方向，随着强化精神文明建设，《史记》不再是少数文人墨客的案头物，而将成为广大人民所共享、共识的文化艺术品。

附　录

一、《史记》研究论著索引

1. 存世的古代史记研究论著索引（清代以前）

史记集解/宋·裴骃/存三家注中

史记索隐/唐·司马贞/存三家注中

史记正义/唐·张守节/存三家注中

班马异同35卷/宋·倪思/存

班马异同评/宋·刘辰翁/存

迁史删改古书异辞12卷/宋·倪思/存

黄氏日钞·史记/宋·黄震/清刻本

习学纪言·史记2卷/宋·叶适/中华书局本

班马字类5卷/宋·娄机/存

订正史记真本凡例1卷/宋·洪遵/学海类编本

史记法语/宋·洪迈/存

史记辨惑11卷/宋·王若虚/四部丛刊本

史记扁鹊仓公传补注3卷/明·张骥/明刊本

史记题评 130 卷/明·杨慎/明刊本
史记考要 10 卷/明·柯维骐/明刊本
荆川先生精选批点史记/明·唐顺之/明刊本
史记评钞 91 卷/明·茅坤/明刊本
归震川评点史记/明·归有光/清刊本
史汉古字 2 卷/明·朱睦
监本史记 130 卷/明·余有丁/明刊本
太史史例 100 卷/明·张之象/明刊本
史汉愚按 4 卷/明·郝敬/明刊本
史记琐琐/明·郝敬/明刊本
史记辑评 10 卷/明·邓以讃/明刊本
史记评林 130 卷/明·凌稚隆/明刊本
百大家评注史记 10 卷/明·朱之蕃/明刊本
史汉方驾 35 卷/明·许相卿/明刊本
太史华句 8 卷/明·凌迪知/明刊本
史记鸿裁 12 卷/明·穆文熙/明刊本
史记赛宝/明·陶望龄/明刊本
史记三家注评林 6 卷/明·赵老皋/明刊本
史记纂要文统 5 卷/明·王思任/明刊本
陈仁锡评阅史记 130 卷/明·陈仁锡/明刊本
史记奇钞 14 卷/明·陈仁锡/明刊本
史记萃宝评林 3 卷/明·焦竑/明刊本
史记合编题评/明·茅一桂/明刊本
史记癖嗜 1 卷/明·郑惟岳/明刊本
史觿/明·谢肇浙/四库全书本
史记旁训便读 8 卷/明·郑惟岳/明刊本
评选史记玉壶冰 8 卷/明·汤宾尹/明刊本
静观室增补史记纂 6 卷/明·李廷机/明刊本
史记珍钞 5 卷/明·张溥/明刊本
读史记翘 2 卷/明·施端教/明刊本
史汉合钞 12 卷/明·刘宗周/明刊本

史记统5卷/明·童养正/明刊本
史记测义130卷/明·陈子龙、徐孚远/清刊本
史记汇评130卷/明·葛鼎、金蟠/明刊本
史记文钞22卷/戴羲/明刊本
读史记5卷/明·赵维寰/明刊本
孙月峰先生批评史记130卷/明·孙鑛/明刊本
史记狐白6卷/明·汤宾尹/明刊本
史记神驹4卷/明·梅之焕/明刊本
史记评论1卷/明·黄淳耀/明刊本
史记集评善本130卷/明·朱东观/明刊本
史记选/清·储欣/清刊本
义门读书记·史记/清·何焯/清刊本
史记注补正/清·方苞/清刊本
史记评语/清·方苞/四部重刊本
读史记/清·方苞/四部丛刊
读史记/清·何焯/光绪重刊本
史记论文130卷/清·吴见思/清刊本
史记半解/清·汤谐/清刊本
读史记十表/清·汪越、徐克范/清刊本
史记七篇读法/清·王又朴/清刊本
史记疑问/清·邵泰衢/清刊本
史记评注130卷/清·牛运震/清刊本
史记榷参/清·王治皞/清刊本
史记考证7卷/清·杭世骏/清刊本
史记三书正讹3卷/清·王元启/广雅书局本
史记商榷6卷/清·王鸣盛/商务馆排印本
史记札记3卷/清·赵翼/商务馆排印本
史记考异5卷/清·钱大昕/商务馆排印本
史记阐要/清·邱逢年/北京图书馆藏抄本
史记测义举隅/清·邱逢年/清刊本
史记辑评10卷/清·邵晋涵/上海会文堂书局本

史记杂志 6 卷/清·王念孙/金陵书局本
史汉笺论/清·杨于果/清刊本
史汉钞/清·高嵣/清刊本
史记志疑 36 卷/清·梁玉绳/中华书局本
史记志疑识疑 4 卷/清·钱馥/清刊本
史记蠡测/清·林伯桐/修本堂丛书本
史记疏正/清·沈钦韩/清刊本
史记菁华录 6 卷/清·姚苎田/清刊本
史记发伏 5 卷/清·洪亮吉/清刊本
史汉骈枝 1 卷/清·成孺/广雅丛书本
史记三家注补正 8 卷/清·瞿方梅/清刊本
史记琐言 3 卷/清·沈家本/清刊本
读史记札记/清·潘永季/昭代丛书本
读史管见/清·李晚芳/1937 年师古堂影印本
史记辨证 10 卷/清·尚镕/清刊本
史记余论/清·丁晏/清刊本
史记集说/清·程余庆/上海交通图书馆印行本
史记别钞/清·吴敏树/清刊本
校刊史记集解索隐正义札记/清·张文虎/中华书局本
史记札记 5 卷/清·郭嵩焘/商务馆本
史记札记 2 卷/清·李慈铭/北平图书馆印刷本
楚汉帝月表/清·吴非/二十五史补编本
天官书考证 10 卷/清·孙星衍/清刊本
点勘史记读本 130 卷/清·吴汝纶/清刊本
史汉求是/清·杨琪光/清刊本
读史记臆说/清·杨琪光/清刊本
史记私笺/清·鹿兴世/清刊本
史记解诂/清·吴国泰/清刊本

2. 近代《史记》论著索引（1905—1949）

太史公行年考/王国维/收入观堂集林
史记探源 8 卷/近·崔适/中华书局本

史记达旨/近·魏元旷/潜园类编本
太史公书义法/近·孙德谦/四益宧刊本
史记订补/近·李笠/横经堂刊本
史记旧注评议/近·王骏图、王骏观/正中书局本
史记通论/近·杨启高/清山阁刊本
史记读法/近·梁启超/清华周刊丛书本
史记货殖传新铨/近·潘吟阁/商务印书馆本
太史公疑年考/近·张惟骧/小双寂庵刊本
史记货殖列传新义/近·梁启超/商务印书馆1917年印行
史记意/近·齐树楷/四存中学排印本
太史公书知意/近·刘咸炘/尚友书塾刊本
史记选注/近·胡怀琛/商务印书馆本
史记拾遗/近·林茂春/北京图书馆藏稿本
史记举要/近·高步瀛/和平书局版
史记评议/近·李景星/岳麓书社重校本
史记释例/近·靳德峻/商务印书馆本
史记新论/近·施章/北新书局本
史记会注考证驳议/近·鲁实先/岳麓书社重校本
太史公年谱/近·张鹏一/关陇丛书本
太史公书亡篇考/近·余嘉锡/收入《余嘉锡论学杂著》
司马迁年谱/近·郑鹤声/商务印书馆本
史汉研究/近·郑鹤声/商务印书馆本
史汉研究法/近·陈衍/无锡国学专修学校印行本
史记新校注稿265卷/近·张森楷/稿本
史记通论/近·李则纲/商务印书馆本
史记纪年考/近·刘垣/商务印书馆本
史记丛考/近·李奎耀/天津商科职业学校合订本
史记考索/近·朱东润/开明书店本
论司马迁的历史学/近·翦伯赞/1946年出版
司马迁之人格与风格/近·李长之/三联书店重印本
史记精华/近·秦同培/世界书局本

史记选注/近·庄适等/万有文库本
史记及注释综合引得/近·燕京大学/燕京大学出版

3. 现代《史记》论著索引（1950—1979）

司马迁/季镇淮/上海人民出版社1955年版
司马迁的故事/阳胡/古典文学出版社1955年版
史记选读/王邻苏/春明出版社1956年版
史记故事选/瞿蜕园/上海文化出版社1956年版
史记选注/张友鸾等/人民文学出版社1956年版
史记选注/王晓传等/人民文学出版社1956年版
史记研究的资料和论文索引/中国科学院历史研究所/科学出版社1957年版
司马迁与史记/文史哲编委会/中华书局1957年版
史记选/王伯祥/人民文学出版社1957年版
史记书录/贺次君/商务印书馆1958年版
史记故事选译/中华书局上海编辑所/中华书局1959年版
史记选/人民文学出版社编辑部选注/人民文学出版社1959年版
司马迁/谢介民/中华书局1959年版
史记/中华书局点校本/1959年出版
史记选讲/郑权中/中国青年出版社1959年版
司马迁和史记/胡佩韦/中华书局1962年版
史记选辑/中华活页文选合订本（4）/上海古籍出版社1962年版
司马迁（蒙文）/舍扎布·玉兰译/内蒙古教育出版社1962年版
司马迁所见书考/金德建/上海人民出版社1963年版
史记选择上、下/北京卫戍区某部六连/中华书局1976年版
史记人名索引/钟华/中华书局1977年版
史记故事选译（一）/梁弼/上海古籍出版社1978年版
史记故事选译（二）/张友鸾/内蒙古人民出版社1979年版
史记故事选编/曾凡礼/内蒙古人民出版社1979年版

史记选（英文）/外文出版社1979年版
史记新证/陈直/天津人民出版社1979年版
当代《史记》论著索引（1980—2000）
司马迁和史记/谢介民/中华书局1980年版
史记故事新编/杨知秋/云南人民出版社1980年版
史记选（蒙文）/奥尔黑勒译/民族出版社1980年版
史记新论/白寿彝/求是出版社1981年版
司马迁/郭维森/江苏人民出版社1982年版
史记选注集说/韩兆琦/江西人民出版社1982年版
史记选（朝鲜文）/方元成译/辽宁人民出版社1982年版
史记三家注引书索引/段书安/中华书局1982年版
司马迁与史记论集/历史研究编辑部/陕西人民出版社1982年版
司马迁研究新论/施丁、陈可青/河南人民出版社1982年版
史记酷吏列传译注/冯树梁等/群众出版社1982年版
史记汉书诸表订补十种/吴树平点校/中华书局1982年版
司马迁研究/陆永品/江苏人民出版社1983年版
史记汉书故事选读/文建伟/四川少年儿童出版社1984年版
史记纪传选译/上海古籍出版社/上海古籍出版社1984年版
史记论稿/徐朔方/江苏古籍出版社1984年版
史记研究/张大可/甘肃人民出版社1985年版
史记管窥/程金造/陕西人民出版社1985年版
史记评议赏析/韩兆琦/内蒙古人民出版社1985年版
史记人物故事/仓阳卿/浙江教育出版社1985年版
史记人物传记论稿/郭双成/中州古籍出版社1985年版
史记正义佚文辑校/张衍田/北京大学出版社1985年版
韩城市司马迁研究文集/韩城市司马迁学会编印
史记艺术美研究/宋嗣廉/东北师范大学出版社1985年版
史记人物故事/仓阳卿、张企荣/浙江教育出版社1985年版
史记太史公自序注说会纂/吴忠匡/黑龙江人民出版社1985年版

司马迁/安平秋译注/中华书局1985年版
历代名家评史记/杨燕起等/北京师范大学出版社1986年版
司马迁·史记与档案/周经/档案出版社1986年版
司马迁评传/肖黎/吉林文史出版社1986年版
史记论稿/吴汝煜/江苏教育出版社1986年版
史记论赞辑释/张大可/陕西人民出版社1986年版
史记故事百篇/李靖之/新华出版社1986年版
史记菁华/陈茂兹译注/上海教育出版社1987年版
精选白话史记/本书编译组/内蒙古人民出版社1987年版
史记故事精华/浣官生/湖南少年儿童出版社1987年版
司马迁论稿/聂石樵/北京师范大学出版社1987年版
司马迁和史记/刘乃和主编/北京出版社1987年版
司马迁传记文学论稿/李少雍/重庆出版社1987年版
司马迁的传说/徐谦夫/北京文化艺术出版社1987年版
史记人物画廊/黄绳/广东人民出版社1988年版
太史公自序注释/王汉民/青海人民出版社1988年版
史记里的成语故事/刘元福/辽宁人民出版社1988年版
史记注译/王利器主编/三秦出版社1988年版
史记赏析集/韩兆琦主编/巴蜀书社1988年版
史记选译/李国祥等/巴蜀书社1989年版
史记与日本文化/覃启勋/武汉大学出版社1989年版
史记选注讲/张大可主编/山东教育出版社1989年版
史记研究资料索引和论文专著提要/杨燕起、俞樟华/兰州大学出版社1989年版
司马迁年谱新编/吉春/三秦出版社1989年版
司马迁史学批评及其理论/周一平/华东师范大学出版社1989年版
史记地名索引/嵇超等/中华书局1989年版
史记全本新注/张大可/三秦出版社1990年版
史记美学论/何世华/陕西师范大学出版社1989年版
史记研究史略/张新科、俞樟华/三秦出版社1990年版

史记通论/韩兆琦、俞樟华/北京师范大学出版社1990年版

史记赏析/韩兆琦主编/四川人民出版社1990年版

史记名篇赏析/朱靖华、顾建华/北京出版社1990年版

史记选注汇评/韩兆琦/中州出版社1990年版

史记故事精选连环画/汪述荣文、龚汝枢等绘/二十一世纪出版社1990年版

司马迁与太史祠/吉春、徐兴海/陕西人民出版社1990年版

历代咏司马迁诗选/张天恩、冯金波/三秦出版社1990年版

史记故事/郝永辉、陈明编/北方妇女儿童出版社1990年版

史记——历史的长城·战国四公子/蔡安忠/北京三联书店1990年版

司马迁研究/冯庄、张天恩/三秦出版社1990年版

史记选/来新夏/中华书局1990年版

史记传记赏析/梁杨、杨东甫/广西教育出版社1991年版

史记故事选/成德寿/学苑出版社1991年版

史记少年读本/严硕勤/陕西教育出版社1991年版

史记人物辞典/张克等/广西人民出版社1991年版

司马迁评传/黄新亚/光明日报出版社1991年版

史记辞典/仓修良主编/山东教育出版社1991年版

新编史圣司马迁剧选/范明著，杨志烈编选/陕西艺术研究所1991年版

史记文学成就论稿/可永雪/内蒙古教育出版社1991年版

史记——史之巨构/任飞/春风文艺出版社1992年版

史记春秋十二诸侯史事辑证/刘操南/天津古籍出版社1992年版

民族精神谱（史记人物述评）/陈志辉/北京师范大学出版社1992年版

史记故事/赵淑敏等/中国国际广播出版社1992年版

史记文白评精选/韩兆琦主编/吉林文史出版社1992年版

史记与中学古文/宋嗣廉、赵国玺/吉林教育出版社1992年版

文白对照全译史记/杨钟贤、郝志达/国际文化出版公司1992年版
史记注解辨正/徐仁甫/四川大学出版社1993年版
史记/刘兴林点注/中国友谊出版公司1993年版
史记精华注译/张光勤、张盛如/北京广播学院出版社1993年版
史记故事/吉春等/陕西人民出版社1993年版
史记精华导读/杨燕起、阎崇东/中国旅游出版社1993年版
中国史官文化与史记/陈桐生/汕头大学出版社1993年版
史记选注/韩兆琦/台湾里仁书局1993年版
史记故事通览/姜如林等/海南出版社1993年版
司马迁自述集/张胜发、高巨成/陕西师范大学出版社1993年版
司马迁祠碑石录/李国维、张胜发/陕西师范大学出版社1993年版
司马迁史记名言录/高巨成、冯学忠等/陕西师范大学出版社1993年版
司马迁评传/张大可/南京大学出版社1994年版
千秋太史公/吉春/未来出版社1994年版
史记全译/吴东顺/贵州人民出版社1994年版
史记新探/俞樟华著/民族出版社1994年出版
史记通假字汇释/易国杰/苏州大学出版社1994年版
太史公书研究/赵生群/陕西人民出版社1994年版
史记故事/路岩/岳麓书社1994年版
史记汉书比较研究/韩·朴宰雨/中国文学出版社1994年出版
史记精言妙语选/高成元/百花文艺出版社1994年版
记故事精华/吴言生、黄玲/陕西师范大学出版社1994年版
史记精彩故事/卢晓光、赵淑兰/河北少年儿童出版社1994年版
司马迁评传/许凌云/广西教育出版社1994年版

全注全译史记/吴树平等/天津古籍出版社1995年出版
漫画史记/张文等文、张安等画/河北教育出版社1995年版
司马迁一家言/张大可、俞樟华等/陕西教育出版社1995年版
司马迁行年新考/施丁/陕西教育出版社1995年版
司马迁经济思想研究/韦苇/陕西教育出版社1995年版
史记与古今文经学/陈桐生/陕西教育出版社1995年版
司马迁的创造性思维/徐兴海/陕西教育出版社1995年版
史记——伟大人格的凝聚/程世和/陕西教育出版社1995年版
史记人生百态/梁建邦主编/西北大学出版社1995版
司马迁与地学文化/霍有光著/陕西教育出版社1995年出版
司马迁的教育思想/杨生枝著/陕西教育出版社1995年出版
史记选注集评/韩兆琦/广西师范大学出版社1995年版
史记博议/韩兆琦/台北文津出版社1995年版
司马迁与史记研究论著专题索引/徐兴海主编/陕西教育出版社1995年出版
司马迁与宗教神话/张强著/陕西教育出版社1995年出版
史记与中文学/张新科著/陕西教育出版社1995年出版
史记文学论稿/李志慧/三秦出版社1995年出版
司马迁民族思想阐释/池万兴著/陕西教育出版社1995年出版
彩图中国古典名著·史记/宗华等/江苏少年儿童出版社1995年版
史记/黄善夫本/新疆人民出版社1996年版
史记通论/韩兆琦/广西师范大学出版社1996年版
史记名篇述论稿/陈桐生/汕头大学出版社1996年版
史记的学术成就/杨燕起/北京师范大学出版社1996年版
史记与现代文明/刘永康/四川人民出版社1996年版
司马迁的历史学/毛曦/陕西教育出版社1996年版
司马迁与商战谋略/金鑫炎/湖北人民出版社1996年版

史记十二本纪疑诂/张家英/黑龙江教育出版社1997年版
史记的文化发掘/王子今/湖北人民出版社1997年版
二十五史新编·史记/汪受宽/上海古籍出版社1997年版
司马迁散文选集/徐柏容等主编/百花文艺出版社1997年版
史记全本导读辞典/周啸天等主编/四川辞书出版社1997年版
史记故事精选365/周牧等主编/湖北少年儿童出版社1998年版
太史公书校读记/李人鉴/甘肃人民出版社1998年版
司马迁人格论/陈雪良/上海人民出版社1998年版
命运与性格的对话：再品《史记》的人物故事和思想/孙家洲/中国人民大学出版社1998年版
司马迁的人才观/程生田、高巨成、程宝山/西北大学出版社1998年版
司马迁政治思想通论/朱枝富/延安大学出版社1999年版
司马迁经济思想通论/朱枝富/延安大学出版社1999年版
史记文献研究/张大可/民族出版社1999年版
少年版史记/张大可/民族出版社1999年版
司马迁全传/刘国辉/长春出版社1999年版
司马迁传奇/张天恩/陕西人民出版社1999年版
史记与诗经/陈桐生/人民文学出版社2000年版
史记文献学丛稿/赵生群/江苏古籍出版社2000年版
史记精言妙语/张大可/中州古籍出版社2000年版
司马迁与中国天学/吴守贤/陕西教育出版社2000年版
史记题评/韩兆琦/陕西教育出版社2000年版
司马迁与屈原和楚辞学/吕培成/陕西教育出版社2000年版
史记八书与中国文化研究/徐日辉/陕西人民出版社2000年版
史记与中国古代建筑文化/赵安启、王宏涛/陕西人民出版社2000年版
史记与中国农业/惠富平/陕西人民出版社2000年版

史圣司马迁/东方芥子/活天出版社2000年版

4. 台湾《史记》论著索引（1951—2002）[①]

《史记》考索/刘甫琴编（编者按：著者实为朱东润）/台北：台湾开明书店/1957台一版，1969台二版，1987台四版

敦煌秘籍留真新编：史记帝王略论/台北：台湾大学装订本/1958

司马迁/王国维等/台北：河洛图书出版社/1960

司马迁/正言出版社编辑部编/高雄：正言出版社/1963

《史记》《汉书》匈奴地名今释/张兴唐/台北/1963

《史记》今注/劳干、屈万里/台北：中华丛书委员会/1963

司马迁与《史记》/史次耘/台北：广文出版社/1964

《史记·天官书》今注/高平子/台北/1965

《史记》新校注稿/张森楷/台北：中国学典馆复馆筹备处/1967

《史记》考证研究论集/大陆杂志社编辑委员会编/台北：大陆杂志社/1970

司马迁撰写《史记》采用《左传》的研究/顾立三/台北：正中书局/1971

《史记》今释/杨家骆/台北：正中书局/1971

《史记》索引/黄福銮编/台北：大通书局/1973/台北：成伟出版社/1987

《史记》三家注补正/瞿方梅/台北：广文书局/1973

《史记》评介/徐文珊/台北：维新书局/1973印行，1992修订初版

《史》《汉》初学辨体/潘椿重/台北：文海出版社/1974

《史记·殷本纪》疏证/李寿林/台北：鼎文书局/1975

《史》《汉》文辞异同斠释/季洛生/台北：弘道文化事业公司/1975

司马迁思想探讨/曾秀气/屏东：美和护专/1975

《史记》论文集/潘重规/台北：志光出版社/1975

[①] 此部分书目为台湾学者李伟泰及其助手林雅琪提供。补遗为本书编者所加。

司马迁研究/刘伟民/台北：文景书局/1975/另，台北：编译馆/1985

《史》《汉》关系/吴福助/台中：曾文出版社/1975/另，台北：文史哲出版社/1987

《史记》研究之数据与论文索引/王民信编/台北：学海出版社/1976

《史记会注考证》斠订/严一萍/台北：艺文印书馆/1976

《史记》论文集/陈新雄、于大成主编/台北：木铎出版社/1976初版，1978年再版

司马迁政治思想之研究/邓璞磊/台北：华冈出版公司/1977

司马迁的世界：司马迁戏剧性的一生与《史记》的世界/郑梁生/台北：志文出版社/1977初版，1993再版

《史记》的故事：中国最伟大的一部传记史书/郑梁生编译/台北：志文出版社/1977初版，1978，1980，1982，1984，1986，1992，1994，1997再版

司马迁与其史学/周虎林/台北：文史哲出版社/1978初版，1980二版，1987三版，1991四版

点校本《史记》人名索引/洪北江主编/台北：洪氏出版社/1978/又，台北：九思出版社/1979

《史记》解题/吴福助/台北：河洛图书出版社/1979

《史记》今注/马持盈/台北：台湾商务印书馆/1979一版，1983二版，1987三版，1991四版

司马迁的人格与风格/范寿康/台北：台湾开明书店/1980

《史记》新证/陈直/台北：学海出版社/1980/又，台北：河洛图书公司/1980

司马迁/吴季桓/台北：名人出版社/1980初版，1982再版

《史记》论赞研究/施人豪/台北：文史哲出版社/1980

司马迁——其人及其书/王国维等/台北：长安出版社/1980

《史记·伯夷传》——道德与幸福的矛盾/森三树三郎著，萧英宏译/台北：文思出版社/1981

《史记会注考证》驳议/鲁实先/台北：洪氏出版社/1981

《史记》：历史的长城/高上秦/台北：时报文化出版公司/1981

《史记》考证：秦汉中古研究论集/大陆杂志社/台北：大陆杂志社/1981

《史记》：历史的长城/李永炽/台北：时报文化出版公司/1981初版，1987袖珍本50开初版，1997二版，1999三版

《史记》：历史的长城/斐溥言/台北：时报文化出版公司/1981

《史记》之旅/喜美出版社编辑部/台北：喜美出版社/1981

读《史记》管见/陈海瀛/台北/1982

《史记》的舞台/颜昆阳主编/台北：故乡出版社/1982

司马迁之学术思想/赖明德/台北：洪氏出版社/1983增订再版

太史公书义法/孙德谦/台北：台湾中华书局/1983台二版，1985台三版/另，收入杨家骆主编《四史知意并附编六种》/台北：鼎文书局/1976初版

司马迁思想研究/林云龙/高雄：复文出版社/1984

《史记》斠证一百卅卷（史语所专刊78）/王叔岷/台北："台湾研究院历史语言研究所"/1983

司马迁研究/杨定浩/台北：生韵出版社/1984

《史记·屈原列传》伪窜考/杨定浩/台北：生韵出版社/1984（编者按：本书内容与《司马迁研究》/杨定浩著相同）

闽南语考证：《史记》例证/黄敬安/台北：文史哲出版社/1984

《史记》导言/陈飞龙/台北：庄严出版社/1984

闽南话考证：《荀子》、《史记》、《汉书》例证/黄敬安/台北：文史哲出版社/1985

《史记》述《尚书》研究/古国顺/台北：文史哲出版社/1985

《史记》识误/周尚木/出版地不详/1985

司马迁与《史记》新探/张维岳编/台北：崧高书社/1985

司马迁与老庄思想：并论司马迁思想兼怀儒道/刘光义/台北：台湾商务印书馆/1986初版，1992二版

《史记》之旅/赵震中/台北：皇鼎文化公司发行/1986

《史记》中的处世学/简吉编译/高雄：大众书局/1986

《史记》中的赌命人物/张心怡编译/台北：常春树书坊/1986

司马迁的创作意识与写作技巧/范文芳/台北：文史哲出版社/1987

司马迁与《史记》/李永炽/嘉义：明统图书公司/1988

司马迁传/霍必烈/台北：国际文化出版公司/1988

《史记》方法试论/游信利/台北：文史哲出版社/1988

《史记》的处世学/许富顺/台南：大夏出版社/1989

《史记》本纪地理图表/台北：编译馆/1990

司马迁：中国伟大的历史家/吴珊珊编著/台南：世一书局/1991

司马迁和《史记》/台北：国文天地出版社/1991

司马迁和《史记》/胡佩韦/台北：群玉堂出版事业股份有限公司/1991

《史记》人间学：帝王权力企划书/张慧良主编/台北：高战点子杂志社/1991

看人：我读《史记》/吕正惠/台北：汉艺色研文化事业公司/1991

《史记》政治人物述评/汪惠敏/台北：师大书苑/1991

《史记》论文选集/黄沛荣编/台北：长安出版社/1991

《史记》美学论/何世华/台北：水牛出版社/1992

《史记》研究粹篇（一）、（二）/张高评主编/高雄：复文图书（所收皆大陆学者之论著）/1992

《史记》新探/丘述尧/台北：明文书局/1992

读《史记》，学处世/王敏政/台北：星光出版社/1993

《史记》：控制人的宝书/王淑妙/台南：西北出版社/1993

《史记》地理今释/程宽正编著/台北/1993

司马迁：中国伟大的历史学家/台南：世一书局/1994

司马迁的史传文学世界/周先民/台北：文津出版社/1995

史圣司马迁/王丕震/台北：秋海棠文化企业/1995

两汉文学学术研讨论文集/王初庆等/台北：华严出版社/1995

话说《史记》：历史兴衰胜负的症结/蔡信发/台北：万卷楼

图书公司/1995

《史记》博议/韩兆琦/台北：文津出版社/1995

《史记》七十篇列传评注/李勉/台北：编译馆/1996

《史记》导读/王伯涵编撰/台北/著者自刊/1996

中国通史的鼻祖司马迁/李敬一/台南：红树林文化出版公司/1997

司马迁/萧本雄改写；赖惠凤主编/台北：台湾东方出版社/1998

司马迁/林择明编著/台南：光田出版社/1998

司马迁/林树岭编著/台南：启仁出版社/1998

《史记》黄老思想研究/郑圆铃/台北：学海出版社/1998

《史记》评赏/赖汉屏/台北：三民书局/1998

《钱宾四先生全集》34，《史记地名考》（上）/钱穆/台北：联经文化事业公司/1998

《钱宾四先生全集》35，《史记地名考》（下）/钱穆/台北：联经文化事业公司/1998

《史记》奇谋/宋效永、袁世全编/台北：利丰出版社/1999

经营之神：《史记》货殖传者/吴岛/台北：利丰出版社公司/1999

穷究天人通古今：司马迁与《史记》/田人隆/台北：万卷楼图书公司/2000

司马迁/世一编辑部编著/台南：世一书局/2000初版，2000修订一版，2001修订二版

商战谋略：司马迁/余鑫炎/高雄：宏文馆图书/2001

《史记》地图汇编/黄启芳、洪国梁绘编/台北：学海出版社/2001

司马迁/东方芥子/台北：实学社/2001

儒家经传文化与《史记》/陈桐生/台北：洪叶出版社/2002

· 补遗·

史记精华/劳干等/台南大东书局版

白话史记/六十教授/台湾河洛图书出版社出版

史记会注考证订补/施之勉/台北华岗出版有限公司出版

史记人物画廊/黄绳/广东人民出版社版
言文对照史记读本/杨德恩/香港宏智书局版
史记选注/杨德恩/香港中流出版社版
史记导读/黄华表/香港中华文化事业有限公司版
史记考/王仁禄/台湾中华书局版
史记导读/李曰刚/台湾师大出版社版
史记导读/林秘乾/台湾师大出版社版

二、本书撰写主要参考书目

1. 前人及近人论著

史记三家注/刘宋·裴骃集解、唐·司马贞索隐、唐·张守节正义

史记会注考证/〔日〕泷川资言

史记会注考证校补/〔日〕水泽利忠

史通/唐·刘知幾

黄氏日钞/宋·黄震

班马异同评/宋·倪思撰　刘展翁评

史记辨惑/宋·王若虚

史记评林/明·凌稚隆辑校

史记论文/清·吴见思

史记评议/清·李景星

读史记十表/清·汪越撰　徐克范补

史记商榷/清·王鸣盛

史记札记/清·赵翼

史记志疑/清·梁玉绳

史记札记/清·李慈铭

史记札记/清·郭嵩焘

史记探源/清·崔适

文史通义/清·章学诚

史记旧注平议/近人王骏图　王骏观
史记会注考证驳议/鲁实先
太史公书知意/刘咸炘
史记考索/朱东润
太史公书亡篇考/余嘉锡
史记要题解题及其读法/梁启超
史记释例/靳德峻
史记研究/郑鹤声
太史公行年考/王国维
太史公年谱/张鹏一
司马迁年谱/郑鹤声
司马迁之人格与风格/李长之

2. 时贤论著

司马迁/季镇淮/上海人民出版社1955年
司马迁/郭维森/江苏人民出版社1982年
司马迁评传/黄新亚/光明日报出版社1991年
司马迁评传/张大可/南京大学出版社1994年
史记书录/贺次君/商务印书馆1958年
司马迁所见书考/金德建/上海人民出版社1963年
史记新证/陈直/天津人民出版社1979年
史汉论稿/徐朔方/江苏古籍出版社1984年
历代名家评史记/杨燕起等选辑/北京师范大学出版社1986年
史记论赞辑释/张大可/陕西人民出版社1986年
司马迁与史记/文史哲杂志社编/中华书局1957年
司马迁研究新论/施丁等/河南人民出版社1982年
司马迁与史记论集/《历史研究》编辑部编/陕西人民出版社1982年
史记研究/张大可/甘肃人民出版社1985年
史记管窥/程金造/陕西人民出版社1985年
司马迁和史记/刘乃和主编/北京出版社1987年
司马迁论稿/聂石樵/北京师范大学出版社1987年

史记通论/韩兆琦等/北京师范大学出版社1990年
史记论稿/吴汝煜/江苏教育出版社1986年
司马迁史学及其批评/周一平/华东师范大学出版社1989年
司马迁研究/韩城司马迁学会编/三秦出版社1990年
史记研究史略/张新科、俞樟华/三秦出版社1990年
司马迁研究/陆永品/江苏人民出版社1983年
史记人物传记论稿/郭双成/中州古籍出版社1985年
史记传记文学论稿/李少雍/重庆出版社1985年
史记文学成就论稿/可永雪/内蒙古人民出版社1991年
史记艺术美研究/宋嗣廉/东北师范大学出版社1986年
史记评议赏析/韩兆琦/内蒙古人民出版社1985年
史记与日本文化/覃启勋/武汉大学出版社1989年
司马迁一家言/张大可、俞樟华等/陕西教育出版社1995年
史记研究资料和论文索引/中国社会科学院历史研究所编印/1957年
史记研究资料索引和论文专题概要/杨燕起、俞樟华/兰州大学出版社1989年
司马迁与史记研究论著专题索引/徐兴海主编/陕西教育出版社1995年